民國思想文叢

李帆／主编

【战国策派】

曹颖龙　郭娜　编

長春出版社
全国百佳图书出版单位

图书在版编目（CIP）数据

战国策派／曹颖龙，郭娜编．—长春：长春出版社，2013.1
（民国思想文丛）
ISBN 978－7－5445－2656－2

Ⅰ．①战…　Ⅱ．①曹…②郭…　Ⅲ．①思想史—研究—中国—民国　Ⅳ．①B26

中国版本图书馆CIP数据核字（2012）第274515号

战国策派

编　　者：曹颖龙　郭　娜
责任编辑：张耀民　胡　新
封面设计：大　熊

出版发行：長春出版社　　总编室电话：0431－88563443
发行部电话：0431－88561180　　邮购零售电话：0431－88561177
地　　址：吉林省长春市建设街1377号
邮　　编：130061
网　　址：www.cccbs.net
制　　版：吉林省久慧文化有限公司
印　　刷：长春方圆印业有限公司
经　　销：新华书店

开　　本：787毫米×1092毫米　1/16
字　　数：380千字
印　　张：23.75
版　　次：2013年1月第1版
次：2013年1月第1次印刷
价：45.00元

编辑说明

本集收录体现“战国策派”基本思想主张的代表性作品，这些作品多选自《战国策》半月刊、《战国》副刊，以及“战国策派”诸人的文集、选集等。

在作品编选过程中，尽量以存其原貌为要，除对明显错字有所改动外，其余皆悉仍其旧。由于《战国策》半月刊和《战国》副刊年代较早，部分语言习惯和人名译法与今有所不同，存在不少讹误，但出于忠实原文考虑，均未作改动，原文注释也一并保留；标点符号均统一为新式标点；个别篇目有所删节，以省略号标出；文中凡有损坏、缺漏或字迹不清者，以□号表示；正字均以［　］标明；每篇文章之后注明出处和发表年月；有的文章录自相关文集，初刊时间无从查考，则暂从文集出版年月。

与其他流派相比，“战国策派”活跃在历史舞台上的时间虽然不长，但不少作者都有佳作传世。本集力求囊括最能代表该派思想的作品，但囿于篇幅，仅能选编部分，难免有遗珠之憾。另外，把握这样一个与中国传统文化和西方现代思想皆有渊源的流派，我们深感力有不逮，舛错失误在所难免，还望读者对我们的工作不吝指正，以便今后修改完善。

编　者

总 序

思想如何分类，向来是个难题。从古至今，人类思想呈现多姿多彩的面貌，每一种思想皆各有主旨，各具风采，特色鲜明，或可名之曰“家”，或可名之曰“派”，晚近则有“流派”之名。

在中国思想发展史上，有两个时期最引人注目，一个是先秦时期，一个是中华民国时期。先秦自不必说，诸子百家，各显其能，争鸣不已，异彩纷呈，形成中国思想史上的“轴心时代”，影响及于后世两千余年。民国思想虽未能再现“百家争鸣”的胜景，但亦具有明显的多元文化特征，思想家群体和思想流派甚多，思想文化论战此起彼伏，思想交锋异常激烈和复杂，而且实现了对中国固有思想传统的实质性的挑战与超越，形成一些新的思想、学说体系，整个思想界呈现一片繁荣景象。之所以如此，既在于晚清以来西学的大举进入，西方思想、学说与中国固有观念、学问的碰撞、交融，已使得相对单一的中国传统思想体系遭到极大冲击，乃至近于分崩离析，从而为民国时期多元思想、文化格局的出现奠定了基础；又在于形成于清末、壮大于民国的新式知识分子群体的出现，尤其是清末民初派遣出国的留学生在民国年间纷纷回国，成为新式知识分子群体中的中坚力量。所受教育的差异以及与各类集团、群体、势力的不同关联，使得他们形成相异的思想、文化理念，在当时各种矛盾纠葛交织的时代环境下，往往就中国政治、经济、文化、社会等各方面问题提出自身旗帜鲜明的主张，并引发激烈、复杂的论战与斗争；也在于民国北洋政府，尤其是后来的国民政府尽管实行文化专制主义政策，但因各种原因，还是给予思想家和学者一定的自由活动空间，允许各种思想观念、主张并存而且彼此展开争论；还在于民国时期社会空间的相对扩大，如大学、研究院等学术机构的建立与迅速发展，报刊、出版业的极大发达，社会舆论的相对自由，等等，为思想界精英结合成志趣相投的群体、自由地表达自己的思想主张提供了社会条件和现实可能性。正是在这些因素下，民国思想成为中国思想史上的一座高峰。

作为思想繁荣的表征之一，便是民国时期出现思想家群体和流派众多的景象。这些群体和流派主要分布在政治思想、文化思想、学术思想领域，此外在经济思想、社会思想、教育思想、科技思想内部也不乏各种流派。不同流派的思想家主张各异，或趋近于民族主义，或趋近于激进主义，或趋近于自由主义，或趋近于保守主义，不一而足；而且延续的时间也长短不一，有的起步于清末，进入民国后发扬光大，绵延数十载，有的仅在北洋政府时期或国民政府时期昙花一现，数年后无果而终。由于流派是个不易界定的概念，大家对之的认知不同，于是人们所认定的思想流派的存在方式也不全然一致，有的依托于同人报刊或出版物而存在，甚至一个刊物就会造就一个流派，如甲寅派、新文化派（或称新青年派）、现代评论派、学衡派、古史辨派、醒狮派、新月派、独立评论派、战国策派、观察派等；有的依托于某一机构、团体或党派而存在，如所谓北大派、南高派，以及乡村建设派、国家主义派等；有的仅仅因为主张趋同而被视为一派，如无政府主义派、科学派、玄学派、西化派、文化保守派等。就流派的划分界定而言，这些"派"并非完全处在同一层次，其中既有角度、性质之别，又有大小之分，还有人员、主张等的多重交叉，甚至是派中有派，如认同传统的文化保守派中又有东方文化派、本位文化派、现代新儒家等不同的思想派别存在。由于思想流派众多，思想文化论争也因而接连不断，如民国初年的孔教之争，"五四"时期的东西文化之争、白话与文言之争、科学与玄学之争，"五四"之后的中国社会性质论战、中国社会史论战，等等。故而民国时期成为继先秦之后，中国历史上思想文化论争最多的一个时期。

通过发布并实践自身的主张，这些流派在历史的关键时刻让国人听到了思想家们独到的声音。而且这样的声音在争鸣中成长壮大，日臻成熟，自成一体。无论其主张如何相左，但整体而言，大抵皆对中国社会走向现代化和整个国家走上富强之路，从各自立场发挥了思想支撑和引领作用，并为今天留下了丰富的思想遗产。

从民国思想史的研究状况看，学术界对这些流派虽有所研究，特别是对一些重要派中人，如刘师复、陈独秀、胡适、鲁迅、钱玄同、吴宓、梅光迪、柳诒徵、顾颉刚、张君劢、曾琦、李璜、梁漱溟、晏阳初、张奚若、罗隆基、梁实秋、雷海宗、林同济等，有较为深入的研究，但整体而言，非常不乐观，不仅是某些流派未被全面系统的探讨过，而且有些派中人乏人问津，形成不少学术空白点。这一情形的出现，与多种主客观因素相关，如问题意识的局限、一流之外的思想家不被重视等，其中一个重要因素就是原始文献资料的缺乏系统整理，导致研究者无从着手或着手不易，从而知难而退。近年来，出版界虽推出了不少关于近代中国思想方面的文献资料集，不过总体而言，这些资料集重晚清轻民国，晚清思想资料的出版蔚为大观，系统性颇强；而民国思想资料的出版则相对不足，尽管已有一批思想家的个人全集、文集、选集等陆续出版，也有中国现代思想史资料汇编一类的书先后面世，但存在着要么过于分散、要么过于笼统的弊端，针对民国思想特点而编的特色性资料集不多，如以思想流派作为归类的文献资料集就尚属空白。所以，以“民国思想文丛”之名系统整理出版民国思想的文献，显然是极为必要的，既能克服已有出版物或分散、或笼统的弊端，又能体现民国时期思想流派众多这一思想史特色。对于研究者来说，“民国思想流派文丛”可为其研究民国思想流派史提供一份基本资料，为其研究派中人物提供一个基本语境；对于普通读者来说，执一卷在手则知一派，可作为进入丰富多彩的民国思想世界的原始读本，以此为起点，集腋成裘，就能进而了解民国思想史的整体面貌。

由于民国思想流派众多，一时难以穷尽，所以这套文丛首先选取当时在政治思想、文化思想和学术思想领域最具代表性的无政府主义派、新文化派、学衡派、古史辨派、国家主义派、乡村建设派、现代评论派、新月人权派、战国策派的基本文献编入，其他流派只能俟诸他日。在编排结构上，每派一集（现代评论派与新月人权派的思想主张和存在时间都相近，故合为一集），每集内部以人物为单位编辑文献，挑选该人最能代表该派思想的论说编入，每篇文献后注明出处。各集编排顺序如下：编辑说明、流派介绍、文献汇编、参考文献。其中数万字的“流派介绍”，主要是简要介绍该集所涉流派的基本情况、人物生平、思想主张、时代影响等，以使读者对该派思想有个初步的了解和认识，由于各派情况有异，故在写法上各集可能略有不同；“参考文献”则在提供该派文献之出处的同时，列出可扩展阅读的论著目录，以方便意欲进一步探索的读者。

选编这样一套经典性的近现代思想文献，不论对谁都是个巨大的挑战，我们深知力有不逮，舛错失误在所难免。还望方家不吝赐教，以利将来修订完善！

此外，本丛书中收录的某些文章由于种种原因未能及时与作者家属或后人取得联系，望有了解此类情况者及时与编者联系，在此谨致以最衷心的感谢！

李　帆

2012年11月于北京师范大学

目　录

战国策派评介

晚清以降的西力东渐在给近代中国带来巨大危机的同时，也使得中国近代知识分子与西方的交流更加频繁，他们中的一部分人开始从对中国固有思想文化的反思中寻求应对危机的方法。需要注意的是，很多知识分子在反思中国传统思想文化的过程中，带有明显的受西方思想影响的痕迹，从翻译《天演论》引入进化论思想，又在《论世变之亟》、《原强》等文章中体现出亚当·斯密古典政治经济学影响的严复，到在《新民说》中表现了丰富的民族性和启蒙色彩的梁启超，再到“五四”前后带有明显“西化”思想的陈独秀、胡适和陈序经等人，直至20世纪40年代，雷海宗、林同济、陈铨、贺麟、何永佶等普遍具有留德、留美经历的学者在“文化形态史观”、“唯意志论”、“权力意志论”以及“狂飙运动”的影响下，试图建立一个崭新的解释近代中国文化环境和未来发展方向的理论框架，“战国策派”开始登上历史的舞台。

以往对“战国策派”的评价，国内学界多持否定态度。自20世纪40年代起，郭沫若、胡绳、潘梓年等学者就相继撰文，表示对“战国策派”的否定，将其斥为“反动的鼓吹法西斯主义的思潮”，[①] 这一观点一直持续至20世纪80年代，如林茂生等编的《中国现代政治思想史》中就将“战国策派”归入“法西斯主义思潮”一节。[②] 此后，随着对雷海宗等“战国策派”代表人物的重新评价，学者们对“战国策派”的评价也开始转变。1995年温儒敏、丁晓萍在《“战国策派”的文化反思与重建构想》一文中就指出，长期以来人们总习惯于从政治层面全盘否定与批判“战国策派”，而顾不上甚至有意忽视其在文化构想层面的独到思路。[③] 之后，江沛则在他的专著《战国策派思潮研究》中更明确地指出“战国策派”思潮在本质上不是一种政治思潮，而是一种文化思潮，并将“战国策派”思潮视为近代中国“尚力”思潮的延续。[④] 这样，摆脱了长期以来用政治思想作为标准来评判“战国策派”的定式，而将其作为一个思想文化史研究的对象。“战国策派”作为一个被研究对象，在史学思想、哲学思想、文学

---

① 参见郭沫若：《把精神武装起来》，载《救亡日报》1938年5月12日；梓年（潘梓年）：《中国抗战与法西斯斗争》，载《群众》第2卷第20期；胡绳：《论反理性主义的逆流》，载《读书月报》第2卷第10期等文。

② 参见林茂生、王维礼、王桧林等编《中国现代政治思想史》，黑龙江人民出版社1984年版。

③ 温儒敏、丁晓萍：《战国策派的文化反思与重建构想（代前言）》，温儒敏、丁晓萍：《时代之波——战国策派文化论著辑要》，中国广播电视出版社1995年版。

④ 江沛：《战国策派思潮研究》，天津人民出版社2001年版，第3页。

思想上的影响也逐渐被学者们所发掘，这也是近年来从事“战国策派”研究的学者们努力的方向。

本文并不试图在前人研究成果的基础上提出更具新意的观点，而在于通过对“战国策派”思想作一简要的介绍，强调“战国策派”作为一个思想文化史研究对象的价值。

一、“战国策派”的形成及其代表人物

1937年7月7日侵华日军悍然发动了“卢沟桥事变”后，蒋介石于7月17日发表“庐山讲话”，表达了国民政府全面抗战的决心，全面抗战随之爆发。然而，接下来的战局却让国人陷入了巨大的失望与恐慌。国民政府投入大批精锐部队的“淞沪会战”，持续3月之久，最终以国民政府军的失败而告终，1937年12月南京沦陷，国民政府被迫迁往重庆，设重庆为陪都，日军在南京进行了长达六周的惨绝人寰的大屠杀。面对战事的不断扩大与中国军队的节节败退，当时很多著名人士表现出了消极的情绪，如顾祝同、朱绍良、梅思平、陶希圣、罗君强、胡适、陈布雷、陈立夫、张君励等人便常在一起探讨时局，发泄抗战悲观情绪，胡适称之为“低调俱乐部”，他们通过中日实力的比较，得出了抗战必败的结论，主张对日妥协。在这种国家危亡的时局之下，雷海宗于1938年发表评论，抨击后方文人的悲观情绪。① “战国策派”也正是在雷海宗先生的这一思想基调下，对中国文化的命脉问题进行了深刻的思考，这一文化思考既契合了以往学者试图清除中国文化积弊的探求，又引入了世界文化竞存的新视角，带有强烈的危机感和时代特征。不仅如此，“战国策派”还对“五四”时期的文化激进加以批判，试图建立文化重建的新的理论框架。

1938年雷海宗在昆明与人共同创办《今日评论》，开始宣扬自身的文化主张。1940年4月，云南大学文学院教授、院长林同济联同西南联合大学历史系教授雷海宗、外国语言文学系教授陈铨等26位“特约执笔人”，② 共同在昆明创办了《战国策》半月刊，以中国古代谋臣自居，为中国文化重建献策。《战国策》半月刊至1942年7月因故停刊，共出版17期，“战国策派”由此得名。此外，“战国策派”学人还于1941年1月将昆明版《战国策》上的文章集录，刊行《战国策》上海版，但只陆续出版几期；1941年12月3日起每周三于重庆《大公报》上开辟《战国》副刊，至1942年7月停刊，共出版31期；陈铨于1943年7月7日在重庆创办《民族文学》，联同《军事与政治》等刊物一起，也收录、发表了“战国策派”学者的不少论著。这些期刊

① 雷海宗：《中国文化与中国的兵》，商务印书馆2007年版，第216页。

② 26位“特约执笔人中”，唐密为陈铨的笔名，尹及为何永信的笔名，故实为24人。

一起，成为了“战国策派”宣扬文化形态史观，开展“民族文学运动”等活动的阵地。

关于如何定义“战国策派”的问题，江沛在他的专著中提出战国策派是在近代中国民族危机与第二次世界大战的时代背景下，继承十九、二十世纪之交的尚力主义思潮及吸收近代西方文化的观念，以关注人类文化命运并以探讨中国文化发展规律及其走向为宗旨，并强调了它“松散的学术结合体”的性质。[①] 除去林同济、雷海宗、陈铨、贺麟、朱光潜、费孝通、沈从文、郭岱西、吉人、二水、丁泽、陈碧生、沈来秋、尹及、王迅中、洪思齐、唐密、洪绂、童嶲、疾风、曾昭抡、何永佶、曹卣、星客、上官碧、仃口26位《战国策》半月刊的“特约执笔人”外，还有陶云逵、梁宗岱、沙学浚、吴宓、冯友兰等与林同济、雷海宗、陈铨等在某些方面观点相近的学者。由于构成松散，加之学人们在如何进行战时文化重建这一重大问题上的分歧等因素，学界一般讨论“战国策派”时，主要围绕其核心人物即雷海宗、林同济、陈铨、何永佶、贺麟五人。

本书资料除了选取集中体现雷海宗、林同济、陈铨、何永佶、贺麟五人主要思想的相关论著外，也收集了其他学者能够体现“战国策派”思想或与之相印证的文章。以下，对这些学者作简要的介绍。

1. **雷海宗**

长期以来，雷海宗和“战国策派”其他代表学者一样，往往都被给予否定性的评价，不仅他的“文化形态史观”及相关主张被认为是为“法西斯主义”张目，他本人也被错划为“右派”。直至上世纪80年代，学界才开始重新审视雷海宗的史学思想和学术贡献，自此，雷海宗融会中西、贯通古今的历史学家形象才被众人熟知。从雷海宗的教学经历中不难发现，他教授过的课程既包括中国通史、中国古代史、殷周史、秦汉史，也包括了世界上古史、世界中古史、西洋通史等课程，而在著述上，《殷周年代考》、《中国古代制度》、《近代战争中的人力与武器》、《世界上古史讲义》等作品更是反映了他学术研究的深度与广度。在对各个国家和民族历史了解的基础之上，雷海宗提出了著名的“文化形态史观”，其意义是不言而喻的，它不仅促使中国历史学从传统叙述型转向整体型与分析型，并有助于中国史学界打破新考据史学一统天下，建立人文主义史学新模式，[②] 也成为“战国策派”进行战时文化重建的重要理论基础。在“文化形态史观”下，雷海宗将世界文明分为埃及、巴比伦、中国、印度、希腊罗马、伊斯兰教、欧西七个自成体系的区域，在《历史的形态与例证》中指出这七个区域在历史发展的过程中，具有共同点，即经历封建时代、贵族国家时代、帝国主义时代、

① 江沛：《战国策派思潮研究》，天津人民出版社2001年版，第3页。

② 参见李帆：《“文化形态史观”的东渐——战国策派与汤因比》，载《近代史研究》1993年第6期。

大一统时代以及政治破裂与文化灭亡时代这五个阶段。[①] 以此，雷海宗又以公元 383 年淝水之战为界将中国文化分为二周，并认为抗战时期的中国正处于第二周与第三周的中间时代，固然混乱痛苦，但正是重建中国文化的绝好时机。[②] 不可否认，在雷海宗所建立的理论框架中固然存在着一些问题，但他对中国文化的思考与“文化形态史观”的创见，却是值得充分肯定与深入研究的。

2. **林同济**[③]

有学者注意到林同济本身是民族主义、尼采超人观念所体现的个人主义和宗教色彩这几个看似矛盾的元素的综合体，[④] 事实上这些看似矛盾的元素正是对林同济思想的最好诠释。在与雷海宗合办《今日评论》时，林同济就开始宣扬民族主义的思想。1942 年，林于重庆《大公报》之《战国副刊》上发表《民族主义与二十世纪——列国阶段的形态观》，紧承《战国时代的重演》一文，在西洋文化已进入战国时代的前提下，讨论民族主义，强调在列国时代民族主义应当放在首位，认为时局既是西洋民族主义的开头，也是中国民族主义的关锁。[⑤] 林同济：《战国时代的重演》，《战国策》半月刊创刊号，1940 年 4 月 1 日；林同济：《民族主义与二十世纪——列国阶段的形态观》，载《战国副刊》第 20—30 期，重庆《大公报》1942 年 6 月 17 日、6 月 24 日。而在民族国家建设中，需要什么样人格的问题，林同济于 1940 年发表的《力!》就已经作出了明确的回答，在他看来，中国古代以“德”为中心的社会先天缺失“力”的精神，而宇宙的本质就在于“力”，随着西洋势力的东来，中国以“德”为中心的社会开始崩塌，在这个民族国家重建的过程中，“力”正是不可或缺的人格，并怒斥中国“鸦片可抽，‘花瓶’可搂，公款可侵，国难财可发，而‘力’的一个字，期期不可提!”的社会现状。[⑥] 这样，林同济完成了民族国家重建与个人主义的结合。林同济的“尚力”思想受到了尼采哲学的很大影响，这一点从林的人格论断中已不言而喻。然而在 1942 年发表的《寄语中国艺术人——恐怖·狂欢·虔恪》中，林同济却表现出了与尼采哲学截然相反的宗教意识，除却尼采哲学中对“人”的崇拜，林同济强调了形而上的宇宙崇拜。在林氏看来，即使是在“文化形态史观”中占据重要地位的“民族意识”

---

① 雷海宗：《历史的形态与例证》，载林同济、雷海宗：《文化形态史观》，大东书局 1946 年版。

② 雷海宗：《中国文化的两周》，载《中国文化与中国的兵》，商务印书馆 1940 年版。

③ 关于林同济更详细的传记请参看李琼：《林同济传略》，收入《天地之间——林同济文集》，复旦大学出版社 2004 年版，该书是目前笔者所见关于林同济文章收录最多的文集。

④ 参见许纪霖：《紧张而丰富的心灵：林同济思想研究》，载《历史研究》2003 年第 4 期。

⑤ 林同济：《战国时代的重演》，载《战国策》半月刊创刊号，1940 年 4 月 1 日；林同济：《民族主义与二十世纪——列国阶段的形态观》，载《战国副刊》第 20—30 期，重庆《大公报》1942 年 6 月 17 日、6 月 24 日。

⑥ 林同济：《力!》，载《战国策》半月刊第 3 期，1940 年 5 月 1 日。

与“个人意识”都不具有终极价值，在人格重建上需引入道家色彩。[①] 纵观林同济的文化思想，或许如许纪霖所说的“将儒家与道家、尼采与庄子的结合，展现出道家回归主义者的悲壮人格”一语，[②] 才是对其思想的最好总结。

3. **陈铨**

作为“战国策派”的核心人物之一，陈铨的作用主要体现在对尼采哲学的引入与“民族文学运动”的提倡上。温儒敏、丁晓萍指出陈铨对尼采意志哲学的借鉴，主要体现在权力意志和英雄崇拜两个方面。[③] 在《叔本华与红楼梦》、《尼采与红楼梦》两篇文章中，陈铨将叔本华与尼采分别与曹雪芹做了对比。在他看来，叔本华与曹雪芹有着相似的悲观主义基调与厌世情绪，正是这种情绪毁掉了中华民族的活力。面对抗战时期后方文人的悲观情绪，他力图在文化改造的过程中引入尼采勇敢、创造、强力的道德观念，[④] 摒除孱弱的国民性。达到这一目的的另一手段便是“民族文学运动”，将文学纳入文化形态的范畴，并通过对五四运动彻底抛弃中国文化，倒向西方文化的反思，力图建立一种植根于中国文化，“采用中国的题材，用中国语言，给中国人看”并对西方文化加以借鉴的民族文学用以培养中华民族的民族意识。[⑤] 当然，陈铨对尼采哲学的引入有偏激成分，“民族文学运动”的口号也缺乏相应的理论基础，但他在文化重建创想中的哲学与文学尝试的价值是不可磨灭的。

4. **何永佶**

翻检《战国策》、《战国》副刊、《华声》杂志中何永佶发表的作品，不难看出他的文章主要立足于政治学、国际关系的角度，对当时的国际政局进行深刻的考察。他先后提出了“大政治”、“外向政治”、“国力政治” 以及“战国外交”等命题，倡导在中国的外交中，以国家利益为上，并作为外交策略的准则。1940 年 4 月，何永佶在《战国策》第二期上发表了《论大政治》一文，开篇即提出“中华民族非要把他们传统的政治意识彻底转换方向，抛弃‘小政治’(Low politics)，而进展到‘大政治’(High politics)，然后才有出路”。并作了一个形象的比喻：“譬之一条金鱼：当其在金鱼缸时，‘悠哉游哉’，以为天下是一个‘信义和平’的世界，那里面没有鲨鲸鼋鳖，而只有青草白石的金鱼缸也的确是这样的世界。那条金鱼在这安乐窝的金鱼缸里住了几千

---

① 林同济：《寄语中国艺术人——恐怖·狂欢·虔恪》，《战国副刊》第 8 期，载重庆《大公报》1942 年 1 月 21 日。

② 许纪霖：《紧张而丰富的心灵：林同济思想研究》，载《历史研究》2003 年第 4 期。

③ 温儒敏、丁晓萍：《战国策派的文化反思与重建构想（代前言）》，载温儒敏、丁晓萍：《时代之波——战国策派文化论著辑要》，中国广播电视出版社 1995 年版。

④ 陈铨：《叔本华与红楼梦》，载《今日评论》4 卷 2 期，1940 年 7 月 14 日；陈铨：《尼采与红楼梦》，载《文学批评的新动向》，正中书局，1943 年 5 月。

⑤ 陈铨：《民族文学运动》，载《时代之波》，大东书局 1946 年版。

年，忽然被抛入大海，那里有的是海虎，海豹，海狮，海貔，海豺，海蛇，海蝎，各各垂涎它的金色的美，‘象以齿而焚身’，这条金鱼也许就因自己的美丽而遭不测。把‘中国’二字代替‘金鱼’，就可知我们的处境之危。国人犹以为现在仍是‘金鱼缸’的政治，而不知早已变为‘大海洋’的政治了”。何永佶认为，中国欲在“大海洋”里生存，首先要加强自己的力量，然后还需具备一种“海洋大政治意识”，要进行“纵横联合”。

继《论大政治》之后，何永佶先后发表了《反对与反叛》、《富与贵》、《欧战与中国》、《龙虎斗》、《君子外交》、《希特拉的外交》等文章，对二战的时局、大国的关系，特别是对德国的外交进行了分析，对希特勒的外交政策有所赞誉。他希望先把“主义”放在一边，一切以国家安全为上。联系当时中国需要救亡图存的时代背景来看，何永佶的这些主张多是出于对国家利益的文人式的关怀，与所谓的宣扬“法西斯主义”是需要区别看待的。

5. **贺麟**

有学者将贺麟定义为一个西化论者，[①] 事实上是有待商榷的，作为“战国策派”的核心人物之一，贺麟有着自身对儒家文化与西方文化的独到见解。在贺麟看来，中国近百年的危机实际上是一个文化危机，而文化危机的根源在于西方文化的输入，这事实上是对中国固有文化的考验。[②] 出于“战国策派”对新文化运动的反思，在中西文化的问题上，贺麟反对“全盘西化”的民族虚无主义，更主张中西文化相互印证，融合汇通，在哲学的角度即是“西洋哲学中国化与中国新哲学之建立”。[③] 将文化与历史相结合，植根于中国文化进行文化重建，才是作为“战国策派”重要成员的贺麟的文化主张。

7. **陶云逵**

与雷海宗、林同济、陈铨等人不同，陶云逵的学术领域主要是西南边疆少数民族研究，再加上去世较早，目前存世的体现“战国策”派思想的文章仅有寥寥数篇。不过，虽然作品极少，但是其中《力人——一个人格型的讨论》一文已经成为体现“战国策派”思想的重要作品之一。

针对当时大后方弥漫的妥协颓废的精神，一些“战国策派”的学者开始倡导“力”，呼吁“力人”的出现，并对中西人的风格进行反复的对比，对中国人的国民性进行内省、反思和批判。林同济的《力!》、陶云逵的《力人——一个人格型的讨论》、何永佶的《中西人风格一较》、郭岱西的《中国人之所以为中国人》等，都是此类作品

---

① 参见胡军：《贺麟：另一位西化论者》，载《中国哲学史》2004年第2期。

② 贺麟：《儒家思想的新开展》，载《文化与人生》，商务印书馆1988年版。

③ 贺麟：《黑格尔哲学讲演集》，上海人民出版社1986年版，第662页。

的代表。其中，陶云逵提出了“力人”的概念。何谓力？根据陶云逵的叙述，力是与“无力”相对的；有力的人格就是主人型的人格，是与“奴隶型”的人格相对的。他认为，几千年来中国民族被奴隶型的毒菌所啮吮，“力人”经过几千年的反选择，现在已经“寥寥如凤毛麟爪”了。但是要达到人类最高的理想“真”与“美”，只有力人才能做到。因此力人是“可珍贵”的，我们得“保卫力人的种籽，培养它，使它生长，开花，结种，繁殖”，只有这样，“幽暗世界才会变成一片光明”。陶的文章所传达的，是一种“尚力”的主张，他的观点与林同济提倡“战士式的人生观”、陈铨所谓的“英雄崇拜”有异曲同工之处。

除上述“战国策派”代表人物外，本书还选录了郭岱西、沈从文、洪思齐、冯至的文章。这些人的文章虽在“战国策派”的报刊上发表，但不一定皆属于“战国策派”中人，只不过某些思想观念与“战国策派”有共鸣。选录进来，有助于体现“战国策派”思想的丰富性，并能强化我们对该派思想的多重理解。

二、战国策派的主要思想

温儒敏、丁晓萍在《战国策派的文化反思与重建构想》中，从“战国时代的重演”论与民族性格自审、意志哲学的移用与文化重建的构想、狂飙运动的借鉴与五四运动的反思、民族文学运动的提倡四个方面对“战国策派”主要思想做了全面的论述，颇为精确。笔者也将基本按照这四个方面，对“战国策派”的理论与实践作简要的介绍。

1. “文化形态史观”下“战国时代的重演”

“文化形态史观”又称“历史形态学”，系“文化形态学”在历史学领域的体现，即把文化（或文明）视为一种具有高度自律性，同时具有生、长、盛、衰等发展阶段的有机体，并试图通过比较各个文化的兴衰过程，揭示其不同的特点，以分析、解释人类历史发展的进程。雷海宗与林同济等人将其作为“战国策派”文化重建的重要理论依据，而他们的“文化形态史观”的思想带有明显的斯宾格勒与汤因比的痕迹。

1918 年斯宾格勒出版了《西方的没落》一书，猛烈地抨击了盛行的“西方中心论”思想，建立了一套全新的评估世界历史的理论体系。他从文化的角度出发，将世界历史分为埃及文化、巴比伦文化、印度文化、中国文化、古希腊罗马的古典文化、玛雅文化、伊斯兰文化及西欧文化八个自成体系的文化单元，每一种文化都有其盛衰兴亡的生命周期，同时指出西欧文化以外的七个文化已经僵化或者死亡，经历了第一次世界大战的西欧文化也无法摆脱这一命运。[①]

汤因比于 1934 年开始出版，至 1961 年完成的共 12 卷的《历史研究》一书则是对

① 斯宾格勒：《西方的没落》，黑龙江教育出版社 1988 年版，第 333 页。

斯宾格勒理论的继承和发展。他也从文化的角度出发，将世界历史分为若干个文化单元，每个文化单元都会经历发生、成长、衰落、崩解四个阶段。但在《西方的没落》中，斯宾格勒认为八个文化单元是相互独立发展的，“渊源之类的东西是不可能有的，一种文化和另一种文化之间没有任何积极的关系”，[①] 同时每一个文化单元在经历了衰亡的阶段后，便再无重新出发的起点。而在汤因比看来，文明的进程像一个飞轮，历史正是在这种循环往复中实现发展。不仅如此，每个文化单元之间并不是毫无联系的，他强调了文化单元之间的关联性，即使每个文化单元并不是同时开始且都有自己的独立起源，但汤因比为它们找到了价值相等的哲学依据，以此将不同的文化单元在哲学上假定为同一时代，[②] 哲学上的等值性为文化单元之间的等时性与可比性提供了可能。

雷海宗在斯宾格勒与汤因比的影响下，从文化多元的角度出发，将世界文明分为埃及、巴比伦、中国、印度、希腊罗马、伊斯兰教、欧西七个自成体系的区域。根据斯宾格勒与汤因比对文化单元发展阶段的划分，林同济与雷海宗也分别提出了文化区域三段和五段式的发展轨迹，林同济认为文化的发展经历了封建阶段、列国阶段、大一统帝国阶段三个阶段，[③] 雷海宗则将其分为封建时代、贵族国家时代、帝国主义时代、大一统时代以及政治破裂与文化灭亡时代五个阶段，[④] 两人划分的意思实际上是一样的。雷海宗对每一个阶段的特征和精神特点做了具体的说明：

> 在一个文化的发展上，第一个阶段就是封建时代，前后约六百年。此时的政治，社会与经济的现象都很特殊。政治上的主权是分化的。在整个文化区域之上，有一个最高的政治元首，但这个元首并不能统治天下的土地与人民。所谓“普天之下，莫非王土，率土之滨，莫非王臣”，在当时不过一种理论与理想而已……
>
> 封建时代的第二个特征，是社会阶级的法定地位。有史以来，阶级的分别是一个永恒的事实。但大半的时候，这种阶级的分别，只是实际的，而不是法律所承认并且清清楚楚规定的。只是在封建时代，每个人在社会上的地位、等级、业务、权利、责任，下至衣食住行一般日常生活的方式，都是由公认的法则所分派的，并且阶级的地位是世袭的，贵族的子孙，世世代代永为贵族，平民的子孙，世世代代永为平民。同一贵族或平民的阶级之内，往往又有许多小的等级或职务的分别，小分别之间的界限往往也是相当严格的。
>
> 封建时代的第三个特征是经济的特征，就是所有的土地都是采地，而非私产。

---

① 柯林伍德：《历史的观念》，中国社会科学出版社 1986 年版，第 208 页。

② 汤因比：《历史研究》上册，上海人民出版社 1986 年版，第 53 页。

③ 林同济：《战国时代的重演》，载《战国策》半月刊，1940 年 4 月 1 日。

④ 雷海宗：《历史的形态与例证》，载林同济、雷海宗：《文化形态史观》，大东书局 1946 年版。

自由买卖，最少在理论上不可能，实际上也是不多见的。所有的土地都是一层一层的向下分封，分封的土地就是采地……

在精神方面，封建时代是宗教的天下。国家的每种大典，婚丧生育的人生大事，以至团体或个人的许多例行事务，几乎都为宗教的规则所围范。宇宙间充满了神力，大小的神祇可以多至不可胜数。一般人对于神灵既恐惧，又依赖，有时敬爱心理也有发生。无论是恐惧或依赖，或敬爱，一概都要由崇拜的外仪来表现。

历史的第二个阶段，可称为贵族国家时代，前后约三百年，是一个以贵族为中心的列国并立的时代。封建的晚期，当初本不太强的中央共主渐渐全成傀儡，有时甚至整个消灭。各国内部的卿大夫以及各级的小贵族也趋于失败，夺上御下，占尽一切利益的，是中间的一级，就是当初封建各国的国君。最后他们各把封疆之内完全统一，使全体的贵族都听他的指挥，同时他们自己却彻底脱离了天下共主的羁绊。天下的共主至此失位或者完全消灭，或者名存实亡。主权分化的现象已经不复存在。整个的天下虽未统一，但列国的内部却是主权集中的。社会上的士庶之分，在理论上仍然维持，在政治各部门辅助国君的也是贵族居多。但平民升为贵族，实际已非不可能，并且也不太难。在经济方面，井田一类的授田制尚未正式推翻，但自由买卖的风气已相当地流行。各国内部已统一，小的纷乱当然减少到最低的限度；至此只有国际间的战争，而少见封建时代普遍流行的地方战乱，贵族阶级在封建时代已经开始修养的侠义精神与斯文仪式，至此发展到最高的程度，在不与国家的利益冲突的条件之下，他们对待国界之外的人也是尽量的侠义有礼。国际的战争大致仍很公开，以正面的攻击为主，奇谋诡计是例外的情形。战时的死伤并不甚多，战场之上也有不可轻易破坏的礼仪。战争的目的只求维持国际的均势，没有人想要并吞天下。国际的战争虽然难免，但天下的大局是大致稳定的。

在精神方面，宗教仍占主要的地位。但唯理的思想已经开始，渐盛，最后发展到极峰。一个文化对于宇宙人生问题的伟大解释与伟大答案，都产生于此时。伟大的哲人与诗圣，也都是此时的人物。

文化的第三个阶段，是帝国主义时代，前后约二百五十年。第二第三两期之际，必发生惊天动地的政治、社会与经济的大革命。革命的结果，贵族阶级被推翻，过去日渐得势的平民阶级，至此夺得政权，临时在表面上实现了一个全民平等的社会。最初的一百年间，政治社会生活的各方面，往往可谓大体美满，但社会的骚动与国际的大战很快的就把这种美满的境界毁灭。阶级既然毁灭，全民既然平等，大家就都有效命疆场的义务。当兵，在封建时代是贵族的权利，贵族国家时代的军队仍以贵族为主，平民的小兵完全要受贵族将官的指挥。进到帝国主义时代之后，全民皆兵的征兵制成立，大规模的战争，惨酷无情的歼灭战，成了国际野心家所专研的战争方法。战场以大量的屠杀为最高的目的，以便消灭对方的实力，最后占据对方的领土，灭掉对方的国家。前一时代的斯文战争，至此已不再见，列国的数目，尤其是强国的数目，日渐减少，最后只剩三两个大国，各自率领附属的小国，互作死拼的决战。

在不断的大战与大乱之中，文物开始遭受浩劫，战争时无意的破坏，当然古今难免，但此时因战争的特别激烈，所以摧残尤厉。并且在无意的破坏外，还有由于各国政策所产生的故意的文化摧残。经过短期间思想自由的阶段之后，焚书坑儒一类的办法渐渐成为常事。与国家政策不合的文字，对于当权者不利的文人学士，轻则被弃，重则被毁、被逐，或被戮。在思想方面，这是一个回光返照的时代。短期之间，百家争鸣，在表面上似乎非常热闹。但思想趋于派别化，伟大的创造思想家并不多见。最后连派别化的思想也趋于消沉，只剩下毫无中心见解的杂家，东拼西凑的去写许多杂乱无章的大书。

文化的第四个阶段是大一统时代，前后约三百年。长期的酷战与大乱之后，一个独强，并吞天下，实现了封建时代可望而不可即的理想，就是整个文化区的大一统局面。至此，无论名义如何，政治必然是专制独裁的。此时人心已感疲倦，精神渐渐不支，不能再过从前那种紧张悲壮的生活，不能继续维持过去那种丰富复杂的文化。专制的皇帝与他的左右，现在替天下的人解决一切的问题，个人无需再过分的努力自苦。天下大致是太平的，内乱当然难免，边患也不能去除，但兵荒马乱的事，的确较前大为减少，一般人的物质生活大致安逸。但这只是更加增进心理的松懈与精神的涣散。社会的颓风日愈明显，最后一泻千里，不可收拾。

尚武的精神急速的衰退，文弱的习气风靡一世，征兵制不能维持，只得开始募兵，最后连募兵都感困难，只得强征囚犯奴隶，或召募边疆归化的夷狄来当兵。但在最后的崩溃尚未来临之前，帝国的疆域往往可以扩展到空前的程度，许多边外的夷狄，或因慕化，或因畏威，都归顺投降。帝国也自动的征服许多新土。但表面的庞大，并非内在伟大。毁灭的命运必然很快地来临。

思想学术与文艺，都急剧地退步。思想趋单调。政府受了潮流的影响，往往也推进思想一尊的趋势。或因政见的不同，或因文人的偏激，政府时常与思想界发生冲突，大规模的焚书坑儒都是此时所演的惨剧。局面稳定之后，思想学术定于一尊，真正的哲学消灭，文人全失创造的能力，只能对过去的思想与学术作一番解释、研究与探讨的工夫，并且其中时常夹杂许多附会、误会与望文生义的现象。一言以蔽之，文化至此已经前途若非很快地死亡，就是长期地凝结。

第五个文化阶段，最后的时代，是政治破裂与文化灭亡的末世。时间不定，可长可短。这是三百年大一统时代后无从幸免的一个结局。政治日愈专制，日愈腐败，日愈野蛮。社会的机构，一代不如一代，最后极端的个人主义，自私自利主义，变成社会生活的主要原动力。内乱迭起，外患也因而日愈严重。当初灿烂的文明帝国，往往被边疆的蛮夷侵占征服。古老的文化，从此可以一蹶不振，以致死亡。有时外族被同化，文化临时又有短期的生气，但同化的外族，不久也腐化，又被其他的外族征服。传统的政治文化，最后总有完全毁灭的一天。①

在汤因比对文化单元等值性与可比性的哲学论述基础上，雷海宗、林同济等人也对中外文化加以比较，创建了“战国时代的重演”这一极具创新意义的文化改造理论。林同济以《战国时代的重演》为题，认为“历史上自成体系的文化，只需有机会充分发展，不至中途被外方摧残而夭折者，都要经过一个‘战国时期’”，希腊罗马、埃及、印度都有自己的“战国时代”，在中国就是从吴越战争至秦始皇兼并六国的二百五六十年时间。而从世界文化发展趋势来看，当时的中国已经处于世界文化的“大战国时代”之中了。② 他还进而指出，“战国时代”的文化是战的文化，以中国当时“大一统时代”残留的慵懒气质是无法在“战国时代”生存的。他结合中国的时局，认为在民族危亡的时代，只有再倒走两千年，回到“战国时代”，对两千年来的祖传文化重新审视，才能建立新的行之有效的文化重建方略。

针对“战国时代的重演”的理论，雷海宗将中国古代“兵”的文化引入文化重建构想中。在雷海宗看来，当时的知识分子虽然受到了西方的新式教育，但并没有学到西方的尚武精神，在抗战中缺乏舍生忘死的赴难精神，缺乏了“春秋以上文武兼备的理想”，③ 他将之称为“无兵的文化”。在此基础上，指出军队的素质是国民素质的重要表现，也是一个民族文化与精神状态的反应，以此来批判当时的国民劣根性，建立文化重建的新理论。

在借鉴斯宾格勒与汤因比“文化形态史观”的同时，“战国策派”也有自己的创新。根据汤因比文化循环发展的理论，雷海宗就提出了“中国文化独具两周”的观点。在对中国历史审视的过程中，雷海宗发现到了淝水之战时，中国历史已经历了他所提出的五个发展阶段，但并未因此衰亡，反而进入了一个新的发展周期，因此以公元383年为界，将中国历史分为由殷周时代到淝水之战和淝水之战至清末以下两个周期。④ 他认为，中国文化独具二周是人类文化发展史上的奇迹，同时想到，既然中国

① 雷海宗：《历史的形态与例证》，载林同济、雷海宗：《文化形态史观》，大东书局1946年版。

② 林同济：《战国时代的重演》，载《战国策》半月刊，1940年4月1日。

③ 雷海宗：《君子与伪君子——一个历史的观察》，载《今日评论》，1939年1月22日。

④ 雷海宗：《中国文化的两周》，载《中国文化与中国的兵》，商务印书馆1940年版。

文化能够独具二周，就有进入第三周的可能。于是他热情地宣扬抗日战争并不是中日两国的战争，而是世界“大战国时代”的组成，对中国来说固然痛苦，但是这正是中国文化周期交替的特征，既是挑战也是机遇，号召大家抓住机遇，重新审视中国文化，确立中国文化的地位，建设新的文化重建理论，努力将中国文化推入第三周。①

从“战国策派”的“文化形态史观”理论来看，他们的思想与汤因比的理论更为接近，但同时也受到斯宾格勒的影响。他们依据“文化形态史观”所创建的具有中国特色的文化形态理论，具有毋庸置疑的文化意义与史学意义。

2.“狂飙运动”下对“五四新文化”的反思

一般认为，中国对传统文明的批判、对文化重构的探讨成为有规模的思潮是从五四时期开始的。“战国策派”在抗日战争时期再次提出文化重建，显然是与五四时期的文化重建理论存在差异的，并且从“战国策派”的言论中，明显的渗透着对“五四新文化”的反思。那么了解“战国策派”对“五四新文化”的评价，对研究“战国策派”的文化重建构想是很有意义的。

基于主要成员的普遍留德经历，在反思“五四新文化”时，“战国策派”选择了德国的“狂飙运动”作为标尺。“狂飙运动”是18世纪70年代到80年代德国资产阶级的文艺运动，以音乐家克林格的歌剧《狂飙突进》而得名，它反对封建格局，批判死气沉沉的封建文学和封建道德，提倡个性的解放，强调“自然”、“天才”和“民族”。赫尔德是“狂飙运动”的理论指导者，他在反对陈规旧律的同时特别强调了“民族精神”。赫尔德认为人类和自然的成长与衰颓都是依循相同的法则，因此将历史视为所有人类共通的有机演变，而显示于各民族特有文化的发展中。在各民族文化发展的基础之上，产生一种以文学和艺术为外在表现的“民族精神”。同时他反对视某一民族的文化高于其他民族的文化，认为文化均等且各有其价值。歌德和席勒是“狂飙运动”的代表人物，歌德的《铁手骑士葛兹·封·柏里欣根》与《少年维特之烦恼》、席勒的《阴谋与爱情》作为“狂飙运动”时期的代表作品，热情洋溢地宣扬了反封建的立场，提倡个性解放和“民族精神”。

“战国策派”首先肯定了五四运动对中国数千年传统思想重估的价值以及这种重估对人性解放的意义，对五四运动作为中国文化的“启蒙运动”和它“破”的作用是充分认可的。但在“狂飙运动”的标尺下，“战国策派”并不满足于对传统文化的“破”，而在“立”上有着更强烈地追求。一般认为德国的“狂飙运动”是“启蒙运动”的延续，“战国策派”将“狂飙运动”作为衡量“五四”新文化的标尺，或许也有将自身的文化重建理论作为新文化思想的延续的意思。

---

① 雷海宗：《中国文化的两周》，载《中国文化与中国的兵》，商务印书馆1940年版。

“战国策派”认为，五四运动的成绩和意义是远不及“狂飙运动”的。陈铨在《五四运动与狂飙运动》中指出：“今后局面愈来愈艰苦，五四运动一套的思想，并不能帮助我们救亡图存，第三期的学术思想，已经到来，我们需要一番新的觉悟，新的人生观，新的办法，关于这一方面，德国的狂飙运动，孙中山先生一贯的民族主义，都是我们不可忽视的指南针”。[①] 可见，“战国策派”对“五四”新文化的文化理论并不完全认可，主要就是因为“五四”新文化缺乏民族精神，具体体现在对东西文化的态度上。“文化形态史观”的指导思想决定了“战国策派”文化融合的去向，他们强调“战国时代的重演”，回到两千年前的战国时代重新评判中国文化，同时汲取列国文化，才能实现文化的重建与发展；同时，在强烈的“民族精神”影响下，他们强调汲取两千年来“民族文化”缺失的部分，如“兵”的文化。对待西方文化，“战国策派”不否定西方新式教育的引入，但认为更需要汲取西方现今的思想文化，如“力”的文化。实际上“兵”的文化与“力”的文化在当时中国，都有着改造孱弱国民性的共同内涵。而“五四新文化”思想者们“把战国时代认为春秋时代”、“把集体主义时代，认为个人主义时代”、“误认非理智主义时代，为理智主义时代”，使得五四时期的文化重建理论看似反儒家，“却与儒家理论”没有什么区别，忽视了民族主义而过分强调极端的个人主义。[②] 因此“五四新文化”的文化重建理论无法达到“狂飙运动”的高度，也不能在抗战时期特殊的历史条件下，帮助中国与中国文化走出困境。

林同济则在《优生与民族——一个社会科学家的观察》中提到，“真正的个性解放并不与集体团结心相冲突……抗战期间的文化方向，一方面必须辟出新途径，把集体组织化，一方面也必须继续五四的作风，向个体上做进一步的合理的解放。如果个体解放必须在集体组织的范围内推行，集体组织也必须在解放了的个体上建立。在这点上想，五四运动与抗战期内的精神总动员，乃在一条直线上，并不是对垒而立的。”[③] 与陈铨相比，林同济对五四运动的批判较为缓和，他并没有割断五四运动与抗日战争的关系，认识到了五四精神具有延续性。在个人主义与民族主义关系上，他也并没有对个人主义全盘否定，认为个人主义是有必要的，可是在抗日战争的大背景下，个人主义的发展应当以民族主义的实现为前提。

综合来看，“战国策派”通过对五四运动的反思，在肯定了五四运动思想启蒙作用的基础之上，以民族主义为主要出发点指出了五四新文化的不足。

---

① 陈铨：《五四运动与狂飙运动》，载《民族文学》1卷3期，1943年9月7日。

② 陈铨：《五四运动与狂飙运动》，载《民族文学》1卷3期，1943年9月7日。

③ 林同济：《优生与民族——一个社会科学家的观察》，载《今日评论》1卷23期，1939年6月4日。

3. 意志哲学与“战国策派”对战时人格的设想

尼采的意志哲学是“战国策派”思想的一个重要来源。“战国策派”的重要人物如林同济、陈铨等对于尼采都有深入研究。

林同济曾经说他平生中是最爱读尼采的，他认为尼采发现了西方文化的中心病象，认为尼采的超人学说只是一种诗意的憧憬，一种乌邦托的梦想，却是把宗教家超于人的高度认合于道德家入于世的热力，再透过苏格拉底以前的希腊异教的自卫精神、唯美精神而烧灼出他心目中所独有的理想人格。面对中国日益深重的民族危机，林认为尼采的思想本质是西方现代文化精神的起源。“五四”时期，尼采的超人理想人格与积极进取的人生观，有力地推动了中国的个性解放潮流。面对战国时代的世界大势，重提尼采思想，是进一步改造古典文化柔性特质即国民劣根性，为中国文化重建注入新鲜气质，加速中国文化现代化的必然选择；利用尼采思想将“五四”之后中国知识界的个性自由潮流导入民族救亡，也可为提高抗战士气，培养中国人阳刚特质作出贡献。

除了林同济之外，陈铨受到尼采的影响最深，而且他对尼采的研究也更深入和系统。陈铨的关于尼采的一系列论文《从叔本华到尼采》、《尼采的政治思想》、《尼采的道德观念》系统地介绍了尼采的思想。陈铨对于尼采对国家的态度，对于力的态度的介绍，都让尼采的思想在中国得到了更广泛的传播。陈铨认为：“假如战争是人类进化不可少的工具，那么民主政治和社会主义，自然不适宜于战争，得不着尼采的同情。至于现代国家，政治的组织，法律的规定，使天才不能发展，领袖不得自由，在尼采看来，也在推翻之例。”他进而认为尼采的政治思想“是近代政治思想家中，最前进的，最革命的，最富于理想的，同时也可以说是最贵族的。”中国近代以来，一直存在着要将西方最先进的思想输入中国的观念，从而使中国能够从最落后的国家一举而变为最先进的国家，这种想法显然也体现在陈铨对尼采的学说的输入中。

温儒敏与丁晓萍多次在他们的文章中强调“战国策派”对尼采意志哲学的引入“是出于文化思考的，目的在于文化重构……文化重构的中心问题是健全国民性格，焕发民族生力，而提倡尼采，是他们开的一种药方”。[①] 按照雷海宗“文化形态史观”的看法，中国文化的第二周的特征是佛教等外来文化的浸入，正是佛教等文化与儒家、道教思想一起，使中国社会一改三代以来的“尚武”面貌，社会变成了“仁”的社会。而战时改造国民性，就是要一改两千年来中国“仁”的社会中的懦弱与惰性。在“战国时代的重演”理论下，回到战国时代融合各国文化以寻求中国文化出路的尝试，使

---

① 温儒敏、丁晓萍：《战国策派的文化反思与重建构想（代前言）》，载温儒敏、丁晓萍：《时代之波——战国策派文化论著辑要》，中国广播电视出版社 1995 年版。

“战国策派”学人发现了德国以权力意志为核心、推崇英雄崇拜的尼采意志哲学确是治疗中国文化疾病的良药。陈铨通过《叔本华与红楼梦》、《尼采与红楼梦》两篇文章，将两位哲人的思想分别与《红楼梦》所表达出的中国千年以来的文化气质作比较，认为叔本华与曹雪芹在悲观主义的论调上极为相似，但是他们的悲观主义和解脱思想在现实中的实现是有很多困难的，更不用说是救世。① 相比之下，陈铨以为研究叔本华只能解释《红楼梦》，而研究尼采则能够进一步批评《红楼梦》，通过尼采对叔本华由接受到抛弃的过程，肯定了尼采乐观人生态度和坚强意志对于文化发展的巨大意义，在陈铨看来，尼采与曹雪芹作品中的主要人物萨亚涂师贾和贾宝玉的最终结局正是对这两种哲学的最好诠释。② 在意志哲学的影响下，“战国策派”呼吁英雄的出现，将如何改变教育方针，打破士大夫阶级腐化的风气，发扬中国民族潜在的精神，养成英雄崇拜的风气，作为当时中国最急切的问题。③ 需要注意的是，这种英雄崇拜并不是个人主义的泛滥，“战国策派”批判“五四”时期对个人主义的倡导，在抗日战争时期提出英雄崇拜，号召大家都做英雄，与林同济民族主义下发展个人主义的主张是相应的，体现了“战国策派”对国民性改造的迫切要求。

由于尼采意志哲学曾被希特勒用来进行思想宣传，也为“战国策派”带来了为法西斯主义张目的恶评，但如前面所强调的——若抛开政治局限，将“战国策派”作为一个思想文化史研究对象，就不难看出“战国策派”在文化改造上的创想与业绩了。

4. 民族文学运动的口号

“五四”以来，“国民性”、“民族性”成为中国知识分子最主要的思想话题之一。到 20 世纪 40 年代，在日益艰难的抗战形势下，“战国策派”除了在思想领域呼吁重塑“民族精神”之外，也把其民族国家观渗透到了文学领域，要求文学体现中国民族特色，并试图通过文学影响和重塑中国的国民性，就此掀起了一场民族文学运动。这场运动最主要的代表人物是陈铨，他除了发表《民族运动与文学运动》、《民族文学运动》、《盛世文学与末世文学》等文章之外，还以民族文学理论为指导，创作了一系列小说、戏剧，扩大了这场运动在当时的影响。除陈铨之外，林同济也于 1942 年在《战国策》副刊上发表《寄语中国艺术人——恐怖·狂欢·虔恪》一文，提出文学创作的三母题：“恐怖”、“狂欢”和“虔恪”。

关于民族和文学的关系，陈铨认为，“一个民族对于世界文学要有贡献，必定要有一些作家，把他们的民族文化充分表现出来。一位作者，在世界文学史上要占一页篇幅，一定要有一些作品，代表他民族特殊的性格。”所以他主张“民族和文学，是分不

① 陈铨：《叔本华与红楼梦》，载《今日评论》4 卷 2 期，1940 年 7 月 14 日。

② 陈铨：《尼采与红楼梦》，载《文学批评的新方向》，正中书局 1943 年版。

③ 陈铨：《论英雄崇拜》，载《战国策》半月刊，1940 年 5 月 15 日。

开的。一个民族能否创造一种新文学，能否对于世界文学增加一批新成绩，先要看一个民族自己有没有民族意识，就是说它自己觉不觉得它是一群和世界上任何民族不一样的人。假如这一种感觉还没有发达，这一个民族的文学家，一定会成天仿效外国，不能有独立的贡献，它的文学，也不值得世界上的人尊重欣赏”。[①] 可以看出，陈铨的民族文学观是与“战国策派”从一开始就抱定的“民族至上，国家至上”的宗旨是一脉相承的。

在另一篇文章中，陈铨又指出：“一个时代的盛衰，一种文化的升降，往往可以从当时此地民族精神生活表现的形态探讨出来。文学是民族精神生活表现最鲜明的形态，所以研究文学的现象，对于这一个民族前途的转变，至少可以说出一个大概。”[②] 他认为要判断一个国家和民族有没有前途，且看它的文学作品是“盛世文学”还是“末世文学”即可。两种文学有明显的区别：盛世文学的作者“对人生是肯定的”，因为“在这一种时代，大家不感觉生活的无聊，他们的内心也许会有希腊英雄的悲哀，哈孟雷特的疑惑，浮士德的痛苦，但是悲观，疑惑，痛苦，只能深刻化他们对人生尝受的意义，他们的活动，反而因此更趋积极，他们的人格，反而因此更见伟大，他们对人生的态度，始终是肯定的，不是否定的”；而末世文学的作者“对人生是否定的”，因为“整个的民族，已经没有朝气，他们不积极工作，他们只消极思想，生活在他们是沉闷的，无聊的，怎么样看透一切，享受一切，玩弄一切，是他们努力的方向。他们要聪明，图消遣，他们内心充满了悲哀。世界的空气是压迫的，人生的担子是沉重的，惜花饮酒，吟风弄月，也不过想游戏游戏，消磨此‘大无可如何之日也’”。鉴别的另一个标准是，盛世文学“往往表现人类伟大的精神”，“盛世的文学家，发现人类活动过程中，充满了生命的意义，伟大的使命。他们欢欣，赞美，抱无穷的希望……他们文章的技术，也许粗疏，但是他们的气魄，却是雄浑，奔放。他们的著作是伟大精神的表现，他们已经超出文字的范围”；而末世文学家则“根本不承认人生有什么伟大，他们觉得一切都没有意义，没有希望，人类是可怜虫，他的努力，可笑，盲目，白费功夫……他们只好在文学本身上，卖弄他们的技巧”，“吟成五个字，捋断数行须”。至于盛世文学与末世文学的第三个区别，陈铨则借用康德的美学名词把前者称为“壮美的”，因为“盛世的文人，气魄雄厚，力量充足，他们喜欢寻求壮美的对象”；而后者是“幽美的”，因为“末世的文人，意志消失，力竭精疲，他们只想在漫漫长夜的生命途程中，寻求一种暂时休息之所，他们喜欢描写的，自然是幽美的目标”。基于两种文学的以上区别，陈铨呼吁能够在这个“伟大的时代”，产生一个“伟大的盛世的新

---

① 陈铨：《民族运动与文学运动》，载《文学批评的新动向》，正中书局1943年版。

② 陈铨：《盛世文学与末世文学》，载《文学批评的新动向》，正中书局1943年版。

文学运动”。

那么，到底何为“盛世文学”呢？陈铨身体力行地创作了大量的作品，如长篇小说《狂飙》，剧本《野玫瑰》、《蓝蝴蝶》、《金指环》、《无情女》等，塑造了一系列“牺牲儿女私情，尽忠国家民族”的人物形象，在社会上引起了一定的反响。在当时民族危亡的关头，陈铨希望通过他笔下那些英雄式的人物，唤起中国人的民族精神，同时也实践他的政治理想。在陈铨看来，政治与文学是紧密不可分割的，他对二者的关系做过这样的阐述：“政治和文学，是互相关联的。有政治没有文学，政治运动的力量不能加强；有文学没有政治，文学运动的成绩也不能伟大。现在政治上民族主义高涨，正是民族文学运动最好的机会；同时民族政治运动，也急需文学来帮助它，发扬它，推动它。”[①] 也许正是因为对政治的过分关注，对“民族”、“国家”的过分强调，对“英雄”的过分推崇，以陈铨为代表的“战国策派”文学家遭到了左翼理论界的质疑和批评，认为他们与国民党政府声气相通，并“抹杀了人民群众在民族文学运动中的作用”。[②]

陈铨曾在《民族文学运动》一文中对这场运动的意义进行过明确的界定。他认为：

第一，民族文学运动不是复古的文学运动。

第二，民族文学运动不是排外的文学运动。

第三，民族文学运动不是口号的文学运动。

第四，民族文学运动应当发扬中华民族固有的精神。

第五，民族文学运动应当培养民族意识，民族意识是民族文学的根基。

第六，民族文学运动应当有特殊的贡献。怎么样才能够有特殊的贡献呢？要采中国的题材，用中国语言，给中国人看。这三个原则，是民族文学运动的规矩准绳，中国作家不容忽视。

以上六条，可以作为“战国策派”民族文学运动的总纲。虽然该派民族文学观的思想来源很大程度上根植于德国文学和哲学理论，特别是带有“狂飙运动”的深刻烙印，但是他们又运用这些理论对中国的民族文学和民族精神进行了关照，从而形成了自己独特的文学理论体系。

三、结语

目前，“战国策派”的研究已经有了一个良好的局面，越来越多的学者将“战国策派”作为一个思想文化史研究对象来加以认真考察。正如开篇所言，本文无意于对前

---

① 陈铨：《民族文学运动》，载《时代之波》，大东书局 1946 年版。

② 季进、曾一果：《陈铨：异邦的借镜》，文津出版社 2005 年版，第 84 页。

人的研究成果加以评判和修正，更多的还是对“战国策派”的代表人物及其主要思想作简要的介绍，目的在于强调“战国策派”作为一个文化团体的重要性。不再用当代标准作为衡量历史团体及人物的准则，而将其置于其本身的时代语境中，以还原其思想本来面貌作为主要目的的学术研究，才能使“战国策派”学人的努力、尝试、成败得失被公正看待。这里将“战国策派”学人的主要著述集于一册，也正是要为此提供一些便利，同时也为对“战国策派”有诸多兴趣的读书人提供一个可靠的基础文献。

雷海宗

雷海宗（1902—1962），字伯伦，河北省永清县人。1919年考入清华学校高等科。1922年毕业后公费赴芝加哥大学留学，主修历史学，副修哲学。1924年于芝加哥大学研究院历史研究所攻读博士学位，1927年以《杜尔阁的政治思想》通过答辩获得哲学博士学位。同年回国后，先后任中央大学史学系副教授、教授、系主任，兼任金陵女子大学历史系教授。1927至1931年任中国文化研究所研究员，1931年至1932年任武汉大学史学系、哲学教育系教授，1933年至1938年任清华大学历史系教授，1938年至1946年任西南联合大学历史系教授、系主任、文学院代理院长，1946年至1952年任清华大学历史系教授、系主任、文学院代理院长，1952年起任南开大学历史系教授、世界史教研室主任。期间与黄曝寰共同主编《中央大学》半月刊，与林同济等人主编《今日评论》、《战国策》半月刊、重庆《大公报·战国副刊》及《周论》等报刊。主要著作有《文化形态史观》（与林同济合著）、《中国文化与中国的兵》、《西洋文化史纲要》等，编有《世界上古史讲义》教材并翻译了斯宾格勒《西方的没落》中的重要章节。1962年12月因尿毒症及心力衰竭在天津病逝，享年60岁。

历史的形态与例证（节选）

所谓历史，有特殊哲学意义的历史，并不是由开天辟地以迄今日演变的种种。历史的时间以最近五千年为限。前此的发展是天文学、地质学、生物学与人类学的园地，与正当的历史学无关。旧石器时代的各种人类，与今日的人类，属于生物学上不同的物种，我们虽也承认他们为“人”，但他们究竟“非我族类”，他们的活动与我们的活动在根本上大异其趣，不能用同样的标准去衡量。进入石器时代，有了一种新的人类，那就是我们今日世界上已开化与未开化的各种民族的祖先。但在公元前3500年以前，世界各地的新石器文化，仍然一脉相通，北非与东亚之间，或西欧与中亚之间的新石器文化，并无显著的分别。所以此一阶段也仍属于人类学的范围。

但在公元前3000年左右或略前，最早或可追溯到3500年左右，不知由于何种外来的影响或内发的力量，在清一色的新石器世界中，有两个地方发生了变质的作用，就是埃及与巴比伦。自此以后，地面各处或先或后的都脱离了石器的阶段而进人历史文化的阶段。据今日所能确知，五千年来的高等文化区域共有七个：埃及，巴比伦，印度，中国，希腊罗马，伊斯兰教，欧西。

直到百年之前，大家都认历史为一元的。虽至今日，文化一元说仍然相当的盛行。这种观点甚为自然。各民族无不保有惟我独尊的态度，视四方为夷狄，认文化为以我为中心而一系相传的发展。在交通不便的时代，这是再自然不过的心理形态，前代的中国，古代的印度，古典的希腊罗马，以及远古的埃及或巴比伦，无不自视为天之骄子，无不自命为文化至宝的唯一创造者与维系者。直到如今，在欧美各国，连许多以客观自诩的学者，有意无意间仍不免以欧西文化为起发点而衡量古往今来的一切。但交通的大开，与考古学的空前收获，使心胸宽大眼光锐利的一些学者，把前此的文化一元论完全放弃，认为历史是多元的，是在不同的时间与不同的地域各个独自产生与自由发展的。考古的发掘，使我们知道有许多被后人忘记的伟大文化；交通的便利，使我们发现远方有许多前所未闻的异样民族。这许许多多时间与空间都不相同的历史单位，经过多人与多方的探讨，虽无人否认他们各有特殊点，然而历史进展大步骤的共同点，现在已逐渐成为学者所公认的现象。这种公同点，就是历史的形态。

在一个文化的发展上，第一个阶段就是封建时代，前后约六百年。此时的政治，社会与经济的现象都很特殊。政治上的主权是分化的。在整个文化区域之上，有一个最高的政治元首，但这个元首并不能统治天下的土地与人民。所谓“普天之下，莫非王土，率土之滨，莫非王臣”，在当时不过一种理论与理想而已。元首所直辖的，只有天下土地一小部分的王畿；并且在王畿内，也有许多卿大夫的采邑维持半独立的状态。至于天下大部分的土地，都分封给很多诸侯，诸侯实际各自为政，只在理论上承认共主的元首。但诸侯在封疆之内也没有支配一切的权力，他只自留国土的一小部分，大部分土地要封与许多卿大夫，分别治理。卿大夫在自己的采邑之上，也非绝对的主人，采邑的大部又要分散于一批家臣的手中，家臣之下，可有再小的家臣，以此类推，在理论上封建贵族的等级可以多至无限，政治的主权也可一层一层的分化，以至无穷。实际的人生虽然不似数学的理论，但封建政治之与“近代国家”正相反，是非常明显的事实。

封建时代的第二个特征，是社会阶级的法定地位。有史以来，阶级的分别是一个永恒的事实。但大半的时候，这种阶级的分别，只是实际的，而不是法律所承认并且清清楚楚规定的。只是在封建时代，每个人在社会上的地位、等级、业务、权利，责任，下至衣食住行一般日常生活的方式，都是由公认的法则所分派的，并且阶级的地位是世袭的，贵族的子孙，世世代代永为贵族，平民的子孙，世世代代永为平民。同一贵族或平民的阶级之内，往往又有许多小的等级或职务的分别，小分别之间的界限往往也是相当严格的。

封建时代的第三个特征是经济的特征，就是所有的土地都是采地，而非私产。自由买卖，最少在理论上不可能，实际上也是不多见的。所有的土地都是一层一层的向下分封，分封的土地就是采地。土地最后的用处，当然是食粮的生产，生产食粮是庶民农夫的责任，各级的贵族，由最高的王公以至最微的士子，都各把他们直接支配的一部土地，分给农夫耕种。由这种农业经济立场看，土地称为“井田”或其他类似的名称。此中也有“封”的意味，绝无自由买卖的办法。井田可说是一种授给农夫的“采”，不过在当时“封”或“采”一类的名词，只应用于贵族间的关系上，对平民不肯授用此种高尚的文字而已。

在精神方面，封建时代是宗教的天下。国家的每种大典，婚丧生育的人生大事，以至团体或个人的许多例行事务，几乎都为宗教的规则所围范。宇宙间充满了神力，大小的神祇可以多至不可胜数。一般人对于神灵既恐惧，又依赖，有时敬爱心理也有发生。无论是恐惧或依赖，或敬爱，一概都要由崇拜的外仪来表现。

历史的第二个阶段，可称为贵族国家时代，前后约三百年，是一个以贵族为中心的列国并立的时代。封建的晚期，当初本不太强的中央共主渐渐全成傀儡，有时甚至整个消灭。各国内部的卿大夫以及各级的小贵族也趋于失败，夺上御下，占尽一切利益的，是中间的一级，就是当初封建各国的国君。最后他们各把封疆之内完全统一，使全体的贵族都听他的指挥，同时他们自己却彻底脱离了天下共主的羁绊。天下的共主至此失位或者完全消灭，或者名存实亡。主权分化的现象已经不复存在。整个的天下虽未统一，但列国的内部却是主权集中的。社会上的士庶之分，在理论上仍然维持，在政治各部门辅助国君的也是贵族居多。但平民升为贵族，实际已非不可能，并且也不太难。在经济方面，井田一类的授田制尚未正式推翻，但自由买卖的风气已相当地流行。各国内部已统一，小的纷乱当然减少到最低的限度；至此只有国际间的战争，而少见封建时代普遍流行的地方战乱，贵族阶级在封建时代已经开始修养的侠义精神与斯文仪式，至此发展到最高的程度，在不与国家的利益冲突的条件之下，他们对待国界之外的人也是尽量的侠义有礼。国际的战争大致仍很公开，以正面的攻击为主，奇谋诡计是例外的情形。战时的死伤并不甚多，战场之上也有不可轻易破坏的礼仪。战争的目的只求维持国际的均势，没有人想要并吞天下。国际的战争虽然难免，但天下的大局是大致稳定的。

在精神方面，宗教仍占主要的地位。但唯理的思想已经开始，渐盛，最后发展到极峰。一个文化对于宇宙人生问题的伟大解释与伟大答案，都产生于此时。伟大的哲人与诗圣，也都是此时的人物。

文化的第三个阶段，是帝国主义时代，前后约二百五十年。第二第三两期之际，必发生惊天动地的政治，社会与经济的大革命。革命的结果，贵族阶级被推翻，过去日渐得势的平民阶级，至此夺得政权．临时在表面上实现了一个全民平等的社会，最初的一百年间，政治社会生活的各方面，往往可谓大体美满，但社会的骚动与国际的大战很快的就把这种美满的境界毁灭。阶级既然毁灭，全民既然平等，大家就都有效命疆场的义务。当兵，在封建时代是贵族的权利，贵族国家时代的军队仍以贵族为主，平民的小兵完全要受贵族将官的指挥。进到帝国主义时代之后，全民皆兵的征兵制成立，大规模的战争，惨酷无情的歼灭战，成了国际野心家所专研的战争方法。战场以大量的屠杀为最高的目的，以便消灭对方的实力，最后占据对方的领土，灭掉对方的国家。前一时代的斯文战争，至此已不再见，列国的数目，尤其是强国的数目，日渐减少，最后只剩三两个大国，各自率领附属的小国，互作死拼的决战。

在不断的大战与大乱之中，文物开始遭受浩劫，战争时无意的破坏，当然古今难免，但此时因战争的特别激烈，所以摧残尤厉。并且在无意的破坏外，还有由于各国政策所产生的故意的文化摧残。经过短期间思想自由的阶段之后，焚书坑儒一类的办法渐渐成为常事。与国家政策不合的文字，对于当权者不利的文人学士，轻则被弃，重则被毁、被逐，或被戮。在思想方面，这是一个回光返照的时代。短期之间，百家争鸣，在表面上似乎非常热闹。但思想趋于派别化，伟大的创造思想家并不多见。最后连派别化的思想也趋于消沉，只剩下毫无中心见解的杂家，东拼西凑的去写许多杂乱无章的大书。

文化的第四个阶段是大一统时代，前后约三百年。长期的酷战与大乱之后，一个独强，并吞天下，实现了封建时代可望而不可即的理想，就是整个文化区的大一统局面。至此，无论名义如何，政治必然是专制独裁的。此时人心已感疲倦，精神渐渐不支，不能再过从前那种紧张悲壮的生活，不能继续维持过去那种丰富复杂的文化。专制的皇帝与他的左右，现在替天下的人解决一切的问题，个人无需再过分的努力自苦。天下大致是太平的，内乱当然难免，边患也不能去除，但兵荒马乱的事，的确较前大为减少，一般人的物质生活大致安逸。但这只是更加增进心理的松懈与精神的涣散。社会的颓风日愈明显，最后一泻千里，不可收拾。

尚武的精神急速的衰退，文弱的习气风靡一世，征兵制不能维持，只得开始募兵，最后连募兵都感困难，只得强征囚犯奴隶，或召募边疆归化的夷狄来当兵。但在最后的崩溃尚未来临之前，帝国的疆域往往可以扩展到空前的程度，许多边外的夷狄，或因慕化，或因畏威，都归顺投降。帝国也自动的征服许多新土。但表面的庞大，并非内在伟大。毁灭的命运必然很快地来临。

思想学术与文艺，都急剧地退步。思想趋单调。政府受了潮流的影响，往往也推进思想一尊的趋势。或因政见的不同，或因文人的偏激，政府时常与思想界发生冲突，大规模的焚书坑儒都是此时所演的惨剧。局面稳定之后，思想学术定于一尊，真正的哲学消灭，文人全失创造的能力，只能对过去的思想与学术作一番解释，研究，与探讨的工夫，并且其中时常夹杂许多附会，误会，与望文生义的现象。一言以蔽之，文化至此已经前途若非很快的死亡，就是长期的凝结。

第五个文化阶段，最后的时代，是政治破裂与文化灭亡的末世。时间不定，可长可短。这是三百年大一统时代后无从幸免的一个结局。政治日愈专制，日愈腐败，日愈野蛮。社会的机构，一代不如一代，最后极端的个人主义，自私自利主义，变成社会生活的主要原动力。内乱迭起，外患也因而日愈严重。当初灿烂的文明帝国，往往被边疆的蛮夷侵占征服。古老的文化，从此可以一蹶不振，以致死亡。有时外族被同化，文化临时又有短期的生气，但同化的外族，不久也腐化，又被其他的外族征服。传统的政治文化，最后总有完全毁灭的一天。

这些是一般文化历程的梗概。现在让我们提出具体的例证。

一、埃及文化

埃及文化是世界上最古的文化之一，只有巴比伦可与它比拟。因典籍亡佚，哲学的发达无从稽考，但古老埃及的政治社会演变，从我们今日所能知的约略情形，可见其也不出历史形态的范围。

埃及的封建时代，普通称为旧王国时代，又称金字塔时代（公元前 2800 至 2150 年）。王室为政治文化的中心，诸侯分立各地。王权有限，“法老”只是名义上的天下共主。

埃及的贵族国家时代，普通称为中期王国时代（公元前 2150 至 1850 年。）王室衰微，诸侯独立，许多小国相互争衡。这就是许多西洋史学家所误认的“封建时代”。真的封建时代已经过去，此时最多不过只保留一些封建的痕迹而已。

帝国主义时代，称希克索斯（Hyksos）时代（公元前 1850 至 1600 年）。希克索斯人是一种来历不明的外族。他们入侵埃及，很快的埃及化，临时成了埃及内部最强的势力，与旧日的埃及列国争胜：此时战事日烈，俨然一个具体而微的战国局面。最后，一个大一统的埃及帝国成立。

大一统时代普通称为新王国时代，或新帝国时代（公元前 1600 至 1250 年）。此时埃及大拓疆土，西至今日利比亚的沙漠，南达阿比西尼亚，东抵巴比伦之地。

公元前十三世纪中期以下，埃及一方面内乱迭起，一方而又屡次被野蛮的外族征服。但因这些征服者文化幼稚，先后都为埃及所同化。公元前525年，波斯人主，这是埃及初次遭受一个已经开化民族的征服，埃及文化染上了不少的波斯色彩。公元前332年，亚历山大成了埃及的主人，埃及于是又与希腊同化。到公元前30年埃及变成罗马帝国一个行省的时候，在文化上已经完全是希腊的附庸了。不仅旧的制度文物荡然无存，连传统的语言文字也趋消灭，除了少数偏僻区域的人之外，所有的人都只说希腊语，读书的人也只读希腊书。埃及民族与埃及文化至此可说已经绝迹于天地间了。六七百年之后，公元六三九至六四一年间，埃及又被伊斯兰教徒征服，就又毫无困难的亚拉伯化。今日所谓埃及人。无论血统如何，就宗教，语言，文字，风俗，习惯上言，其实大都是亚拉伯人了。

二、希腊罗马文化

希腊罗马文化的封建时代，历史上称为王制时代（公元前1200至650年）。小国林立，各有国王；但天下有贵族，限制王权的行使。在众王之上，有一时期曾有一个最高的共主；关于此点，荷马的诗中仍留有痕迹，可惜史实已完全失传了。宗教盛行，后世流行的神话都是此时的产物。贵族国家时代（公元前650至323年）的历史，大致以雅典，斯巴达与罗马三国为中心，说法是历来史书中所称道的希腊文化的极盛时代。内部统一的列国，罗布在地中海世界的大部，外交的关系甚为复杂，国际的战争也时常发生。但各国的内部，除罗马外，始终不甚稳定。天下的共主早已消灭，多数的国内已把王推翻，同时又无固定的新制替代。王制最少可说是一种安定力，王制破裂，各国的政局时常都在动荡中。但无论如何的变化，各国的政治可说是贵族性的，因为多数人或为奴隶，或为没有政权的农奴。所谓民主政治，或全民政治，也不过是全体人口中少数自由人的政治而已。哲学由兴起而渐盛，晚期出了三大哲人，苏格拉底、柏拉图、亚里斯多德。

帝国主义时代，普通称为后期希腊与罗马时代（公元前323至82年）。此时地中海沿岸只余五大强国，就是希腊化的埃及，希腊化的叙利亚，马其顿，罗马，与制度罗马化的迦太基。此外尚有一些缓冲小国，以希腊半岛上为最多。五国中罗马最强，最少可说罗马的政策最为高明。它采取各个击破的策略，先毁灭了比较强劲的迦太基，然后并吞东方各国。迦太基之灭，甚为凄惨，不只国破，并且民族也全部被歼，仅剩下极少数的遗民，也遭流放异地的命运。至公元前八二年苏拉（Sulla）独裁，可说是地中海世界第一任的实际皇帝。此时的哲学只有旧日思想的演述，与几种时髦一时的人生观。斯多亚派，伊比鸠鲁派，怀疑主义派，犬儒派，算是比较新颖的人生学说，此外则有柏拉图与亚里斯多德主义的信徒。最后调和一切的，也可说毁坏一切的，杂家出现，而古典的希腊哲学遂告结束。

大一统时代就是罗马帝国的盛期（公元前 82 年至公元 180 年）。罗马的疆土不只扩展到整个地中海沿岸，并且在许多方面深入内地。今日意大利、希腊、保加利亚、土耳其、西班牙、葡萄牙、法兰西、比利时，与瑞士的全部、德意志的西境、荷兰、南斯拉夫、与罗马尼亚的大部、伊拉克与高加索的一部、埃及与沙漠以北的整个北非之地，都是帝国的疆域。此外并在海外征服了今日的英格兰、威尔斯，与苏格兰的南境。但希腊罗马人的颓风日甚，公民渐都不肯当兵。起初还有内地的游民入伍，最后就只剩边地的日耳曼人与其他的外族还有执干戈的能力。颓废的人心，除物质的享乐外，往往又向东方传入的许多厌世宗教去求安慰。思想知识，只有以雅典与亚历山大利亚两城为中心的古代经典的研究。

盛世一个最后的伟大皇帝死于公元 180 年，帝国逐渐瓦解。不婚，婚而不育的现象，相当的普遍。人口减少，品质似乎也退步。息工与游手好闲成了社会的风气，许多人宁受国家的救济，而不肯从事正当的工作以自养。田地荒废，无人经营。整个的社会，呈现一种坐以待毙的征象。日耳曼人入侵，不过是用手指弹倒一个行尸走肉的帝国而已。传统所谓 476 年罗马帝国的灭亡，实际不能由日耳曼人负责。罗马民族与文化的消灭，更与日耳曼人无关。

三、欧西文化

欧西文化的封建时代就是普通所误称的西洋中古时代的大部（公元 911 至 1517 年）。名义上的天下共主，有两人争夺，就是罗马的教皇与神圣罗马帝国的皇帝。各国分立，国王无权，各级贵族分据国内各地。农业集中于田庄，与中国古代的井田相类。精神生活全由基督教笼罩。每人从出生，直至临死，甚至死后，无不受教会的指导与约束。

贵族国家时代，历史上称旧制度时代（公元 1517 至 1815 年）。内部统一的列国成立，中央的共主失位。教皇只余宗教的地位，政权尽失，皇帝仅拥虚名，但他的傀儡权位直到时代末期才被拿破仑废掉。旧日独立的封建贵族，至此成为辅助王政的特权阶级。国际之间时起战争，普遍天下的大战，由十七世纪起，平均每五十年一次，三十年战争（1618 至 1648 年），西班牙王位继承战争（1701 至 1713 年），七年战争（1756 至 1763 年），拿破仑战争（1799 至 1815 年）。除末期的拿破仑战争外，所有的国际冲突可说都是以维持均势为目的的。十七与十八两世纪间，伟大的思想家辈出，末期的康德与诗哲歌德可说是集大成的哲学家。

1815 年以下欧西文化进到帝国主义的阶段。北美合众国的地位日趋重要，所以我们可称此期为欧美文明时代。这个时代至今逾百年，尚未结束，无从见其全貌，但大战国的景象已经非常明显。由大革命的法国开端，征兵制普遍了欧美的世界。英美因地理形势的安全，久想逃避现实，但今日也已被迫实行征兵。百余年来的战争中，歼灭战与屠杀战的形式，一次比一次的显著。纳粹所谓闪电战不过是最后为此种趋势找到一个动听的名词而已。炸弹炮火的威力，不分前方与后方。伤亡与俘虏数目的庞大，在人类史上真是空前。德国攻［破］马奇诺防线后，法军被俘虏的在一百五十万人以上，除少数老弱残兵外，一般青壮的军士至今尚未解放。他们目前所遭的摧残，可以意度。至于他们将来的命运，谁敢设想！白起对付赵国降卒的手段，虽未必不折不扣的演在今日，但虽生犹死的遭遇，安知不会发生？纳粹在占领各国，因一二德人被暗杀而竟大批屠戮"人质"的惨剧，这岂非新野蛮时代已经来临的明证？这一切不过是开端而已，欧美世界未来的大流血与大悲剧，恐非今日仍未忘情于十九世纪比较斯文的景象的人类所能想象！

文物的破坏，在欧美也已见端倪。相生相克的道理，在文物破坏中最为明显。欧美钢骨水泥的各种伟大建筑，甚至中世纪所传下的纯石块的大礼拜堂，都非一般的"刀兵水火"所能破坏。但欧美的人类又精心的制造猛烈无比的炮火与炸弹，数十世代千辛万苦所积累而成的文化标帜，多在狂战中惨遭毁灭与损伤。到了大破坏的时代，文物的遭劫似为不可避免的命运。至于比较微弱的孤本古书，名贵雕绘，希世乐器，无论如何的善为保藏，或大或小的损害更难逃脱。除了这种虽非故意而却似有命运存乎其间的文物浩劫外，焚书坑儒的事件也已由德国作俑。犹太人的著作或与国社主义相违的作品，都被有系统的焚毁。犹太学者与非犹太而反纳粹的文人哲士，重则丧命轻则被囚，幸运者得遭放逐或逃亡国外。此种焚书坑儒的风气，将来恐怕也有日趋猖獗之势。十九世纪百年间比较自由的思想与学术，恐怕只是暂时的现象。目前宣传已经取代思想的地位，不久的未来欧美人士或将不知精神为何物。伟大的思想家已少出现，思想已开始派别化：康德派、黑格尔派、唯实派、实际派，以及各种巧立名目的派别。新的宗教精神也已萌芽，奇形怪状的各种新宗教，流行在欧美的各大都市中。一种新的巫术，所谓灵学，虽有少数人用科学的方法与态度去研究，但对大多数问津的人却成了自我慰藉与逃避现实的一股精神麻醉剂。

所以，无论由国内政治与国际形势言，或由精神情况言，今日的欧美很显然的是正在另一种作风之下，重演商鞅变法以下的战国历史或罗马与迦太基第二次大战以下的地中海历史。欧美在人类史上若非例外，最后的归宿也必为一个大一统的帝国。但这或者仍为百年以后的事。历史的发展，自有其节奏与时限，速成班之类的办法在历史上是轻易不见的。时机未到，野心大于希特勒十倍的怪杰，也不能使大一统的局面稳定的实现。

四、独具二周的中国文化

除欧美的历史尚未结束外，一切过去的伟大文化都曾经过一度的发展、兴盛、衰败，而最后灭亡。唯一的例外就是中国。

中国的文化独具二周。由殷商西周至五胡乱华为第一周。由五胡乱华以至最近为第二周。

甲　第一周的形态

中国的封建时代，就是殷商西周，由盘庚迁殷至平王东迁，前后五百余年（公元前1300至前771年）。中央有一个王，又称天子，当初是殷，后改周室。天子之下，各地有许多诸侯。诸侯之下，有卿大夫与各级的家臣。这是标准的封建金字塔。贵族与平民之间，界限森严。一切的农田、井田，都由贵族支配，分与平民耕种经营。殷周的宗教，虽多失传，但由甲骨文铭刻，与仅存的一点古代文献，我们还看出当时精神生活的中心就是宗教。

中国的贵族国家时代称春秋时代（公元前771至前473年）。诸侯多已统一境内，列国并立的国际局面成立。贵族阶级依然存在，但只能在诸侯统治下操持国政，不似封建时代的随便自行其是。国际间列国争衡，天子已成了傀儡，只能承认最强的诸侯为霸主。齐晋秦楚是四方的四强，他们大致只求维持国际均势，即或一国特强，也仅要作为中原小国的盟主并无吞并天下的野心，天下在理论上仍由天子统治。国际的战争虽多，然而并不酷烈，大家都服膺“适可而止”的道理。战场之上，有谦让客气的种种礼教，侠义之士无不遵守。战争并不是一种拼命的死争，而是一种有章有则的竞赛。在精神方面，宗教的形式仍然维持，但少数的哲士对宇宙人生的问题探讨甚深。可惜早期或有的作品都已失传，我们今日所知的最早的思想家是春秋末期的孔子与孔子早时的一些哲人。孔子是保守派，认为旧制破裂，人心不古，是一切困难的根源。若能恢复封建时代的先王之道，天下就可太平无事。与孔子相反的一派，可以邓析为代表。他是革命思想家，认为封建时代与春秋时代的旧制都已陈腐不堪，必须彻底扫除，代以全新的一套办法，方可解决各国内部的问题和与国际之间的纷争。这种说法当然要遭在位者的恨恶，所以他终究被郑国的执政者借故杀掉。第三派是消极的隐士。他们认为世事已不可为，不如一了百了，遁世埋名，独善其身，最少还可赚得一心的清净。孔子周游列国时，遇到不少这种人，如长沮、桀弱、楚狂接舆、晨门、荷蒉、荷蓧丈人等，都属于此种自私自利的思想学派。

春秋末期思想界的矛盾与复杂，预示帝国主义新时代的来临，就是战国时代（公元前473至前221年）。初期百年间，发生了政治社会的大革命。贵族阶级被推翻，国君独裁，最后都正式否认天子地位，各自称王。战事日益激烈，全民平等之后，各国都行征兵制。军队的数目扩大，战事的性质愈加残忍，在战场上奖励杀戮，对降卒与俘虏也时常加以不人道的大批屠杀，白起坑赵降卒四十万，是最惨的此种事例。许多古代的文献，有历史价值的建筑，恐怕都毁于此时的大战中。秦国已开始焚毁当政者所不赞同的书籍，别国有否同样的事情，可惜史籍失载。思想曾经盛极一时。杨墨庄孟，诸子百家争鸣当世。中期以下，阴阳五行与神仙的信仰兴起，是文化开始退步的证明。思想趋于派别化，成了后世所谓六家，最后杂家出现，吕氏春秋象征先秦思想的总结束。

中国的大一统时代，是秦、西汉、新与东汉中兴的三百年（公元前 221 至公元 88 年）。外表甚为辉煌，武功极盛，秦皇汉武奠定了两千年来中国疆域的规模，东北吞朝鲜，西北通西域，南达安南，西南并滇。天下太平，民生安乐，文景、宣元、明章之世尤为后世所称道。但征兵的制度到汉武帝时已不能维持，武帝的武功是靠募兵、囚犯兵与外族兵完成的；真正的征兵，反处次要的地位。东汉中兴，对外作战已到了几乎只有胡兵可用的地步。独立的思想消灭，对先秦的思想学术真能明了的认可说无有，泛滥无归的经学训诂是当时学界唯一可能的工作。秦始皇大规模的焚书坑儒，并非文化退步的主因，只是时代作风与文化退步的一种自然表现而已。一种消极的宗教精神大盛，阴阳五行、黄老神仙、宗教化的儒学，与东汉初传入的佛教，是当世的主要精神食粮。

东汉中兴过去之后（公元 89 年以下），大汉帝国渐趋破裂，古代文化渐趋灭亡。接踵而起的内乱或边患、羌乱、党锢、黄巾贼、十常侍之乱、董卓之乱，使帝国的机构全部瓦解。三国的群雄割据与西晋的粉饰太平，都不能挽回自己已去的大势。最后五胡乱华，中原沦陷，中国面对全部覆亡的严重危机！

乙　第二周与未来

中国发展到五胡乱华时，若按人类史的通例，可以说已到灭亡时期。当时中国也确有灭亡的危险。但中国当亡不亡，经过几百年的酝酿后，竟又创出一个新的文化，可称为第二周的中国文化。

在政治上并无新的进展，大致只能墨守秦汉所定下的规模，但在思想文艺上，却各代都有新的活动，并且可与第一周的文化向相比。为清楚起见，可列表比较如下：

时代 周	宗教时代	哲学时代	哲学派别化与开始退步时代	哲学消灭与学术化时代	文化破裂时代
第一周	殷商西周（前 1300 至前 771 年） 殷墟宗教 周代宗教	春秋时代（前 770 至前 473 年）邓析 楚狂接舆 孔子	战国时代（前 473 至前 221 年） 六家	秦汉与东汉中兴（前 221 至公元 88 年） 经学训诂	东汉末至五胡乱华（公元 89 至 383 年） 思想学术并衰 佛教之输入

（续表）

时代 周	宗教时代	哲学时代	哲学派别化与开始退步时代	哲学消灭与学术化时代	文化破裂时代
第二周	南北朝隋唐五代（公元 383 至 960 年） 佛教之大盛	宋代（公元 960 至 1279） 五子陆象山	元明（公元 1279 至 1528 年） 程朱派 陆王派	晚明盛清（公元 1528 至 1839 年） 汉学考证	清末以下（公元 1839 以下） 思想学术并衰 西洋文化东渐

表中所列各项，可以自解，无需再加赘述。讲到目前，我们这处在第二周末期的当代中国人士，一方面要对欧美世界的实现，一方面要觉察中国文化的实况，才能明了我们今日所达的阶段与明日可走的途程。我们若［既］不能自矜，也不自馁，平心静气地观察现局，大概对今日的中国以及与世界的关系，可得如下的几种认识：

一、西洋世界今日正处战国的中间阶段。今日的大战虽然已够惊人，将来的战争恐怕只有更加酷烈，其程度、规模与情景必有吾人所不能想象的。

二、中国文化的第二周诚然是人类历史上的一个奇迹，但现在已到发展的末期，它的前途是结束旧的局面，创造新的世界，实现一个第三周的中国文化。过去的文化为何一定都要毁灭，我们不知道。中国为何能够独存，我们也不知道。我们只知其然，而不知其所以然；强为解释，虽不太难，但目前可撇开不谈。若勉强做一个比喻，我们可说文化如花，其他的文化都是草本，花一度开放，即告凋死；中国似为木本花，今年开放，明年可重开，若擅自培植，可以无限地延长生命。第二周的文化虽在人类史上已为例外，但既有第二周，也就可有第三周。

三、但由实力言，今日的世界时一个欧美重心的世界，这是无可否认的事实。所以我们不能够完全摆脱欧美的影响与欧美的势力而独创自己满意的新世界与文化。此后日益惨酷的战争中，任何一次中国也无完全处身局外的可能。

四、但由文化大势言，欧美以至开始下落的时期。目前西洋任何一种思想、主义或学的潮流，虽在中国都不免引起波动，但对我们的同化力恐将降低。欧美的实力，在较近的未来我们虽仍不能漠视，但欧美思想信仰对我们的主动力或将日趋薄弱，我们对西洋文化中的一起可不致再似过去的崇拜盲从，而是自动自主地选择学习。然而这绝不是说我们将来可以松懈对于欧美的研究。盲从时可以不深知而不害事，选择学习时却非认真研究与彻底了解不可。我们将来需要更多更通的西洋学艺专家。

若对未来勉强拟定一个比较具体的方案，我们似乎可说：在实力方面，我们必须努力建起一个能够独当一面的军事机构，将来在欧美中心的国际上我们最少可不致完全被动，而能取得动不动由我而不由人的自由。此点如果能够做到，思想学术方面的前途就很乐观。只要能有相当可靠的实力，政治上可以完全自由，则在国际上自由自主的空气中，相信我们此代与今后几代的中华儿女必能建立起第三周的中国文化！

《文化形态史观》，大东书局 1946 年 5 月。

无兵的文化

（一）政治制度之凝结

（二）中央与地方

（三）文官与武官

（四）士大夫与流氓

（五）朝代交替

（六）人口与治乱

（七）中国与外族

著者前撰《中国的兵》，友人方面都说三国以下所讲的未免太简，似乎有补充的必要。这种批评著者个人也认为恰当。但二千年来的兵本质的确没有变化。若论汉以后兵的史料正史中大半都有《兵志》，正续《通考》中也有系统的叙述，作一篇洋洋大文并非难事。但这样勉强叙述一个空洞的格架去奏篇幅，殊觉无聊。反之，若从侧面研究，推敲二千年来的历史有什么特征，却是一个意味深长的探求。

秦以上为自主自动的历史，人民能当兵，肯当兵，对国家负责任。秦以下人民不能当兵，不肯当兵，对国家不负责任，因而一切都不能自主，完全受自然环境（如气候，饥荒等等）与人事环境（如人口多少，人才有无，与外族强弱等等）的支配。

秦以上为动的历史，历代有政治社会的演化更革。秦以下为静的历史，只有治乱骚动，没有本质的变化。在固定的环境之下，轮回式的政治史一幕一幕的更迭排演，演来演去总是同一出戏，大致可说是汉史的循环发展。

这样一个完全消极的文化，主要的特征就是没有真正的兵，也就是说没有国民，也就是说没有政治生活。为简单起见，我们可以称它为“无兵的文化”。无兵的文化，轮回起伏，有一定的法则，可分几方面讨论。

一、政治制度之凝结

历代的政治制度虽似不同，实际只是名义上的差别。官制不过是汉代的官制，由一朝初盛到一朝衰败期间官制上所发生的变化，也不能脱离汉代变化的公例。每朝盛期都有定制，宰相的权位尤其重要，是发挥皇权的合理工具，甚至可以限制皇帝的行动。但到末世，正制往往名存实亡，正宫失权，天子的近臣如宦官、外戚、幸臣、小吏之类弄权专政，宰相反成虚设。专制的皇帝很自然的不愿信任重臣，因为他们是有相当资格的人，时常有自己的主张，不见得完全听命。近臣地位卑贱，任听皇帝吩咐，所以独尊的天子也情愿委命寄权，到最后甚至皇帝也无形中成了他们的傀儡。

例如汉初高帝、惠帝、吕后、文帝、景帝时代的丞相多为功臣，皇帝对他们也不得不敬重。他们的地位巩固，不轻易被撤换。萧何在相位十四年，张苍十五年，陈平十二年，这都是后代少见的例。萧何、曹参、陈平、灌婴、申屠嘉五个丞相都死在任上，若不然年限或者更长。（注一）

丞相在自己权限范围以内的行动，连皇帝也不能过度干涉。例如申屠嘉为相，一日入朝，文帝的幸臣邓通在皇帝前恃宠怠慢无礼，丞相大不满意，向皇帝发牢骚：

> 陛下幸爱群臣，则富贵之。至于朝廷之礼，不可以不肃！

文帝只得抱歉的答复："君勿言，吾私之。"但申屠嘉不肯放松，罢朝之后回相府，正式下檄召邓通，并声明若不即刻报到就必斩首。邓通大恐，跑到皇帝前求援。文帝叫他只管前去，待危急时必设法救应。邓通到相府，免冠赤足顿首向申屠嘉谢罪，嘉端坐自如，不肯回礼，并声色俱厉的申斥一顿：

> 夫朝廷者，高皇帝之朝廷也。通小臣，戏殿上，大不敬，当斩！史今行斩之！

"大不敬"在汉律中是严重的罪名，眼看就要斩首。邓通顿首不已，满头出血，申屠嘉仍不肯宽恕。文帝计算丞相的脾气已经发作到满意的程度，于是遣使持节召邓通，并附带向丞相求情："此吾弄臣，君释之！"邓通回去见皇帝，一边哭，一边诉苦："丞相几杀臣！"（注二）

这幕活现的趣剧十足地表明汉初丞相的威风，在他们行使职权的时候连皇帝也不能干涉，只得向他们求情。后来这种情形渐渐变化。武帝时的丞相已不是功臣，因为功臣已经死尽。丞相在位长久或死在任上的很少，同时有罪自杀或被戮的也很多。例如李蔡、庄青翟、赵周、公孙贺、刘屈氂都不得善终。（注三）并且武帝对丞相不肯信任，相权无形减少。丞相府原有客馆，是丞相收养人才的馆舍。武帝的丞相权小，不能多荐人，客馆荒凉，无人修理；最后只得废物利用，将客馆改为马厩、车库，或奴婢室！（注四）

武帝似乎故意用平庸的人为相，以便于削夺相权。例如田千秋本是关中高帝庙的卫寝郎，无德无才，只因代卫太子诉冤，武帝感悟，于是就拜千秋为大鸿胪，数月之间拜相封侯。一言而取相位，这是连小说家都不敢轻易创造的奇闻。这件事不幸又传出去，遗笑外国。汉派使臣聘问匈奴，单于似乎明知故问：

闻汉新拜丞相。何用得之？

使臣不善辞令，把实话说出，单于讥笑说：

苟如是，汉置丞相非用焉也，妄一男子上书即得之矣！

这个使臣忠厚老实，回来把这话又告诉武帝。武帝大怒，认为使臣有辱君命，要把他下狱治罪。后来一想不妥当，恐怕又要贻笑大方，只得宽释不问。（注五）

丞相的权势降低，下行上奏的文件武帝多托给中书谒者令。这是皇帝左右的私人，并且是宦官。这种小人“领尚书事”，丞相反倒无事可作。武帝晚年，卫太子因巫蛊之祸自杀，昭帝立为太子，年方八岁，武帝非托孤不可。于是就以外戚霍光为大司马大将军领尚书事，受遗诏辅政。（注六）大司马大将军是天下最高的武职，领尚书事就等于“行丞相事”，是天下最高的政权。武帝一生要削减相权，到晚年有意无意间反把相权与军权一并交给外戚。从此西汉的政治永未再上轨道。皇帝要夺外戚的权柄就不得不引用宦官或幸臣，最后仍归失败，汉的天下终被外戚的王莽所篡。至于昭帝以下的丞相，永久无声无息，大半都是老儒生，最多不过是皇帝备顾问的师友，并且往往成为贵戚的傀儡。光武中兴，虽以恢复旧制相标榜，但丞相旧的地位永未恢复，章帝以后的天下又成了外戚宦官交互把持的局面。

后代官制的变化，与汉代如出一辙。例如唐朝初期三省的制度十分完善。尚书省总理六部行政事宜，尚书令或尚书仆射为正宰相。门下侍中可称为副宰相，审查诏敕，并得封驳奏钞诏敕。中书令宣奉诏敕，也可说是副宰相。但高宗以下天子左右的私人渐渐用“同中书门下平章事”的名义夺取三省的正权，这与汉代的“领尚书事”完全相同。（注七）

唐以后寿命较长的朝代也有同样的发展，宋代的制度屡次改革，但总的趋势也与汉唐一样。南渡以后，时常有临时派遣的御营使或国用使一类的名目，操持宰相的实权，明初有中书省，为宰相职。明太祖生性猜忌，不久就废宰相，以殿阁学士勉强承之。明朝可说是始终没有宰相，所以宦官才能长期把持政治。明代的演化也与前代相同，不过健全的宰相当权时代未免太短而已。满清以外族入主中国，制度和办法都与传统的中国不全相同。晚期又与西洋接触，不得不稍微摹仿改制。所以清制与历来的通例不甚相合。

历朝治世与乱世的制度不同，丞相的权位每有转移。其时间常发生一个有趣的现象：就是前代末期的乱制往往被后代承认为正制。例如尚书、中书、门下三省，乃是汉末魏晋南北朝乱世的变态制度；但唐代就正式定它为常制。枢密院本是唐末与五代的反常制度，宋朝也定它为正制。但这一切都不过是名义。我们研究历代的官制，不要被名称所误。两代可用同样的名称，但性质可以完全不同。每代有合乎宪法的正制，有小人用事的乱制。各朝的正制有公同点．乱制也有公同点；名称如何，却是末节。盛唐的三省等于汉初的丞相，与汉末以下演化出来的三省全不相同。以此类推。研究官制史的时候就不至被空洞的官名所迷惑了。

二、中央与地方

宰相权位的变化，二千年间循环反复，总演不出新的花样。变化的原动力是皇帝与皇帝左右的私人，与天下的人民全不相干。这在一个消极的社会是当然的事。

中央与地方的关系，秦汉以下也有类似的定例。太平时代中央政府大权在握，正如秦汉的盛世一样。古代封建制度下的阶级到汉代早已消灭。阶级政治过去后，按理可以有民众政治出现；但实际自古至今在任何地方也没有发生过真正的全民政治，并且在阶级消灭后总是产生个人独裁的皇帝政治。没有阶级的社会，无论在理论上如何美善，实际上总是一盘散沙。个人、家族，以及地方的离心力非常强大，时时刻刻有使天下瓦解的危险。社会中并没有一个健全的向心力，只有专制的皇帝算是勉强沙粒结合的一个不很自然的势力。地方官必须由皇帝委任，向皇帝负责；不然天下就要分裂混乱。并且二千年来的趋势是中央集权的程度日愈加深。例如汉代地方官只有太守是直接由皇帝任命，曹椽以下都由太守随意选用本郡的人。南北朝时，渐起变化。隋就正式规定大小地方官都受命于朝廷，地方官回避乡土的制度无形成立。（注八）若把这种变化整个认为是由于皇帝或吏部愿意揽权，未免因果倒置。主要的关系恐怕还是因为一般的人公益心日衰，自私心日盛，在本乡做官弊多利少，反不如外乡人还能比较公平客观。所以与其说皇帝愿意绝对集权，不如说他不得不绝对集权。

乱世的情形正正相反。帝权失坠，个人、家族，与地方由于自然的离心力又恢复了本质的散沙状态。各地豪族、士官、流氓、土匪的无理的专制代替了皇帝一人比较合理的专制，汉末三国时代与安史乱后的唐朝和五代十国都是这种地方官专擅的好例；最多只维持一个一统的名义，往往名义上也为割据。例如唐的藩镇擅自署吏，赋税不解中央，土地私相授受，甚至传与子孙。（注九）这并不是例外，以前或以后的乱世也无不如此。在这种割据时代人民受的痛苦，由民间历来喜欢传诵的“宁作太平犬，勿作乱世民”的话，可以想见。乱世的人无不希望真龙天子出现，因为与地方小朝廷的地狱比较起来，受命王天下的政治真是天堂。

宋以下好似不大见到割据的局面，但这只是意外原因所造出的表面异态。北宋未及内部大乱，中原就被外族征服。南宋也没有得机会形成内部割据，就被蒙古人吞并。这都是外来的势力使中国内部不得割据的例证。元末汉人驱逐外族，天下大乱，临时又割据起来。明末流寇四起，眼看割据的局面就要成立，恰巧满清入关，中国又没有得内部自由捣乱。清末民初割据的局面实际已经成立，只因在外族势力的一方面威胁一方面维持之下中国不得不勉强摆出一个统一的面目。所以在北京政府命令不出国门的时候，中国名义上仍是一个大一统的中华民国。最近虽略有进步，这种情形仍未完全过去。所以宋以下历史的趋势与从前并无分别；只因外族势力太大，内在的趋势不得自由活动而已。

三、文官与武官

文官武官的相互消长也与治乱有直接的关系。盛世的文官重于武官，同品的文武二员，文员的地位总是高些。例如汉初中央三公中的丞相高于太尉，地方的郡守高于郡尉，全国的大权一般讲来也都操在文吏的手中。(注十) 又如唐初处宰相地位的三省长官全为文吏，军权最高的兵部附属于尚书省，唐制中连一个与汉代太尉相等的武官也没有。(注十一)

独裁的政治必以武力为最后的基础。盛世是皇帝一人的武力专政，最高的军权操于一手，皇帝的实力超过任何人可能调动的武力。换句话说，皇帝是大军阀，实力雄厚，各地的小军阀不敢不从命。但武力虽是最后的条件，直接治国却非用文官不可；文官若要合法的行政，必须不受皇帝以外任何其他强力的干涉支配；若要不受干涉，必须有大强力的皇帝作后盾。所以治世文胜于武，只是一般的讲；归结到最后，仍是强力操持一切。这个道理很明显，历史上的事实也很清楚，无需多赘。中国历史上最足以点破这个道理的就是宋太祖杯酒解兵权的故事：

> 乾德初，帝因晚朝与守信等饮酒。酒酣，帝曰："我非尔曹不及此，然吾为天子殊不若为节度使之乐。吾终夕未尝安枕而卧。"
>
> 守信等顿首曰："今天命已定，谁复敢有异心？陛下何为出此言邪？"
>
> 帝曰："人孰不欲富贵？一旦有以黄袍加汝之身，虽欲不为，其可得乎?"
>
> 守信等谢曰："臣愚不及此，惟陛下哀矜之！"
>
> 帝曰："人生驹过隙尔，不如多积金帛田宅以遗子孙，歌儿舞女以终天年，君臣之间无所猜嫌，不亦善乎?"
>
> 守信谢曰："陛下念及此，所谓生死而肉骨也！"明日皆称病，乞解兵权。帝从之，皆以散官就第，赏甚厚。(注十二)

宋初经过唐末五代的长期大乱之后，求治的心甚盛，所以杯酒之间大军阀能授小军阀的势力消灭。此前与此后的开国皇帝没有这样便宜，他们都须用残忍的诛戮手段或在战场上达到他们的目的。

乱世中央的大武力消灭，离心力必然产生许多各地的小武力。中央的军队衰弱，甚至消灭；有力的都是各地军阀的私军。这些军阀往往有法律的地位，如东汉末的州牧都是朝廷的命官，但实际却是独立的军阀。（注十二）唐代的藩镇也是如此。此时地方的文官仍然存在，但都成为各地军阀的傀儡。正如盛世的文官都为大军阀（皇帝）的工具一样。名义上文官或仍与武官并列，甚或高于武官；但实情则另为一事。例如民国初年各省有省长有督军，名义上省长高于督军；但省长的傀儡地位在当时是公开的秘密。并且省长常由督军兼任，更见得省长的不值钱了。

乱世军阀的来源，古今也有公例。最初的军阀本多是中央的巡察使，代中央监察地方官，本人并非地方官。（注十三）汉的刺史州牧当初是巡阅使，并非行政官。（注十四）唐代节度使的前身有各种的监察使，也与汉的刺史一样。后来设节度使，兵权虽然提高，对地方官仍是处在巡阅的地位；只因兵权在握，才无形中变成地方官的上司。（注十五）这种局面一经成立，各地的强豪、土匪，以及外族都可乘火打劫而成军阀。如汉末山贼张燕横行河北诸郡，朝廷不能讨，封为平难中郎将，领河北诸山谷事，每年并得举孝廉。（注十六）唐末天下大乱，沙陀乘机发展，以致引起后日五代时期的沙陀全盛局面。（注十七）这些新军阀都是巡察官的军阀制度成立后方才出现的。

四、士大夫与流氓

在一盘散沙的社会状态下，比较有组织的团体，无论组织如何微弱或人数如何稀少，都可操纵一般消极颓靡的堕民。中国社会自汉以下只有两种比较强大的组织，就是士大夫与流氓。

士大夫团体的萌芽，远在战国时代。古代的贵族政治破裂，封建的贵族被推翻。在政治上活动的新兴人物就是知识分子，在当时称为游说之士。但在战国时代百家争鸣，游说之士并非一个纯一而有意识的团体。这种团体的实现是汉武帝废百家，崇儒术，五经成为作官捷径后的事。隋唐以下，更加固定的科举制度成立，愈发增厚士大夫的团结力量。儒人读同样的书，有同样的目标，对事有同样的态度。并且因为政治由他们包办，在社会上他们又多是大地主，所以他们也可说有共同的利益。虽无正式的组织，他们实际等于一个政党，并且是惟一的政党。由此看来，一党专政在中国倒算不得稀奇！皇帝利用儒人维持自己的势力，儒人也依靠皇帝维持他们的利益。这些士大夫虽不是一个世袭的贵族阶级，却是惟一有共同目标的团体，所以人数虽少，也能操纵天下的大局。

但士大夫有他们特殊的弱点。以每个份子而论，他们都是些文弱的书生，兵戎之事全不了解，绝对不肯当兵。太平盛世他们可靠皇帝与团体间无形的组织维持自己的势力。天下一乱，他们就失去自立自主的能力，大权就移到流氓的手中。士大夫最多只能守成，并无应付变局的能力。每次天下大乱时士大夫无能为力的情形就暴露无遗。乱世士大夫的行为几乎都是误国祸国的行为，古今绝少例外。他们的行为不外三种。第一，是无谓的结党误国。东汉末的党祸、宋代的新旧党争、明末的结党，是三个最明显的例［子］。三例都是在严重的内忧或外患之下的结党营私行为。起初的动机无论是否纯粹，到后来都成为意气与权力的竞争；大家都宁可误国，也不肯牺牲自己的意见与颜面，当然更不肯放弃自己的私利。各党各派所谈的都是些主观上并不诚恳客观上不切实际的高调。（注十八）

乱世士大夫的第二种行为就是清谈。一般的高调当然都可说是清谈，但典型的例却是魏晋时代的清静无为主义。胡人已经把凉州、并州、幽州（略等于今日甘肃、山西、河北三省）大部殖民化，（注十九）中国的内政与民生也到了山穷水尽的时候，一些负政治责任的人与很多在野的人仍在谈玄，这可说是一种逃避现实的行为（注二十）。今日弄世丧志的小品幽默文字，与一知半解的抄袭西洋各国的种种主义与盲目的号呼宣传，可说是两种不同的二十世纪式的清谈。

乱世士大夫的第三种行为就是作汉奸。作汉奸固然不必需要士大夫，但第一等的汉奸却只有士人夫才有资格去作。刘豫与张邦昌都是进士出身。洪承畴也是进士。近年的例［子］可无需列举了。

流氓团体与士大夫同时产生。战国时代除游说之士外，还有游侠之士。他们都肯为知己的人舍身卖命，多为无赖游民出身；到汉代皇帝制度成立后，费了九牛二虎之力才把侠士太公开的自由行动大致铲除（注二十一）。但这种风气始终没有消灭，每逢乱世必定抬头。由东汉时起，流民也有了组织，就是宗教集团。最早的例［子］就是黄巾贼。（注二十二）松散的人民除对家族外，很少有团结的能力。只有利用宗教的迷信与神秘的仪式才能使民众团结。由东汉时代起，历代末世都有类似黄巾贼的团体出现。黄巾贼的宣传，提出“苍天已死，黄天当立；岁在甲子，天下大吉”似通不通的神秘口号，唐末黄巢之乱，也倡出黄应代唐的妖言。（注二十三）元末白莲教甚行一时，（注二十四）明代（尤其明末）历批的流寇仍多假借白莲教或其他邪教的名义。（注二十五）清朝末季的白莲教、天理教、八卦教（注二十六），以及义和团都是这类的流氓、愚民，与饿民的团体。流氓是基本份子，少数愚民被利用，最后饿民大批入教。一直到今日，在报纸上还是时常发现光怪陆离的邪教在各地活动。但二千年来的流氓秘密组织是否有一线相传的历史，或只是每逢乱世重新产生的现象，已无从稽考了。

太平时代，流氓无论有组织与否，都没有多大的势力。但惟一能与士大夫相抗的却只有这种流氓团体。梁山泊式劫富济贫代天行道的绿林好汉，虽大半是宣传与理想，但多少有点事实的根据。强盗、窃贼、扒手、赌棍，以及各种各类走江湖的帮团的敲诈或侵略的主要对象就是士大夫。流氓的经济势力在平时并不甚强，但患难相助的精神在他们中间反较士大夫间发达，无形中增加不少的势力。

流氓团体也有它的弱点。内中的份子几乎都是毫无知识的人，难成大事。形式上的组织虽较士大夫为强，然而实际也甚松散。《水浒》中的义气只是理想化的浪漫故事。真正大规模的坚强组织向来未曾实现过，所以在太平时代流氓不能与士大夫严重对抗，并且往往为士大夫所利用：大则为国家的武官或捕快，小则为士大夫个人的保镖。由流氓团体的立场来看，这是同类相残的举动，可说是士大夫“以夷制夷”政策成功的表现。

但遇到乱世，士大夫所依靠的皇帝组织失去效用，流氓集团就可临时得势。天下大乱，大则各地割据的土皇帝一部为流氓头目出身，小则土匪遍地，官宪束手，各地人民以及士大夫都要受流氓地痞的威胁与侵凌。人民除正式为官廷纳税外，还须法外的与土匪纳保险费，否则身家财产都难保障。士大夫为自保起见，往往被迫加入流氓集团，为匪徒奔走，正如太平时代士大夫的利用流氓一样。以上种种的情形，对民国初期的中国人都是身经、目睹，或耳闻的实情，无需举例。

流氓虽然愚昧，但有时也有意外的成就，流氓多无知，流氓集团不能成大事；但一二流氓的头目因老于世故，知人善任，于大乱时期或能成伟人，甚至创造帝业。汉高祖与明太祖是历史上有名的这类成功人物。但这到底是例外，并且他们成事最少一部分须靠士大夫的帮助，成事之后更必须靠士大夫的力量保守成业，天下的权力于是无形中又由流氓移到士大夫的手里。

五、朝代交替

“话说天下大势，分久必合，合久必分。”谁都知道这是《三国志演义》的开场白，也可说是二千年来中国历史一针见血的口诀。一治一乱之间，并没有政治社会上真正的变化，只有易姓王天下的角色更换。我们在以上各节所讲的都是治世与乱世政治社会上各种不同的形态，但没有提到为何会有这种循环不已的单调戏剧。朝代交替的原因或者很复杂，但主要的大概不外三种，就是皇族的颓废，人口的增长，与外族的迁徙。

第一种是个人的因素，恐怕不很重要；但因传统的史籍上多偏重这一点，我们不妨略为谈及。皇族的颓废化是一个自然的趋势，有两方面：一是生物学的或血统的，一是社会学的或习惯的。任何世袭的阶级，无论人数多少，早晚总要遇到一个无从飞渡的难关，就是血统上的退化。从古至今没有一个贵族阶级能维持长久，原因虽或复杂，但血统的日趋退化必是个很重要的原因。法国革命前的贵族都是新贵，中古的贵族都已死净或堕落。今日英国的贵族能上溯到法国革命时代的已算是老资格的了。至于贵族中的贵族（王族或皇族）因受制度的维护，往往不至短期间就死净或丧失地位，但血统上各种不健全的现象却无从避免。百年战争时代（十四与十五世纪间）的法国王族血统中已有了深重的神经病苗。今日欧洲各国的王族几乎没有一个健全的；只因实权大多不操在王手，所以身体上与神经上的各种缺陷无关紧要。但中国自秦汉以下是皇帝专制的局面，皇帝个人的健全与否对于天下大局有很密切的关系。低能或愚昧的皇帝不只自己可走错步，他更容易受人包围利用。中国历代乱时几乎都有这种现象。至于血统退化的原因，那是生物学与优生学的问题。本文无需离题多赘。

皇族的退化不只限于血统，在社会方面皇帝与实际的人生日愈隔离，也是一个大的弱点。创业的皇帝无论是否布衣出身，但总都是老经世故明了社会情况的领袖，所以不至受人愚弄。后代的皇帝生长在深宫之中，从生到死往往没有见过一个平民的面孔，对人民的生活全不了解。例如晋惠帝当天下荒乱、百姓饿死的时候，曾说："何不食肉糜?"（注二十七）法国革命时巴黎饿民发生面包恐慌，路易第十六世的美丽王后也曾问过："他们为何不吃糕饼?"这样的一个皇帝，即或身心健全，动机纯粹，也难以合理的治理国家，必不免为人包围利用；若再加上血统的腐化，就更不必说了。

皇族的退化只是天下大乱的一个次要原因。由中国内部情形来讲，人口的增长与生活的困难恐怕是主要的原因。这个问题非常重要，下面另辟一节讨论。由外部的情形来讲，气候的变化与游牧民族的内侵是中国朝代更换的主要原因。大地上的气候似乎是潮湿期与干燥期轮流当位。潮湿期农产比较丰裕，生活易于维持，世界上各民族间不致有惊人的变动。干燥期间土著地带因出产减少，民生日困。并且经过相当长的潮湿期与太平世之后，人口往往已达到饱和状态，农收丰裕已难维生，气候若再忽然干燥，各地就立刻要大闹饥荒。所以内在的因素已使土著地带趋向混乱。同时沙漠或半沙漠地带的游牧民族因气候骤变，生活更难维持；牛羊大批的饿死，寄生的人类也就随着成了饿殍。游牧民族在平时已很羡嫉土著地带的优裕生活，到了非常时期当然要大批的冲入他们心目中乐园。古今来中国的一部或全部被西北或东北的外族征服，几乎都在大地气候的干燥时期。这绝不是偶然的事。（注二十八）中国被外族征服，是二千年来历史上的一件重大公案。下面也另节引申讨论。

六、人口与治乱

食料的增加有限，人口的增加无穷，这在今日已是常识。一切生物都自然的趋向于无限的繁殖，中国传统的大家族制度与"不孝有三，无后为大"的香火主义使人口增加的速度更加提高。一家数十口，靠父祖的遗产坐吃山空，都比赛着娶妻生子。甚至没有遗产或遗产甚少，但数十口中若有一二人能够生产，全家就都靠这一二人生活繁殖。所以在小家庭的社会被淘汰的废人游民，在中国也都积极的参加人口制造的工作。并且按人类生殖的一般趋势，人愈无用生殖愈多，低能儿之生儿育女的能力远超常人，生殖似乎是废人惟一的用处与长处。所以中国不只人口增加的特别快，并且人口中的不健全份子的比例恐怕也历代增加。这大概是二千年来中国民族的实力与文化日愈退步的一个主要原因。

中国到底能养多少人口，是一个难以解答的问题。人口的统计向来不甚精确。先秦时代可以不论，由汉至明的人口，按官家的统计，最盛时也不过六千万左右，大乱之后可以减到一二千万。但这个数目恐怕太低。中国自古以来的人丁税与徭役制度使人民都不肯实报户口；若说明以上中国的人口向来没有达到过七千万，这是很难置信的□由满清时代的人口统计，可以看出前代的记载绝不可靠。（注二十九）康熙五十年（西元一七一一）的人口为二千四百万。五十一年，颁“盛世滋生人丁”的诏书，从此以后人丁赋以康熙五十年为准，这实际等于废除丁税。雍正时代田租与丁赋合并，可说是正式废除人丁税口，从此户口实报已无危险，人口的统计不致像前代的虚妄。十年以后，康熙六十年（西元一七二一），增到二千七百万。此后增加的速率渐渐达到好像不可信的惊人程度。二十八年后，乾隆十四年（西元一七四九），人口忽然加到前古未有的一万七千七百万的高度，较前增加了六倍半。二十八年也不过是一世的期间，中国生殖率虽然高，也绝无高到这种程度的道理；显然是此前许多隐瞒的人口现在都出头露面了。再过十年，乾隆二十四年（西元一七五九），就有一万九千四百万。再过二十四年，乾隆四十八年（西元一七八三），就有二万八千四百万，将近三万万的人口高潮了。（注三十）此时社会不安的现象渐渐抬头，高宗逊位之后就发生川楚教匪的乱事，可见饭又不够吃的了。自此以后，至今一百四十年间社会总未安定，大小的乱事不断的发生。所以就拿中国传统极低的生活程度为标准，三万万的人口是中国土地的生产能力所能养的最高限度。历代最高六千万的统计，大概是大打折扣的结果，平均每五人只肯报一人。

至于今日四万万以至五万万的估计，大致也离实情不远。这个超过饱和状态的人口是靠外国粮食维持的。近年来每年六万万元的入超中，总有二万万元属于米麦进口，都市中的人几乎全靠外国粮食喂养，乡间也有人吃洋饭。这在以农立国的中华是生民未有的变态现象。今日的中国好比一个坐吃山空的大破落户，可吃的东西早已吃净，现在专靠卖房卖田以至卖衣冠鞋袜去糊口，将来终有一天产业吃光，全家老小眼看饿死。（注三十一）

历代人口过剩时的淘汰方法，大概不出三种，就是饥荒、瘟疫，与流寇的屠杀。人口过多，丰收时已只能勉强维持；收成略减，就要大闹饥荒。饥荒实际有绝对的与相对的两种。广大的区域中连年不雨或大雨河决，这是绝对的饥荒，人口不负责任。但中国每逢乱世必有的饥荒不见得完全属于这一类，最少一部分是人口过剩时收成稍微减少人民就成千累万的饿死。

瘟疫与饥荒往往有连带的关系。食料缺乏，大多数人日常的营养不足，与病菌相逢都无抵抗的能力，因而容易演成大规模的传播性瘟疫。试看历代正史的《本纪》中，每逢末世饥荒与瘟疫总是相并而行。这也绝非偶然的事。

饥荒与瘟疫可说是自然的淘汰因素，人为的因素就是流寇。流寇在二千年来的中国历史上地位非常重要，甚至可说是一种必需的势力。民不聊生，流寇四起，全体饿民都起来夺食，因而互相残杀。赤眉贼、黄巾贼、黄巢、李自成、张献忠是最出名的例［子］。但流寇不见得都是汉人，西晋末的五胡乱华也可看作外族饿民的流寇之祸。

在民乱初起时，受影响的只限于乡间，但到大崩溃时城市与乡间一同遭殃。例如西晋永嘉之乱时：

> 长安城中户不盈百，墙宇颓毁，荆棘成林。朝廷无车马章服，唯桑版署号而已。众惟一旅，公私有车四乘。（注三十二）

长安城中的人民或死亡，或流散。至于乡间的情形，据永嘉间的并州刺史刘琨的报告：

> 臣自涉州疆，目睹困乏，流移四散，十不存二；携老扶弱，不绝于路。及其在者，鬻卖妻子，生相抛弃；死亡委厄，白骨横野，哀呼之声，感伤和气。群胡数万，周匝四山，动足遇掠，开目睹寇。唯有壶关可得告籴，而此二道九州之险，数人当路，则百夫不敢进。公私往返，没丧者多，婴守穷城，不得薪采，耕牛既尽，又乏田器。

后来刘琨转战到达晋阳（今太原），只见：

> 府寺焚毁，僵尸蔽地，其有存者饥羸无复人色。荆棘成林，豺狼满道。（注三十三）

城乡人口一并大减。历史中所谓“人民十不存一二”，或者说得过火，但大多数人民都死于刀兵水火或饥饿，是无可怀疑的。

民间历代都有“劫”的观念，认为天下大乱是天命降劫收人。这种民间迷信实际含有至理。黄巢的杀人如麻，至今还影射在民族心理的戏剧中。黄巢前生本为目连，因往地狱救母，无意中放出八百万饿鬼；所以他须托生为收人的劫星，把饿鬼全部收回。凡该被收的人，无论藏在什么地方，也逃不了一刀。这就是所谓“黄巢杀人八百万，在劫难逃”。这种神秘说法实际代表一个惨痛的至理。那八百万人（黄巢直接与间接所杀的恐怕还不只此数），不论当初是否饿鬼，但实际恐怕大多数是饿民或候补的饿民，屠杀是一个简直了当的解决方法。（注三十四）

历代人口的增减有一个公式，可称为大增大减律。增加时就增到饱和点甚至超饱和点，减少时就减到有地无人种有饭无人吃的状态。人口增多到无办法时，由上到下都感到生活困难，官吏受了生活恐慌心理的影响，日愈贪污，苛捐杂税纷至沓来。民间的壮健分子在饥寒与贪污的双层压迫下，多弃地为匪，或入城市经营小本工商，或变成无业的流民与乞丐。弃地日多，当初的良田一部成为荒地，生产愈少，饥荒愈多。盗匪遍地之后，凡不愿死于饥荒或匪杀的农民，也多放弃田地，或入城市，或为盗匪。荒地愈多，生产愈少，饥荒愈甚；饥荒愈甚，盗匪愈多，盗匪愈多，荒地愈广。这个恶圈最后一定发展到良民与盗匪无从辨别的阶段，这就是流寇的阶段。

长期的酝酿之后，人口已经减少，再加最后阶段的流寇屠杀，当初“粥少僧多”的情形必一变而成“有饭无人吃”的局面。至此天下当然太平。真龙天子也就当然出现。大乱之后，土地食料供过于求，在相当限度以内人口可再增加而无饥荒的危险。所以历史上才有少则数十年多则百年的太平盛世；西汉初期的文景之治，东汉初期的中兴之治，唐初的贞观之治，清代康熙乾隆间的百年太平，都是大屠杀的代价所换来的短期黄金境界。生活安逸，社会上争夺较少，好弄词藻的文人就作一套“路不拾遗，夜不闭户”的理想文章来点缀这种近于梦幻的境界。

但这种局面难以持久。数十年或百年后，人口又过剩，旧的惨剧就需再演一遍。

七、中国与外族

二千年来外族在中国历史上的地位非常重要。在原则上，中国盛强就征服四夷，边境无事，中国衰弱时或气候骤变时游牧民族就入侵扰乱，甚或创立朝代。但实际二千年来中国一部或全部大半都在外祸之下呻吟。五胡乱华与南北朝的三百年间，中原是外族的地盘。后来隋唐统一，中国算又自主。但隋与盛唐前后尚不到二百年，安史之乱以后，由肃宗到五代的二百年间，中原又见胡蹄时常出没，五代大部是外族扰攘的时期。北宋的一百六七十年间，中国又算自主，但国防要地的燕云始终属于契丹，同等重要的河西之地又属西夏。南宋的一百五十年间，北方又成了女真的天下。等到女真已经汉化之后，宋金同归于尽，一百年间整个的中国是蒙古大帝国的一部，这是全部中国的初次被征服。明朝是盛唐以后汉族惟一的强大时代，不只中国本部完全统一，并且东北与西北两方面的外族也都能相当的控制。这种局面勉强维持了约有二百年，明末中国又渐不能自保，最后整个的中国又第二次被外族征服。二百年后，满人已经完全汉化，海洋上又出现了后来居上的西洋民族。鸦片一战以后，中国渐渐成为西洋人的势力，一直到今天。

中国虽屡次被征服，但始终未曾消灭，因为游牧民族的文化程度低于中国，入主中国后都汉化。只有蒙古人不肯汉化，（注三十五）所以不到百年就被驱逐。游牧民族原都尚武，但汉化之后，附带的也染上了汉族的文弱习气，不能振作，引得新的外族又来内侵。蒙古人虽不肯汉化，但文弱的习气却已染上，所以汉人不很费力就把他们赶回沙漠。

鸦片战争以下，完全是一个新的局面。新外族是一个高等文化民族，不只不肯汉化，并且要同化中国。这是中国有史以来所未曾遭遇过的紧急关头，惟一略为相似的前例就是汉末魏晋的大破裂时代。政治瓦解到不可收拾的地步，因而长期受到外族的侵略与统治。旧文化也衰弱僵化，因而引起外来文化势力的入侵，中国临时完全被佛教征服，南北朝时代的中国几乎成了印度中亚文化的附庸。但汉末以下侵入中国的武力与文化是分开的，武力属于五胡，文化属于印度。最近一百年来侵入中国的武力与文化属于同一的西洋民族，并且武力与组织远胜于五胡，文化也远较佛教为积极。两种强力并于一身而向中国进攻，中国是否能够支持，很成问题。并且五胡与佛教入侵时，中国民族的自信力并未丧失，所以仍能得到最后的胜利；五胡为汉族所同化，佛教为旧文化所吸收。今日民族的自信力已经丧失殆尽，对传统中国的一切都根本发生怀疑。这在理论上可算为民族自觉的表现，可说是好现象。但实际的影响有非常恶劣的一方面：多数的人心因受过度的打击都变为麻木不仁，甚至完全死去，神经比较敏捷的人又大多盲目地崇拜外人，捉风捕影，力求时髦，外来的任何主义或理论都有它的学舌的鹦鹉。这样说来，魏晋南北朝的局面远不如今日的严重，我们若要找可作比较的例证。还须请教别的民族的历史。

古代的埃及开化后，经过一千余年的酝酿，在西前1600年左右全国统一，并向外发展，建设了一个大帝国，正如中国的秦汉时代一样。这个帝国后来破裂，时兴时衰，屡次被野蛮的外族征服，但每次外族总为埃及所同化。这正与中国由晋至清的局面相同。最后于西前525年埃及被已经开化的波斯人征服，埃及文化初次感到威胁。但波斯帝国不能持久，二百年后埃及又为猛进的希腊人所征服。从此埃及文化渐渐消灭，亚历山大利亚后来成为雅典以外最重要的希腊文化城。从此经过罗马帝国时代，埃及将近千年是希腊文化的一部分。最后在西元639至643年间，埃及又为伊斯兰教徒的亚拉伯人所征服，就又很快的亚拉伯化，一直到今天埃及仍是亚拉伯文化的一部分。今日在尼罗河流域只剩有许多金字塔与石像还属于古埃及文化。宗教以及风俗习惯都已亚拉伯化，古文字也早已被希腊文与亚拉伯文前后消灭，直到十九世纪才又被西洋人解读明白，古埃及的光荣历史才又被人发现。

古代的巴比伦与埃及的历史几乎同时，步骤也几乎完全一致，也是在统一与盛强后屡次被野蛮的外族征服，但外族终被同化。后来被波斯征服，就渐渐波斯化，最后被亚拉伯人征服同化。今日在两河流域的古代巴比伦地已经找不到一个巴比伦人，巴比伦的文字也是到十九世纪才又被西洋的考古学家解读明白的。

中国是否也要遭遇古代埃及与巴比伦的命运？我们四千年来的一切是否渐渐都要被人忘记？我们的文字是否也要等一二千年后的异族天才来解读？但只怕汉文一旦失传，不是任何的天才所能解读的！这都是将来的事，难以武断的肯定或否定，但中国有两个特点，最后或有救命的效能，使它不致遭遇万劫不复的悲运。中国的地面广大，人口众多，与古埃及巴比伦的一隅之地绝不可同日而语。如此广大的特殊文化完全消灭，似非易事。但现代战争利器的酷烈也为前所未有，西洋各国宣传同化的能力也是空前的可怕，今日中国人自信力的薄弱也达到了极点，地大人多似乎不是十分可靠的保障。

另外一个可能的解救中国文化的势力就是中国的语言文字。汉文与其他语文的系统都不相合，似乎不是西洋任何的语文所能同化的。民族文化创造语言文字，同时语言文字又为民族文化所寄托，两者有难以分离的关系。语言文字若不失掉，民族必不至全亡，文化也不至消灭。亚拉伯人所同化的古民族中，只有波斯人没有失去自己的语言文字，所以今日巴比伦人与埃及人已经绝迹于天地间，但波斯地方居住的仍是波斯人，他们除信伊斯兰教之外，其他都与亚拉伯人不同。并且他们所信的伊斯兰教是亚拉伯人所认为异端的派别，这也是波斯人抵抗亚拉伯文化侵略的表现。这种抵抗能力最少一部分是由于语言文字未被同化。西洋文化中国不妨尽量吸收，实际也不得不吸收，只要语言文字不贸然废弃，将来或者终有消化新养料而复兴的一天。

注释

（注一）俱见《汉书》卷一九下《百官公卿表下》。

（注二）《汉书》卷四二《申屠嘉传》。

（注三）《汉书》卷五八《公孙弘传》，卷六六《公孙贺传》，《刘屈传》。

（注四）《汉书》卷五八《公孙弘传》。

（注五）《汉书》卷六六《车千秋传》。

（注六）《汉书》卷六《武帝纪》，卷六八《霍光传》。

（注七）《新唐书》卷四六《百官志一》，卷四七《百官志二》。

（注八）顾炎武《日知录》卷八《据属》。

（注九）《新唐书》卷五〇《兵志》，卷二一〇《藩镇列传》。

（注十）《汉书》卷一九上《百官公卿表上》。

（注十一）《新唐书》卷四六《百官志一》，卷四七《百官志二》。

（注十二）《宋史》卷二五〇《石守信传》。

（注十三）《后汉书》卷一〇四《袁绍传》。

（注十四）《汉书》卷一九上《百官公卿表上》。

（注十五）《新唐书》卷五〇《兵志》，卷二一〇《藩镇列传》。

（注十六）《后汉书》卷一〇一《朱俊传》。

（注十七）《新唐书》卷二一八《沙陀传》。

（注十八）除正又外，可参考赵翼《廿二史札记》卷五，卷二六，卷三五。

（注十九）《晋书》卷五六《江统传》，卷九七《匈奴传》。

（注二十）赵翼《廿二史札记》卷八。

（注二十一）《汉书》卷九二《游侠列传》。

（注二十二）《后汉书》卷一〇一《皇甫嵩传》。

（注二十三）《新唐书》卷二二五下《黄巢传赞》。

（注共十四）《明史》卷一二二《韩林儿传》。

（注二十五）赵翼《廿二史札记》卷二六《明代先后流贼》。

（注二十六）魏源《圣武记》卷一〇。

（注二十七）《晋书》卷四《惠帝纪》。

（注二十八）关于气候变化与游牧民族迁徙的问题，可参考 Ellsmorth Huntington 教授的各种著作，最重要的是（Civilization and Climate；The Pnlse of Asia；Character of Races）。

（注二十九）汉代人口最盛时五千九百万（《汉书》卷二十八上《地理志下》。）这数目或者还大致可靠。一，因当时的农业方法尚甚幼稚（《汉书》卷二四上《食货志上》。）二，因今日广东，广西，福建，云南，贵州，与四川一部的广大区域方才征服，尚未开发。三，因长江流域一带也没有发展到后日的程度。大概汉时承继古代法治的余风，政治比较上轨道，人民也比较的肯负责，大致准确的人口统计还不是绝对办不到的事。至于唐代人口最盛时只有五千万的记载，绝不可信；此后历代的统计就更不值一顾了。

（注三十）关于历代人口的统计，除散见于正史《地理志》或《食货志》诸篇外，最方便的参考书就是《文献通考》卷一〇至一一《户口考》，《续文献通考》卷一二至一四《户口考》，《清朝文献通考》卷一九至二〇《户口考》。

（注三十一）“兵在精，不在多，”谁都承认，一讲到人口，一般的见解总以为是多多益善。这是不思的毛病。南京中国地理学会出版的《地理学报》第二卷第二期（民国二十四年六月）中有胡焕庸教授《中国人口之分布》一文，可代表多数人的开明见解，注意中国人口问题的人都当一读。

（注三十二）《晋书》卷五《愍帝纪》。

（注三十三）俱见《晋书》一卷六二《刘琨传》。

（注三十四）《新唐书》卷二二五《黄巢传》。黄巢的八百万饿鬼中还有不少的洋鬼，见张星烺教授《中西交通史料汇篇》第三册第二九节。

（注三十五）赵翼《廿二吏札记》卷三〇。

清华大学《社会科学》1卷4期，1936年7月。

君子与伪君子——一个史的观察

观察中国整个的历史，可能的线索甚多，每个线索都可贯串古今，一直牵引到目前抗战建国中的中国。“君子”一词来源甚古，我们现可再用它为一个探讨的起发点。

“君子”是封建制度下的名词。封建时代，人民有贵贱之分，贵者称“士”，贱者称“庶”。“君子”是士族阶级普通的尊称；有时两词连用，称“士君子”。士在当时处在政治社会领导的地位，行政与战争都是士的义务，也可说是士的权利。并且一般讲来，凡是君子都是文武兼顾的，行政与战争并非两种人的分工，而是一种人的合作，殷周封建最盛时期当然如此，春秋时封建虽已衰败，此种情形仍然维持。六艺中，礼乐书数是文的教育，射御是武的教育，到春秋时仍是所有君子必受的训练。在《左传》、《国语》中，可知当时的政治人物没有一个不上阵的。国君也往往亲自出战，晋惠公竟至因而被虏。国君的侄兄弟也都习武。晋悼公的幼弟杨干最多不过十五岁就入伍；因为年纪太轻，以致扰乱行伍而被罚。连天子之尊也亲自出征，甚至在阵上受伤。如周桓工亲率诸侯伐郑，当场中箭。当兵绝非如后世所谓下贱事，而是社会上层阶级的荣誉职务。平民只有少数得有入伍的机会，对于庶人的大多数，当兵是一个求之不得的无上权利。

在这种风气之下，所有的人，尤其是君子，都锻练出一种刚毅不屈，慷慨悲壮，光明磊落的人格。“士可杀而不可辱”，在当时并非寒酸文人的一句口头禅，而是严重的事实。原繁受郑厉公的责备，立即自杀。晋惠公责里克，里克亦自杀。若自认有罪，虽君士宽恕不责，亦必自罚或自戮。鬻拳强谏楚王，楚王不从；以兵谏，楚王惧而听从。事成之后，鬻拳自刖，以为威胁君上之罪罚。接受了一种使命之后，若因任何原因不能复命，必自杀以明志，晋灵公使力士钼麑去刺赵盾。至赵盾府后，发现赵盾是国家的栋梁，不当刺死，但顾到国家的利益，就不免违背君命；从君命，又不免损害国家。所以这位力士就在门前触槐而死。以上不过略举一二显例，类此的事甚多，乃是当时一般风气的自然表现。并且这些慷慨的君子，绝不是纯粹粗暴的武力。他们不只在行政上能有建树，并且都能赋诗。都明礼仪，都善辞令，不啻为文武兼备的全才。一直到春秋末期，后世文人始祖的孔子，教弟子仍用六艺，孔子自己也是能御能射的人，与后世的酸儒绝非同类的人物。

到战国时，风气一变。经过春秋战国之际的一度大乱之后，文化的面目整个改观。士族阶级已被推翻，文武兼备的人格理想也随着消灭。社会再度稳定之后，人格的理想已分裂为二，文武的对立由此开始。文人称游说之士，武人称游侠之士。前者像张仪以及所有的先秦诸子，大半都是凭着三寸不烂之舌，用读书所习的一些理论去游说人君。运气好，可谋得卿相的地位；运气坏，可以招受奇辱。张仪未得志时，曾遭楚相打过一顿，诬他为小偷。但张仪绝不肯因此自杀，并且还向妻子夸口：只要舌头未被割掉，终有出头露面的一天。反之，聂政荆轲一类的人物就专习武技，谁出善价就为谁尽力，甚至卖命。至于政治主张或礼仪文教，对这些人根本谈不到。所以此时活动于政治社会上的人物，一半流于文弱无耻，一半流于粗暴无状。两者各有流弊，都是文化不健全的象征。

到汉代，游侠之士被政府取缔禁止。后世这种人在社会上没有公认的地位，但民间仍然崇拜他们，梁山泊好汉的水浒传就是民间这种心理的产品。

汉以后所谓士君子或士大夫完全属于战国时代游说之士的系统。汉武帝尊崇儒术，文士由此取得固定不变的地位。纯文之士，无论如何诚恳，都不免流于文弱，寒酸，与虚伪；心术不正的份子，更无论矣。惟一春秋以上所遗留的武德痕迹，就是一种临难不苟与临危授命的精神。但有这种精神的人太少，不能造出一个遍及社会的风气。因为只受纯文教育的人很难发挥一个刚毅的精神，除非此人有特别优越的天然秉赋。可惜这种秉赋，在任何时代，也是不可多得的。

至于多数的士君子，有意无意中都变成伪君子。他们都是手无缚鸡之力的白面书生。身体与人格虽非一件事，但一般的讲来，物质的血气不足的人，精神的血气也不易发达。遇到危难，他们即或不畏缩失节，也只能顾影自怜的悲痛叹息，此外一筹莫展。至于平日生活的方式，细想起来，也很令人肉麻。据荀子记载，战国时代许多儒家的生活形态已是寒酸不堪。后世日趋愈下。汉代的董仲舒三年不涉足于自己宅后的花园，由此被人称赞。一代典型之士的韩愈，据他的自供，“年未四十，而视茫茫，而发苍苍，而齿牙动摇。”这位少年老成者日常生活的拘谨迂腐，可想而知。宋明理学兴起，少数才士或有发挥。多数士大夫不过又多了一个虚伪生活的护符而已。清初某理学先生，行步必然又方又正，一天路上遇雨，忽然忘其所以，放步奔避。数步之后，恍然悟到行动有失，又回到开始奔跑的地方，重新大摇四摆的再走一遍。这个人，还算是诚恳的。另外，同时又有一位理学先生，也是同样的避雨急走，被旁人看见指摘之后，立刻掏腰包贿赂那人不要向外宣传！这虽都是极端的例，却很足表现普遍士君子社会的虚伪风气。这一切的虚伪，虽可由种种方面解释，但与武德完全脱离关系的训练是要负最大的责任的。纯文之士，既无自卫的能力也难有悲壮的精神，不知不觉中只知使用心计，因而自然生出一种虚伪与阴险的空气。

我们不要以为这种情形现在已成过去，今日的知识阶级，虽受的是西洋传来的新式教育，但也只限于西洋的文教，西洋的尚武精神并未学得。此次抗战这种情形暴露无遗。一般人民，虽因二千年来的募兵制度，一向是顺民，但经过日本侵略的刺激之后，多数都能挺身抵抗，成为英勇的斗士。正式士兵的勇往直前，更是平民未曾腐化的明证。至于知识阶级，仍照旧是伪君子。少数的例外当然是有的，但一般的知识份子，在后方略受威胁时，能不增加社会秩序的混乱，已是很难得了。新君子也与旧君子同样的没有临难不苟的气魄。后方的情形一旦略为和缓，大家就又从事鸡虫之争；一个弹炸就又惊得都作鸟兽散。这是如何可耻的行径！但严格讲来，这并不是个人的错误，而是根本训练的不妥。未来的中国非恢复春秋以上文武兼备的理想不可。

征兵的必要，已为人家所公认，现在只有办理方法的问题。目前的情形，征兵偏重未受教育或只受低级教育的人，而对知识较高的人几乎一致免役。这在今日受高深教育的人太少的情况之下，虽或勉强有情可原，但这绝非长久的办法。将来知识份子不只不当免役，并且是绝对不可免役的。民众的力量无论如何伟大，社会文化的风气却大半是少数领导份子所成的。中国文化若要健全，征兵则当然势在必行，但伪君子阶级也必须消灭。凡在社会占有地位的人，必须都是文武兼备，名副其实的真君子。非等此点达到，传统社会的虚伪污浊不能洗清。

《今日评论》1 卷 4 期，1939 年 1 月 22 日。

中国文化的两周

（一）正名

（二）中国史的分期

（三）中国史与世界史的比较

断代是普通研究历史的人所认为一个无关紧要的问题。试看一般讲史学方法的书，或通史的叙论中，对此问题都有一定的套语，大致如下：

“历史上的变化都是积渐的，所有的分期都是为研究的便利而定，并非绝对的。我们说某一年为两期的分界年，并不是说某年的前一年与后一年之间有截然不同之点，甚至前数十年与后数十年之间也不见得有很大的差别。我们若把这个道理牢记在心，就可分历史为上古，中古，近代三期而不致发生误会了。”

这一类的话在西洋的作品中时常遇到，近年来在中国也很流行一时。话都很对，可惜都不中肯要。历史就是变化，研究历史就为的是明了变化的情形。若不分期就无从说明变化的真相。宇宙间的现象，无论大小，都有消长的步骤；人类文化也脱离不了宇宙的范围，也绝不是一幅单调的平面图画。但因为多数研究的人不注意此点，所以以往的分期方法几乎都是不负责的，只粗枝大叶的分为上古，中古，近代，就算了事。西洋人如此，中国人也依样胡芦。比较诚恳一点的人再细分一下，定出上古，中古，近古，近世，近代，现代一类的分期法，就以为是独具匠心了。这种笼统的分法比不分期也强不了许多，对于变化的认清并没有多大的帮助。不分期则已，若要分期，我们必须多费一点思索的功夫。

一、正名

“名不正则言不顺”的一句话，很可移用在今日中国史学界的身上。无论关于西洋史或中国史，各种名义都不严正，这是断代问题所以混乱的一个主要原因。我们若先将各种含意混沌的名词弄清，问题就大半解决了。

西洋史上古，中古，近代的正统分期法，是文艺复兴时代的产物。当时的文人对过去数百以至千年的历史发生了反感，认为自己的精神与千年前的罗马人以至尤前的希腊人较为接近，与方才过去的时代反倒非常疏远。他们奉希腊罗马的文献为经典(Classics)，现在为这种经典的复兴时代（Renaissance），两期中间的一段他们认为是野蛮人，尤其是戈特人的时代（Bar-barous 或 Gothic），或黑暗时代（Dark Ages），恨不得把它一笔勾销。他们只肯认为这是两个光明时代之间的讨厌的中间一段，甚至可说是隔断一个整个的光明进展的障碍物，除“野蛮”，“戈特”，或“黑暗”之外，他们又称它为“中间时代”，（注一）字中含有讥讽厌弃的意义。希腊罗马就称为经典时代(Classic Age)，又称为古代或上古（Antiquity），“经典”当然是褒奖的名词。连“古代”也有美的含意。他们那时的心理也与中国汉以下的情形一样，认为“古”与“真美善”是一而二，二而一的。因为崇拜“古”，所以“古代”就等于“思想时代”或“黄金时代”。至于他们自己这些崇拜“古代”的人就自称为“摩登时代”或新时代(Modern Age)。所谓“摩登”与近日一般的见解略有不同，并不是“非古”，而是“复古”的意思，是一个“新的古代”或“新的经典时代”，或“经典复兴的时代”。

这种说法并不限于一个，也不倡于一人，乃是文艺复兴时代的普遍见解。虽然不久宗教改革运动发生，宗教信仰又盛极一时，但文艺复兴人物崇拜古代的心理始终没有消灭，历史的三段分法也就渐渐被人公认，直到今日西洋史学界仍为这种分法所笼罩。虽不妥当，在当初这种分法还可勉强自圆其说。上古，限于希腊罗马；关于埃及、巴比伦，和波斯，除与希腊罗马略为发生关系外，他们只由《圣经》中知道一点事实，在正统的历史作品中对这些民族一概置诸不理。十九世纪以下情形大变。地下的发掘增加了惊人的史料与史实，和出乎意料的长期时代。这些都在希腊罗马之前，虽不能称为“经典时代”，却可勉强称为“古代”。地下的发掘愈多，“古代”拉得愈长。到今日百年，古代最少有四千年，中古最多不过千年，近代只有四五百年，并且把希腊罗马与中古近代的历史打成一片，虽嫌牵强，还可办到。但地下发见的史实太生硬，除了用生吞活剥的方法之外，万难与传统的历史系统融合为一。专讲埃及史或巴比伦史，还不觉得为难；一旦希求完备的通史，就感到进退窘迫。凡读通史的人，对希腊以前时间非常长而篇幅非常短的一段都有莫明其妙的感想，几万言或十几万言读过之后，仍是与未读之前同样的糊涂，仍不明白这些话到底与后来的发展有什么关系，近年来更变本加厉，把民族血统完全间断文化系统线索不明的新石器时代与旧石器时代也加上去。（注二）甚至有人从开天辟地或天地未形之先讲起，（注三）愈发使人怀疑史学到底有没有范围，是否一种大而无外的万宝囊。

西洋人这种不加深思的行动，到中国也就成了金科玉律，我们也就无条件的认“西洋上古”为一个神怪小说中无所不包的乾坤如意袋。西洋人自己既然如此看法，我们也随着附和，还有可说；但摹仿西洋，把中国史也分为三段，就未免自扰了。中国从前也有断代的方法，不过后来渐渐被人忘记。在《易·系辞》中已有“上古”“中古”的名称，“上古”是指“穴居野处，结绳而治”的时代，“中古”是指殷周之际，所谓“殷之末世，周之盛德”的纣与文王时代。（注四）以此类推，西周以下当为近代。若求周备，可称西周为“近古”，就是荀子所谓“后王”的时代，（注五）礼乐崩坏，“世风日下”，“人心不古”的春秋战国可称“近世”或“近代”。这大体可代表战国诸子的历史观与历史分期法。秦汉以下，历史的变化较少，一般人生长在不变之世，对于已往轰轰烈烈的变化，渐渐不能明了，史学于是也变成历朝历代的平面叙述。断代的问题并不发生，因为清楚的时代观念根本缺乏。

十九世纪西学东渐以后，中国见西洋史分为三段，于是就把中国史也尔样划分。战国诸子的分法到今日当然已不适用，于是就参考西洋的前例，以先秦时代为上古，秦汉至五代为中古，宋以下为近代。再完备的就以宋为近古，元、明、清为近代，近百年为现代。此外大同小异的分期法，更不知有多少。这种分期法倡于何人，已无可考，正如西洋史的三段分法由何人始创的不可考一样。（注六）但西洋史的三段分法，若把希腊以前除外，还勉强可通；至于中国史的三段分法或五六段分法，却极难说得圆满。

近年来中国史的上古与西洋史的上古遭了同样的命运。中国古代的神话史本来很长，但一向在半信半疑之间，并不成严重的问题。近来地下发见了石器时代的遗物。于是中国史带上了一顶石头帽子。这还不要紧。北京猿人发见之后，有些夸大习性未除的国人更欢喜欲狂，认为科学已证明中国历史可向上拉长几十万年。殊不知这种盗谱高攀的举动极为可笑，因为北京猿人早已断子绝孙，我们决不会是他的后代。由史学的立场来看，北京人的发见与一个古龙蛋的发见处在同等的地位，与史学同样的毫不相干。据今日所知，旧石器时代各种不同的人类早已消灭，惟一残留到后代的塔斯玛尼亚人（Tasmaniaus）到十九世纪也都死尽。（注七）新石器时代的人到底由何而来，至今仍为人类学上的一个未解之谜；是由旧石器时代的人类演变而出，或由他种动物突变而出，全不可知。新石器时代的文化是否由旧石器时代蜕化而出，也无人能断定；新旧两石器时代的人类似乎不是同一的物种，两者之间能否有文化的传达，很成问题。新石器的人类与今日的人类属于同一物种，文化的线索也有可寻，但不见得某一地的新石器时代人类就是同地后来开化人类的祖先，某一地的新石器文化也不见得一定与同地后来的高等文化有连带的关系。因为我们日常习用“中国史”，“英国史”，“欧洲史”一类的名词，无意之间就发生误会，以为一块地方就当然有它的历史。由自然科学的立场来看，地方也有历史，但那是属于地质学与自然地理学的范围的，与史学本身无关。地方与民族打成一片，在一定的时间范围内，才有历史。民族已变，文化的线索已断，虽是同一地方，也不是同一历史。这个道理应当很明显，但连史学专家也时常把它忽略。无论在中国或西洋，“上古史”的一切不可通的赘疣都由这种忽略而发生。所以关于任何地方的上古史或所谓“史前史”，即或民族文化都一贯相传，最早也只能由新石器时代说起，前此的事实无论如何有趣，也不属于史学的范围。这是第一个“正名”的要点。

人类史的最早起点既已弄清，此后的问题就可简单许多。在中国时常用的名词，除“中国史”之外，还有“世界史”，“外国史”，与“西洋史”三种名称。“世界史”按理当包括全人类，但平常用起来多把中国史除外，所以“世界史”等于“外国史”。至于“外国史”与“西洋史”有何异同，虽没有清楚的说法，但大致可以推定。我们可先看“西洋史”到底何指。“西洋”是一个常用的名词，但若追问“西洋”的时间与空间的范围。恐怕百人中不见得有一个人能说清。若说西洋史为欧洲史，当初以东欧为中心的土耳其帝国制度文物的发展是否西洋史的一部分？若是，为何一般西洋史的书中对此一字不提；若不是，土耳其帝国盛时的大部显然在欧洲。西历前的希腊与近数百年的希腊是否同一的属于西洋的范围？若说欧洲与地中海沿岸为西洋，起初不知有地中海的古巴比伦人为何也在西洋史中叙述？伊斯兰教到底是否属于西洋？若不属西洋，为何一切西洋中古史的书中都为它另辟几章？若属于西洋，为何在西洋近代史的书中，除不得不谈的外交关系外，把伊斯兰教完全撇开不顾？欧洲新石器时代的文化与埃及文化有何关系？埃及已经开化之后，欧洲仍在新石器时代，但西洋通史的书中为何先叙述欧洲本部的石器文化，然后跳过大海去讲埃及？这些问题，以及其他无数可以想见的问题，不只一般人不能回答，去请教各种西洋史的作者，恐怕也得不了满意的答复。

“西洋”一词（The West 或 The Occident）在欧美人用来，意义已经非常含混，到中国就更加空泛。我们若详为分析，就可看出“西洋”有三种不同的意义，可称为泛义的，广义的，与狭义的。狭义的西洋专指中古以下的欧西，就是波兰以西的地方，近四百年来又包括新大陆。东欧部分，只讲它与欧西的政治外交关系，本身的发展并不注意，可见东欧并不属于狭义的西洋的范围。这是以日耳曼民族为主所创造的文化。我们日常说话用“西洋”一词时，心目中大半就是指着这个狭义的西洋。

广义的西洋，除中古与近代的欧西之外，又加上希腊罗马的所谓经典文化，也就是文艺复兴时代的所谓上古文化。讲思想学术文艺的发展的书中，与学究谈话时所用的“西洋”，就是这个广义的西洋。

泛义的西洋，除希腊罗马与欧西外，又添上伊斯兰教与地下发掘出来的埃及、巴比伦，以及新石器时代，甚至再加上欧洲的旧石器时代。这是通史中的西洋，除了作通史的人之外，绝少这样泛用名词的。

对于希腊以前的古民族，欧美人往往半推半就，既不愿放弃，又不愿意直截了当地称它们为“西洋”，而另外起名为“古代的东方”(The Ancient East 或 The Ancient Orient)。但希腊文化最初的中心点在小亚细亚，与埃及处在相同的经线上，为何埃及为“东”而希腊为“西”，很是玄妙。伊斯兰教盛时，西达西班牙，却也仍说它是“东方”。同时，西洋通史又非把这些“东方”的民族叙述在内不可，更使人糊涂。总之，这都是将事实去迁就理论的把戏。泛义的西洋实际包括埃及，巴比伦、希腊、罗马、伊斯兰教、欧西五个独立的文化，各有各的发展步骤，不能勉强牵合。至于欧洲的新石器时代，与这些文化有何关系，是到今日无人能具体说明的问题。这五个独立的文化在时间上或空间上或有交互的关系，但每个都有自立自主的历史不能合并叙述。若勉强合讲，必使读者感觉头绪混乱。我们读西洋上古史，总弄不清楚，就是因为这个道理；中古史中关于伊斯兰教的若即若离的描写，往往也令人莫测高深。把几个独立的线索，用年代先后的死办法，硬编成一个线索，当然要使读者越读越糊涂了。

欧西的人尽量借用希腊罗马的文献，当经典去崇拜，所以两者之间较比任何其他两个文化，关系都密切。但推其究竟，仍是两个不同的个体。希腊罗马文化的重心在小亚细亚西岸与希腊半岛，意大利半岛的南部处在附属的地位，北部是偏僻的野地，地中海沿岸其他各地只是末期的薄暮地带。今日希腊半岛的民族已不是古代的希腊民族，今日的意大利人也更不是古代的罗马人，真正的希腊人与罗马人已经消灭。至于欧西文化的重心，中古时代在意大利北部与日耳曼，近代以英、法、德三国最为重要。希腊半岛与欧西文化完全无关，最近百年才被欧西所同化。上古比较重要的意大利南部也始终处在附属的地位。地中海南岸与欧西文化也完全脱离关系。创造欧西文化的，以日耳曼人为主体，古罗马人只供献一点不重要的血统。连今日所谓拉丁民族的法兰西，意大利，西班牙人中也有很重要的日耳曼成分；称它们为拉丁民族，不过是因为它们的语言大体是由古拉丁语蜕化而出。希腊罗马文化与欧西文化关系特别密切，但无论由民族或文化重心来看，都绝不相同。其他关系疏远的文化之间，当然更难找同一的线索了。这是“正名”工作的第二种收获，使我们知道西洋一词到底何指。狭义的用法，最为妥当；广义的用法，还可将就；泛义的用法，绝要不得。

日常所谓“西洋史”既包括五个不同的文化，在人类所创造的独立文化中，除新大陆的古文化不计外，只有两个未包括在内，就是中国与印度。所以我们平常所谓“外国史”或“世界史”只比“西洋史”多一个印度。若因印度人与“西洋人”都属于印欧种而合同叙述，“外国史”或“世界史”就与“西洋史”意义相同了。这是“正名”的第三种收获，使我们知道三个名词的异同关系。

文化既是个别的，断代当然以每个独立的文化为对象，不能把几个不同的个体混为一谈而牵强分期。每个文化都有它自然发展消长的步骤，合起来讲，必讲不通；若把人类史认为是一个纯一的历史，必致到处碰壁，中国的殷周时代当然与同时的欧洲或西亚的历史性质完全不同，中古时代的欧西与同时的希腊半岛也背道而驰。我们必须把每个文化时间与空间的范围认清，然后断代的问题以及一切的史学研究才能通行无阻。这是“正名”的第四种收获，使我们知道人类历史并不是一元的，必须分开探讨。互相比较，当然可以；但每个文化的独立性必须认清。

在每个文化的发展中，都可看出不同的时代与变化。本文对中国特别注意，把中国史分期之后，再与其他文化相互比较，看看能否发见新的道理。

二、中国史的分期

中国四千年来的历史可分为两大周。第一周，是最初至西元383年的淝水之战，大致是纯粹的华夏民族创造文化的时期，外来的血统与文化没有重要的地位。第一周的中国可称为古典的中国。第二周，由西元383年至今日，是北方各种胡族屡次入侵，印度的佛教深刻的影响中国文化的时期。无论在血统上或文化上，都起了大的变化。第二周的中国已不是当初纯华夏族的古典中国，而是胡汉混合梵华同化的新中国，一个综合的中国。虽然无论在民族血统上或文化意识上，都可说中国的个性并没有丧失，外来的成分却占很重要的地位。为方便起见，这两大周可分开来讲。

华夏民族的来源，至今仍是不能解决的问题。我们只能说，在西前3000至2000年间，后日华夏民族的祖先已定居在黄河流域一带，至于当初就居住此地，或由别处移来，还都是不能证明的事。在整个的第一周，黄河流域是政治文化的重心，长江流域处在附属的地位，珠江流域到末期才加入中国文化的范围。第一周，除所谓史前期之外，可分为五个时代：

（1）封建时代（西前1300至771年）；

（2）春秋时代（西前770至473年）；

（3）战国时代（西前 473 年至 221 年）；

（4）帝国时代（西前 221 年至西元 88 年）；

（5）帝国衰亡与古典文化没落时代（西元 88 至 383 年）。

在西元前 3000 年以后，黄河流域一带，北至辽宁与内蒙，渐渐进入新石器文化的阶段。除石器之外，还有各种有彩色与无彩色的陶器最足代表此期的文化。无彩色的陶器中有的与后来铜器中的鬲与鼎形状相同，证明此期与商周的铜器时代有连接的文化关系。与新石器时代遗物合同发见的骸骨与后世的华夏人，尤其北方一带的人，大致相同，证明此期的人已是后日华夏民族的祖先。（注八）

这些原始的中国人分部落而居，以渔猎或畜牧为生，但一种幼稚的农业，就是人类学家所谓锄头农业（Hoeculture），已经开始。在西前 2000 年左右，这些部落似乎已进入新石器时代的末期，就是所谓金石并用期。石器，骨器，陶器之外人类又学会制造铜器。农业的地位日趋重要，与农业相并进行的有社会阶级的产生。人民渐渐分为贵族巫祝的地主与平民的佃奴两个阶级。这种阶级的分别直延到封建的末期，才开始破裂。部落间的竞争继续不断，当初成百成千的部落数目逐渐减少。到西前 1700 年左右，或略前，有两个强大的部落出现，就是夏与商。夏当初大概比较盛强，许多小部落都承认它为上国。所以“夏”，“华夏”，或“诸夏”就成了整个民族的种名。但商是夏的死敌，经过长期的竞争之后，在西前 1600 年左右，商王成汤灭夏，所有的部落都被臣服，最早松散的半封建帝国，部落组成的帝国，由此成立□可惜此后三百年间的经过，我们完全不知道。但我们可断定，在西前 1600 年左右必已有一个比较可靠的历法，否则农业不能发达。同时必已发明文字，因为自成汤以下历代的王名都比较可靠，并且传于后代。

据《竹书纪年》，在西前 1300 年盘庚迁殷。这是中国历史上第一个比较确定的年代，可认为封建时代的开始。关于前此三百年，我们只知商王屡次迁都；但此后三百年殷总是商王势力的中心。这或者证明前三百年间商王的共主地位只是名义上的。因势力不稳，而时常被迫迁都。或因其他的关系迁都；但因为势力微弱才能因小故而迁都，若势力稳固不能轻易迁动国本。到盘庚时真正的封建制度与封建帝国才算成立，已不是许多实际独立的部落所组成的松散帝国。商王是所有部落的共主，又称天子，势力最少可达到一部分的部落之内，或者有少数的部落是被商王征服之后又封建亲信的人的。但无论当初的部落，或后封的诸侯，内政则大致自由，诸侯的地位都是世袭的。

后来周兴起于西方，据《竹书纪年》，于西前 1027 年灭商，代商为天子。武王周公相继把东方的领土大部征服，然后封子弟功臣为诸侯。所以周王的势力大于前此的商王，周的封建帝国也较商为强。但整个的制度仍是封建的，天子只直接统辖王畿，诸侯在各国仍是世袭自治的。

约在西前900年左右，封建帝国渐呈裂痕。诸侯的势力日愈强大，上凌共主的天子，下制国内的贵族。经过长期的大并小强兼弱之后，少数的大国实际变成统一的国家与独立的势力，天子不能再加干涉。西前860年左右厉王即位，想要压迫诸侯，恢复旧日的封建帝国。这种企图完全失败，在西前842年厉王自己也被迫退位。此后十四年间王位空虚，诸侯更可任意发展。追宣王（西前827至782年）即位之后，诸侯已非王力所能制服，戎人屡屡寇边，内中有诸侯的阴谋也未可知。宣王最后败于戎人，不能再起。幽王（西前781至771年）的情形更为狼狈，最后并被戎人所杀。整个的西部王畿临时都遭戎人蹂躏。平王（西前770至720年）不得已而东迁，封建共主的周王从此就成了傀儡。我们已进到列国为政治重心的春秋进代。

封建时代的精神生活为宗教所包办。自然界的各种现象都被神化。风伯，雨师，田祖，先炊，河伯以及无数其他的神祇充满天地间。最高的有无所不辖的上帝，与上帝相对的有地上最高灵祇的后土。除此之外，人与神的界限并不严明。所有贵族的人死后都成神，受子孙的崇拜。

《春秋》本是书名，书中纪年由西前722至481年。但我们若完全为一本书所限，又未免太迂。若由722年起，此前的五十年将成虚悬，无所归宿。以481年为终点，还无不可，因为西前五世纪初的确是一个剧变的时期。但那一年并没有特殊的大事发生。此后三十年间可纪念的事很多，都可作为时代的终点。西前479年，孔子死；477年，田桓割齐东部为封邑，田齐实际成立；473年，越灭吴；464年，《左传》终；453年，《国策》始，就是韩、赵、魏灭智氏，三晋实际成立的一年。这都值得注意。《通鉴》始与韩、赵、魏正式为诸侯的403年，认为战国的始点，略嫌太晚。我们定越灭吴的473年为春秋战国之间的划界年，原因下面自明。

东迁以后，实际独立的列国并争，开始有了一个国际的局面。齐、晋、秦、楚四方的四个大国特别盛强，中原的一群小国成了大国间争夺的对象。这种争夺就是所谓争霸或争盟。大小诸国名义上仍都承认周王的共主地位，但天子的实权早已消灭，他的惟一功用就是正式承认强力者为霸主。当初齐桓晋文相继独霸中原。但楚国日趋盛强，使这种独霸的局面不能维持。秦在春秋时代始终未曾十分强大，齐自桓［公］死后也为二等国，天下于是就成了晋楚争盟的均势局面。中原的北部大致属晋，南部大致属楚。

这些竞争的列国，内部大体都已统一。封建的贵族虽仍存在，诸侯在各国内部都已成了最高的实力者，贵族只得在国君之下活动，帮助国君维持国力。平民仍未参政，在国君的统治下贵族仍包揽政治。所以春秋可说是封建残余的时代。但贵族的势力，在各国之间也有差别。例如在秦楚二国，贵族很为微弱，在晋国贵族势力就非常强大，世卿各有封土，国君只有设法维持世卿间的均势才能保障自己的地位。但这种办法终非长久之策，最后世卿实际独立，互相征伐，晋君成为傀儡，晋国因而失去盟主的地位。但楚国并未得利用这个机会北进，因为在东方有新兴的吴国向它不住的进攻，使它无暇北顾。吴的兴起是春秋的大变局。

吴国兴起不久，南边又崛起了一个越国，两国间的竞争就结束了春秋的局面。春秋时代的战争是维持均势的战争，大国之间并不想互相吞并。吴越的战争，性质不同。吴仍有春秋时代的精神，虽有机会，又有伍子胥的怂恿，但并未极力利用机会去灭越。然而越国一旦得手，就不再客气，简直了当的把第一等大国的吴一股吞并。这是战国时代的精神，战国的战争都是以消灭对方为目的的战争。所以春秋末期的变化虽多，吴越的苦战可说是最大的变化，是末次的春秋战争，也是初次的战国战争。越灭吴之年是最适当的划分时代的一年。

春秋大部的时间似乎仍在宗教的笼罩之下。但到末期，大局发生剧变，独立的思潮开始抬头。对时局肯用心深思的人大致分为三派。第一为迎合潮流，去参加推翻旧势力的工作的人。这种人可以邓析为代表，是专门批评旧制，并故意与当权者为难的人。(注九) 第二，为悲观派，认为天下大局毫无希望，只有独善其身，由火坑中求自己的超脱。这种隐士，孔子遇见许多；楚狂接舆，长沮、桀溺都是这一流的人。第三，就是孔子的一派，崇拜将要成为过去的、或大半已经成为过去的旧制度文物，苦口婆心的去宣传保守与复古。每到剧变的时代，我们都可遇到同样的三种人：为旧制辩护的人，与逃避现实的纠纷的人。

"战国"一词的来源，不甚清楚。司马迁已用此名，可见最晚到汉武帝时已经流行。(注十)《战国策》成书似在秦末或汉初或楚汉之际。(注十一) 但书名本来无定，不知当初《战国策》是否也为书名之一。(注十二) 若然，"战国"一词在秦汉之际已经通行。但很可能，在秦并六国之先，已有人感觉当时战争太多太烈，而称它为"战国"。所以这个名称不见得一定是后人起的，也许是当时人自定的。《战国策》卷六《秦策四》顿弱谓"山东战国有六"，卷二十《赵策》三赵奢谓"今取古之万国分以为战国七"，可见战国一词起于当代。普通以为自《战国策》书名而来，乃是一个很自然而不正确的印象。

战国初期的一百年间是一个大革命的时代。三家分晋与田氏篡齐不过是最明显的表面变化，骨子里的情形较此尤为紧张。各国内部，除政治骚乱外，都起了社会的变化。封建残余的贵族都被推翻，诸侯都成了专制独裁的君主。所有的人民最少在理论上从此都一律平等，任何人都可一跃而为卿相，卿相也可一朝而堕为庶民。一切荣辱都操在国君手中，要在政治上活动的人，无论文武，都须仰国君的鼻息。同时，人民既然平等，就须都去当兵，征兵的制度开始成立。当兵已不是贵族的权利，而是全体人民的义务。所有的战争都是以尽量屠杀为手段，以夺取土地为目的的拼命决斗。周天子名义上的一点地位也无人再肯承认，一切客气的“礼乐”都已破坏无遗。这是中国历史上惟一全体人民参战的时代。

战争最烈的时代也是中国思想史上的黄金时代，各家争鸣，都想提出最适当的方案，去解决当前的严重问题。各派都认为当设法使天下平定，最好的平定方法就是统一。但统一的方策各自不同。除独善其身的杨家和道家与专事辩理的名家外，儒、墨、法、阴阳四家都希望人君能实行他们的理想以平天下。除了法家之外，这些学说都不很切实际，最后平定天下的仍是武力。但秦并六国后却承认阴阳家的五德终始说，自认为以水德王。

西前221年秦始皇创了自古未有的新局。前此无论名义如何，实际总是分裂的。自此以后，二千年间统一是常态，分裂是变局。但在二千年的统一中，以秦、西汉及东汉中兴的三百年间的统一为最长，最稳固，最光荣。二千年来的中国的基础可说都立于这三个世纪。秦始皇立名号，普遍的设立郡县，统一量度，同文，同轨。一般讲来，这都是此后历朝所谨守的遗产。中国的疆土在汉武帝时立下大致的规模，此后很少超出这个范围。

社会制度也凝结于此时。传统的宗法社会在战国时代颇受打击。商鞅鼓励大家族析为小家庭的办法，恐怕不限于秦一国，乃是当时普遍的政策。为增加人民对于国家的忠心，非打破大家族减少家族内的团结力不可。这种政策不见得完全成功，但宗法制度必受了严重的摇撼。到汉代就把这种将消未消的古制重新恢复。在重农抑商的政策之下，排持宗法的大地主阶级势力日盛。同时，儒教成为国教后，这个事事复古的派别使宗法社会居然还魂。丧服与三年丧是宗法制度的特殊象征。这种在春秋时代已经衰败，在战国时代只是少数儒家迂夫子的古董的丧制，到汉代又渐渐重建起来。(注十三)

帝国成立之后，争鸣的百家大半失去存在的理由，因而无形消灭。若把此事全部归咎于秦始皇的焚书，未免把焚书的效能看得太高。只有儒、道、阴阳三家仍继续维持，但三者的宗教成分都日愈加重。孔子虽始终没有成神，但素王也演化为一个很神秘的人格。道家渐渐变成道教；鬼神，符录，炼丹，长生的各种迷信都成了它的教义。阴阳家有始就富于神秘色彩，至此儒道两家尽量吸收它的理论。汉的精神界可说是儒道阴阳合同统治的天下。

和帝一代（西元89至105年）是重要的过渡时期。前此三百年间，除几个短期的变乱之外，帝国是一致的盛强的。由和帝以下，帝国的衰退日益显著。内政日坏，外族的势力日大，最后北部边疆的领土实际都成了胡人的殖民地。民族的尚武精神消失，帝国的军队以胡人为主干。在这种内外交迫的局势之下，大小的变乱不断发生。羌乱，党锢之祸，黄巾贼，十常侍之乱，董卓之乱，李傕郭汜之乱，前后就把帝国的命运断送。经过和帝以下百年的摧残之后，天下四分五裂，帝国名存实亡。三国鼎立之后，晋虽临时统一，但内部总不能整顿，外力总不能消灭。勉强经过三国魏晋的百年挣扎之后，胡人终于把中原占据，汉人大批的渡江南迁。

同时，精神方面也呈现相似的衰颓状态。儒教枯燥无味，经过几百年的训诂附会之后，渐渐被人厌弃，比较独立的人都投附于一种颓废的老庄学说，就是所谓清谈。平民社会的迷信程度日愈加深，一种道教会也于汉末成立。在种种无望的情形下，佛教暗中侵入。当初还不很惹人注意，但自汉末以下势力日大，与无形中侵蚀土地的胡人同为威胁传统中国的外力。

胡人起事的八十年后（西元 383 年），北方临时被外族统一。苻坚决意要渡江灭晋，统一天下。淝水之战是一个决定历史命运的战争。当时胡人如果胜利，此后有否中国实为问题。因为此时汉族在南方的势力仍未根深蒂固，与后来蒙古满清过江时的情形大不相同。不只珠江流域尚为汉族殖民的边区，连江南也没有彻底的汉化，蛮族仍有相当的势力。(注十四) 汉人仍然稀少。胡人若真过江，南方脆弱的汉族势力实有完全消灭的危险。南北两失，汉族将来能否复兴，很成问题。即或中国不至全亡，最少此后的历史要成一个全新的局面，必与后来实际实现的情形不同。东晋在淝水虽占了上风，中国所受的冲动已是很大。此后二百年间，中国的面目无形改变，胡汉两族要混合为一，成为一个新的汉族，佛教要与中国文化发生不可分的关系。中国文化已由古典的第一周进到胡人血统与印度宗教被大量吸收的第二周了。

胡人的血统在第一周的末期开始入浸，在整个第二周的期间都不断的渗入。一批一批的北族向南推进，征服中国的一部或全部，但最后都与汉人混一。惟一的例外就是蒙古。北族内侵一次，汉族就大规模的渡江向南移殖一次。在第一周处在附属地位的江南与边疆地位的岭南，到第二周地位日见提高，政治上成了一个重要的区域，文化上最后成了重心。

佛教也是在第一周末期进入中国，但到第二周才与中国文化发生了化学的作用。中国文化原有的个性可说没有丧失，但所有第二周的中国人，无论口头上礼佛与否，实际没有一个在他的宇宙人生观上能完全逃脱佛教的影响。

第二周也可分为五期：

(1) 南北朝、隋、唐五代（西元 383 至 960 年）；

(2) 宋代（西元 960 至 1279 年）；

(3) 元明（西元 1279 年至 1528 年）；

(4) 晚明盛清（西元 1528 至 1839 年）；

(5) 清末中华民国（西元 1839 年以下）。

第一周的时代各有专名，第二周的时代只能以朝代为名。这并不是偶然的事。第二周的各代之间仍是各有特征，但在政治社会方面一千五百年间可说没什么本质的变化，大体上只不过保守流传秦汉帝国所创设的制度而已。朝代的更换很多，但除强弱的不同外，规模总逃不出秦汉的范围。只在文物方面，如宗教、哲学、文艺之类，才有真正的演变。最近百年来，西学东渐，中国文化的各方面才受了绝大的冲动，连固定不变的政治社会制度也开始动摇。

南北朝（注十五）、隋、唐、五代是一个大的过渡，综合，与创造的时代。南北朝的二百年间，北方的胡族渐与汉人同化，同时江南的蛮人也大半被汉族所同化，到隋统一宇内的时候，天下已无严重的种族问题，所以这个新的汉族才能创造一个媲美秦汉的大帝国。同时，在南北朝期间，新旧文化的竞争也在夷夏论辩与三教合一的口号之下得到结束。在汉代佛教并未被人注意，因为当时那仍是一个不足注意的外来势力。到南北朝时佛教大盛。以儒道为代表的旧文化开始感到外力的威胁，于是才向所谓夷狄之教下总攻击。由《弘明集》中我们仍可想见当时新旧文化竞争的紧张空气。这种竞争到种族混一成功时也就告一段落，佛教已与旧有的文化打成一片，无需再有激烈的争辩。调和一切的天台宗恰巧此时成立，并非偶然。同时中国式的佛教的最早创作也于此时出现，就是有名的《大乘起信论》。（注十六）伟大的隋唐帝国与灿烂的隋唐文化都可说是南北朝二百年酝酿的结果。

隋唐的天子在内称皇帝，对外称“天可汗”，象征新的帝国是一个原由胡汉混成，现在仍由胡汉合作的二元大帝国。所以外族的人才时常被擢用，在《唐书》的列传里我们可遇到很多的外族人。佛教的各派，尤其像华严宗、法相宗、禅宗一类或内容宏大或影响深远的派别，都在此时发展到最高的程度。完全宗教化的净土宗也在此时泛滥于整个的社会，尤其是平民的社会。在唐代文化结晶品的唐诗中，也有丰富的释家色彩。

历史上的平淡时代可以拉得很长，但光荣的时代却没有能够持久的。隋唐的伟大时代前后不到二百年，安史之乱后不只政治的强盛时期已成过去，连文化方面的发展也渐微弱。藩镇，宦官，与新的外祸使帝国的统一名存实亡；五代时的分裂与外祸不过是晚唐情形的表面化。在文化方面发生了复古的运动，韩愈李翱一般人提倡一种新的儒教，以老牌的孔孟之道相号召。佛教虽仍能勉强维持，极盛的时期却已过去。宋代的理学已经萌芽。所以南北朝、隋、唐、五代代表一个整个的兴起，极盛，与转衰的文化运动。

宋代的三百年间是一个整理清算的时代。在政治社会方面，自从大唐的二元帝国破裂之后，中国总未能再树立健全的组织，国力总不能恢复。二百年来的分裂割据局面到960年算是告一段落，但各种难题仍未解决。隋唐短期间所实行的半征兵制度的府兵早已破裂，军队又成了不负责任的流民集团。财政的紊乱与人民担负的繁重也是一个极需下手解决的何题。隋唐时代的科举制度至此已成为死攻儒经的呆板办法，真正的人才难以出现，国家的难题无人能出来应付。在此种种的情形之下，宋连一个最低限度的自然国境都不能达到，也无足怪。不只外族的土地，寸尺不能占有，连已往混乱期间所丧失的河西燕云之地也没有能力收复。这是中国本部东北与西北的国防要地，若操在外人手里，中国北方的安全就时刻感到威胁。宋不只无力收复，并且每年还要与辽夏入贡（巧立名目为“岁币”）才得苟安。

整个的中国显然是很不健全，极需彻底的整顿。王安石变法代表一个面面俱到的整理计划，处处都针对着各种积弊，以图挽回中国的颓运。但消极，破坏，与守旧的势力太强，真正肯为革新运动努力的人太少，以致变法的运动完全失败。不久中原就又丧于外人，宋只得又渡江偏安。最后连江南都不能保，整个的中国第一次亡于异族。

在思想方面也有同样的整顿运动，并且这种企图没有像政治社会变法的完全失败。无论衷心情愿与否，中国总算已经接受了外来的佛教，永不能把它摈除。但人类一般的心理，无论受了别人如何大的影响，在口头上多半不愿承认。实际中国并未曾全部印度化，中国的佛教也不是印度的佛教，但连所吸收的一点印度成分中国也不愿永久袭用外来的招牌。宋代理学的整顿工作，可说是一种调换招牌的运动。在已往中国参考原有的意思，尤其是道家的思想，已创了一个中国式的佛教；现在中国人要把这种中印合璧的佛教改头换面，硬称它为老牌的古典文化，就是儒教。宋代诸子最后调和了中国式的佛教，原有的道教，与正统的儒教，结果产生了一种混合物，可称为新儒教。这种结果的价值难以断定，但最少不似政治社会方面整顿计划的那样明显的失败。

元明两代是一个失败与结束的时代。一百年间整个的中国初次受制于外族。五胡、辽、金所未能实现的，至此由蒙古人达到目的□这是过度保守过度松散的政治社会的当然命运。蒙古人并且与此前的外族不同，他们不要与中国同化，还要鼓励汉人摹仿蒙古的风俗习惯，学习蒙古的语言文字。所以中国不只在政治上失败，文化上也感到空前的压迫。但蒙古人虽不肯汉化，不久却也腐化，所以不到百年就被推翻。

明是唐以后惟一的整个中国自治统一的时代，不只东北与西北的国防要地完全收复，并且塞外有军事价值的土地也被并入帝国的范围。这种局面前后维持了二百年，较宋代有可观。但这种表面上的光荣却不能掩盖内里的腐败。科举制度最后僵化为八股文的技术，整个民族的心灵从此就被一套一套的口头禅所封闭，再求一个经世的通才已办不到。宋代还能产生一个王安石，到明代要找一个明了王安石的人已不可得。此外，政治的发展也达到腐败的尽头。廷杖是明代三百年间的绝大羞耻。明初诛戮功臣的广泛与野蛮，也远在西汉之上；汉高情有可原，明祖绝不可恕。（注十七）成祖以下二百余年间国家的大权多半操在宦官手中，宦官当权成了常制，不似汉唐的非常情形。有明三百年间，由任何方面看，都始终未上轨道，整个的局面都叫人感到是人类史上的一个大污点，并且很难说谁应当对此负责。可说无人负责，也可说全体人民都当负责。整个民族与整个文化已发展到绝望的阶段。

在这种普遍的黑暗之中，只有一线的光明，就是汉族闽粤系统的向外发展，证明四千年来惟一雄立东亚的民族尚未真正的走到绝境，内在的潜力与生气仍能打开新的出路。郑和的七次出使，只是一种助力，并不是决定闽粤人南洋发展的主要原动力。郑和以前已有人向南洋活动，郑和以后冒险殖民的人更加增多，千百男女老幼的大批出发并非例外的事。(注十八) 有的到南洋经商开矿，立下后日华侨的经济基础。又有的是冒险家，攻占领土，自立为王。后来西班牙人与荷兰人所遇到的最大抵抗力，往往是出于华侨与中国酋长。汉人本为大陆民族，至此才开始转换方向，一部分成了海上民族，甚至可说是尤其宝贵难得的水陆两栖民族！

元明两代的思想界也与政治界同样的缺乏生气。程朱思想在宋末已渐成正统的派别，明初正式推崇程朱之学，思想方面更难再有新的进展。到西元1500年左右，才出来一个惊人的天才，打破沉寂的理学界。王阳明是人类历史上少见的全才。政治家、军事家、学者、文人、哲学家、神秘经验者；一身能兼这许多人格，并且面面独到，传统的训练与八股的枷锁并不能消磨他的才学，这是何等可惊的人物？他是最后有贡献的理学家，也是明代惟一的伟人，他死的1528年可定为划时代的一年。那正是明朝开始衰败，也正是将来要推翻传统中国的魔星方才出现的时候。约在他死前十年，葡萄牙人来到中国的南岸。后来使第二周的中国土崩瓦裂的就是他们所代表的西洋人。

晚明盛清是政治文化完全凝结的时代。元明之间仍有闽粤人的活动，王阳明的奇才，足以自负。明末以下的三百年间并没有产生一个惊人的天才，也没有创造一件值得纪念的特殊事业。三世纪的功夫都在混混沌沌的睡梦中过去。

明末的一百年间，海上的西洋人势力日大，北方前后有鞑靼、日本，与满洲的三个民族兴起。这四种势力都有破灭日见衰颓的明朝的可能。西洋人的主要视线仍在新大陆，印度，与南洋，未暇大规模的冲入中国，蒙古的鞑靼在四种势力中是最弱的，后来受了中国的牢笼，未成大患。日本若非丰臣秀吉在紧要关头死去，最少征服中国北部是很可想见的事。最后成功的是满洲，整个的中国第二次又亡于异族。但满人与蒙古人不同，并不想摧残中国传统的文化，他们自己也不反对汉化。他们一概追随明代的规模，一切都平平庸庸。但有一件大事，可说是满清对汉族的一个大贡献，就是西南边省的汉化运动。云南贵州的边地，虽在汉代就被征服，但一直到明代仍未完全汉化，土司与苗族的势力仍然可观。清世宗用鄂尔泰的计划，行改土归流的政策，鼓励汉人大批移殖，劝苗人极力汉化，在可能的范围内取消或减少土司的势力，增加满汉流官的数目与权势。至此云贵才可说与中国本部完全打成一片。这虽不像明代闽粤兴起的那样重要，但在沉寂的三百年间可说是惟一影响远大的事件了。

王阳明以后，理学没有新的进展。盛清时的智力都集中于训诂考据。这虽非没有价值的工作，但不能算为一种创造的运动；任何创造似乎已不是此期的人所能办到。

鸦片战争以下的时代，至今还未结束，前途的方向尚不可知。但由百年来的趋势，我们可称它为传统政治文化总崩溃的时代。中国民族与文化的衰征早已非常明显，满人经过二百年的统治之后，也已开始腐化。在政治社会方面，不见有丝毫复兴的希望；精神方面也无一点新的冲动。在这样一个半死的局面之下，晴天霹雳，海上忽然来了一个大的强力。西洋有坚强生动的政治机构，有禀性侵略的经济组织，有积极发展的文化势力；无怪中国先是莫测高深，后又怒不可遏，最后一败涂地。直到最近对于西洋的真相才有一个比较正确的认识。最足代表传统文化的帝制与科举都已废除，都市已大致西洋化，乡间西化程度也必然日益加深。中国文化的第二周显然已快到了结束的时候。但到底如何结束，结束的方式如何，何时结束，现在还很难说。在较远的将来，我们是否还有一个第三周的希望？谁敢大胆的肯定或否定？

三、中国史与世界史的比较

以上中国历史的分期不能说是绝对的妥当，但可算为一种以时代特征为标准的尝试分期法。专讲中国史，或者看不出这种分期有何特殊的用处，但我们若把中国史与其他民族的历史比较一下，就可发见以前所未觉得的道理。由人类史的立场看，中国历史的第一周并没有什么特别，因为其他民族的历史中都有类似的发展。任何文化区，大概起初总是分为许多部落或小国家，多少具有封建的意味。后来这些小国渐渐合并为少数的大国，演成活泼生动的国际局面。最后大国间互相兼并，一国独盛，整个的文化区并为一个大帝国。这种发展，在以往的时候可说是没有例外的。在比较研究各民族的历史时，整个文化区的统一是一个不能误会的起发点。统一前的情形往往过于混乱，因为史料缺乏，头绪常弄不清。并且有的民族关于统一前能有二千年或二千年以上的史料，例如埃及与巴比伦；有的民族就几乎全无可靠的史料，例如印度。但这是史料存亡的问题，不是史迹演化的问题。史料全亡，并不足证明时代的黑暗或不重要。关于统一前的史料，知道比较清楚者，大概是埃及，希腊罗马，与中国的三个例。由这三个文化区历史的比较，我们大致可说民族间发展的大步骤都有共同点可寻，并且所需时间的长短也差不多。希腊各小国的定居约在西前 1200 年，帝国的实现约在西前 100 年，（注十九）前后约一千一百年的功夫。中国由盘庚到秦并六国也是一千一百年。埃及最早定局似在西前 3000 至 2800 年间，统一约在西前 1600 年，前后约一千二百至一千四百年的功夫，较前两例略长，但埃及的年代至今尚多不能确定。我们可说一个文化区由成立到统一，大致不能少于一千年，不能多于一千五百年。以此类推，其他民族的历史可以大体断定。例如关于印度帝国成立前的历史，除了北部被希腊人一度征服外，我们几乎一件具体的事都不知道。但印度帝国成立于西前321年，所以我们可推断雅利安人在印度北部定居，建立许多小国，大概是在西前1400年或略前。关于巴比伦的历史，地下的发见虽然不少，但头绪非常混乱，年代远不如埃及的清楚。但巴比伦帝国成立于西前2100至2000年间，所以我们可知巴比伦地域最初呈显定局是在西前3100年或略前。（注二十）这种由详知的例推求不详的例的方法，是我们细密分期的第一个收获。

这个方法虽不能叫我们未来先知，但或可使我们对将来的大概趋势能比较认清。今日世界上最活动的文化当然是最初限于欧西今日普及欧美并泛滥于全球的西洋文化。如果可能，我们很愿知道这个有关人类命运的文化的前途。如果西洋文化不是例外，它大概也终究要演到统一帝国阶段。但这件事何时实现，比较难说，因为西洋文化当由何时算起，仍无定论。西洋文化的降生，在西罗马帝国消灭以后，大概无人否认。但到底当由何年或何世纪算起，就有疑问的，我们可改变方法，从第一时代的末期算起。一个文化区都以封建式的分裂局面为起发点。这种局面在中国结束于西前770年左右，距秦并天下为五百五十年的功夫。在希腊这种局面（普通称为“王制时代”）约在西前650年左右结束，距罗马帝国的成立也为五百五十年。埃及方面因史料缺乏，可以不论，但中国与希腊的两例如此巧合，我们以它为标准或者不致大误。西洋封建与列国并立的两时代，普通以西元1500年左右为枢纽；以此推算，西洋大帝国的成立当在西元2050年左右，距今至少尚有一世纪的功夫。西洋现在正发展到中国古代战国中期的阶段。今日少数列强的激烈竞争与雄霸世界，与多数弱小国家的完全失去自主的情形，显然是一个扩大的战国；未来的大局似乎除统一外，别无出路。

我们以上所讲的两点，都限于所谓文化的第一周。第二周尚未谈及，因为中国文化的第二周在人类史上的确是一个特殊的例外。没有其他的文化，我们能确切的说它曾有过第二周返老还童的生命。埃及由帝国成立到被波斯征服（西前525年）因而渐渐消灭，当中只有一千一百年的功夫。巴比伦由帝国成立到被波斯征服（西前539年）与消亡最多也不过有一千五百年左右的功夫。罗马帝国，若以本部计算，由成立到灭亡（普通定为西元476年）尚不到六百年。所谓东罗马帝国实际已非原来希腊罗马文化的正统继承者，我们即或承认东罗马的地位，罗马帝国由成立到灭亡（西元1453年）也不过一千五百五十年的功夫。中国由秦并六国到今日已经过二千一百五十余年，在年代方面不是任何其他文化所能及的。罗马帝国一度衰败就完全消灭，可以不论。其他任何能比较持久的文化在帝国成立后也没有能与中国第二周相比的伟大事业□中国第二周的政治当然不像第一周那样健全，并且没有变化，只能保守第一周末期所建的规模。但二千年间大体能维持一个一统帝国的局面，保持文化的特性，并在文化方面能有新的进展与新的建设，这是人类史上绝无仅有的奇事。其他民族，不只在政治上不能维持如此之长，并且在文化方面也绝没有这种二度的生命。我们传统的习性很好夸大，但已往的夸大多不中肯；能创造第二周的文化才是真正值得我们自夸于天地间的大事。好坏是另一问题，第二周使我们不满意的地方当然很多，与我们自己的第一周相比也有逊色。但无论如何，这在人类史上是只有我们曾能作出的事，可以自负而无愧。

惟一好似可与中国相比的例就是印度。印度帝国的成立比中国还早一百年，至今印度文化仍然存在。但自阿育王的大帝国（西前三世纪）衰败之后，印度永未强盛。帝国成立约四百年后，在西元100年左右，印度已开始被外族征服，从此永远未得再像阿育王时代的伟大与统一，也永不能再逃出外族的羁绊。此后只有两个真正统一的时代，就是十六与十七世纪间的莫卧儿帝国与近来英国统治下的印度帝国，都是外族的势力。在社会方面，佛教衰败后所凝结成的四大阶级与无数的小阶级，造出一种有组织而分崩离析的怪局。即或没有外族进攻，印度内部互相之间的一笔糊涂账也总算不清。所以在政治方面印度不能有第二周。在宗教与哲学方面，印度近二千年间虽非毫无进展，但因印度人缺乏历史的观念，没有留下清楚可靠的史料，我们只有一个混沌的印象，不能看出像中国佛教与理学发展的明晰步骤，所以在文化方面，中国与印度也无从比较。第二周仍可说是我们所独有的事业。

这种独到的特点，可使我们自负，同时也叫我们自惧。其他民族的生命都不似中国这样长，创业的期间更较中国为短，这正如父母之年迈叫我们“一则以喜，一则以惧”。据普通的说法，喜的是年迈的双亲仍然健在，惧的是脆弱的椿萱不知何时会忽然折断。我们能有他人所未曾有的第二周，已是“得天独厚”。我们是不是能创出尤其未闻的新纪录，去建设一个第三周的伟局？

注释：

（注一）Mediaevel，为拉丁文“中间”与“时代”（Aevum）二字合成。

（注二）新石器时代的人类与近人大概有血统的关系，虽然同一地的新石器人类不见得一定是后来开化人类的祖先，文化系统也不见得是一线相传。至于旧石器时代的人类，与近人并不是同一的物种。

（注三）H. G. Wells的Outline of History是最早最著名的例。近年来东西各国效颦的人不胜枚举。

（注四）见《易·系辞下》。

（注五）见《荀子》卷三《非相篇》第五，卷五《王制篇》第九。《韩非子》卷一九《五蠹篇》第四九以有巢蛮人的二代为上古，以尧舜禹之世为中古，以商周为近古，与《荀子》略异。

（注六）若详细搜索清末的文字，或者可找到创始的人。但这种事殊不值得特别费时间去作；将来或有人无意中有所发见。

（注七）见 W. J. Sollas 著 Ancient Hunters 第四章。

（注八）Black. D 著 The Human Skeletal Remains from Shakou Tun；A Note，On the Physical Character of the Prehisoric kansu Race。

（注九）《左传》，定公九年；《吕氏春秋》卷一八《审应览》第六《离谓篇》。

（注十）《史记》卷一五《六国年表序》。

（注十一）六国中齐最后亡，齐亡时的情形，卷一三《齐策六》中有记载。卷三一《燕策三》中又提到高渐离谋刺秦始皇的事，可见成书必在秦并六国之后。书中似乎没有汉的痕迹。

（注十二）据刘向《战国策目录》，书名原为《国策》，《国事》，《短长》，《事语》，《长书》，《脩书》六种。不知"《国策》"是否"《战国策》"的缩写。

（注十三）关于此点，两《汉书》中材料太多，不胜枚举。关于汉儒的丧服理论，可参考《白虎通》卷四。

（注十四）《宋书》卷九七《夷蛮列传》；《南史》卷七九《诸蛮列传。》

（注十五）"南北朝"在中国史学上是一个意义极其含混的名词。《南史》与《北史》同为李延寿一人所撰，但《北史》始于拓拔魏成立的西元 386 年，终于隋亡的 618 年；《南史》始于刘宋成立的 420 年，终于陈亡的 589 年。所以《北史》的首尾都超过《南史》。关于南北朝的始点，有人用 386 年，有人用 420 年，又有人用魏统一北方的 439 年。关于终点，隋亡的年当然不可用，因为当时已非南北分立的局面，普通多用隋灭陈而统一天下的 589 年。可算非恰当，关于南北朝的始点，很难武断的规定。当然五胡起事的 304 年或东晋成立于江南的 317 年都可以是南北分立的开始。但当初的局面非常混沌，普通称此期为"五胡乱华"的时期，十分妥当。386 与 420 两年，除两个朝代的创立之外，并没有特殊的重要，439 年又嫌太晚，都不应定为时代的开始。到淝水战后，北方已很明显的要长期丧于胡人，同时胡人是觉悟长江天险的不易飞渡，南北分立的局面至此才算清楚，分立局面下种族与文化的酝酿调和也可说由此开始。所以我们不只把 383 年当为南北朝的开始年，并且定它为第二周的起发点。

（注十六）见梁启超《大乘起信论考证》。

（注十七）赵翼《廿二史札记》卷三二《胡蓝之狱》。

（注十八）同上，卷三四《海外诸审多内地人为通事》。

（注十九）普通的书都以第一个皇帝出现的西前 31 或 30 年为罗马帝国开始的一年。实际在西前 100 年左右整个的地中海区已经统一，帝国已经成立。

（注二十）伊斯兰教文化的问题过于复杂，争点太多，为免牵涉太远，本文对伊斯兰教的历史一概从略。对此问题有兴趣的人可参考 Oswald Spengler 著 Decline of the West，与 Arnold J. Toynbee 著 A Study of History

选自《中国文化与中国的兵》，商务印书馆，1940 年版。

此次抗战在历史上的地位

此次抗战不只在中国历史上是空前的大事，甚至在整个人类历史上也是绝无仅有的奇迹。我们若把中国与其他古老文化比较一下，就可得到惊人的发现。埃及文化由生到死，不过三千年。公元前三百年左右被希腊征服，渐渐希腊化。后来又被伊斯兰教徒征服，就又亚拉伯化。今日世界上已没有埃及人，埃及文字，或埃及文化；今日所谓埃及的一切，都是亚拉伯的一部分。巴比伦文化的寿命与埃及相同，也同时被希腊征服，后来又亚拉伯化。希腊罗马文化，寿命更短，由生到死不过二千年；今日的希腊不是古代的希腊，今日的意大利更不是古代的罗马。至于中国，由夏商之际到今日，将近四千年，仍然健在。并且其他古族在将亡时，都颓靡不振，不只没有真正抵抗外患的力量、甚至连生存的意志也大半失去。它们内部实际先已死亡，外力不过是来拾取行尸走肉而已。至于我们此次抗战的英勇，是友邦军事观察家所同声赞许的，连敌人方面的军事首领有时也情不自禁的称赞一声。我们虽然古老，但我们最好的军队可与古今任何正在盛期的民族军队相比，这是值得大书特书的。我们有一部分的军队或者不能尽满人意，但略为研究军事历史的人都知道任何时代任何民族的军队也有因暂受挫折而纪律松弛的现象，也都有因缺乏经验而战力不佳的现象。并且我们不要忘记，今日中国的军队不是征兵，而是募兵。征兵虽也有缺点，但只有征兵才是长久可靠的军队。我们只有募兵，而其效能已几乎与征兵相等，这又是人类历史上希有的奇事。半年以来，我们大部的军队可以告无罪于国家民族；倒是后方的人，尤其是太平时代说话最响亮的人，当下一番忏悔的功夫。我们的前方，大致尚可与欧战时列强的前方相比；我们后方有责任有职守者的慌张飞逃，却与欧战时各国后方的镇静安详成反比例。这只足证明，连许多平日自许甚高的人也没有达到征兵的程度，也就是说，还没有国民的资格。谈到此点，我们对前方将士的英勇更当感愧，若再懑怨他们不肯出力，使得我们不得不于敌人仍在数百里以至千里之外的时候三番两次的飞寻乐土，那就未免太无自知之明了。说得干脆一点，若看后方的情景，我们只配有纪律不佳与战力缺乏的军队！

中国文化的寿命为何如此之长？今日因何能有如此英勇的抗战？中国至今存在。因为中国曾经返老还童，而别的文化一番衰老后就死去。每个文化发展的步骤，都是先由分裂的部落或封建的小国开始。后来小国合并为大国，列国竞争，国际的局面日愈紧张，国际的战争日愈激烈。最后一国出来吞并列国。统一天下，成了笼罩整个文化区的大帝国。帝国是文化的末期，此后只有衰弱再分裂，以至于灭亡，别的民族至此都不能再维持。只有中国，于秦汉统一大帝国之后，虽也经过三国六朝的短期消弱，但后来却又复兴。复兴之后，政治制度虽不再有多少更革，文化朝流却代有进展。这是其他民族的历史上所绝无的现象。我们可称南北朝以下为中国文化的第二周，与第一周的文化朝流列表比较如下，就可一目了然：

时代 周	宗教时代	哲学时代	哲学派别化 与开始退步时代	哲学消灭与 学术化时代	文化破裂时代
第一周	殷商西周（公元前一三〇〇至七七一年） 殷墟宗教，周代宗教	春秋时代（公元前七七〇至四七三年）邓析，楚狂、接舆，孔子	战国时代（公元前四七三至二二一年）六家	秦汉与东汉中兴（公元前二二一至公元八八年）经学训诂	东汉末至淝水之战（公元八九至三八三年）思想学术并衰，佛教之输入
第二周	南北朝隋唐五代（公元三八三至九六〇年）佛教之大盛	宋代（公元九六〇至一二七九年）五子，陆象山	元明（公元一二七九至一五二八年）程朱派，陆王派	晚明盛清（公元一五二八至一八三九年）汉学考证	清末以下（公元一八三九以下）思想学术并衰，西洋文化东渐

我们由上表可知中国文化前后有过两周，其他文化都只有第一周绝无第二周，都是一衰而不能复振。这一点是我们大可自豪于天地间的。我们不只寿命长，并且没有虚度我们的光阴，各代都能翻点新的花样。

中国文化为何能有第二周？这个问题与上面尚未解答的今日何能如此英勇抗战的问题，可以一并回答。中国文化的第二周可说是南方发展史。古代的中国限于中原，长江流域乃是边地，珠江流域根本与中国无关。秦汉时代奠定了三大流域的中国，但黄河流域仍为政治文化的重心。五胡乱华以后，南方逐渐开拓。此后每经一次外患，就有大批的中原人士南迁，五胡乱华，五代之乱，与宋室南渡时南迁的人数尤多。并且一般的讲来，南迁的人是民族中比较优秀的分子，因为他们大多都是不肯受外族统治而情愿冒险跋涉的人。并且沿路的困苦危险远非火车轮船汽车飞机的今日可比。因而冒险南下的人中，又有一批被淘汰。到了环境迥异的南方之后，在卫生知识与卫生设备两缺的前代，因不能适应而死去的人，恐又不少。最后得机会开发南方的可说是优秀分子中选择出来的优秀分子。所以二千年来，虽因外患来自北方而统一的首都始终设在中原，然而南方经济与文化的地位一代比一代重要，人口一代比一代繁殖，到最后都远超中原之上。此点可由种种方面证明，但由行政区域的划分可最清楚最简单的看出南北消长的痕迹，因为行政区的划分大致是以人口与富力为标准的。春秋战国时代，除楚国与倏起倏灭的吴越二国之外，所有的列国都在北方，可以不论。汉武帝分天下为十三部，北方占其八：司隶、豫州、冀州、兖州、青州、幽州、并州、凉州；南方占其五：徐州、荆州、扬州、益州、交州。此时北仍重于南，是没有问题的。唐太宗分天下为十道，南北各占五道。北为陇右、关内、河东、河北、河南；南为淮南、山南、剑南、江南、岭南。经过晋室南渡与南北朝二三百年的对峙之后，南方已发展到与北方平衡的地步。北宋分天下为十五路，北方五路：京东、京西、河北、河东、陕西；南方十路：淮南、江南、荆湖南、荆湖北、两浙、福建、西川、峡西、广南东、广南西。此时虽然北方失燕云于辽，失河西于夏，然而南北的悬殊仍甚可异，可见此时北方已较南方落后，唐末与五代的大乱必与此有关。再经过宋室南迁与一度偏安之后，到明代虽然燕云与河西都已收复，然而二直隶十三布政司中，北方仍只占其五：京师、山东、山西、陕西、河南；南方占其十：南京、浙江、福建、江西、湖广、四川、广东、广西、贵州、云南。满清十八省，北占其六：直隶、山东、山西、河南、陕西、甘肃；南占十二：江苏、浙江、安徽、福建、江西、湖北、湖南、广东、广西、四川、贵州、云南。到明清时代，很显然的中原已成南方的附庸了。富力的增加，文化的提高，人口的繁衍，当然都与此有关。这个发展是我们第二周文化的最大事业。在别的民族已到了老死的时期，我们反倒开拓出这样一个伟大的新天地，这在人类历史上是无可比拟的例外。

此次抗战，虽显然的是全国参加，但因人力物力的关系，抗战的重心在南方，也是无可讳言的。这可说是我们修养生息了两千年的元气，至此拿出与亘古未有的外患相杭。因为已往外患都在北方，又因军队都是募兵，所以兵士大半都是由政府就地招编，当然以北人居多。历代对外失败，可说都限于北方，失败后就又有一批人士南迁。民族元气大宝藏的南方力量，前此向无机会施展。偏安与割据的时代，南方当然有自己的军队，但都无足轻重。蒙古入主中国，编南方为新附军，也无重要地位。南方人士编成有用的大军，是满清时代的事。嘉庆初年川楚教匪之乱，官兵无用，平乱大半依靠乡勇。这是南兵第一次大显身手的例证。后来的太平天国与湘军，可说是两个对峙的南方大军。时至今日，中国军队的主力，不仅要从北方挑选，尤其要从南方编练，已是显而易见的事。军队素质的高低，不专靠体力与训练。每个士兵的智力，神经反应的迟速，随机应变的能力，以及其他种种的天然禀赋都有关系。尤其在近代的复杂战术之下，因为二千年来民族元气的南偏，南方的劲旅多于北方，也是当然的事。中国虽然古老，元气并未消耗，大部国民的智力与魄力仍可与正在盛期的欧美相比，仍有练成近代化的劲旅的可能。二千年来养成的元气，今日全部拿出，作为民族文化保卫战的力量。此次抗战的英勇，大半在此。

最后还有一点，或者值得论及。按上面列表，我们第二周的文化今日已到末期。第一周的末期，前后约三百年。第二周的末期，由始至今方有百年；若无意外的变化，收束第二周与推进第三周恐怕还得需要一二百年的功夫。但日本的猛烈进攻使得我们不得不把八字正步改为百码赛跑。第二周的结束与第三周的开幕，全都在此一战。第一周之末，有淝水之战（公元383年）。那一战中国若失败，恐怕后来就没有第二周的中国文化，因为当时汉人在南方还没有立下根深蒂固的基础。淝水一战之后，中国文化就争得了一个在新地慢慢修养以备异日脱颖而出的机会。此次抗战是我们第二周末的淝水战争，甚至可说比淝水战争尤为严重。成败利钝，长久未来的远大前途，都系于此次大战的结果。第二周文化已是人类史上空前的奇迹；但愿前方后方各忠职责打破自己的非常纪录，使第三周文化的伟业得以实现！

选自《中国文化与中国的兵》，商务印书馆，1940年版。

历史警觉性的时限

多年来中国学术界有意无意间受了实验主义的影响，把许多问题看得太机械，太简单。以史学为例：一般认繁琐的考试或事实的堆砌为历史的人，根本可以不论；既或是知道于事实之外须求道理的学者，也往往以为事实搜集得相当多之后，道理自然就能看出来。实际恐怕绝不如此。历史的了解虽凭借传统的事实记载，但了解程序的本身在是一种人心内在的活动，一种时代的精神的表现，一种整个宇宙人生观应用于过去事实的思维反应。生于某一时代若对那一时代一切的知识，欲望，思想，与信仰而全不了解，则绝无明了历史的能力。对自己时代的情形与精神愈能体期，对过去历史的了解力也愈发增高。由另一方面言，一个时代愈发展紧张生动，那时代少数警觉性深刻的人对过去的历史也愈发看得透彻。一个完全平淡静止的时代，对于任何过去的人事都绝无明了的能力。历史的了解是了解者整个人格与时代精神的一种表现，并非专由乱纸堆中所能找出的一种知识。

上面一段话或者不免过于抽象，意义不免过于晦涩，但我们举出具体的例证之后，问题大概就容易看清了。

在任何民族的生命中，历史的了解力或警觉性都是为时甚暂的一种活动。中国秦汉以下的二千年间史料的丰富使人气闷，以史家自命的学者车载斗量，但始终没有一种历史的作品，原因也很简单。二千年来的中国社会，虽间或有小的波动，但一向绝无真正的变化革新。一人身处完全静止的环境中，整个的人格，整个的心灵，也都是静止的。此种人格所影射的一切也当然是静止的，对过去真正停滞的时代当然看为停滞，即或对于活泼生动的时代也难以看出道理：因为人格中所完全缺乏的，绝难在外物中找到；正如宇宙中有许多颜色与音响为人类的耳目所不能见闻的一样，因为这些声色超过我们感官构造的范围，一个患贫血症的人格，对于机械的史料或者还能做点排列的功夫，遇到富有意义的史料反要手足无措。二千年来对于战国以前的历史毫无办法，就是因为这个缘故，后世对于所谓三代文化的憧憬与崇拜证明一些空虚无物的人格仍能感到战国以前的伟大；但伟大处到底何在？却是二千年来无人能够了解的一件事。大致讲来秦汉以下改朝换代的平淡故事，同化了全部的中国历史，所以三代也不过是三个朝代而已。这是如何可怜的一种看法！

一个民族历史警觉性的最发达的时间，不过二百年。前此是信仰混沌的阶段，虽有历史命运的向往，但无清楚的观念，根本谈不到历史的了解。此后则一切都糊涂渺茫，思想与想象都微弱到苟延残喘的地步，正如我们秦汉以来二千年间的情形。两者之间有二百年的非常时代，是文化的最高峰，民族的事业达到顶点；向后回顾，来龙清楚；向前瞻视，去脉分明。这是人类心胸最开朗的时代。但绝峰之上，难以久留，明知古来的幸运阶段转瞬即逝。前此的心地光明一变而为一塌糊涂。这个短暂的幸运阶段在中国就是战国时代，在欧西就是今天。

中国的战国时代，前后二百五十年。欧西自进到战国后，也已有一百五十年的历史。但历史的了解力或警觉性并非与时代始终的。时代的初期警觉性仍甚微弱，到末期就又趋于模糊。真正发达的时期，还不足二百年。中国此期所遗于后世的惟一作品就是《左传》。《左传》是战国前半期的作品，在当时可说是一部通史。殷商西周的事迹，当时已不十分知情。著者为慎重起见，由平王东迁后开始，叙述到著者生前的九十年间为止。全书的线头虽然非常复杂，条理却十分清楚，使读者能够身临其境，对春秋时代整个的国际局面以及少数大国的内部状态都能一目了然，当然只有大手笔才能有如此成就，但是大手笔必须生于大时代才能具有如此魄力。春秋时代虽然在前，但我们今日对它的认识远胜过战国，就是因为关于战国时代没有这样一部伟大的作品。试想：若无《左传》一书，我们今日对于春秋时代岂不也要如对西周一样的恍恍惚惚？

欧西对西史的了解，由法国革命开始，法国革命前尚无名实相符的史学。今日惟一认为有史学价值的革命前的作品——吉朋的《罗马帝国衰亡史》——于价值在文字而不在史解。革命方兴时了解力仍甚薄弱。到 1850 年左右，历史的警觉性才成了知识阶级全部人格的一个不可缺的部分，少数哲学头脑特别发达的人才对古往今来的一切比较彻底的认识，由 1900 年到今天，欧西人的历史意识可说已发达到最高峰。而今而后，只有倒退，难有再进一步的发展。法西斯主义兴起之后，思想渐受统制。这种趋势，只有日愈强烈，减轻的期望很小，消灭的可能绝无。此种非理性、反理性的新神秘主义，最多不过五十年后一定要成了笼罩整个欧西文化的弥天黑云。独立的思想渐被扑灭，历史的了解也必同时消亡。史学的消灭与哲学结束是同一件事的两方面。五十年后，欧西思想界一定要有类似杂家者出现，杂家是哲学发展的丧钟。同时史学界也必要开始呈现司马迁《史记》的没落形态。太史公是中国古代伟大史学消灭的象征。二千年来学术界对于司马迁的崇拜，正是二千年间中国没有史学的铁证。《史记》一书，根本谈不到哲学的眼光，更无所谓深刻的了解，只是一堆未消化的史料比较整齐的排列而已。后此的所谓史著，都逃不出此种格式，甚至连太史公比较清楚的条理也学不来。文化精神衰退的一泻千里真可惊人！

战国时代为何能明白过去历史，因为战国时代的文化最为复杂，最为紧张；任何时代的任何事迹在战国时代的心目中，都不致显得生硬。反之，比较简单松懈的时代，对于战国时代根本无从了解，因为战国的许多潮流与线索是其他时代的人所不能想象的。只有复杂紧张的战国才能产生少数特别复杂紧张的人格，只有这种人格才能对古往今来的一切设身处地的去体会。此种能力，在春秋以上，在法国革命以前，绝无出现的可能。中国到吕不韦时代，欧西到2000年左右，这也就成为无人能够想象的一种异能。

我们混沌的过了二千年的静止生活。今日幸逢欧西的盛大时会，受了外力的渲染，又第二次的得有明了历史的良机。深望国人善于利用机会，把埋没二千年的历史彻底寻出一个条理，不要终年累月的在训诂考据中去兜圈子。中国只要不亡，此后千万年都是我们可以尽情沉湎为训诂考据的时间。真正明了历史的机会，却是一纵即逝，最多不过还有五千年的功夫。中国的乱纸堆，二千年来堆得太高，若必要把许多毫无价值的问题都考证清楚，然后再从事于综合了解的工作，恐怕是到人类消灭时也不能完成的一种企图！

尤有进者，欧西人无限的欲望与追求，使他们发现了许多古民族历史。埃及、巴比伦、印度以及希腊罗马的发展经过，今日欧西人所知道的，在许多方面比较古民族自己当初所知道的尤为清楚。这种扩大心胸的机会是如何的难得！有心的人，为何不抖去由堆满败简残篇的斗室中所沾的灰尘，来到海阔天空的世界大吸一口新鲜的空气！

《战国策》半月刊第11期，1940年9月1日。

中外的春秋时代

一

春秋时代，在任何高等文化的发展上，都可说是最美满的阶段。它的背景是封建，它的前途是战国。它仍保有封建时代的侠义与礼数，但已磨掉封建的混乱与不安；它已具有战国时代的齐整与秩序，但尚未染有战国的紧张与惨酷。人世间并没有完全合乎理想的生活方式与文化形态，但在人力可能达到的境界中，春秋时代可说是与此种理想最为相近的。

春秋背景的封建时代，是文化发展上的第一个大阶段。由制度方面言，封建时代有三种特征。第一，政治的全权是分化的。在整个的文化区域之上，有一个最高的政治元首，称王（如中国的殷周），或称皇帝（如欧西的所谓中古时代）。但这个元首并不能统治天下的土地与人民，虽然大家在理论上或者承认“普天之下，莫非王土；率土之滨，莫非王臣”，他所直辖的，只有天下土地一小部分的王畿，并且在王畿之内，也有许多卿大夫的采邑维持半独立的状态。至于天下大部的土地，都分封给许多诸侯，诸侯实际各自为政，只在理论上附属于帝王。但诸侯在封疆之内也没有支配一切的权力，他只自留国土的一小部分，大部土地要封与许多卿大夫，分别治理。卿大夫在自己的采邑之上，也非绝对的主人，采邑的大部又要分散于一批家臣的手中。家臣又可有再小的家臣。以此类推，在理论上，封建贵族的等级可以多至无限，政治的主权也可一层一层的分化，以至无穷。实际的人生虽然不似数学的理论，但封建政治之与“近代国家”正正相反，是非常明显的事实。

封建时代的第二个特征，是社会阶级的法定地位。人类自有史以来，最少自新石器时代的晚期以来，阶级的分别是一个永恒的事实。但大半的时期，这种阶级的分别只是实际的，而不是法律所承认并清清楚楚规定的。只有在封建时代，每个人在社会的地位、等级、业务、权利、责任，是由公认的法则所分派的。

封建时代的第三个特征是经济的，就是所有的土地都是采地，而非私产。自由买卖，最少在理论上不可能，实际上也是不多见的。所以有的土地都是一层一层的向下分封，分封的土地就是采地。土地最后的用处，当然是食粮的生产。生产食粮是庶民农夫的责任，各级的贵族，由帝王以及极其微贱的小士族，都把它们直接支配的一部土地，分给农夫耕种。由这种农业经济的立场看，土地称为井田（中国）或田庄（欧西）。此中也有“封”的意味，绝无自由买卖的办法，井田可说是一种授给农夫的“采”，不过在当时“封”或“采”一类的名词只应用于贵族间的关系上，对平民不肯授用此种高尚的文字而已。

总括一句：封建时代没有统一的国家，没有自由流动的社会，没有自然流通的经济。当时的政治与文化，都以贵族为中心。贵族渐渐由原始的状态建起一种豪侠的精神与义气的理想，一般的纠纠武夫渐渐为斯文礼仪的制度所克服，成了文武兼备的君子。但在这种发育滋长的过程中，政治社会的各方面是不免混乱的，小规模的战事甚为普遍，一般人的生活时常处在不安的状态中。

封建时代，普通约有五六百年。封建的晚期，当初本不太强的帝王渐渐全成傀儡，把原有的一点权力也大都丧失。各国内部的卿大夫以及各级的小贵族也趋于失败。夺上御下，占尽一切利益的，是中间的一级，就是诸侯（中国）或国王（欧西）。最后他们各把封疆之内完全统一，使全体的贵族都听他们指挥。同时他们自己却完全脱离了天下共主的羁绊。列国的局面成立了，这就是春秋时代。

二

主权分化的现象，到春秋时代已不存在。整个的天下虽未统一，但列国的内部却是主权集中的。社会中的士庶之分，在理论上仍然维持，在政治各部辅助国君的也以贵族居多。但实际平民升为贵族已非不可能，并且也不太难。在经济方面，井田的制度也未正式推翻，但自由买卖的风气已相当的流行。各国内部既已统一，小的纷乱当然减少到最低的限度；至此只有国际间的战争，而少见封建时代普遍流行的地方战乱。真正的外交，也创始于此时。贵族的侠义精神与礼节仪式发展到最高的程度。在不与国家的利益冲突的条件之下（有时即或小有冲突，也不要紧），他们对待国界之外的人也是尽量的有义有礼。国际的战争，大致仍很公开，以正面的冲突为主，奇谋诡计是例外的情形。先要定期请战，就是后世所谓“下战书”，就是欧西所谓宣战。“不宣而战”是战国时代的现象，春秋时代绝不如此无礼。晋楚战于城濮，楚帅成得臣向晋请战：“请与君之士戏，君冯轼而观之，得臣与寓目焉。”这几句话，说得如何的委曲婉转！晋文公派人回答说：“寡君闻命矣……敢烦大夫谓二三子，戒尔车乘，敬尔君事，诘朝请见。”答词也可说与请战词针锋相对。

战争开始之前，双方都先排列阵势，然后方才开战，正如足球戏的预先安排队形一样。有的人甚至宁可自己吃亏，也不攻击阵势未就的敌人。宋襄公与楚战于泓水，宋人已成列，楚人尚未渡水。有人劝襄公乘楚人半渡而突敌军，宋君不肯。楚军渡水，阵势未成，又有人劝他利用机会，他仍拒绝。最后宋军战败，襄公自己也受了伤，并且后来因伤致死。这虽是一个极端的例，但却可代表春秋时代的侠义精神，与战国时代惟利是图的风气大异其趣。

春秋时代的战争，死伤并不甚多，战场之上也有许多的礼数。例如晋楚战于邲，晋人败逃，楚人随后追逐。晋军中一辆战车突然停滞不动。后随的楚车并不利用机会去擒俘，反指教晋人如何修理车辆，以便前进。修好之后，楚人又追，终于让晋军逃掉！

虽在酣战之中，若见对方的国君，也当在环境许可的范围内恭行臣礼。晋楚战于鄢陵，晋将郤至三见楚王，每见必下车，免首胄而急走以示敬。楚王于战事仍然进行之中，派人到晋军去慰劳郤至如此不厌再三的行礼。郤至与楚使客气了半天，使臣才又回楚军。在同一的战役中，晋栾针看见楚令尹子重的旌旗，就派人过去送饮水，以示敬意。子重接饮之后，送晋使回军，然后又击鼓前进。两次所派到对方的都是“行人”，正式的外交使臣，行人的生命在任何情形下都是神圣不可侵犯的。

欧西的春秋时代，就是宗教改革与法国革命间的三个世纪，普通称为旧制度时代。

欧西人对于利益比较看重，没有宋襄公一类的人，但封建时代的礼仪侠气也仍然维持。例如当时凡是两国交兵，除当然经过宣战的手续与列阵的仪式之外，阵成之后，两方的主帅往往要到前线会面，互示敬意，说许多的客套话，最后互请先行开火；过意不去的一方，只得先动手，然后对方才开始还击。到法国革命之后，就绝不再见此种不可想象的傻事了！

除比较严重的战争场合外，一般士君子的日常生活也都以礼为规范。不只平等的交际如此，连国君之尊，对待臣下也要从礼。例如臣见君行礼，君也要还礼，不似后世专制皇帝的呆坐不动而受臣民的伏拜。大臣若犯重罪，当然有国法去追究。但在应对之间，若小有过失，或犯了其他不太严重的错误，国君往往只当未见未闻。路易第十四世，是欧西春秋时代的典型国君。他的最高欲望，就是作整个法国甚至整个欧洲最理想的君子。有一次一位大臣当面失态，使路易几至怒不可遏。但他仍压抑心中的怒火，走到窗前，把手中的杖掷之户外，回来说：“先生，我本想用杖打你的！”

英国伊利沙伯女王的名臣腓力·西德尼爵士是当时的典型君子，举止行为，言谈应动，对上对下，事君交友，一切无不中节。男子对他无不钦羡，女子见他无不欲死。他的声名不只传遍英国，甚至也广播欧陆。最后他在大陆的战场上身受重伤。临死之际，旁边有人递送一瓶饮水到他口边。他方勉强抬头就饮，忽见不远之处卧着一个垂死的敌人，于是就不肯饮水，将瓶推向敌人说：“他比我的需要还大。”一个人真正的风格气度，到危难临头时必要表现，弥留之顷尤其是丝毫假不得的。“人之将死其言也善”，是指罪孽深重临死忏悔者而言，那只是虚弱的表示，并非真情的流露。至人临死，并无特别“善”的需要，只是“真”而已。世俗之见，固然可看西德尼的举动为一件“善”事，但那是对他人格的莫大误解。他那行为是超善恶的，他绝无故意行“善”的心思。与他平日的各种举动一样，那只是他人格自发的“善”，与弱者临危的“善”相差不可以道里计。后代时过境迁，对前代多不能同情的了解，春秋时代的理想人格是最易被后代视为虚伪造作的。当然任何时代都有伪君子，但相当大的一部分的春秋君子是真正的默化于当代的理想中。

三

我们举例比较，都限于中国与欧西。因为这两个文化可供比较之处特别的多，同时关于它们的春秋时代，史料也比较完备。此外惟一文献尚属可观的高等文化，就是古代的希腊罗马。希腊文化的春秋时代，是纪元前650年左右到亚历山大崛起的三百年间。当时的历史重心仍在希腊半岛，雅典与斯巴达的争雄是历史的推动力，正如中国的晋楚争盟或欧西的英法争霸一样。当时的希腊也有种种春秋式的礼制，凡读希罗多德的历史的人都可知道。侠义的精神，尤其是大国对大国，是很显著的。雅典与斯巴达时断时续的打了四十年的大战之后，雅典一败涂地，当时有人劝斯巴达把雅典彻底毁灭。但斯巴达坚决拒绝，认为这是一种亵渎神明的主张。柏拉图与亚里斯多德的哲学使命，都在斯巴达侠义的一念之下，日后得有发扬的机会。

上列的一切，所表现的都是一种稳定安详的状态。春秋时代的确是稳定安详的。封建时代，难免混乱；战国时代，过度紧张。春秋时代，这两种现象都能避免。国际之间，普通都以维持均势为最后的目标，没有人想要并吞天下。战争也都是维持均势的战争，歼灭战的观念是战国时代的产物。在此种比较安稳的精神之下，一切的生活就自然呈现一种优闲的仪态，由谈话到战争，都可依礼进行。

但历史上的任何阶段，尤其是比较美满的阶段，都是不能持久的。春秋时代最多不过三百年。中国由吴越战争起，欧西由法国革命起，开始进入战国。贵族阶级被推翻，贵族所代表的制度与风气也大半消灭。在最初的一百年间，中国由吴越战争到商鞅变法，欧西由法国革命到第一次大战，还略微保留一点春秋时代的余味。但那只是大风暴雨前骗人的平静，多数的人仍沉湎于美梦未醒的境界时，惨酷的、无情的、歼灭战、闪电战、不宣而战的战争，灭国有如摘瓜的战争，坑降卒四十万的战争，马其诺防军前部被虏的战争，就突然间出现于彷徨无措的人类之前了。

《战国策》半月刊第 15、16 期合刊，1941 年 1 月 1 日。

林同济

林同济（1906－1980），著名学者，思想家。1906 年生于福建福州市，1914 年移居北京，1920 年入北京崇德中学读书。1922 年考入清华学校高等科，1926 年官费赴美，就读于密歇根大学。1928 年毕业，转入美国加利福尼亚大学伯克利分校，1934 年获得比较政治学博士学位，同年与黛南格雷结婚，并归国任教南开大学。抗战爆发后，林同济逃难到昆明担任云南大学政经系教授。1942 年夏至 1945 年 5 月又在四川北碚担任复旦大学比较政治学教授。1948 年 2 月至 1953 年 6 月任上海复旦大学政治系教授，后转任复旦大学外文系教授。晚年曾回美国母校作系列演讲，并病逝于斯地。1940 年曾在昆明参与创办《战国策》半月刊，后又于 1941 年在重庆《大公报》上开辟《战国副刊》，是“战国策派”的核心成员，并以此而名世。

大政治时代的伦理——一个关于忠孝问题的讨论

四月十六日昆明市各界在省党部举行民众讨逆大会，我陪着几位名流的末座，作几句关于中国文化的演讲。

我当时曾提出三点平凡之见。（一）是谈到中国“孝为百行先”的流弊，主张我们此后应当以忠为百行先。（二）是谈到中国“猎取功名”观念的流弊，主张代以“创造事业”观念。（三）是谈到中国“容忍苟安”的习气，主张此后应当特别注重“勇”的提倡。

后来有署名“迪身”者在报上发表文章反对我的意见，他以为忠孝本一贯，我们尽可“沿传统之观念，仍曰孝为百行先”。按他那篇文字本身价值，我们实无费神辩论的必要。但是自另一方面看去，他这种论调实可象征近年来乘着各种机缘而暗里抬头的旧势力。在这方面看去，我们却觉得此中却有一论之必要。并且忠孝问题确是我们二千年来实际生活上待决未决的大悬案。在某立场观察来，我们一谈到忠与孝的关系，我们便直挖着中国文化的核心，牵连到中国文化的命运。此空前的抗战局面，我们对任何种问题必须具空前的锐眼与决心。我们应当不避现实，奋把中国整个的文化，下一个彻底地、忠实地再一度反省、再一度估量。我们正无妨以忠孝问题为我们反省的起点。

我们不要怕反省。抗战需要自信力，但是自信力必须建在“自知”之上，建在“知己知彼”之上。唯其自知之明，才能有自信。此中固有一番连带性在。我们在此死中求生的关头，容不得败北派的盲目自馁，亦容不得义和团式的盲目自夸。战是个现实，是个力量伟大的现实。战的需要将要迫着一切的一切随它转移。也就是说战的影响将要使国人的整个生活，变更旧惯。不管你个人是欢迎或是反对，只需我们这个民族是有“灵机”，有生气的话，我们的文物制度、我们的思想与人生观，迟早总要随着此次抗战的大潮流、抗战的大需求，而蜕新而变换。现在问题就是：盲目无见的被动的变换吗？还是看清途径的自动变换？我们主张对中国文化的反省，并不是喜欢多事，乃是在战的现实、战的必需与迫求下，企图一个自动的变更，健全的适应。

但是这种健全适应的企图，虽是因抗战而发生，却并不当只以对付一时战局为目的，乃应当探求一个较普通、较根本问题——如何能使中国配做现代世界上的国家。因此我们本篇的忠孝论，也并不只是一种战时特有的伦理观，乃是现代国家应有的、必须的伦理观。我无以名之，名之曰大政治时代的伦理。兹且把我的立场简单的申说如下。

（一）我承认现代世界是个大政治世界。我不愿谈八千年前的太古洪荒，亦不愿谈八千年后的所谓“大同”世界；我所注意的是此时此世的现实。对我们这个现实的世界，我以为我们当有切实、忠实的认识者数点：

（甲）它并不是暖带轻裘、揖让上下的世界，乃是一个激烈竞争的世界。

（乙）这个竞争的根据，最重要的是“力”，不是所谓“法”与“德”。

（丙）竞争力的单位，最主要的、最不可缺的、最有效的，是国家，而不是个人、家庭，也不是教会或阶级……换言之，最主要的竞争是国力与国力的竞争。

（丁）这个国力是正在急速的走向全体化。就是说，国内一切精神物质的力量，一方面极端地分头发展，一方面又极端地组成一体。所谓大政治者，就是国与国间凭着彼此极端全体化的力，以从事于平时的多面竞争与战时的火拼决斗。这不是我故作恶语。大家只需不要幻想，只要定眼看着现代世界实际政治的趋势，对此语必表赞同。

（二）在此种以全体化国力为竞争单位的世界，最重要的是每个人民都要成为国家的有机体的一分子。个个“人民”都得练成一个得力的“公民”。换言之，在大政治世界上公德比私德重要，政治德行比任何德行都重要。这不是说公德与私德必相冲突，两者往往相成，但有时却相冲突。所谓公德重于私德者，就是说两者冲突之时，我们当全公德而灭私德。两者往往并行不悖，但是如果有相悖的倾向，我们当存公德而舍私德。

（三）一切的公德，一切的政治德行之中，忠为第一。所谓忠者，不是古代忠于君或忠于朋友的忠。忠于君或忠于朋友的忠不免含有五分私德意。大政治时代的忠，绝对忠于国。唯其人人能绝对忠于国，然后可化个个国民之力而成为全体化的国力。忠是国力形成的基础，形成的先决条件。忠是一种纯政治的德行，与伦理原则有时吻合，有时冲突。例如本国与他国冲突时，即使在伦理上本国未必是，他国未必非，我们也履行政治道德的需求，必须为本国作战，与他国拼杀。我们为求对得住国家，有时乃对不住人类。然而现代国家的组织，就是根基于此纯政治的德行——忠——而建立、而运用、而维持、而发展的。换而言之，就是忠为百行先。这并不是我个人新奇之说，乃是现代各国实际上认为当然推行、必须推行的根本大计。其实现代事实所指示，不但政治时常脱离伦理的羁绊，并且伦理本身大有日趋“政治化”的倾向，日趋“国家立场化”的倾向。自国家立场而有利的便是“好”，便是“是”；自国家立场而有害的便是“恶”，便是“非”。国家的利害，变成伦理是非的标准。这在往时超然的伦理眼光看之，是何等的“不道德”、“反道德”。然而大政治时代需要大政治的立场。国力竞争局面，需要政治化伦理，不要伦理化政治。换言之，忠不但为百行先，乃不可遏止的逐渐成为百行的标准，一切价值的评员。也就是说，大政治时代的伦理乃含有“反伦理”倾向之可能。

总而言之，大政治时代是以全体化的国力而从事于国际竞争的时代。在此时代中，必须树立“忠为第一”主义，必须以忠为中心以建立我们全民族的思想系统，以忠为基础建造我们国家的社会制度。这是我主张忠为百行先的立场。两者不能并立，既是忠为百行先，则孝当降格，在此立场下，我反对孝为百行先。

我此刻要声明的，我反对孝为百行先，与“五四”运动时代“非孝”之说有点不同。“五四”时代的非孝大抵以个人解放、个性解放为据本、为目的。我的主张却是以国力组合与政治集体为立场。“五四”时代正值西方欧战之后。欧战后的西方政治与思想是一种欧洲文化的支流对其本流的暂时反对，时势到了今日却已把西方的现代文明的主要意义，赤条条显在目前，绝不容我们再事“自催眠”指鹿为马。三百年来的欧西文明的发展自大政治的眼光看去（大政治眼光是对现代世界生活最重要、最不可缺的眼光），只是国家力量的发展与集中。个性解放自现代的现实看去，可说是国力发展的基础，也是国力集中的导线。就中国二三十年来的经历而说，“五四”运动的解放个性正是我们从今而后国力发展运动的先锋。如果我们的立场及目的与“五四”时代不同，那是我们随着时代车轮的前进，把“五四”运动向前一步推行；也可说是应大时代的呼唤，把我们酝酿未熟的思想猛向现世界的本流合奔。在这方面看去，个人与集体之两宗，质虽异而用则合。他们对过去的“孝为百行先”的家族主义、宗法制度，皆同样地采取对立的态度，革命的精神。

我们不反对孝：如果孝只作为“敬爱父母”解，我们不但不反对，并且赞成。无奈中国之孝，并不是一种纯净的德行，一种自然人情的流露，也不是一种简单的哲理概念，乃是二千余年来特殊阶级，因其特殊渊源与特殊利益，而矫揉造作，铸成的一种思想系统，而更铸成的一种庞大复杂的社会制度。如果像迪身君一般，只背诵三四句圣人之言，而便指为“孝”尽在是，那是太看轻我们过去数百代祖宗的脑力能力了！我们对孝并无什么惊人的主张。我们只主张把它简单化、平民化，把它“天真化”。我们只主张“返真”，只主张把那些假的、伪的、虚张的、辉煌的、物质的、肉体的、血统的、迷信的一概取消，好留下那可爱可实的纯净敬爱之赤诚献给父母！

其实我们期期所不能不争执者，只是“先”之一字。我们并不反对孝，真而朴的孝。但是我们不能不反对任何人在这个时辰，还在那儿“埋头沙里”把孝高高抬起，放在百行之“先”。你孝敬你的父母，本是你的私事，本是你“自尽良心”的事，何必扬扬然向社会鼓动，大吹大擂，自鸣为惊天动地的大德呢？谈到这里，我们却谈到问题的核心。原来孝之为物，是个私德，是子女私人对父母所自认为当行的一种精神上或物质上的责任。本是一家之事，不必惊动外人。那些二十四孝及其他世传的割股尝粪等事，且莫管它是迷信行为与否，根本上就是那般王某庚某的私事，何必我们动驾来替他向社会鼓吹，向后代宣传呢？人家房中闽内的琐闻，偏要由政府或社会人士殷勤地、炫耀地为他们立坊著册，高标为民族行为的模范——这确是十足地显出宗法社会里难产出大派头的人物。他的眼光与想象力死不超出萧墙之内，总喜把他的私事当作公事看，让大家齐把家事当作国事办！公私辨别不清。私德与公德胡混。也许在那专制时代，在那文人与士大夫支配的社会里，这种看法与办法有它特别的作用，有它意外的用意。但是在此大政治临头的时代，哪能再堪此子女小派头的把戏？大政治时代，政治德行为先，公德为先，最重要最根本的，忠为一切先。孝乃私德，它固有它的地位，但是坐第二把交椅尚嫌不胜任，莫说是要占百行的上风了！各国人往往认中国人无政治能力。这话当否，且莫论。我所要问的，二千余年溺于“私德的伦理观”的中华民族，可以了解此二十世纪纯政治时代的意义？可能于此空前的民族战之中，领略些崇拜公德的精神，体验些“政治化伦理”的雄心？

以孝为百行先，便是以孝为国民伦理的基础。绕着孝的观念，自然而然地要建成一个特殊的、“一贯的”思想系统。它不但以孝为百行先，它还要把孝字来解说一切人生的价值。所以祭义有曰：“居处在庄，非孝也。莅官不敬，非孝也。朋友不信，非孝也。战阵无勇，非孝也。”迪身君于此却说得不错：“夫莅官战阵已属乎忠之范围，而必纳之于孝者，盖举孝以赅忠。”这种“必纳之于孝”的强手段，我们当注意的。它也许是古圣哲企图以孝助忠之威，坚忠之志。它也许是古圣哲看出孝的范围太狭小，孝的用途有不逮，于是把孝的意义勉强地扩大，而包括家庭以外的公德。但是它的最大意义，是要以孝解释一切的价值。夫惟一切的价值“必纳之于孝”然后孝的思想系统成。此于现代各国的趋向，要把一切价值必纳之于忠一样。孰优孰劣，是玄理上不可决的问题，我们不谈。我们所要穷究的，哪一个适应于现代的生存？分明时代要求是公德，是政治德行，是忠为第一。为什么不直截了当奉忠为第一，而偏要向那宗法社会的残余堆里，抓出那孝的一套，然后把忠纳之于孝，然后再评三议四，看看这个忠是否有合于孝，然后才敢下个判语，决定这个忠究竟是否“有当”，是“合道德”呢？为什么我们必要把忠放在孝的胯子下？为什么我们必要苦向孝之中、孝之下寻出忠来？为什么我们不让堂堂之忠独立于光天化日之下以直接应付此大时代的来临，而偏偏要把这个二十世纪最重要的公道，硬当作儿女私德——孝——的注脚呢？

私德为先，公德为后；私德为主，公德为副。这是二千年来，我们宗法制度下的伦理之不可免避的倾向，不可免避的流弊。二千年来社会的整个现实与二千年前二三圣人的训话正不必相符而竟可往往相背。谈到此地，忠孝不两全的缘故，可以明了了，忠孝的冲突是中国历史上永未解决的事实。尽管二千年前的圣哲登席高呼“求忠臣必于孝子之门”，苦喊大家“移孝非忠”，却是实际上我们观察社会一般人的行为，总不免觉得在我们家庭主义的绑缚下，“移孝”一功夫，难赛“移山”；孝子之门，忠臣鲜焉，其中原因就是由于中国不但以孝为中心而组成一套思想系统，还凭此思想系统而组成一批“吃人”的礼法，构出一个庞大的宗法社会，复杂的家庭制度。这个制度又自有它实际上内在的因素，使它实际上的逐日发展与原初的理想论训愈离愈远。本来实际与理想的差别，在人类文化史中不一其例。中世纪末马丁·路德所反抗的罗马教会与二世纪的原始耶教，实有天渊之别。中国的家庭制度何莫不然？反而观之，制度的本身也不是全不受理想的影响，思想自有极大的力量的。古圣贤学说之中，实含有不少种子，为后天制度上积弊之原，甚且成为制度上积弊之护符。那些“父母在不远游”，“孝子不登高，不临深”，“身体发肤，受之父母，不敢毁伤”的孝的哲学，乃与经传“明哲保身”之训混合，而在那家庭势力膨胀的环境中，竟结成一套“怕死的人生观”磅礴于“神州”的全部！至于那些“莅官不敬，非孝也”、“战阵无勇，非孝也”的公德化的孝论，欲在历史上求其实行者乃亘千秋而落落如辰星。中华民族观念与政治存在，尚能屡经大难勉强支持者，也就靠此少数又少数的成仁取义的英雄。然而大政治时代的迫来，所需要的是全国国民个个都提担起英雄的责任，哪还容把此大好河山尽托诸几个人的手里？对此空前的局面，我们迎头赶去，还恐不及，哪里有时光迂回萦绕，模仿那闭关时代学究们的老态，来徐敲孝子之门搜寻出一二忠臣呢？老学究的办法是要教孝而求忠。我们的提议是教忠而求忠。其实教忠而求忠，犹恐不给，况乃教孝而求忠，则宜其十扣世俗所谓孝子之门而不免九度弛然返也！

忠与孝二千年来的实际冲突，既不是二千年前圣人口头上训为“一贯”之所能掩，也不是这些圣人之所能防，则凡现在负责指导我们国民思想者不容不对此紧加注意。历史的经验显然告诉我们：二者往往难兼。我们当有警惕。事到今日，我们已不堪盲目地再蹈古人之覆辙。让我们大家认清主要目标，决然把孝放开少谈，多多提倡忠字。其实在此“孝的制度”积弊丛生之下，我们最好的办法是干干脆脆把“孝”的一套旧理论旧制度轻轻地束之高阁，只留下“敬爱父母”的干净四字作我楷模，好把这民族所有的有限精力直接灌输到“忠”的伟大工夫上！

细察孝的“危险性”，即在迪身君所举赵苞、王陵两例上，便可反证出来。在现代西方各国，两军对战，绝对无人会异想天开，来设法执敌将之母以胁其降。盖在忠为百行先的社会，国运为重，私情为轻。那些执母胁降的手段，无疑的是缘木求鱼，一切落空。而独在我们的中国，像那项羽挟王母以招王陵，鲜卑劫赵母以胁赵苞者，几于史不绝书。可见孝的势力之大，不但是与忠难两全，而且“用孝破忠”竟成为对我民族可望走通的战略！这是何等可虑！再者，王陵、赵苞之守忠不降，未必不是仰承母命尽忠之故。如果二母不明大义，王陵、赵苞之是否弃忠全孝，正未可知。曹操执徐母以挟徐庶，徐庶立刻“方寸乱”，弃刘备而归母。卞庄子为欲全身以养母，战而三北。你看我们这个单弱的国家，碰着这般“养母全孝”之徒，果能挡得住它们几多番的弃职，几多番的逃阵，而不循底于亡呢。

我说中国重孝轻忠，便是说它以孝为先，以忠为后。孝为百行先之说，自汉以后，坚牢不拔的深入民间。而忠之一字，无形中成为次要之次要，结果，大家的心目中总认得不孝之罪大于不忠。所以在我们的社会里，逆父母者乡党不齿，而卖国者反可取得一般亲友的优容。抗战以来，我们的头脑已显然地得到一番改变。抗战愈久愈烈，我料知“忠为百行先”终要成为全民族深深体验深深了解的信条。如果此外再能得一般思想界的人们出来说透此中的道理，则此正在形成的思潮便可变为一种有意识有系统的运动，而我们民族的前途必可有一番新光彩的焕发。企子望之！

《今论衡》第1卷第5期，1938年6月15日。

战国时代的重演

一

我们必须了解时代的意义。

民族的命运，只有两条路可走：不是了解时代，猛力推进，做个时代的主人翁，便是茫无了解，即或了解而不彻底，结果乃徘徊、分歧、失机，而流为时代的牺牲品。

现时代的意义是什么呢？干脆又干脆，曰在“战”的一个字。如果我们运用比较历史家的眼光来判断这个赫赫当头的时代，我们不禁要拍案举手而呼道：这乃是又一度“战国时代”的来临！

说来虽奇怪，却不是无因无缘。历史自有历史的逻辑，快眼可以抉发。历史上自成体系的文化，只须有机会充分发展，不至中途被外力摧残而夭折者，都要经过一个“战国时期”。在我们中国，则上自吴越战争，下至秦始皇兼并六国，为期约二百五六十年。在希腊罗马史，则上自腓尼基战争，下至凯撒时代，为期约二百年。埃及印度各体系的文化，也都各有各的战国一段落。

欧洲文化，崛起于希腊罗马的古典文化之后，虽处处显露着希腊罗马的影响，但在整个体质上乃是独立的体系。经过了文艺复兴、宗教改革、地理发现、工业革命的各幕热剧，乃不可遏制地成为现代全世界文明的动力，并且还决定了现代世界史——人类第一次真正的“世界史”——的发展模型与方式。我们细察二百年来世界政治，尤其是过去半世纪的天下大势，不得不凛然承认你和我这些渺小体魄，你和我兢兢集凑而成的中华民族，已经置身到人类历史上空前的怒潮狂浪当中了！我们的时辰八字，不是平凡，乃恰恰当着世界史上“大战国时期”露骨表演的日子。这段热剧，在十六、十七、十八三世纪早已渐成雏形，就好像我们的“春秋时代”在许多方面也都是“战国七雄”的先驱一般。但真正开幕之期，似可以拿破仑战争为准；充量的揭发，大可能还要包括此后的三五百年。

二

战国时代的意义，是战的一个字，加紧地无情地发泄其威力，扩大其作用。

战本来是任何时代都有的现象，并不是战国时代的专有品。战国时代之战，所以大异于其他时代之战者，有三个大趋向在。这三个大趋向，因为了各个文化体系的内外在环境之特殊，主观客观条件之差异，当然不免也有和缓与极端发展之不同，部分与充分表现之互别。但是演化的形势以及发挥的作用，大体上都能够绰约相等。旷观中外古今，战国时代之所以为战国时代，战国的战之所以为战国的战者，理由都在这里。

（一）战为中心。——每个时代有一个时代偏重的中心现象。这个中心现象一方面决定了那时代的“统相”（gestalt），一方面也就说明了那时代的意义。宗教时代，信仰中心。经济时代，企业中心。革命时代，社会改革中心。战国时代，战争中心。所谓战争中心者，战不但要成为那时代最显著、最重要的事实，而且要积极地成为一切主要的社会行动的标准。在宗教、经济、革命各时代，战的主要动机，多出于信仰、企业、社会改造等等事实；战的进行，也并不积极干涉信仰、企业、社会组织等等的主要内容。到了战国时代，战的威胁与需求迫切到一个程度，而战乃竟成为一切行动的大前提。社会上一切的一切都要逐步地向战的影子下取得存在的根据。一向所谓信仰、企业、社会改造等等大事情都要逐步地失去独立发展的自主权；战的威力反要加紧地、加速地取得主动的地位，而积极决定其他一切的内容与外表。

（二）战成全体。——其他时代的战，性质不免“片面”。参战员的数目有限，作战物的品类不多。到了战国时代，战乃显著地向着“全体化”一条路展进。全体化的形势与程度、各体系的文化虽然各自不同，但尽其文化内在条件的可能范围，都一致力求“人人皆兵，物物成械”。这种气象，在中国的“战国阶段”就露出相当的规模，既不是以前的封建以至春秋时代可比，更不是以后的大一统局面下“雍穆熙和”、“粉饰太平”的一套。在中国的战国七雄中，比较最能彻底推行全体战的，便是秦国。现代所谓全能国家如德、意等，都可说是“秦之续”而变本加厉。正所谓恶作剧的时代，一方面是投机而生，一方面还要挟时而进的。浅见者流，到了今天还要死把整个全能的组织意义，当作一种专对民主潮流而生的反动而讨论，就好像宇宙间森罗万象，除了维克多利亚的民主政体，便没有更重大的事情，而一切历史上的事态变迁都必得拱绕着民主两字而或正或反！真迂腐极了。

这并不是看不起民主，乃是说事到今日，实在险恶到惊人的程度，就是轰动全球一百多年的民主问题也竟然落到次等地位。把占着时代的核心的，乃是“全体战”三字。有没有本领随时可作全体战，可作“战国之战”，乃是任何民族的至上需求，先决条件。

因此，民主政体应有不应有，再也不是你我哲理上较长比短所能决定；真正关键，全看民主与全体战的关系如何。而这个关系，也绝不是形式政论者所能先验预断；真正关键乃在乎一个民族对其所惯有的政体实际运用的活力、应变的机能之如何。民主与全体战本不必有先天注定的冲突；在某些意义下，可说全是全体战的一种好条件。这点将来再论。此刻所要指明的：时代意义的核心，必须先切实把握。目前的若干全能国家，尽管他们发言代表人如何解释，在客观的基本历史作用看去，说是为了要民主而全能，毋宁说是要全体战而全能——就仿佛商鞅废井田、改税法、抑贵族、明赏罚，目的要把秦国彻底地变成个道地的战国时代的国家，哪里是要硁硁拿着“反封建”来当他的大前提。

“一切为战，一切皆战”，这是全能国家的根本历史意义与作用。我们要知“时势”，用不着再捧出那班实验派的专家，请他们调查统计，来一五一十地在纸上苦作推敲。但看十数年来全能国家一个跟着一个呱呱坠地，我们可以无疑地判断天下大势是不可遏止地走入“战国作风”了。

（三）战在歼灭。——这恐怕是最重要的一点。战国的战，最惊人的色彩在这里；战国时代在人类历史上最无情的作用也在这里。

战有两种：一曰取胜之战，一曰歼灭之战。前者的结局，最多也不过赔款割城。后者的结局，则非到敌国活力全部消灭不止。在我们国史上，春秋时代七大战都是属于前者。吴越战争，开始露出歼灭的倾向。到了战国时代，便愈战而愈显出歼灭的本色。齐桓公“兴灭继绝”的半封建作风，晋文公“退避三舍”的贵士豪概，有如岳阳黄鹤一去不返了。

所以然者，春秋时代之战，目的尚在维持国际的均热：大国对大国，只求名义上“让执牛耳”；大国对小国，也多半只要它“听命”而不对它“占领”。到了战国时代，乃有一种崭新的欲望产生——即所谓“囊括四海，并吞八方”之心了。换言之，就是统治世界的企图。

唯其如此，胜者对败者的要求，绝不是割城赔款所能满足；即使满足，也是暂时又暂时，不转瞬间，“起视四境而秦兵又至”了。如此一次又一次，必到你全部消灭而后已。所以战国时代之战，其特别可怕处，尚不在战之“多而大”，乃在取胜战少而歼灭战多；不在取胜战少而歼灭战多，乃尤在乎一切的取胜战都是着意地为着歼灭战作先驱！演到最后的一阶段，两雄决斗，一死一生，而独霸独尊的“世界大帝国”告成。我们古代的国史如此，希腊罗马史也是如此。目前以欧洲文化为基础的世界史，它此后的发展，是否可以独成例外呢？这只有让时间供答案。目前的事实，是歼灭战已开始展开。

三

一个文化，演到某阶段而便有战国时代的来临，并不是偶然之事，也不是神秘天工。物质条件、精神条件发展到相当程度，各区域、各民族间的接触也就日繁，互依赖、互摩擦的情节也就日多。在那相吸相抵的矛盾境界中，较大的政治组织成为了逻辑的必需。并吞的欲望就在这里产生。由欲望而企图，由企图而行动，于是战乃不可免。战到了相当尖锐化，战国时代遂岸然出现于人间！

用战的方式来解决民族间、国家间的各种问题，论理是“不道德”，也“不经济”的。在这一点上，我们“仁义派”的孟子与“功利派”的墨子之反战论，与现各国思想家的和平主义，根本原无二致。无奈理论自理论，事实与事实。向来理论家和平呼声涨得最高之时，也正是战国局面急转直下之倾。好像战国时代的国家每每脱不了战国时代的气质的。它固然也想平心静气来“解决”国与国间的各种实利问题，但——它更想要逞力制胜，取得独霸独尊的地位。道地的战国灵魂乃竟有一种“纯政治”以至“纯武力”的倾向，充满了“非道德”、“非经济”的冲动的。韩非子如炬的眼光早已抓住这点。他所说“上古竞于道德，中古逐于智谋，当今争于气力”，可算是对战国时代精神一针见血。斯宾格勒谓此后世界政治第一，最近作家德拉克也高唱“经济人没落”的一说，都可说是“见智”之谈。战国的气运，仿佛定命似一般，都要向着“世界大帝国”一方面拥进，而且所采取的手段，好像也都不由自主地要出于歼灭战之一途。所谓和平手段，共和方式，在战国时代，侃侃而谈者总比任何时代为多，实际推行的可能性也总比任何时代为少。这不是说和平不“应该”，只是说战争是“事实”。

运用全体战、歼灭战，向着世界大帝国一条路无情地杀进——这是战国时代的作风，战国发展的逻辑。如果我们眼下展开的世界史上的战国时代（可把它叫作“大战国时代”）稍有异于古代中国或希腊罗马史上的前身的话，那恐怕就是：

（甲）古战国之战，还未能充分发展其全体性；今战国之战，可以本着空前的科学发明以及科学组织法，而百分之百地把国家的一切人力物力向着一个中心目标全体化起来。

（乙）古战国的歼灭方法尚不免粗而浅，今战国的歼灭方法却精密而深入得多。坑杀降卒，收兵铸像，秦始皇的办法也。把迦太基烧成荒墟，片瓦不留，五十万人口所剩下的五万残遗，尽数卖为奴，卖为隶，西比欧的办法也。今战国的作风，则经济榨取之外，还加上微妙的奴化教育。日本则更本着它的“准武士道”的原始残忍性而推广其毒化政策，从根本上来消灭我们的种族。古今中外，方法确有精粗之别，而其为歼灭、为“活埋”则同！

（丙）继承古战国而展开的若干“世界大帝国”，其面积究竟不过全地球的一角。今战国的魄力，如果尽量发挥，莫能阻遏，其所形成的大帝国，规模必定广大。详细的过程无由预测。大可能的，也许开始是一种大陆式的若干“区域霸国”的对峙，最后乃在火拼而成为全世界的“大一统”。

莫谓这种“大狂妄”绝对没有实现之一日。现在这个由欧洲文明扩大而成的世界文明，是充满所谓“浮士德精神”的，是握有一种无穷的膨胀力、无穷的追求欲的。我们“中庸为教”的中国人，也许对这种大企图，始终难于了解，难于认真置信。尽管我们在报章杂志上也跟着人家大喊，指斥某国某国包藏征服天下的野心，却是许多人的脑子后头总不肯认真相信天地间果会有这般大狂妄，更大大怀疑这般大狂妄果会有实现的可能。然而我们这朵地里的妙处，也往往正在你我认为“期期不可能”之中，蓦地涌出一个惊人的“实现”。成吉思汗，凭着他那种游牧社会的原始工具，还可以霹雳一声，创出来并跨欧亚两洲的大帝国，谁能保这个踏进了“金属混合品时代”的二十世纪科学文明必不会有达到世界大一统之一日！技术的基础，经济的需求，已经开展到一个程序，竟使二三“狼子野心”的国家不由自主地在那里跃跃试手了。客观条件、主观心理，已经酝酿到初步的成熟。所欠的大恐只是时间——虽然在目前还看不出谁为六国，谁为强秦。

这正是世界“大战国”的初期。生于斯世，为斯世人。我们所要关心的，尚不在三百年后天下是否“定于一”。最迫切的，我们要认清楚自今日起，时代已经无情地开始了“战国式的火拼”。这个火拼，不是三年五年便可了事。它乃是代表着一个旷古“强有力”的文化在演展路程中所势必表现的主要阶段。正所谓时代的中心潮流，其来也有数百年的酝酿，其去也恐怕亦必须数百年的工夫。

四

两种程序正在展开着：强国对强国的决斗，强国对弱国的并吞。

目前欧洲战争是前一种程序中的一幕。它的历史作用，和上次欧战一般，乃是要在西欧的第一陆权国（德）与第一海权国（英）之间，决个雌雄。（法意两国只是副角。）这种海陆权的决斗，在欧洲地域内早有先例。小则雅典与斯巴达，大则罗马与迦太基，都可说是英德争霸的前身。毕竟欧洲幅员狭小，不容两大并立。打个分晓，好使其中一个跳出世界舞台来，充分自由地表现其身手。英德争霸，正不必在这一次便得到截然的结果。也许再战下去，德霸大陆，英霸海上，海陆权“两极化”（polarization）的相持形式，一时无由打破，只好暂告和平。然而如此和平终是暂时的。两国的海陆权越形“两极化”，两国决斗的需要也必越形迫切。如果罗马与迦太基的争持，前后三大战，为期不下一百二十年，那么，英德战争也大可以时断时续，绵延一二世纪下去。解决时期，远近不可知，终究却必须解决。

这一点，希特勒与邱吉尔都看得清楚的：英德之间，势不两立，不是波斯与希腊之偶尔交锋，乃是罗马与迦太基的你死我活。尽管开战之初也有一般“人道为怀”的理想家提倡妥协，事实上的无情趋势却必要向歼灭一条路推进的——就好像罗马当日也有那西卡一般人主张保全迦太基的命运，而实际上罗马兵团还终究把迦太基扫荡得片瓦不留。历史的逻辑有时竟有这般铁板似的。

英德两国终必要互相歼灭，因为所争的目的终乃在世界霸权。唯其如此，它们这次战争自然就是一种“世界战争”的性质。现代世界政治的演变，主要发动力究竟还在欧洲。英德之间，谁胜谁败，绝不能是一个“纯欧洲”的问题。战争延长愈久，引起的国际问题必定愈多。到了后来，“非欧洲”的列强参加混战，也许是不可避免的事实。

强国对弱国的吞并，由日本侵夺我们东北以后，有如狂风暴雨一阵阵地连卷起来。自东北四省、而阿比西尼亚、而奥地利、而阿尔比尼亚、而捷克、而波兰、而芬兰……其意义都是一样的。并吞弱国，在战国时代，不只是一种恃大凌小的表现，乃尤是强国对其他弱国争霸的一攻势或守势的必要步骤与准备。先下手者为强，后着鞭者失势。强与强间竞争愈急，“强侵弱”的战事必愈多，而这种强侵弱的战事尤非达到全部歼灭之一步不止的。

这次日本对我们侵略，可算是强弱的程序中最重要的一大幕。它自始就充满了歼灭的决心的。有一点甚特别，与一般的“强侵弱”的形势大大不同，就是日本这次来侵，不但被侵略的国家（中国）生死在此一举，即使侵略者（日本）的命运也孤注在这一掷中！此所以日本对我们更非全部歼灭不可，而我们的对策，舍“抗战到底”再没有第二途。

歼灭战是无和可言的。一般败北者所称“天下无不和之战”，对春秋时代的取胜战而言，勉强可通；应用到这次日本对我们的歼灭战，便是妖言误国。战国式的歼灭战，根本无和；和便全体投降，男为臣，女为妾！偏偏有一辈惯为臣妾之徒，以为天地间总有侥幸可图，只须号泣走敌廷，三跪九叩，人家即可“放松”饶命。傀儡心理，文人政客鬼胎，真贱极无聊了！

五

最后，让我们提出两三点，大家必要认清：

（一）不能战的国家不能生存。——战国时代来到，再没有一个国家可以躲避歼灭战的尝试。在这种情形下，小国弱国没有幸存的余地；即使幸存，也不过我们“战国七雄”时代的宋、鲁，对当时的大政治，竟没有过问的资格，危坐着火山边际，永远战战兢兢，到了最后一顷刻，人家挥刀，他们只有引颈就戮而已。这乃是无情的时代，充满了杀伐残忍之风；却也是伟大的时代，遍布着惊人的可能。唯其无情，所以伟大。唯其伟大，所以无情。人类的大运所趋，竟已借手于日本的蛮横行为来迫着我们中国人做最后的决定——不能伟大，便是灭亡。我们更不得再抱着中庸情态，泰然捻须，高唱那不强不弱不文不武的偷懒国家的生涯！

（二）左右倾各字样，意义全消。——左倾、右倾两名词，到今日原来已成为过时的花样。在战国作风未到露骨表演的时辰，国家内部的各社层、各阶级，还可以有尔诈我虞、相倾相轧的闲工夫、闲机会。所谓左倾右倾各字样有它们的现实背景，也有它们的社会作用。到了今天，世界大政治的演变乃早已把这两字样当日的涵义，根本取消，而微妙地翻手一拍，转变成国际纵横捭阖的一种纯工具！用旧日的眼光来看，目前各国中，最左的当然是苏联，最右的当然是纳粹德国。然而把这两国的政治经济制度平心相较，却比其他任何国都近似得多。名义上，为国际策略的方便起见，彼此仍可自命为左，自命为右；实际上整个世界的中心潮流，迫于时势的需求，只能有朝着一个方向推进的——就是如何建设道地的“战国式”的国家，如何把整个国家的力量，组织到最高度的效率以应付战国时代势必降临、势已降临的歼灭战、独霸战。叫作专制主义、霸权主义也好，叫作法西斯主义、纳粹主义也好，甚至和缓其词，叫作代议会全能主义以及罗斯福新政策也好，根本的动向却都是“殊途同归”，实际的结果我看都不外是“国产主义”的完成。完成的速度与形式，因为了外在环境与内在传统之不同，不免各国各异，但完成的必然愈演展必要愈明显。

因此，十年来满耳哦哦的政论，若把意识形态的对垒——民治对全能，社会主义对资本主义等等——来硁硁然解释国际的合纵连横，根本上就等于捕风捉影。前期的意识形态再也吻合不了现实的事实。如果有一些国家依旧应用着那些老名词，那也是完全把它们当作战国作战的工具。合用则高唱高举，不合用则如屣弃捐。如果它日时移事迁，弃捐的仍可再用。你和我若还把这一套认真看待，那就未免“太书生”了。

（三）中国文化的发展，早已踏过了它的战国阶段而悠悠度过了二千多年的“大一统”的意识生活。我们中国人的一般思想立场，无形中已渗透了所谓“大同”局面下的“缓带轻裘”、“雍雍熙熙”的懒散态度。直到今天，我们还不免时时刻刻提着“大一统”时代的眼光来评量审定“大战国”的种种价值与现实。从上次欧战后之高歌“公理战胜”，以至“九·一八”之苦赖国联，其思想都出于一条的路线。置身火药库旁，却专门喜欢和人家交换“安详古梦”这恐怕是我们民族性中包含的最大的危险。

大同可以为人们最后的理想。“战国”必须是我们入手的途径。要取得世界和平的资格，先栽培出能作“战国之战”的本领。

象征的说法，我们须要“倒走”二千年，再建起“战国七雄”时代的意识与立场，一方面来重新策定我们内在外在的各种方针，一方面来仔细评量我们二千多年来的祖传文化！

《战国策》第一期，1940年4月1日。

力！

一

是中国全部字典上最堪赏玩的一个字，结构简单，两画了事。不管你对书法有素无素，只须大清早起来，在朝日浴光之中，铺一大张纸在大书案上，拈出一枝大笔（愈大愈妙）饱濡墨汁，奋起天然腕势，一拐一撇，便俨然一幅生龙活虎的好画图！别的不谈，但就纯形式上审验，力之为字乃充满了古朴气象，原始天机的。有线之美，有空之美，实而虚、虚而实，仓颉得意之作也。

我每次看“力”字，总要联想到古代希腊雕刻品。莫谓我想入非非，此中有一番大道理的。《说文》云：力，筋也，象人筋之形。徐注云：象人筋竦其身，作力劲健之形。原来中国“力”字，就是从人体得灵感，就是由人体的劲健肌筋蜕化出来的，与希腊雕刻，恰恰同一渊源。如果希腊的人体雕刻品是美而力，中国的“力”字是力而美。晓不得为什么仓颉这个意匠独到的作品，悠悠数千载，居然赏识无人。踏遍神州全土，不管是达邸还是穷户，只见得门楣墙面，红红黑黑，都是那结构复杂，含味俗臭的“福、禄、寿、喜”的涂鸦；竟没有一个有心人，能够看出来这个简简单单的“力”字之美妙，把它大笔一挥，高挂明堂。真是个民族憾事！

不但无人赏识。数千年来不肖的子孙，凭着他们如豆的眼光，庸庸乡愿式的逻辑，对老祖宗这个神机制出的绝妙好字，一味藐视、曲解、诬蔑、唾骂。到了今天，胆敢提出“力”字者，前后左右，登时就有拥出一群大人先生，君子义士，蜂起而哮之。鸦片可抽，“花瓶”可搂，公款可侵，国难财可发，而“力”的一个字，期期不可提！

无疑地，我们这个古老古怪民族已是人类历史上对“力”的一个字最缺乏理解，也最不愿理解的民族了。这朵充满了希腊美之火花，在我们一般人的心目中，竟已成为一个残暴贪婪的总称。“力”字与“暴”字，无端地打成一片。于是有力必暴，凡暴皆力。一个天机纯净的神品，硬贬为人间万恶的别名，蠢煞！冤煞！

让我们在这里肯定地说一句话：一个民族不了解，甚至于曲解误解“力”字的意义，终必要走入堕萎自戕的路程；一个文化把“力”字顽固地看作仇物，看作罪恶，必定要凌迟丧亡！

力者非他，乃一切生命的表征，一切生物的本体。力即是生，生即是力。天地间没有“无力”之生：无力便是死。诅力咒力的思想，危险就在这里。诅力咒力即是诅咒生命，诅咒人生。口头上诅咒人生乃是生理上厌倦人生的征候。诅咒愈烈愈久，其反响到生理的健康，也愈大愈深。到了最后的阶段，不是不能再生，便是虽生若死。此所以人类历史上诅力的文化，命运若出一辙：不被人家格杀，自家也要僵化若尸。漫夸数千年的存在，是无意义的。关键在：是不是能够维持活泼泼的生命，热腾腾的自主自动的生活？诅力的文化，偶尔“幸存”则有矣，“生活”则无也。

原来一切初期的文化民族，对“力”的意义，本来都有个直截了当，清清楚楚的了解，不会在那里枝枝节节，是是非非。他们生活简朴，接近大自然。所以心机不杂，目光净锐，对宇宙间的生机天道，倒反能够做一种忠实的认识，敏捷的领受。“力即是生”的真理，他们都能够凭着清洁的天赋本能，直接地深深体验，把它认为当然的事实，初不加理智的衡量于其间。即就中国而言，由说文所称“力，筋也，象人筋之形”一语，便可以推想在中国，力字的原始意义，不过作“人筋”解，是一个纯生理的普通名词，并不含任何道德观念，人为价值。后来，人们的观察力逐渐地深入，由筋之“体”而看筋之“用”；于是力的意义也就逐渐地抽象化。即如《韵会》云，“凡精神所及皆曰力”。这种解释，与英文之energy或vitality之意相等，依然认力为宇宙间一个客观现象，不含有任何主观的伦理价值。精神所及，即力所及，也就是说力者是一种生命的“劲儿”，就像生命一般，无所谓善，无所谓恶，只是一种存在，一种必须的存在（It simply is and must be.），有之便是生，无之则为死。

中国“动”字从力，是大有意义的。一切的“生”，都要“动”，一切的“动”都由于“力”，在原始的生活状态里，自然的环境正在初步的克服之中，最不可缺的条件就是“动”字。初期的文化民族是不断地在“动”中，也就是不断地在“力的运用”、“力的表现”中。动是力的运用，就好像力是生的本体一样。生、力、动三字可说是三位一体的宇宙神秘连环。开始创造文化而未被文化所束缚桎梏的脑力，都能够领略并体验个中滋味的。

所以，如果我们太古先民对“力”字而抱有任何主观的审断见解的话，只有赞叹、欣赏，绝不会歧视或诅咒的。是一种静肃无声的赞叹，深沉的欣赏，知之而不知所言，言之乃反觉“破味”者。于是乎辗转反侧而发泄之于画，而发泄之于书。中国书画“象形”式的文字所以充满了宇宙秘藏意义者，就是这缘故。这不是提倡象形字必优于拼音字，乃是说在我们的《六书》里，时常可以找出许多极有意义的史料与哲学。我们回想先民筚路蓝缕，启发山林的当年，每一个“动”，都是一个“战”，一个“斗”——与天时斗，与地利斗，与猛兽斗，与四邻的民族斗。在这种不断的战斗生活中，我们可以想象得出，最重大最可乐可歌的事情就是胜利，成功；最必须最可贵的本领就是勇敢。而我们的功字，胜字，勇字都是从力，我们便大可以看出先民对“力”的态度如何了。反而观之，劣字从少从力。“少力为劣”——是一个直截了当不枝不节的“训词”，十足地流露出我们先民在当年“如日初升”的时代所抱有的一种天然的焕发襟怀。

此外，意义更深的，也许就是男字。男字从力，不啻昭示千秋万世，男子之所以为男子，全靠其有力。也就是说，男子无力，不成其为男子。男性是力的象征，乃一种原始人类的共同感觉。恰巧碰着中国民族，因为采用了象形文字，居然刻意中为了这个原始人们的基本感觉，留下来一个永古不灭的表征——男字从力。这确是一桩快事。器念到太古之上，标准男性必定都是希腊的赫巨力士（Hercules）的奕奕威风——身长九尺，猿臂狼腰，与后世多愁多病的张生，绝对两种人类。

二

为什么后来我们对“力”字会发生如许的歧视，轻视，仇视呢？

我以为儒教要负大部分的责任。

据说孔夫子本身，就忌讳不语怪、力、乱、神——就好像力之一物，根本上就和那般怪、乱、神各现象，一样荒诞，一样不堪挂齿。但影响最大的，恐怕还是孟轲的几句话。这位“母教有方”的邹国先生，也许本来带着三分女性的。他看不惯韩非子所称“当今争于力”的那样战国作风，于是乎对了齐宣王高谈一套王道霸道的不同，硬把以“以力服人”与“以德服人”对视，极力恭维“以德”手段的高明。诚然，他老先生当日是有所为而言的，可是他无意中影响所及乃促成了中国民族对力的两种“先天”的偏见：(一)看不起：说力总不如德之有效；(二)认为恶：说力是“不德”的，“反德”的。

谈到这里，我们不能不重新估量中国思想系统上的一个关键问题了——就是所谓德感主义。

德感观念，中国最初的文献里，本来已略见端倪。把它充分地发扬传播而成为一种民族信念的，那是儒家之功。儒家是德感主义的正统宣传者。儒家在社会上逐渐地占上风，也就是德感主义在各社会的意义里逐渐地占优势。力的精义的汩没，与德感主义的流行，在我们文化史上是恰成正比例的。因此，如果我们要把“力”字在一般中国人的意识里，恢复了它原有与应有的自然净洁，自然光彩，我们对那根深蒂固的德感主义，不容不在此略略检讨一番。

所谓德感主义者，并不是仅仅主张我们“应当气以德感人”，乃是进一步的肯定，相信德“必定”感人。把“应当有”的(what ought to be)武断地认为“必定有”(what is)。中国人的思维习惯，通常都犯这毛病。《尚书》所称舜舞干羽而有苗格，武王垂拱而天下治等等，可以说是一种胚胎式的“唯德史观”，表示德的伟大能力。即是孔孟的德治论也不是仅仅提倡为政“应当”以德，乃更肯定有德便万事亨通的。

这种唯德的政治观，历史观，还有一个规模宏大的“唯德宇宙观”为其根据。这宇宙观认定宇宙间一切事物的本质都是“德的”，一切事物彼此间的相互关系也是“德的”。所以山崩、川竭、日食、月蚀的各种“灾异”，风调、雨顺、岁丰、年和的各种“祥瑞”都可以因“君德”的厚薄而发生变化的。无疑地，这种看法大是原始民族“物灵迷信”(animism)的遗留。但到了汉代董仲舒的手中，“天人感应论”出而一个集大成而有系统的中国宇宙观，便告成了。整个宇宙的结构与运行，既然全靠“德”来维持，则“力”之一物，根本无地位。换言之，在“德的秩序”中，只有“德约因果关系”，而力反走不通的。所以穆王伐犬戎而荒服不至，远人不服，必须修文德以来之。德感主义，按其内在逻辑，必定要自然而然地向轻力主义、反力主义的路线走的。

其实德感主义，在任何文化发展的过程中，都要发生的。儒家的特殊的历史作用乃在把这个主义的寿命延长到二千多年之久，遂使我们的文化留滞在某一阶段之中而不能突破藩篱，以进到更新的另一阶段。

原来一个民族，由野蛮到文明，通常要先经过下列两阶段：一为“自表”阶段；二为“自觉”阶段。在自表阶段，民族是充满了创造活力，发酵于脑中，终要发泄于身外——于是遂发泄而成为种种无数的“表征”（symbols）。是所谓“创物”“制器”时代。各形各色的文物制度，有如雨后春笋，争先出地。在这种热闹的自表阶段，大家只知自表，只知创造，创造者既不知为什么而创造，也不问创造后又为什么。一切的创造只是“力”的表现，活力的“自成”（self－realization），到了某一时，创造出来的种种“表征”乃逐渐地向创造者的心身上增加压力，引起种种待决莫决的问题。创造者到此时开始恍然环顾，在四周堆满了自家的作品之中，脑后不免要发生一种“追问”（arrière－pensée）：这一大些的东西，究竟是什么？究竟为什么？这些“是什么”、“为什么”的追问，就是“自觉”运动的起始。如果前一阶段出现的是形形色色的文物制度，这一阶段所产生的就是非非是是的议论文章。是所谓“学说”时代，自觉后理智作用的结果，与前一期的“表征”纯为活力的本能焕发者截然不同。

“为什么”三字是自觉阶段的标帜。那时代的风气是必定要在万般“表征”的后面，穷究出它们“意义”“目的”之所在的。自表阶段的情绪，就好像旧约里上帝创世时的心理一般，只是兴高采烈地连声喝道：“让它有”（Let there be）。自觉阶段的精神却要在每个“有”的里面，说出来它的“应当有”（ought to be）或“不应当有”。所谓价值学者，就在这里出现。最重要，最能代表这阶段的整个精神的，就是“道德学”（价值学的一部）。其实，自觉阶段的中心意义可以说是“道德头脑”的产生。

道德头脑的产生，在一方面看去，当然是个进步的运动——由自表阶段的“不觉”，进而入于“自觉”。却是此中也含有大危险的。道德头脑的倾向都是要拿我们主观所定的“应当有”与“不应当有”来观察、评量，解释宇宙间的“有”与“不有”。结果所及，乃发生两种逻辑上的错误，其为害实多方面无穷的。

（一）把主观的价值，引申到纯客观的事实里。——一个纯客观的现象，本无所谓善，无所谓恶，而我们却必定拿着道德的眼光来评定个“应当有”与“不应当有”。

（二）把主观的价值，即当做客观的存在。——不管客观上是果“有”与否，但若主观的理性或情感认为“应当有”或“不应当有”，我们便相信事实上是“必有”或“必无”。

前者的结果是错解真相，后者的结果是失丢现实。道德头脑，太注重了主观的价值，势是要向“反现实”的路径上走的。儒家的德感主义就是这个反现实的道德头脑的表现。它本来是应着自觉阶段的需要而产生，后来却无形中把中国的思维术永远地局限在主观的价值论的畴范里而不是踏进了客观的科学境地。

中国目前所急急需要的，是由“自觉”阶段再进到所谓“他觉”阶段，撇开内在的“我（自）的价值”，而力求体验外在的“物（他）的真相”。这种运动，在欧西文明中，四百年前早已由柯伯尼卡斯（Copenicus）发动了。其结果所演出的宇宙观，乃恰恰是个“力的宇宙观”，与我们的“德感主义”针锋相对。

柯伯尼卡斯的宇宙是力的一字构成的。是一个无穷的空间，充满了无数的“力”的单位，在“力”的相对的关系下不断地动，不断地变。“德”的一个字并不在这个方程式之中。

德是价值论上的一个“应当有”。力是宇宙间万有所“必定有”、“必须有!”

只要大家不太顽固，大家便不难恍然会悟：

> 美之为美，不在其为大家公认的经典式。即是惹人怒，刺人眼，美还是美。
>
> ——Gertrude Stein

《战国策》第三期，1940年5月1日。

中西人风格的比较——爸爸与情哥

几天前，有一位英国人到我家里来，据说是信佛教而且准备出家的。握手坐下，他登时便对我赞述佛法的奥妙，痛骂基督教的肤浅，侃侃然滔滔然，整一个半钟头而不尽。我一方面点着头听，一方面盯着眼看，看他那满脸红光，眉间意气腾腾，总觉得这位西来的高士，尽管自命为释迦弟子，终究还保留着十足的基督传教师的心肠。热腔有余，似乎修养未到。

同是晚上，我拜会了一位旧同学。记得多年前，在美国某城的中国留学生年会场上，讨论到中国劳动问题，此君登时跳起来演说，指天画地，义愤填胸，两眼灼灼生光，固一时绝好的普罗革命家也！如今对谈之下，当年的热血全消，剩下来的只有五尺长袍，袖间两手。问他对抗战的去路与前程有何观感，他乃漠然耸肩：“有什么观感呢?”只伸手敧着江西瓷的小壶子，请我进茶，一面慢慢地抽着五华牌的烟卷。隔着一层氤氲的烟缕，则见得一副倦眼，两膀垂肩，这位留美时代的革命家无疑地已是不折不扣回到他本来那小产户的中国人的故我了！如果热腔洗尽，修养煞是到家。

“东方是东方，西方是西方”。吉卜林恼人的诗句，不觉又涌到了我脑中。

终究是两种风格：中国人还是中国人，与西方人显然异趣——虽然上列所述的两个例子不算是最恰当的象征。

也许是我的武断。平日静思，总觉得中国文化的整个精神，中国社会上一般人的风格，战国以前是一个样，战国以后又是一个样。历史的延续性，文化因素的“留学”与“遗弃”，我们都承认。但自大体的实质上估量．我们这种看法，或许不是无稽。此地无由细论，且搁置以待他日。

本篇所论的中国人风格，是指秦汉以还所兆萌，宋元以后所确定的中国人的一般心理倾向、性格类型，与春秋时代的，不容轻易混谈；也就像西方人风格有中古与近代的大处分歧，本篇所谓的西方人风格，也就是指文艺复兴所兆萌，宗教革命以后所确定的类型。

当然，这并不是说秦汉以后的中国与春秋时代的毫不相干，也不是说文艺复兴以后的西方与中古的截然因果两断。反之，我们正要承认此中本大有因果呼应的关系在，本大有前后相生的系统在。不过那两阶段本身的显著实质的中心精神的主要母题（leitmotif），确确可以容许我们把它们分别看待。

近年来一般浅见者流，苦凭着他们一知半解的唯物史观，嚣嚣然应用一种极粗浅化的（所以极方便的）公式，前来解释人生的一切，解决人生的一切。在这些人的眼中，民族性问题，民族特有的性格风格问题，只不过是工业化问题的另一方面。在他们看去，中西的人生观以及生活风度的不同，只是农业经济与工业经济的不同；好像只需多筑几条铁道，多建若干处工厂，中国人不欲变为西方人，也非变为西方人不可者！

工业化当然有它相当的作用，并且有很大的作用，这点任何人都不容否认。但是我们此外必须认清的：经济因素对于民族性的大作用，往往只在浮面处发生最显著的痕迹；到了更深处，更潜藏处，也就是更关键处，你如果还要搬过来那套经典的辩证公程式，刺刺盘说，那就不免幼稚的嫌疑了。

这不是说唯物史观无价值。唯物史观是一个（也只是一个）天才的发现，在近代社会科学的方法论上，它确有极含意义的贡献。然而我们不能不注意的：马克思出世，正在近代心理学昌盛之前。他是十八世纪孟哲斯德派经济学与十九世纪黑格尔形而上学交生的孩儿。对威尔斯所谓二十世纪的最大发现——心理学——马克思还没有机会领略滋味，虽然他的论著内，就像他同代的许多人物的论著，确也时时对心理方面，露出零星的有见地之谈。

当然，我们更不是主张工业不重要。中国必须工业化，赶急工业化。这是建国的基石。我们所要指明的：要把中华民族性，中国人为人的态度与风格，改变过来——如果我们认为必须改变，或最少必须修正的话——只斤斤然搬出来你的铁路里数，工厂统计，是不济事，是半济事的。你必须向再深一层探索；经济学之外，你必须殷勤应用其他一切的新科学，如生物、化学、优生学、心理学等。二十世纪对于“人”的了解已有了空前的进步：对人的了解的工具与方法，已有了无数的新发明，已展开了无穷的可能。科学知识的现有成绩已容不得我们死抱着亚当斯密士——马克思——恩格斯的字句，固步自封！

原来中国人与西方人风格的不同是有个极微妙、极根本的底基。这底基几乎是与彼此民族的初期文化一齐插根。在中国则远在殷周之际已经微露萌兆，在西方则在原始渔猎时代已经见了初征。换言之，这个底基是大带有太初色彩，在西方固然是远在工业革命之前而发生，在中国也是先农业经济的稳定而呈现的。也就是说：工业革命以前的西方人甚至农业出现以前的西方人，与历史上任何时代的中国人，本来已有了根本不同之点。西方超过农业阶段而迈进到工业化的路程以后，把某方面的不同点，愈加推远下去。中国停滞在农业经济层也会把中国人特色，变本加厉。反而观之，即是中国之所以滞留在农业层，西方之所以开辟出工业化的途径，这问题与我们所要讨论的根本的底基，恐怕也不是没有一种深处连缀的关系。

这个根本的底基是什么呢？

是不可以逻辑解释的人的肉体与灵魂的两种原始要求。叫作本能也罢，叫作天性也罢，这两种要求乃位在人的最深邃处、最蕴藏处，握有极强大，极永恒的力量，在人的本体上，不断地活动、指使，而且必要取得相当的满足的。简言之，一是性爱的要求，一是有后的要求。——西方人发挥前者，中国人发挥后者。积之日久，结果遂确实铸成了两种母题互异的风格或类型：西方人是情哥，中国人是爸爸！

不消说，我们并不是主张西方人毫无爸爸癖气，中国人毫无情哥风韵。本来求偶与求嗣是任何人都有的一种情难自已、欲罢不能的欲望。无论中西，个个人都想做情哥，个个人都想做爸爸。（若站在女子立场，那就是做爱妹，做娘娘。）无论中西，差不多个个人多少都是情哥，都是爸爸。却是同时我们也不能否认：西方人着意地偏重爱情，中国人着意地偏重生子。男女的爱情，在西方社会里，占据了他们有意识的生活中最显著的地位；至于生子一事只当作家常现象，不足大擂大吹。在中国人的传统生活中，适得其反。爱情是莫须有，生子却是惊天动地的事业了！

如果儿子是中国人梦寐祈求中的福星，情人则是西方人一生心魂上的渴望。西方人死去而没有儿孙环立亲视含殓，并见不得有若何了不得的遗憾。但是死去而不会尝过爱情的甜味苦味，酸味辣味，那真是不可原谅的蠢材，可羞可哀的笑柄。生而不曾“爱过”，等于不生，等于空生。反之，能一爱则永古可以自豪。

记得是一位著名的英国作家吧？他临死吩咐在他墓碑上镌刻了庄严八字：“Here is one who has lived and loved.”（此君活过，并且爱过。）最后的 loved 一字，便是他整个墓碑的用意，也充分表现他所代表的那个文化的特有精神。把这个八字墓志铭，向那城外垒垒的中国田头的龟子碑，略略对照一番，就晓得我们中国人的墓志铭必定着重宣布有子若干人，有孙十几个，我们的目光注射点，与西方大是不同了。西方人临死，目光似乎多是朝向了他们所谓晴空天使似的“她”。中国人临终的一睇，却必要转到绕床环泣的“豚犬”。

“有子万事足”。中国人之毕生目的，这点最高。这点是他的 dominating passion（如果我们可以用 passion 一字来形容中国人的任何情绪的话）。如果再能目击儿女婚嫁，向子平一生更是愿了。他老先生曾经“爱过”没有呢？这节却是小事，是不当有的事，也许是不曾有的事，至少是不当提起的事了！

再进而言之，在西方人的眼中，几乎可说：爱的不管是何如人，有爱便佳。只要你真爱，她就有这价值。就像在中国人的脑中，生的哪怕是男盗女娼，贪官王八（其实到了这年头，差不多有官便贪，贪官之贪字大是多余），但使能生，即可以上告无辜于祖先，下瞑两目于九泉了。

在西方，“爱情”两字，几乎是人类至上的价值，为了爱情，可以牺牲一切，似乎也应当牺牲一切，不是开心事、容易事。西方人实际上能够办到这点的，也不见得太多。但是他们的民族道德感觉，以及社会上的一般舆论，对这个问题是有极截然直觉的判断的：不能为爱情牺牲一切，根本上就不是男儿。

在他们的历史上，只有两个东西可以与“情人”争衡的：从前是“上帝”，现在是“国家”。如果不能兼全，应当牺牲哪一个呢？这煞是极费心、极焦心的问题。许多西方的小说、戏剧、诗歌，创出了一种所谓动天惊地的“悲剧的冲突”的，都是由这三位神人出来做主角——情人、上帝、国家！

近年来，上帝两字渐渐地失去了当日的权威，一是因为上帝的存在与否已经发生疑问，二是因为在许多西方人的脑筋中，上帝与情人好像只是一体——大写的“他”（He）与大写的“她”（She），本来是极容易混一的！至于国家两字，却大有威望日隆的形势。国家与情人冲突，在往日或有商量互让的余地，到了今天，恐怕军部喇叭紧吹之下，红颜有泪也须立刻拭干。不过喇叭的吹声，终带着三分强制性。情人的眼泪，总耿耿在心头。如何在为国捐躯的荣誉观念与心心相印的恋爱深情中间，寻出一种调和剂，这点即在他们那骑士道遗风犹存的社会，仍然免不得是个难题。好在他们的情人，不少的还能够假装了解人生（至少是他们的人生）的苦迷，一手撒开，促郎就道。而郎君也者，到了这当儿也就大可以愤然勇步 Colonel Loveluce 的后尘，高歌着开到前线：

此中矛盾的情景，
你也晓得是可哭可歌；
我不会爱了你到那田地，
如果对荣誉不爱得更多。

在中国人的精神生活上，爱情两字却一向不占有，也不应占有，何等惹人注意的地位。无上的价值，绝对不是爱情，乃是延嗣。为了延嗣，牺牲了一切，好像都是应该。所以整个的家庭可以闹得天翻地覆，糟糠的老妻可以吞鸦片、上吊梁；延嗣的小老婆，却是非娶不可。如果连娶了五个金屋之娇，还索不得一夜熊罴之梦，那么，最少也必须“过”了一个人家的种子，来当老子的承祧。就好像西方人取不得夫人之“爱”，那就恐怕非移山涸海地找出一位外遇的情人便不能甘心了——即使这位情人不幸而是友人之妻！

中国人死要儿子，西方人死要情人，这是两方根本不同的途径。顺着这两条途径，劳燕西东，各引到彼此自有的文化田园。且莫问两者之间，孰优孰劣。在任何品题之先，让我们把彼此特色察验一番。详情如何，尚容他日分解。本篇所要提醒的：爸爸式的田园、情哥式的田园——中西人风格的不同，关键全在这里。如果我们对民族性问题要取得个彻底的、中肯的认识，这个关键之关键必须说清。让济济的时贤们去包写那些冠冕堂皇的“正经”文章。我们却必须咬定纯客观的精神，敢向这个几近“俚亵”的题中求出一番不磨的真理！

《战国策》第五期，1940年6月1日。

萨拉图斯达如此说——寄给中国青年

你们抗战，是你们第一次明了人生的真谛。你们抗战，是你们第一次取得了“为人”——为现代人——的资格。

战即人生。我先且不问你们为何而战，能战便佳！

当然，你们抗战，自有你们的理想，自是为着你们的理想。我愿你们的理想永远是你们最高的企图。如果晓不得什么是“最高”，至少也要抓到一个高过你们自身的鹄的。

就是你们自身也必要日大日高，更大更高。我看你们的父兄，究竟太矮小！高大事必须高大人担当。要担当这次的战争，以及此后一切的战争，你们最少还得高过你们的父兄一倍，大过你们的父兄两围。

必须超过了你们的父兄，摆脱了你们的邻里乡党！他们那种小朝廷小市井的宇宙观，适应不了我们这个大时代的需求。他们最高的目的，是要把你们“修养”成第一号的小侏儒。然而大时代的来临，已宣告了小侏儒的末日！

所以呀！我不劝你们做循良子弟。我劝你们大胆做英雄。但能大胆，便是英雄。

弟兄们，且牢记着我开宗明义的这句话！我最厌恶的，就是他们那小心翼翼。我最看不过他们那战战兢兢的模样。不为善，我无闲言。只是那一为善一回头，使我发羞发怒。不为恶，天下谴。只是那偷偷摸摸，鬼鬼祟祟，作孽也不敢放胆，刮地皮总躲在暗中，真可叫昊天唾弃。

为善的，是善人。为恶的，是恶人。怕为善又怕为恶的，“压根”不成人。

是了，只怕之一字！弟兄们，试看一看你们一般人的生活，岂不是全由怕之一字为主宰？白昼怕人，夜间怕鬼，做事怕人言，说话怕招祸。奴才们，也晓得人生大乐趣，端在“不怕”两字中得来？所以——

你们问：何为善？我说：不怕即善。只有妾妇儿女们当着这个大年头，还要死向墙角咕噜：善乃温柔恭俭让！

你们问：何为孝？我说：不怕即孝。让那些怕首怕尾的圣人们，紧关在臭味腾腾的“正寝”，不断地摇头摇手，苦念着那“不登高，不临深”！

弟兄们，我不劝你们安居乐业，我劝你们危言危行。危行是你们的安居，危言是你们的乐业。

他们说，多言多祸。我告诉你们吧，多祸所以必要多言。有所“不为”，妾妇皆能。大丈夫有所“必为”！尽管出门，莫看天色。尽管前行，莫问后步。

大事化小事，小事化无事——原来是二千年来乡愿病夫息事宁人的法宝。我教你们吧，有一分气力，有一分热情，便应当即刻无事化小事，小事化大事。多少不平的案件，都紧压在他们那息事宁人的手腕下，永古不得揭穿！多少可能的伟事业，都是从他们那“化小”、“化无”的圈套里，云散烟消！

弟兄们，必须伟大，才配战争；不怕战争，便是伟大。打开伟大之门的钥匙，你们晓得吗？那就是——

做你们平生所不敢做的事情——萨拉图斯达如此说。

《战国策》第五期，1940 年 6 月 1 日。

中饱与中国社会

一

“中饱”两字是中国社会上、政治上一个关紧要的现象。

尽管你可以装作时髦，把西洋近代——不，西洋此时此刻——所流行的种种“戏法”，奉请过来，民主也好，独治也好，行政调整也好，产销统制也好，如果你不能先对“中饱”两字弄得清楚，想出办法，一切一切的“革新”都是落空的。不但落空而已，一切革新都要扩大了中饱的机缘！

抗战到了今日，我们一方面尽管可以自夸成绩不错，一方面却不容不凛然感觉到这千钧一发的局面愈来愈不可“马虎”。千条万绪之中，关键的关键还在“中饱”二字。中国是不可亡的——除非中国人自亡中国。自亡之道甚多：二千年来所制造出来的“自亡单方”，最灵验的，恐怕就是“中饱”。宋之亡，明之结局，根本的膏肓，都在这里。你我抚今思昔，不禁悚然！

中饱这个现象，古今中外都有。不过中饱而成为社会上生活的常态，成为政治上默认的制度，这是我们中国“独有之光”。习惯浸注人心，中饱中饱，乃竟是民族第二天性了！

“中饱”这个名词，起源于韩非子。

“薄疑谓简主曰：君之国中饱。简主欣然而喜曰：何如焉？对曰：府库空虚于上，百姓穷饿于下，然而奸吏富矣！”

这是个绝妙好词！“饱”字所以描写其状态。“中”字所以说明其方法。奸吏之所以“饱”，全靠其“中”。以“中”取“饱”，是为中饱。

何为中？中者，中间地位之谓也。上有君王，下有百姓，中间有官吏。用现代术语说，一边是政府，一边是人民，中间有官僚（bureaucracy）。政府与人民彼此间的行动，不能直接达到对方，于是乃必须有一般人在中间媒介一切，料理一切。凭借着，或利用着，这种政治上的中间地位，对一切经手的事件或接触的人物取得了法外的收入——这个微妙勾当就叫作中饱。

二

原来任何社会，发展到某种程度之后，一个行为往往不能很有效地很迅速地由发动者直接达到受动者，行为所牵连的人数愈多，所笼罩的面积愈广，则直接达到的可能性也愈少。于是乃必须组织“机关”以为传递行为的工具。“机关”这个名词，可说是现代文明生活最流行最象征的一个字样。其实一切机关，种类虽然是五花八门，作用却根本一致。机关的作用，根本上在“传递”行为，也就是说，把一个意定中的行为，由一个发动点推行到一个或一些受动点。推动的方法，尽管可以因事而异，而推行的目的都是要达到“传递”的职务。所以，在这一点上看去，一切机关原来都是一种“中间人”，就好像阴阳电间的导电体，男女间的媒人一样。英文字来得妙：英文的媒人就 go－between，盖遨游两造之间的一种动物也。是多余的，却也是必须。盘踞着这种“必须”的中间地位，它可为善，可为非，能令公喜，能令公悲。势力非同小可！机关者，文明生活中所必须的各种 go－between 也。

这里恐怕就是人类文化的中心问题了：文化愈进，机关愈多；机关愈多，中间人的势力也就愈大。换句话说，组织生活愈发达，中间人愈不可缺；中间人愈不可缺，他们乘势欺人的可能性也就愈来愈凶！如果整个文化问题可以说是生活的组织问题——也就是说行为的机关化问题——那么，我们尽可以说整个文化问题实在就是“中间人”问题。如何需要中间人，不断地加紧需要中间人？却是同时又如何训练中间人，驾驭中间人？如何能利用中间人而不为中间人所利用？如何能得到中间人的好处而同时又可以免掉中间人“从中取饱”？文化愈进步，这个问题之待决愈迫切。解决有方，则社会的生活可保健全，文化的生命可求展进；解决无方，则社会的生活脱节，变为畸形，变为恶性，而文化的生命也就颓萎、僵化，而渐就消灭。古今来多少的民族，多少的文化，都是消灭于“中间人”势力畸形发展之中！

中间人的种类繁多，但两种最重要。在经济领域内则为商人，在政治领域内则为官吏。两者相较，官吏尤重于商人。凭借着他们的政治上的中间地位，官吏乃握着控制经济中间人——商人——的能力。官吏可以叫作任何文化或社会中“最枢纽的中间人”。官吏之良否，实在是任何文明社会先决的问题。官吏良则社会生活入轨道，而文化可以有焕发灿烂的机会；官吏不良，贪、暴、狡、昏，则一切的一切无从调理。

中国社会的症结便在没有把官吏问题弄清。政治的中间人集团（官吏）利用着他们扼要的地位来天罗地网似的向社会各种团体搜刮剥削。结果“府库空虚于上，百姓穷饿于下”。谁占便宜呢？曰：官吏的私囊——政治中间人饱腹便便，当然国家和老百姓要饿肚子了！大家都说中国贫穷不堪，其实，中国不贫。中国者，实乃中饱之国也。“中”饱，所以“国”贫矣。

三

前面说过了，中饱这个现象，古今中外都有。在我们国史上，什么时代才开始变为一种普遍现象，变为一种严重的社会问题呢？在我看去，其兆在战国末期，其成倘在秦汉之交乎？

何以故？曰：以官僚制度正在这个时代成熟故。

中国历史的划期问题，近年来颇有一番热烈的讨论。史前期，无论矣，只好让经济的考古专家去挖地掘墓，搜寻那碎石片陶。我们目光的对象，还在有史后的民族文化的推移。就史后期说，因为立场不同，结论也复五花八门，言人人殊。不久前我曾经说过了，真正有意义的历史必定要采取“文化综合”（cultural synthesis）或“文化统相”（cultural configuration）的方法（参阅拙作《第三期的中国学术思潮新阶段的展望》）。用这方法来为中国史划期，结论简单得很。第一期是殷商后期至西周之末。

第二期是秦汉至清末。在这两大期间，则有五百五六十年空前激变的春秋战国时期——尤其是战国时期——为其转捩。战国以前，我想把它叫作“大夫士时代”。战国以后，我想叫作“士大夫时代”。中国整部历史的演化，可以用荦荦八字扼要说明：由大夫士到士大夫！ 用简陋的西洋新名词说，便是由世族政治时代（aristocracy）到官僚政治时代（bureaucracy）。

官僚制度是在战国时代建立的，到了秦汉大一统的皇权下乃集其大成，定其骨架。此后历朝互有更易，但总打出秦汉的轮廓。世族政治下，统治者的地位是世袭的，是特权的。官僚政治下，除了皇位以外，统治者的地位是人人以平等资格，通过一种旌拔手续后，皆可取得的。任何社会，在世族政治崩溃之后，都必须建立官僚制度。官僚制度的建立，是任何文化内战国时代的特征。官僚制度的大成，是战国时代进人大一统时代的兆象。战国时代，因为有了“对外战”的需要，又有了“贵士传统”背景的关系，其官僚制度比较还都能够维持它的运用上的健全性。一进到大一统时代，外患既消，贵士风气日加远隔，官僚制度往往表面上愈加辉煌，实质上乃反要起始展开腐化颓萎的程序。中饱这个现象，在战国时代或许是变态，是例外，到了大一统时代却逐渐变为普通惯例了。我们中国历史上所表现的命运如此。如果将来全世界不幸照例流入大一统的皇权，则除非人类能特加警惕，施用精密方法及坚强意志来思预防，恐怕整个官僚制度也免不了要重蹈中国的故辙。（其实在目前西方各国，远见的学者已注意到所谓“官僚问题”了。）不过这些是未来世界的事，我们中国人的问题还有更急于此者。我们的身世恰当着世界史上大战国时代的高峰。我们所急急首要注意的，世界列强的官僚制度，正发展到他们战国时代所应有的强度效率的标准，并且这个标准是本着欧西文化浮士德精神而充分发展出来的。内在矛盾，仍然不免。单比以往我们当日的战国七雄时代，目前列强的官僚制度已经是健全完善得数十倍，以比我们秦汉以来大一统局面下的官僚制度，那就真是一薰一莸，根本上无从计较了。

当然，我们并不是主张两千年来中国官僚，没有一个秉公尽职，廉洁持身。二十四史所特加褒扬的循吏，岂不是百世流芳，千秋照耀？然而例外正足证明一般，尽管杨震能够四知辞金，范柏年高唱廉泉让水，中国的官僚传统，整个的说去，终不免是一个中饱集团。你骂他不应该贪污，殊不知贪污就是他的先天职务。历朝开创之初，中兴之际，也不是没有一番治本治标的努力，只是大运所趋，犹如江河日下，一代不如一代。唐以前犹有可说，宋以后真不堪提及了。

拿我们二千年大一统局面下日就颓萎的官僚制度，要来同现在血气方刚的大战国的官僚制度争担时代的使命，必败无疑！我们惟一的出路只有在新的猛醒中把我们整个的官僚传统按着大战的需求彻底地改头革心。中国的官僚制度必须由庞大的“中饱”集团改革为民族的“中坚”工作者！

四

我另文论到中国官僚传统的特质，以为有四种毒质应当注意：

（甲）皇权毒——官僚制度与专制皇权配合，养成了“妾妇”派头。

（乙）文人毒——官僚制度与文人阶级配合，熬炼出“作文不做事”的秘诀。

（丙）宗法毒——官僚制度与大家族制度配合，树立了“任用亲私”的习惯。

（丁）钱神毒——官僚制度与商人社层配合，发展出“贪财舞弊”的风气。

最后一点，属于本题范围。我想补充几句话：

说到中国文化，一般一知半解的“专论”写作者，类皆能鹦鹉式地跟着王公大人们的后头大喊什么中国自来以农立国，所以中国文化根本是农业的。这种说法，充分地表现了形式分析派的结论往往得粗失精，似是而非。须知自战国后期，最少自秦汉以来，商人在中国整个的社会经济里早已取得主动的地位。在数量上、形式上，尽管农重于商，但在作用上、动力上，商是主体而农为副。自从土地由“世守”而变为“自由贩卖品”的那一天起，中国经济便向着“商人中心”的类型溺人，社会上实用的一般道德标准也早就向着市侩化一途径堕落。最能够代表这个市侩化的文化象征，就是“钱”这一个字。“钱神”的力量在两晋时代已经发展到惊人的程度。在钱神权威磅礴熏陶之下，中国官僚再也不是世族时代的“君子”，用“玉”以表其威仪，用“剑”以表其荣誉了。玉与剑所以象征古代“大夫士”一心一意要以“统治”为志愿。后代的“士大夫”毕竟只是官僚，只是精神市侩化的官僚，“中饱”实其大欲，“孔方兄”是他们的宗教。

然而如果中国官僚能够彻头彻尾的市侩化，中国文化或许还可以找出一个新出路。西洋资本主义社会的诞生，原因不一而足。其中一个重要的条件可说是商人团体有了充分机会表现他们的机能。这是欧洲一段机关重要的历史：商人以中间人的地位来懋迁有无，逐渐积蓄了一批剩余“资本”来兴办种种的“企业”。商人的行为本来是与生产过程没有直接关系的——虽然他们所完成的“中间人的任务”大有间接促进生产的价值。到了商人握有资本而成为企业家，他却是堂堂大步直接踏入“生产领域”了。欧洲社会所以能由商业革命进到工业革命而蔚发为现代资本之花，这是一个大关键。

中国商人的命运大大不然。他虽然以中间人的地位操纵了中国经济的命脉，但是他始终不能摆脱政治中间人——官僚——的钳制，而充分发挥其机能。欧洲的“商”，压倒了“官”，而由资本主义的形式创出来现代的富豪政治（plutocracy）。中国的“商”，始终受制于“官”。而官乃应用“中饱政治”形式而阻碍了资本主义的诞生。中西封建世族政治崩溃后的历史模型的最大同中的不同就在这里。

中饱这个现象何以能挫阻了资本主义的诞生呢?

上面曾经说过了，中饱的意义，是凭借或利用政治上的中间地位，对一切经手的事件或接触的人物取得法外的收入。由此看去，中饱是一种政治手段。政治手段，取得经济利益，在个人享受来说，当然是占便宜，在社会立场看去，却千真万真是一个“经济损失”。工人以劳力挣钱，企业家以资本致富，商人以贩卖取利。三者，直间接都是经济行为，都有经济价值。有经济价值的，都可以增加社会财富。官僚发财，乃由“中饱”。其发财也，不但没有出相当经济性的代价，乃还要妨害了人家的经济行为。

好像是奥本海末（Oppenheamer）提到的，以政治手段取得经济利益的，它的经济上的作用等于抢劫。在“中饱政治”下，受抢劫的是农工商。商虽然可以把负担转嫁于农工，但本身始终打不出一块天地来而成为欧洲所谓企业家者，一则剩余资本太小，二则法外干涉太多，三则官家竞争的可能性太大。资本太小根本谈不上企业。法外干涉太多，则即有企业，也要“枯涸”于层层勒索之下。勒索犹为小事，进一步的办法乃是化“商办”的企业而为“官办”或“官商合办”。即就民国以来各处的情形说，多少商办的企业，辛苦经营之后，略形起色，官老爷立刻大摆而来，接收而出。接收之后，这些企业的命运，多半没有下文。

我们这里并不是主张“官办”不应该。世界时势所趋，“官办”范围，大约日加扩大，而也需要日加扩大。我们所要指出的：在中饱问题没有解决以前，中国的“官”是没有办事兴业的资格的。没有资格，却大步前来，颐指气使，既然不能收到政府经营政府统制之效，却反把资产社会的诞生机会全部窒死了。欧洲的资本主义并不是令人满意的宁馨儿，但最少还解决了生产问题。中国传统的“官办主义”只加强了“中饱”的机缘。不能“生产”，更说不到“分配”。分配分配，“府库空虚于上，百姓穷饿于下，然而奸吏富矣”!

五

论到这里，我们想连带谈一谈民族性问题。官僚与商人都是中间人。他们的立身、行事、思维，确确有种种相同之处。中国社会是官商中心社会，也就是说中间人得势的社会，所以中国人实际的人生哲学以至中国人的民族性都大大沾染上了“中间人的色彩”。妥协，折中，好讲价，喜取巧，恶极端，反彻底，善敷衍，厌动武……处处都呈显一种道地的“中间人精神”，“官商者模样”。

然而官商之间究竟也有异点。这个异点，我无以名之，名之曰“坐享癖”与“投机癖”之别。商要投机，官却要坐享。两者目的都在发财、取利。但是“坐享法”比“投机法”高明得多。最重要的一点：投机法需要三分“冒险性”，坐享法却是十分安全。投机法有得有失，坐享法必得无失。

记得是奈特教授（F. H. Knight）吧，他写了一本书叫作《冒险，叵测，无营利》（Risk，Uncertainty and Profitless）。据他的意见，商人取利，究竟要花费一番经营的苦心苦力。最重要的因素就是“冒险”。凡是做商人的，自己不是生产者，没有固定的收入，只能利用他的中间地位，来想有无贱买贵卖。这种居奇赶市的行为，我们叫作投机。投而中则为富家翁，投而不中则为破家子。行市是没有一定的，是极端叵测的。有可知之数，有不可知之数，在两者之间要及时及地下一个决断，不是容易的事。一需敏锐的感觉，二需精细的分析力，三需坚捷的意志，四需迅速的行为。最后还有一点：轻险之心，换言之，不怕冒险。古语云：胜败，兵家之常。商人也必须有这种精神，看“得失”（benefit or loss）为常事。这种精神不但是“投机”的必须条件，并且也可以部分地当作商家营利的伦理上的根据与说明。

中国官僚发财的方式是本着万全主义而形成的。此中绝无“危险”。一来，他们不出本钱，根本就不怕“亏本”。许多官僚可以凭借他们的政治中间地位，向各种“民间”企业取得“干股”的，都是无本可亏而却有利可赚。二来，他们可以假公济私。即就近十数年来的情形说，一般“近水楼台”的“公仆”大半都理会纽约伦敦各种证券大是发财的捷径。当然天字第一号的大财还是碧眼黄胡子的专有品；却是桌下散落的面包碎片，到了中国人手中，也自称豪一世，吃嚼一生。于是不少的摩登官也就紧巴着上海香港的小市盘，显身手于世界金融大舞台的尾角。名为投机，其实还是坐享。因为中国官僚式的投机是不含“冒险性”的。中则钱归我，败则账归公。至于国内市盘上，则更是一操一纵本来都在王公大人的掌中，当然百无一失。

我们提出干股、市盘两例子，不过是表示中饱的路径大可以随着经济组织的现代化而取得“现代化”的定向。然而根本的意义，还是与从前的“受苞苴”、“刮地皮”以至吞公款等方式一样——以政治手段取得经济利益，有百得无一失；是坐享，不是投机，用美国俗话说，就是“赚舒服钱”（make easy money）。惯赚舒服钱的，就不肯冒险。中国的官僚与欧美的商人，心理上、精神上的根本不同，恐怕就在这里。

我们上段说过：中国人的民族性处处都显出一种道地的“中间人精神”，“官商者模样”。我们此刻好像又应该修正一句：“官”的模样更要浓厚于“商”的！中国士大夫多少喜欢投机，但是他们更想“坐享”。就是投机，他们也无形中以坐享方法出之。官商是中国社会的中心，而官更为中心之中心，无怪乎官的“坐享癖”蓬蓬勃勃，差不多要演成全民族的第一希求，第二天性也。

这种坐享心理，万全心理，不但于得财的方法上显出来，于守财的方式上更可看出。传统的方式，最主要的是“买地”。我们官老爷刮完地皮还乡，仍是要归钱于地皮，因为地皮是最稳固的财产，有了数百千亩地，一生坐享其成，此外更不愿冒险企业了。有一个事业，却确确时常附带做着，那就是“开当铺”一类的勾当，因为高利贷也是一种“舒服钱”，吻合官僚的脾胃！

摩登的方式，如出一辙，所不同者，就是添了一层“外国势力”的关系。在官僚的眼中，外国势力是二千年来求之不得的“安全保障”。于是买地则在租界，存款必定外国银行。甚至情愿倒出一笔“安全手续费”（safety fees），只须他那批累万“横财”得以安存于花旗、汇丰、正金各银行。最近十年来，受了欧美商人化潮流的薰动，“投机”的念头逐渐活跃，居然也买起种种外国的证券，股票也好，债票也好，都是“发财妙道”，趋之若骛。无奈宇宙间本就没有绝对的安全。数年前美国钢铁公司证券惨跌，我们京沪一带富家翁，不少的空号啕痛哭！（去年沪港沦亡，听说损失更是不赀——三二·五·二〇补注。）

传统的守财方法，埋钱于国土之下；摩登的方法，却送钱到外人之手。前者把资本“凝固”起来，后者把资本“倒流”出去。在任一形式下，不但所谓自由资本主义社会不会诞生，就是官僚资本主义的秩序也不能出现。二千多年来只是中饱集团混要着中饱把戏，留下来的却是一个“府库空虚于上，百姓穷饿于下”的国家！

硕鼠硕鼠，
无食我苗！
三岁贯女，
莫我肯劳！

抗战已是三年，我们对这问题可有彻底的办法？

二九·九·一五，写于昆明

《战国策》第十二期，1940年9月15日。

第三期的中国学术思潮——新阶段的展望

一

“五四”以来，中国学术曾经过了两度热闹思潮的洗礼。这两度洗礼可以代表现代中国学术迈进中的两阶段。

大体说来，民国八年到民国十八年可叫作“经验实事”时代（empirical date）。胡适之先生的中国哲学史大纲，可算是开山之作。以今日的眼光与标准看去，这本书的内容，许多地方难免草率，全部结构也嫌散漫，可说聪明有余，深入不足。开山之作从来都是如此的。六年前胡先生自家就坦率告诉我说，他对他从前关于中国思想史的见解，已经“全部推翻”了。他那时候正在缮写《说儒》一文（后来在胡适论学近著内出版）。尽管许多学者对于《说儒》内的事实判定以及整个结论，表示异议之处不少，但在为学的见地与方法上，胡先生这篇研究无疑地呈现了一种“与时俱进”的灵机。我想我这句话，胡先生大体是不反对的：《说儒》一文实代表一个受了国军北伐后第二度学术思潮熏陶的实验主义者的作品，比当初那部机械式的中国哲学史大纲，活气得多，成熟得多了。大家都怪着，为什么胡先生大纲的第二卷（大纲只出了上卷）到今日还不出来。我揣测他并不是材料缺乏，根本问题，恐怕是他已经不能再继续第一卷的作风而写出第二卷，要写的话，他必要从头写起！

然而中国哲学史大纲终不失它在中国现代学术史上的真价值、真作用——它划出一个新时代。

这时代的学术，中心目标在搜求事实，而标准方法则为经验主义（empiricism）。除了一二部杰出的例外著作（如梁漱溟的《东西文化及其哲学》一书），国内一般有成就的学者抱着所谓“实事求是”的态度，运用着一种迫近机械式的实验派方法，先标出种种个别的、零星的，以至暧昧的“问题”（problems）而到处搜罗其所谓有关的“事实”或“材料”，然后再就一大堆的乱杂事实与材料而类别之，分析之，考据之，诊断之。风尚所被，居然弥漫一时。这一股风尚，在一方面看去，是外接英美正宗学派（尤其是美国派）的结果。但另方面看去，实更是上承清代三百年考证传统而推波助澜。唯其如此，所以整个经验主义潮流在英美的一切学术以及一般生活上虽曾经产生了充分的功效，而在我们中国，其成绩好像竟局限于“整理国故”的一途径。《古史辨》各集，可以当作这个时代的恰当象征。片段史实的争辩，片段史实的否认或证明，当然都有它可贵的价值——只是，不免太片段！

到了民国十八年，郭沫若先生的《中国古代社会研究》一书出版，随后数年内，就展开了热闹一时的中国社会史论战。中国学术的第二阶段，就在这时候诞生，“九·一八”后国内外政治上的沉默空气，无形中推进了这阶段的学术思潮的发展。“卡尔”的唯物观乃成为一般“有声有色”的作家直接间接的圣经。在“辩证革命”（dialectic－revolutionary）时代，大多数“新作家”的脑后，都隐隐地蹲立着一个普罗革命的神像。前期所高唱的那套“实事求是”、“为知识而知识”的自由派科学谈，到此时乃一贬而被斥为一种布尔乔亚避免现实麻醉人生的丑技。革命——普罗革命——必须是一切写作的目的。方法不成问题，当然是正、反、合的黑格尔一套。本着这一套而产生的研究作品，品质高的虽是寥寥，但从量上来讲，的确澎湃可观。就是到了今天——抗战的第四年——我们翻阅一般书摊上杂售的“新读物”，还不免要感得左右逢源的仍然是第二阶段思潮的余波。

市上的书摊是第二期作家的巢穴。第一期的“正统作风”则把占着各大学各研究所的“学报”、“专刊”而凭高作态。前者声色俱厉，自喊是革命先锋；后者泰然捻须，徐唱“侬是缙绅学士！”

二

第一期的功绩，在扫荡千余年道学面孔的淫威，捧出冷酷的“事实”来打碎那鳞甲午秋的“载道”、“设教”的老偶像。细验此中，乃含有一股纯理智的精神，与欧洲十八世纪的启蒙运动，绰约可拟。然而，那种经验实事的作风，终究不免“有所蔽”。

他们有所蔽，因为他们见其树不见其林，见其一不见其二。郭沫若先生好像也曾作过批语，说他们那种方法所能做到的，只是知其“然”而不知其“所以然”。

郭先生写出《中国古代社会研究》一书，原是要“知其所以然”的。这书曾否履行其使命，年来学界已有不少的议论，但郭先生对经验派的批语，的确有一番道理的。这本来是一切知识论所谆谆探讨的全体与局部的关系问题。所谓局部者，是离不开全体而存生，离不开全体而持其固有的意义的。因此，我们必须知全体——最少是全体的轮廓——才真正能知局部之“所以然”；甚至可以说，必须知全体，才真正能知局部之“为然”。这并不是抹杀了局部的价值，乃是说局部的价值必须附贴着全体的中心意义而后才可以确实估定。例如同一“民”字，在封建时代内是一个意义，在皇权政治下又是一个意义，在现代国家组织下又另是一个意义。单个的概念，单个的事物，都是要随着它的整个社会背景，整个文化范畴之改换即改换其实际涵义的。如果我们囫囵吞枣，像有些第一期内的学者一样，忙把书经上的“民为邦本”一语，断章取义，认作现代德谟克西（democracy）意识的前身，那便不免铸出九州之大错了。又如“礼”、“义”、“廉”、“耻”各字样，在我所谓春秋以前的“大夫士时代”乃有它们实际的特殊作用与涵义，与秦汉以来传统的“士大夫时代”的，原来是大大两异其趣的。如果你我不于传统的整个社会结构、文化架格上，设法从新改造，而徒然斤斤在个别字样上苦下推演提倡工夫，恐怕实际的影响与作用也终于所得不是所求。

第二期的功绩，恰在提醒了认识背景、认识全体的必要。局部必须与全体钩连；单个的社会现象必须把它放在整个社会轮廓、文化架格里，安排之，审察之，而估量之，然后可以知其“所以然”，然后可以真正知其“然”。轰动一时的中国社会史论战，如果在中国学术思潮史上有永在的意义的话，那就因为了它乃一种认识中国社会整个轮廓的初次尝试。只可惜一般参战之士，不是蔽于政治的成见，便是囿于舶来的衣钵……毕竟写一部古希腊文化史，你不能就以“奴隶制度”四字了之。认希腊纪元前四五世纪各种艺术思想的千古不朽创造都是乞灵于奴隶，固然是谈入非非；把这些不朽创造指骂为经济榨取的万恶结晶，更属鲁莽灭裂。

象征的说法，如果第一期的办法，只能见其“点”，见其“线”，第二期的办法也不过见其“平面”，见其“片面”而已。

三

现在是所谓“全面”抗战的时代了。我们学术界能够不能够打入一个新园地，由点的、线的阶段，片面、平面的阶段，踏进一个“全面”，“全体”的阶段呢？

这应当是中国学术的未来，应当是抗战局面势必产生的结果！

有趣的很，第一第二两期的产生，都是由一部历史著作发出号箭。这里面也许深藏意义的。中华民族是最富于历史性、“述古性”的。二三千年来，我们好像已发展了一个思维习惯——要“证今”必定要“援古”，要“察来”必定先“观往”。甚至可以说，我们非观往便感得无从察来。孔子言必称尧舜，与刘歆、王莽的托古改制，以至康有为的论大同，当代王公的纵谈旧道德，这里头似乎都有一贯的民族感觉为其根据、为其动力的。用历史以激发未来——且莫论其所激发者有当与否——恐怕在中国是最有效也最自然的办法了。从这点看去，史学在中国似乎是注定的百学之王、百政之始。我只愿当代治史者不要等闲弄文字，糟蹋了这个“大人事业”。

那么，第三期学术思潮的展开，将莫是也有待于一部历史书的启发吗？

这部历史书果如何书呢？它必不是“古史辨”，考证大禹之为虫抑为人；也不是“社会史论战”，来回争执什么叫作亚细亚式或古典式的社会，什么时代是奴隶制、农奴制、商业资本、前资本、后资本。这些都有它们的价值，但新的将来却不能再由它们来启发。启发将来的恐怕要靠一部整个民族文化的写真。写真之法，不是第一期流水账的手笔，只把二十五史九通以至丛书笔记里的乱杂事实，祭獭似的分作若干门类排列出来（最近陈安仁的《中国文化史》便是此类）；却也不是第二期急偏锋的手技，拿着任何题目，都要迫向左转；乃是一种崭新的作法，迫近一种鸟瞰的姿势，代表航空时代的一种作风，有如列御寇乘风而行，两万尺下，山川陵谷，高低斜平，历历在眼底，呈涌出一幅浑成图画，自有它的“母题”（motif）、它的整个骨相的。

换言之，第三期的办法是要取得一个民族文化的“全体观”。我们无以名之，欲名之曰文化综合（cultural synthesis）或文化摄相（cultural configuration）时代。

四

在这个新时代下，我们所谓全体观是有它特殊的新意义的。说明了全体观就是说明了第三期学术思潮的特质。

有两点先要认明：

（一）全体不是一切局部的总和；

（二）全体不是某一局部的放大或延长。

把全体当作局部的总合——这是第一期道地的看法。这种看法，充分显出经验派的机械分析主义之缺点。打一个比方吧！大家都晓得，中国字有若干基本笔画，例如点、撇、横、直、钩等。连缀点、撇、横、直、钩而构成“永”字；一经构成，“永”字乃立刻呈出一种独具的新意义；竟不是当初未经连缀时的各个笔画原有的。我们一看到“永”字，便感到一种“久长悠远，不朽不磨”的印象，这种“不朽不磨”的印象无论如何是在点、撇、横、直、钩个别笔画中摸索不出来的。反而观之，拆散“永”字而分为点、撇、横、直、钩各单位，各单位也许各有其意义，但千敲万验，总验不出来丝毫“永”字的意义的影子于其间。原来全体自有它独具的母题，独到的价值，超于局部之外，超于局部的总和之上的。因此，“永”字的全体观，并不在乎整整齐齐把点、撇、横、直、钩等等一切罗列起来，不遗一画，要在能把“永”字整个结构所形成的那个“久长悠远，不朽不磨”的意义指点出来；不是加减乘除问题，乃是灵机神会问题；不是形式问题，乃是形式中、形式外的整个母题、整个“作用”（function）问题。做一个寻常的统计家是不够的，要做一个快眼神手的画家！

我所谓文化摄相，就是这意思。“相”（即中国“看相”之“相”字）是一个绝妙的字。它是一个“形而上”的概念，但它也并不是凭空幻想。它是根据于“形而下”的“骨”、“貌”等等而创得的。所以我们中国语有“骨相”、“相貌”各名词。然而“相”究竟不是“骨”不是“貌”，而是骨貌以外，骨貌总和以上的一种整个母题、整个作用。形式上同样的眉目嘴鼻可以构成作用上贵贱清浊不同之相；形式上好像不同的眉目嘴鼻有时反构成作用上贵贱清浊略等之相。再进而言之，一个相，整个母题与作用上是贵的，即有了一二局部的缺憾，也改不了它整个的母题与作用；整个母题与作用上若是贱的，它也不因局部之独贵而改观。此中自有全体局部间的一种微妙“关系”在，不是“皮相”者所能知。九方皋相马，要相到牝牡骊黄之外，缘故即在这里。

德文也有个妙字——gestalt，英文之 configuration 差可相当。我想配制一个新名词，谓为“体相”。体字所以表示其并不是玄虚飘渺，与形式与物质毫不生关系。相字所以表示其终究还是一种精神——一种整个母题，以及整个作用。第一期所摩挲毕至的“原质”（elements）、“原素”（factors）见——就是局部的物质与形式——只可当作“资料”看，“手段”看；最后的“目的”与“意义”，全在“体相”之如何。

体相者，构成全体的各局部相互关系间所表现的一整个母题以及综合作用也。详细的解释，另文介绍。这里只好作这句简单的说明。

根据这句说明，我们便晓得，局部必须在它们的综合中估量；如果把全体分析起来而成为个别的局部，再将这些个别的局部，用简单的算学，加将起来，是不能捉得原来的全体，更捉不得原来的体相的。

关键在“相互关系”四字。这是第三期观察万物的“入道之门”。

唯其如此，所以全体不但不能看作局部的总和，并且也不能看作某一局部的放大或延长。全体是某一局部的放大或延长，而这某一局部就是“经济”。这是第二期的标准看法。所以，第二期所谓“全体观”，倒是十分简便：抓住经济便是抓住一切，因为经济“最根本”，一切的一切只是经济的化身。如果第一期经验派“实事求是”的作风往往落于“多多益善”的窠臼，第二期辩证家的信条或可说是“得一当十”。我们中国人为学，本好“省事”，就比方我们做官，专好“捷径”一般，唯物史观的新作家，十年来所以如风起如云涌者，其中一个原因也许正在这里，抱着一个唯物葫芦，洞解天下闷谜，于是铁的使用必定是封建制度崩溃的原因，二千年来中国特有的政治、文物、伦理、思想都不过是沟洫灌溉的另一面观……这种作风，就好像谈“永”字而必定要抓着所谓“最下层”的“钩”画而苦认为“最根本”，进而主张永字之所以为永字，“永”之所以有点、撇、横、直各画，而这各画之所以有这般姿势与安排，全靠其根本有钩，全靠这钩之向左挑而不向右转。换言之，“永”的整个字，被认为它下部的那小钩之当然而必然的一种放大或引申。抓住了这钩，万事迎刃而解。

西方曾有“盲人认象”的寓言：摸着象鼻的，宣布象是长钩形；摸着象腿的，硬认象是长筒形。毛病端在以局部当全体，以局部“解释”全体。

全体不是某一部所能解释清楚的。尤其是我们所谓“体相”更不是“偏视”某一局部所能领会到的。看相不能专看左脸皮。论一民族文化的整个母题与作用，——比看相更何啻千倍复杂！——各局部都看到还不够，各局部相互间的微妙关系，交流影响，更要锻炼出一副纯客观的、眼光忠实的“体验”出来。体相的摄取，原来要用一种居高临下的鸟瞰之姿，“平眼”得来，不能用固定的一个立点；“斜眼”看去，是中国山水画的作风，不是西洋画家的透视法（perspective）。能平眼，然后能摆脱空间距离的幻觉，而对于“全景”（total landscape）中各个事物相互的关系，可以给予一个比较近实的估量，高者高之，低者低之，大者大之，小者小之，在这个高低大小恰得其所的估量中，再摄取了全景的整个母题、综合作用。此之谓“综合法”（这点将来再详论）。体相须用综合法摄取的；我想把第三期叫作文化摄相，或文化综合时代，也是这个缘故。

五

好了，我所谓取得民族文化的全体观者，要在摄取民族文化的整个体相、标准体相。

体相！体相！它必定要成为第三期学术思潮中笼罩一切、贯注一切的基本概念。

每一期的思潮，都有它特具的基本概念。第一期的，是“事实”（facts）两字。“寻找事实”是那时代学术的第一要求。第二期的，是“立场”或“观点”（standpoint or viewpoint）。“抉定立场”、“把住岗位”是那时代学术的最高风尚。第三期的根本新贡献，却必在“体相”一名词，此后一切致知格物的努力、最后目标都必定有形无形地要向着“认识体相”一途推进。而在那万般体相的认识中，民族文化体相的认识大约要把握着整个思潮的中心！

这并不是轻视了以前的两期，更不是主张这两期所代表的工作从今以后再也不要有人来担当推行。正相反！前两期乃是第三期必要的先驱，必要的基础。没有前两期，第三期在想象上不能产生，在实行上无从下手。究竟必有了“点”与“面”，我们才会想到“全体”之一物，才有体验到全体的最低度材料。其实我们所正要认为缺憾的，就是第一二期所代表的工作，推行尚不彻底，成绩尚远不及人。别的不用提，但就历史一门说，搜遍全国书场，那一本我们所号称的“名著”，可以比得上 Gibbons、Green、Sombart 等第二流欧洲史笔的作品？

当然，新学潮在中国，统共不过二十年。成绩单薄，在所难免。也许假以相当岁月，好戏可以出台。我们馨香祝之。我们虔诚祷祝从今以往，前两期作风的学者还要十尺竿头加一倍地努力前进。个别事实的踏查，个别问题的穷究，必须日多而日精，经济、唯物以至宗教、伦理、心理、审美……各种“立场”的探讨也必须愈来愈丰富，愈老练。但我们不能不盱衡世界潮流，迎头赶去，在薄弱的过去成绩上，紧急开辟出一个新路程。旧的必须推进，新的却必要产生。在那新的思潮中，第一二期作风的一切工作，不管如何高深，如何精彩独到，都要把它看作认识体相——最后，认识民族文化的体相——的准备。也唯有完成这种“准备”的使命，它们才真正有价值。一切皆手段，体相是目标。一切局部的钻研为的是要综合！

六

体相论是时代必要的需求，也是时代当然的产品。山有人焉，呼之即出！一个思潮绝不会凭空飞来，也不会凭空唤出。它必定有了大社会的背景以至全世界的趋向，涌之出来的。尤其是中国现代的思潮，更脱不了国际间大政治、大运动的推进。

第一期的“实事求是”是与第一次欧战战后威尔逊理智主义配合的。威尔逊主义算是欧洲十八世纪以来的理智主义、自由主义的最后“回光返照”的一刹那。我们当日一般留学生（尤其是美国的）便借用了这一抹回光，来烧杀中国传统社会内的种种无谓的束缚。风气所靡，居然也酿成了当时的一段个人主义潮流。这个硬挺挺独立世间、一丝不挂的个人派头，与经济派的为学作风本来是异调同工、彼唱此和的。其实“事实”是一切求知的根本，哪一种学问离得开它？不过，经验派之谈事实乃止于事实，他们的事实乃是一种硬挺挺独立世间、一丝不挂的原素，是自足的（self-contained）、无对的；他们的注目点乃在纯形式；他们的法宝乃是分析，分析，又分析。一切都成“原子化”（atomized），确实充分表现了那时代个人主义的欲望与需求！

紧接着威尔逊主义而起的，就是俄国革命所代表的共产主义运动。这个共产运动自始就比威尔逊主义多些“活力”。我们中国因为了内在外在几种环境条件的凑合，也一时接受了这新“铄力”（impact）的怂恿，民国十五六年，这铄力在中国政治社会生活上的影响达到了最高峰，但在学术思潮的影响却以“九·一八”后三五年间为最著。作家要抉定的是他们的“立场”的“岗位”。方法是辩证。注意点在“利益”（interests）——阶级利益。抱着一种绝对的、独动的因果律，把一切的罪恶都放在那资产阶级的头上，为的是要发动阶级斗争、无产革命。论到第二期学术思潮与实际社会政治生活的连锁性，那真是比任何一期都密切而显明的。本来马克思的整套学说是专为了无产革命而创造的。

“九·一八”东三省沦亡，在任何方面看去，都是一个划时代的事件。它代表日本露骨实行独霸东亚的首幕。它同时也把整个的中华民族灵魂深深伸入自省自忏的火中。此后数年间，辩证革命的思潮，表面上虽然倍加热闹，实际上乃当时烦闷空气下的一种曲线反应，本身既无充分的活力，时代也无积极的需要。反之，一般社会上却隐然另外产生了一种新暗流，在那里溅溅作响。所谓民族文学，国防文学，以及中国本位文化的各种讨论，尽管内容肤浅，动机复杂，而在表示这种新暗流上，作用未容抹杀。西安事变后，这暗流一放而为鸣湍；抗战以来，更无疑地再变而为大家共航的大河道。母题明显简单：民族生存，民族荣誉！

同时，整个世界大势的展开，也再没有我们迟疑误解的余地。自由主义早已成为昨午的清风，可回忆而不可再得。所谓民族主义，国家主义，实际上乃“国产主义”的别名，它并不是最后最高的目标，乃是另一个更大的潮流的支派。这个更大潮流，不是别的，乃就是全能化的大战国之组成与发威！西洋文化——也就是现在世界的主动文化——的内在逻辑已把这个无情的大现实露骨表演出来。日本的侵略不过代表这个大现实的一幕。我们的抗战也不过代表我们对这个大戏出的初步参加。热闹的场面还在后头。几个道德元老，为了个人精神上的需要，偶尔想度一度“雍穆和平”的蜜月梦，是可以的。体魄健全的当政男儿不能不拿起枪来，准备二百年的苦战。大战国时代只允许大战国的作风。大战国的作风只有两字——（一）战！所以和平不可能，和平乃下次战争的准备；（二）国！所以不能有个人之硬挺挺自在自由，也不能有阶级之乱纷纷争权夺利。

“国家至上，民族至上”，原来并不只是一种抗战期内的口号，乃是一种世界时代精神的回音。

在“全国战”的中国，就像在“全体战”的世界一般，要的是一种全体观的学术，全体观的思潮。只可惜我们目前但有共航的河道，不见涌至的大潮！

让大家在这里赶快抓住一道活泉源——就是“体相”两字。

论体相便是论全体。要旨如何？曰，谈“关系”，谈互动的、相对的关系；曰，谈职务，谈功用，谈整个结构中各局部间的相生相成的综合功用。如果第一期思潮是个人意识的表现，第二期是阶级意识的发挥，那么，第三期便是抗战时代大战国时代空前活跃的民族意识所必需而必生的结果（附表如下）。

	象征	基念	方法	对象	性质	态度	注点	欲望	意识
第一期	点	事实	分析	原素	自足	无对	形式	自由	个人
第二期	平面	立场	辩证	因果	独动	绝对	利益	争斗	阶级
第三期	立体	体相	综合	关系	互动	相对	职务	共存	民族

第一期思潮有欧美二百年历史的凭借，第二期潮流也有马克思以来一百年的背景。第三期呢？论细则，论方法，都还在半成未成之天——虽然在物理学、心理学各方面都有了重要的初步发现与成绩。世界的学术界正在摸索着，创造着；我们也必须摸索，创造！潮流是必来的，并且要出你我之不意，澎湃卷来，所等候的，只是：孰为其书？孰为其人？时辰正满酿着空前的可能性与挑战性的。——

团团绕顶浓云迫，

待听春雷第一响。

我们不能不深寄望于中国学界的工作者！

二九·十一·四夜写于昆明大普吉

《战国策》第十四期，1940年11月1日。

廿年来中国思想的转变

一

二十年前的今天，是“五四”新文化运动霹雳开头的日子。我们愿借这个机会作一番观往察来的工夫。我们要问一问：这二十年来中国一般的思想潮流大体上有没有一个可以指明的动向？这个动向的中心母题是什么？作用在哪里？

我说，一般的思想潮流，这与我另文所讨论的“第三期的中国学术思潮”，内容两异。那一篇的对象是集中在学术方法论一问题。这一篇泛论社会上一般的思想或人生观。当然，两者之间多少也都有那联系性。

二

“五四”新文化运动，内容本甚丰满，甚复杂。它一方面把西方文化内的各因素、各派别铿锵杂沓地介绍过来，一方面又猛向整个中国的传统文化，下置显明的比照、剧烈的批评。实百花争发的初春，尽眩目薰心之热致。

然则当日的新文化运动不过是一场五花八门的“杂耍”吗？曰，唯唯，否否！在那丰富、复杂以至矛盾的内容中，我们可以寻出一个个鲜明的主旨、中心的母题。这个主旨与母题可说是个性的解放——把个人的尊严与活力，从那鳞甲千年的“吃人的礼教”里解放出来，伸张出来！“五四”新文化运动所以成为一个自具“统相”的运动者在这里，它在我们当代国史上所发生的主要作用也在这里。

解放在当日，是绝对必须的。但，解放的成绩不算圆满。事后十年间——其实乃直至今日——我们一般社会上实际行为的表现，一方面总嫌是个性不够伸张，个力不够活跃，另一方面却又感到决篱屏藩，流弊已甚。正所谓旧的秩序已经否定，新的秩序无法诞生！

有什么出路呢？

理论上可能的出路很多，但实际上所“必取”的路线只有一个。十年来国际大政治的蜕变，是把法国革命后欧洲文化所表现的“大战国时代”加强地、急转直下地表演出来。对这个恶劣无情的大现实，我们不但无法躲避，并且竟成为直接受殃的第一人。一九一八年至“七·七”，我们国家所遭遇的孽运乃紧迫着我们的思想及时作适应。“五四”的作风必须向另一路线转换，也只可向一个路线转换，就是，个性解放的要求一变而为集体生命的保障。“八·一三”抗战展开以来，集体生命，民族安全一感觉，更无疑地成为我们思想界的最高主题。

由个人的个性解放到民族的集体认识——这是“五四”到今天中国一般社会上思潮所经的康庄大道。不消说，这并不是说“五四”新文化运动里不曾含有民族集体的意识，也不是说目前民族生存运动的高潮中再也没有保留些（并且应当保留）个性解放的种子。正相反！文化以及思想潮流的连续性、互动性，谁都认得我们此处所指明由个体到集体的路线，不过是指明不同的时期有不同的注意点，有不同的重心。因其重心的不同，而界说其前后的体相的两异。这办法应当是合理，是可用的。

本来中国的问题，由内面的各角度看，也许所见各异，但由整个国家在世界大政治中的情势看去，则远自鸦片战争以来，就始终是一个彻头彻尾的民族生存问题。说到底，一切是手段，民族生存才是目标。在民族生存的大前提下，一切都可谈，都可做。在民族生存的大前提外做工夫，无往而不凶。这是百余年来大战国局面排下的铁算——尽管我们的辩证逻辑家、形式逻辑家，在那里大喊其不然。所以，“五四”新文化运动的毛病并不在其谈个性解放，乃在其不能把这个解放放在一个适当的比例来谈，放在民族生存的前提下来鼓励提倡（最少其实际的流弊是如此）。这与后来我所谓“第二期的”唯物论者毛病类似。这些论者的毛病也并不在其谈阶级斗争之太多，乃在其情绪热烈之顷总喜欢到民族生存的范畴外大叫他们那一套的“打倒”与“推翻”。

一切是工具。民族生存必须是目标！因此，如果我们的论断不错，如果二十余年来的中国思潮确是侧重到民族生存，那么，我们尽可以肯定说，这动向是合于时代的中心需求的。

三

抗战将届四周年，大家都在鼓吹此后思想文化的建设。但如何建设？以何建设？在在都生问题。也许一个初步工作是就上列所述的动向仔细地寻绎其涵义，一面多方思索其细目，一面分途发挥其作用。

我们这个民族集体的思潮，本来就不是一曲浅弱的涧湍。它是一道澎湃大河，其潮源也多，其浸注也远。若干年来，奔流所到，实映着几条荦荦大则，都充满了划时代的意义的。好好发展，可以为未来放无限的光明。轻轻放过，也可能昙花一现，甚或流为旧势力的另一翻新。谈中国当代文化者不可不及时求一个新认识、新综合。

（一）从自由到皈依。——自由两个字是个性解放的理论基础，也是个性解放的实现方式。自由者，自由我的意志为立场而作不受外力牵制的行动之谓。在当年宗法社会壁垒森严的压力下，自由两个字无疑地是中国青年的无上福音。把自我看作超出一切而存在，脱了一切而仍有价值的一物，煞是快事！然而经不多时，一般感觉敏锐之人，颇已能恍然发现对面的真理；如果人们需要“自由”（freedom），人们也必要“皈依”（attachment）。无论由物质或精神生活着眼，自我终是“未能自给”的一物。它终须皈依于更大于我者而存在，而受得存在的意义与价值。如果“五四”时代青年们都感得摆脱家庭束缚的愉快，最少，“九·一八”之后，一般知识分子已能深切体验自我确确不能离开国家而生存。对家庭自由，必须向国家与民族皈依。越是不为小家庭的一分子，我们灵魂深处越要渴求做大社会的一员。而我们于是乃发现了一条微妙的真理：有所皈依的慰藉，竟乃是追求自由的前提。自由是应当谈的，但无皈依不足谈自由！我们对人生，确比“五四”时代多这个深一点的认识。

（二）从权利到义务。——自由是要脱离外力的阻碍。权利的涵义乃是进一步而向团体提出积极的要求。它站着自我需要的立场，而公然向社会索取供应与满足。是个人反攻社会的武器，个人对社会取得债权者资格的宝符。反而观之，义务一观念却根本以社会的需要与集体的生存为前提。它承认社会对我有大恩，而采取一种债务者的态度。它承认集体是个体存在的条件，而甘愿做一个效忠的服务者。换句话说，“五四”时代是十八世纪法国人权思想优越之时辰；“九·一八”以后却大有玛志尼义务人生观代起之倾向。原来一个自成体系的文化，发展到它的战国时代的前夕与初期，都有权利学说之出现。后来，公共秩序、团体组织的需要，随着战国局势之尖锐化而日形紧急，于是义务人生观必定要借手于种种的形式逐渐抬头。欧洲的思潮在十九世纪下半叶早已开始向这方面发展。我们的最近动向，表示我们对时代也颇有应付的“灵机”。权利可爱，义务却是必须！只可惜我们还没有格林、卜桑克一辈人出来作一番有系统的发挥。

（三）从平等到功用。——“五四”时代是要求平等的时代，它要打翻宗法的差级思想，所以要揭起平等的旗帜。本着一种简单化的德谟克拉西精神，我们当日于践行平等观念时，竟往往只片面采取边沁“一个人只算一个人”的格言，而忘了他的“最大数的幸福”之主张。深一层看，平等一概念除作为主张“人格尊严平等”、“法律前保障平等”之解释外，不宜再作无限度的解释。平权两个字是打倒畸形特权的好武器，但终不是组织合理社会的最后标准。近年来“组织化生活”、“公共工作”各观念，好像已开始惹起一般人的注意。这个感觉，如果能充量发展下去，而同时又能预防反面的流弊，使传统的官僚不至乘机复活，则我们将要理会所谓社会及人生问题考，与其说是平等、平权问题，不如说是整个集体中彼此个体的“功用”（function）问题。平等是解放个体的口号。功用是发展组织生活、发挥集体效能的基念。最可能的合理与得力的社会模型，不是一切皆平等，乃是人人得其用——每一个人可以有他的相当机会达到他所特能特有的功用。

（四）从幻想到现实。——以个体个性为中心，多不免有一种“内倾于心”的趋向，而喜作玄理上的绝对体之憧憬。所谓超空间超时间的理想国、乌托邦，往往不由自主地会从中涌出。在这一点看去，“五四”时代可说是幻想时代。“五四”的每个青年都暗中自有他的一个理想国，他的一套革命论。有理想所以表现有朝气。这点无疑地是个可喜的现象。但，“纯内心”的理想也不是无咎的福音。脱离了现实而谈理想，谈信仰，则理想也，信仰也，主义也，历史观也，革命论也，都很容易变成为一种闭门造车的偏见。在三五辈浪漫任情的固执追求中，断送了数百万苍黎的生命！抗战发生，大家目光一转，由浪漫的纯理想一转而到客观的大现实。最高的需要是如何抵抗敌人。抗战建国纲领既然由各党派庄严地、正式地宣布接受，让大家索性即在这个纲领下力谋所以抵抗侵略的“办法”。在这个苦战死战的大艰难中，国民对任何个人或政党所期期索求的，不是“你的主义是否更高明?”乃是“你对抗敌是否有积极的办法与成就?”如果我们观察不误，抗战愈久，一般思想界的精神必要愈加现实化。乌托邦情绪所产生的“鹬蚌政治”(irreconcilable politics)，再也不能博得国民的同情与容纵。理由简单：鹬蚌阵打不倒日本的——凭你十分理想化!

(五)从理论到行动。——把你的理想或玄想洋洋大观地发为理论，在本身也许难能可贵，只是大现实已压到头来，不容你我在那里嚣嚣指说。当年倾倒一世的口号标语，以及娓娓动人的计划方案，到今日已是过时之装，引不起大家的欣赏与敬慕。尽管官家王府依旧殷勤制造文章，一般国民攒头争看的却是你们实际的工作如何。行动是时代的呼声。这个呼声，我看不但“反空言”，还要充满“反唯识”的倾向的。对我们这个多议论少成功的古国，刮过来一阵“反唯识”的秋风，所得未必不胜于所亡?

(六)从公理到自力。——谈到行动，最关键的就是“力”。“五四”运动恰当巴黎和会之秋，我们多少都中了人家“公理战胜”、“精神克服”的一套宣传，遂贸贸然趾高气扬妄认此后大同的世界只须由那三五个“合理”条约、“非战”宣言来包管维持。如今我们觉悟了!公理是不能脱自力而存在的。力乃一切生物之徵，无力便是死亡。力是一切行动之原，无力便无创造。力的本身，原无善恶，它是超道德、非道德的现象。力而有善恶，乃全由其所应用的对象而分别。中国人受了祖传德家的思维习惯之影响，一提及“力”，便大骂为“无理”。我们现在的看法，提起“理”必须主张“有力”。有理不必有力。有力才配说理。如何趁这个苦战求生的时刻，把力的真正意义认清，建立一个“力”的宇宙观、“自力”的人生观，这恐怕是民族复兴中一桩必须的工作。

(七)从理智到意志。——力从何来?“五四”正宗的实验派必定要运用他们功利式的纯理智头脑，来一五一十向你细数那些物质条件。物质当然是必须的。但，莫忘了运用者、组织者，还在其人。这是我们抗战以来所发现的最可贵的真理：有物质无意志，根本无力；有意志无物质，还有办法。“五四”时代的伟大在它相信理智的可靠。此后我们的伟大在了解意志是理智之王。理智可贵，意志可贵又可敬。如果“五四”时代是实利逻辑飞跃之期，我料得此后是国的思想必定要对“意志自有的逻辑”开始领略其滋味。

四

好了，这些是一把新思潮的种子，已经散布在头上与空中。却也有一批有眼光、有气力的人们着意把它们收拾、培养而协导，与二十年前的“五四”运动配成一个新综合?

二八·五·四

《战国策》第十七期，1941年7月20日。

从战国重演到形态史观

一

我去年《战国策》创刊发表《战国时代的重演》一文以后（该文曾由《大公报》转载），前后方报章杂志相继发出不少反应的音波，有的赞成，有的反对。我拜读之余，觉得这些正面反面的回响，与其说是对我所论列的本身下一番切题的讨论，不如说是借我所提出的题目来宣布各人心中预定的主张。在这种论战程度未发生扼要交点的时辰，我想取妥当的步骤也许还是再进一步把我个人的见解作一个更赅尽的说明。

我写《战国时代的重演》一文时，脑后本来隐藏着两个根本的问题：（一）学术方法论，（二）文化历史观。战国重演不过是我的历史观的一部分，而我的整个历史观又是根据某一种方法论产生出来的。这里相互间乃有了甚密切的联系。

关于方法论——一个根本又根本的问题——我以为中国学术界到了今天应当设法在“五四”以来二十年间所承受自欧西的“经验事实”与“辩证革命”的两派圈套外，另谋开辟一条新途径。憧憬展望之中，我把它名叫“文化统相法”。粗浅的发凡，曾有“中国的第三期学术思潮”一文论及（《战国策》十四期），详情改日再谈。此处要提醒的，这种建议，并不是主张回到中古的缥缈恍惚的“玄学”办法（郭沫若先生去年十月间在重庆文化座谈会对我的评语——见《大公报》）。大凡对欧美三四十年来社会科学方法论的发展略加留意之人，恐怕都晓得它们各科门的权威学者正在如何不谋而合地朝着我所指出的方向迈进。其中尤堪参照的，我认为是所谓“历史形态学”（morphology of history）者。我不打算在本文有限的篇幅内，讨论历史形态学以及这形态学与我所谓统相法的异同，让我且把统相法所探到的一个文化历史观，提供出来以就正于读者。为简便起见，无妨且把它叫作形态历史观。

二

研究文化——历史上发生作用的文化——第一步关键工夫就是要断定文化的体系。抓着文化内的零星物件（如马鞍、绣品、印刷等）或个别制度（如婚姻、承继、祭祀等），分途寻觅它们的起源、传播、发展等等：这叫作“文物”研究，不是“文化”研究。认文化为笼罩全人类的公有现象，根本上分不出中外东西，于是就把它看作“混同团”（culture in the lump），而津津穷究其性质、内容、变迁等：这叫作“抽象文化概念”的泛论，不是历史上“有存在的文化”的研究。

历史上真实存在的文化是分有若干体系，布在各个空间时间的。例如古埃及文化是一个体系的，印度文化又是一个体系的，中国文化、希腊罗马文化、欧美文化也都是各成体系的。（如何断定文化体系，而文化体系又共有若干，参阅 A. T. Toynbee: A Study of History。）以古今来所有真实的文化体系为单位，而有系统有步骤地对它们各方面“形态”作一番详尽精密的比较工夫、认识工夫，这不但是最自然应有的办法，而且可以使我们发现无数大大小小的事实，都充满了无穷的实际意义。

说来奇怪，却是千真万真的事实。在过去历史中，凡是自成体系的文化，只需有机会充分发展而不受外力中途摧残的，都经过了三个大阶段：（一）封建阶段，（二）列国阶段，（三）大一统帝国阶段。

尤有妙者，在每个阶段中，虽各体系的文化都各有独一无二的特征（在这方面看，历史不重演），但同时却也多少都要表现出来若干根本形态，彼此大致类同（在这方面看来，历史却重演）。

三

封建阶段是“原始人群”与“文化人群”的分界。许多人群永留滞于“原始”状态，创不出封建的局面。但一创出封建的局面，这人群便大步踏入“文化大途”。

封建阶段的中心形态与作用是抛弃了原始氏族的“单纯混一”的组织（homogeneity），而大胆地创造出一个极端复杂而“差别”的结构（hierarchy）。它把社会上的人群横截而成为统治与被统治两大层级，或且更进而作更精细的区分，然后在各层级间再硬划出一种“距离”，一种“阈限”，尤其是尤在那统治与被统治的基本层级间，建筑了一条最显著的横形鸿沟，鸿沟的上下，原则上绝对隔断，不容逾越。

原来“上下”两字就是封建阶段的“时代标志”。一切行动，一切价值，都要以这两字为根本标准。一切物质精神的设施，为的是要维持这个“上下谨别”的结构；也为的要维持这个结构，才会有一批杰出人物绞尽脑汁以想出种种新鲜复杂的花样、办法和文物制度。具体点说，封建阶段就是贵族中心或贵士中心阶段。一切创作出自他们，一切创作也为着他们。层级结构也就是统治贵族处处占便宜的结构。因此，凡到了封建阶段，下列各形态都要逐渐发生：（一）政治必是“封君分权”：庶人当然“不议”，即是大家公认的“共主”，也不过名义享尊严，实际无主权。（二）军事必是“贵士包办”：从戎作战是统治者的特权，庶人最多不过占一种“副力”的地位。（三）经济则类皆是“农奴采邑”：生产的“人”与“物”，多少都“凝滞”在封君势力圈的内围。（四）宗教则主要在祭祖先，拜英雄（除非有外来阶段较老的文化的宗教影响中途渗入），再加以天地山川神祇的信仰。直接事神的资格往往只限制于统治阶级；庶人对贵族神祇，不是根本无预，便是只许间接沟通。

这般严格的偏袒组织，专门榨取下层，太欠公道！然而，从文化创造的事实过程看，这里却存有一层伟大的作用：在那“距离”，在那冷酷的“区分”中，前此混一无别的人群乃无形中逐渐诞生两种相反相成相激相引的看法、态度与努力——由上看下而产生的自高与自恃，以及由下望上而产生的景仰与向往。也就是说：“贵士传统”（aristocratic tradition）的形成以及这传统在整个社会中的“引升向上”的功用。详情不能多谈，只让我这里告诉大家说：贵士传统乃是任何文化体系的生命活泉源。

但，封建的层级结构，为了内在腐化的原因，终究都要经过一番“社会大革命或大骚动”而崩溃下来。逐渐代兴的，便是列国阶段。

四

列国阶段照例要发生两重的基本作用：（一）它要在层级结构塌倒的残基上，布置一个“平面化”、“平等化”的社会。而同时（二）又在这平面化社会上头，建立起若干森严对峙的政治壁垒——“国家”。换句话说，一切的列国阶段都产生两种最深入、最广泛的大潮流：（一）个性的焕发，（二）国命的整合。

这两大潮流往往同时产生而并肩推进。但仔细看去，个性潮流要在列国阶段的前期特形活跃，愈向后期发展，国力运动愈要把占上风。其实，国力潮流始终是这阶段的主题。我们把这阶段叫作列国阶段，原因就在这里。

个性潮流，根据着个人才性的尊严与活力而主张自由平等，是一种离心运动，针对着封建阶段的层级束缚而奋起的。它的具体形态的表现，虽然各文化体系各有出入，而荦荦大端类不外庶人入仕，民众入伍，商人经济活跃，宗教信仰放任等。最能够象征这段潮流的，恐怕就是理智应用的发达，蔚［然］成为百家争鸣的学说。

国命潮流，注重统一与集权，是一种向心运动，目的要在层级结构打翻后，再把那些日形“原子化”（atomized）、“散沙化”的个人收拾起来而重建一个新集体。具体形态的表现。多半包括政权集中、军权统一、经济干涉、国教创立等项。最适当的象征可说是百家争鸣后所多少都要产生出来的思想统治的主张。

个性潮流代表“创造冲动”，国命潮流代表“秩序要求”。两者之间，一面相克，一面相成。到了最后，国力潮流按例压制了个性潮流的时辰，国命潮流的本身也就往往达到饱和点（变为机械性），而不久也要淹没于大一统帝国的洪水滔滔里面！

列国阶段是任何文化体系最活跃、最灿烂、最形紧张而最富创作的阶段。有了列国竞争的局面，多少可以减轻个性潮流陷入放荡享乐的危险；有了个性的伸张，多少可以维持国家最后活力的来源。同时，距离封建阶段尚不太远，个性潮流的推进得着

“贵士遗风”的熏陶，多少也可免登时“庸俗化”（plebeianization）的危机。这一点似乎可以肯定的：一个文化所可能达到的最高峰就是列国蜕形、个性发展与贵士遗风三大元素恰得个调和状态的岁时。

中国历史上的列国阶段就是通常所称春秋战国时代。“春秋”与“战国”两个名词可算是中国史家大手笔的绝妙创品。我们可以借用到其他文化体系上，把一切阶段前期叫作春秋时代，后期叫作战国时代。这两时代间，当然也有其不同的形态。大体说来，春秋时代，贵士遗风尚盛；战国时代，则各列国透过了极权运动，开动倾全力以向国际之场作全体战、歼灭战，所谓贵士遗风也就在那种高度的战神威力下断送无余了！

全体战歼灭战的最后结果，是一强吞诸国，而制出一个大一统帝国，它多少都要囊括那文化体系的整个区域。

五

如果封建阶段的基本形态与价值是“上下谨别”，成熟的列国阶段（即战国时代）的基本形态与价值便是“内外严分”。这期间的最大鸿沟不是“横亘”于社会层级之间，乃是“纵竖”于国与国之际。所以，在这期间内，尽管各列国内的层级间（或较切当些说，阶级间）、个人间，时常发生翻天覆地之冲突，结果总突不破那基本的“时代界线”——即国界——而变为真正的整个国际运动。反过来说，倒是外战往往可以止内争。要安内最好是攘外。到了大一统阶段呢？情形又不同了。那时候，内外之别也被打破，雕铸出来的乃是一个“大同”模型。大同者，可解释为纵无剑拔弩张的敌国，横无凝固不变的社层。在一个“无外”的天下之中，“无别”的兆民之上，建立一个高高悬空的独尊的专制皇权——这就是过去一切大一统阶段的使命！

一个文化行到大一统阶段，最迫切的欲望就是“太平”。封建阶段“持于尊（honor)”，列国阶段“争于力（power)”（韩非子语），大一统阶段却一心一意要“止于安（security)”。开始百年间，文绩武功往往还能够显出一时的盛况。过此以往，除了偶尔复兴的短期外，始终找不出真正有效的法子避免一种与时俱增的老年“倦态”（ennui)：不求向上升高（封建现象），不求向外膨胀（列国现象），焚香祷祝，只求“天下无事”！

所谓“无事”者，内不可有革命，外不可有战争。因此，凡是最成功的大一统帝国多少都要做到两点：（一）完成一种“选贤用能”原则下的官僚制度以调剂“社会动率”（social mobility），（二）组织一种“持盈保泰”情绪下的皇家警防军以“怀远柔迩”(pax romana)。

那么，天下果然可以无事了吗？曰：唯唯，否否！

在那无外无别的皇权结构下，凡百设施都要不断受着两种倾向的侵蚀：（一）敌忾意识消失，一切作用“内向化”；（二）贵士遗风式微，一切品质“恶劣化”。内战（地方叛乱、宫闱革命）变为军队的主务，而军队本身逐渐成为流氓的逋逃薮。政治再也不作纵横开阖的壮观，而流为官僚功名利禄的把戏。战国末期所加紧推行的经济管制，随着皇权的稳定，时势的需求，也不免时时旧题重提，或竟大规模尝试——然而，目的却完全对内，并且所谓“国营”、“官办”事业，开始都是为国计民生，结果多由中饱私囊。至于宗教呢？政府或竟要钦定一种“皇帝崇拜”（emperor worship）来维系人心，只无奈上流的士夫，透过了个性潮流中的理智运动，再也不能保持任何宗教式的“原始信心”；下流的大众，辗转呻吟于淫威灾患里，只痛感悠悠天地，漠漠无依，乃设法自寻慰藉而创出种种杂教邪宗。后来这些杂教也许要汇集起来而成为一种混合式的民间信仰，恰恰与上流士夫们的泛神式的自然哲学上下对衬而作为这阶段内宗教情绪的清浊两端。等到自然哲学再蒸提而为虚无主义（nihilism），民间杂教或痈溃而成流寇暴动，而帝国的政治生命也往往就借手于“群夷入寇”而结束起来。即使后来有机会复兴，而整个文化的“人”、“物”两方面表现，始终摆不脱“颓萎”的色彩与精神。

六

以上所述的三大阶段是过去一切文化体系的历程。所举出的若干具体形态，当然都是所谓“纯净标格”，实际上各文化也自各有出入，但大体的轮廓，不至太差。

我想读者到这里必定要提出两个问题：（一）目前正在表演战国阶段的欧西文化是不是也必定要踏进大一统阶段？这个大一统阶段的形成方式、结构、气运，是不是必定要与过去的若干文化相同？（二）已经完成大一统阶段的“古老”文化（例如中国）是不是还有可能性摆脱了一切“颓萎”色彩而卷土重来再创出一个壮盛的、活泼的、更丰富的体系？

我的答案是：过去文化的历程可以给我们以警告，但不能决定我们的前途。我们尽可以独辟一个新前途，但也绝不容误认这是一桩“反掌便得”的事务。想在难能之中，打出来一个“独能”的境界——这要靠我们的眼光，更要靠我们的勇气与力行。

三十·十二·三写于昆明

《战国》副刊第一期，重庆《大公报》1941年12月3日。

士的蜕变——由技术到宦术

一

我们一面抗战，一面免不得要扪心探一探一个根本问题：在一个乌烟瘴气的传统社会中，如何而可得到一批能干肯干的健康分子以为建立新国家的中心动力？我一时的念头，不由自主地要转到“士”的问题上面。

士为四民之首，中国社会从来都作如此观。从事实看去，士在社会各种势力之中，好像也确占首席。如果中国需要改造，士的历史责任似乎是不可逃的，不当逃的，关键却在：我们现有的士究竟配不配来当改造的先锋，改造的动力？

在此千钧一发之顷，我们未敢自满自瞒。要当改造的动力，士的本身先须改造！先篇短短论评，不过是要把“士”的一个字作一番初步又初步的史的分析。或者在追溯去程里面，我们可以发现一点指示前途的灯火。

原来士的含义，古今不同。今之所谓士，绝不是古之所谓士。我们一般人以及一般历史学家所含糊称呼为士者，二千多年间已经过了好几次的变质。我们不容囫囵地等量齐观。我们必须向他们那几次的变质之中，蜕化之中，仔细地验出历史的意义。

二

讨论这个题目，我们又要先提及封建时代了。

显然，封建时代之所谓“士”，大大与现代不同。详情不赘论。大体言之，那时代（西周以至春秋前期）的士，（一）是爵禄世袭的；（二）是有战斗训练的；（三）是有专司的职业的。也就是说，封建的士是贵族的、武德的、技术的。前两点，我们另有论列。现在且谈一谈第三点。

封建的士是充满了技术意义的。这点，论史者大都忽略了。封建全盛时代的士遍具“技术”的感觉，就好像当今的士满涂了“宦术”的气味一样。技术者，做事之术也；宦术者，做官之术也。由封建的士到当今的士，便是由技术到宦术，便是由做事到做官。做事是生产，是“创造”。做官是消费、虚耗，是“反创造”。中国之整个政治之所以糟糕，整个文化之所以僵化，关键就在这里。始则政府人员，继则社会人士，上上下下，都不想做事，只想做官，不晓得做事，只晓得做官，中国历史乃不可挽救地永离了真正“创造”“活动”时期而陷入“停滞”“苟延”状态了！

封建社会是层级的组织：天子、诸侯、卿大夫、士、庶人、奴隶。天子至士是统治的，庶人、奴隶是被统治的。在那统治层级之中，天子、诸侯可称为御临社层，即“南面”等级。卿大夫可称为执政社层，即“为治”等级。士是行政社层，即“有司”等级。有司者，有专门职务之谓也。如果当时的政权多属于卿大夫的手里，当时的行政事务却都是归士执行。所以，那时代的士可说是技术社层，一种“专门做事”或“做专门事”的社层。《说文》称：“士，事也”，段注：“凡能事其事者称士。”《白虎通》亦云：“士者，事也。任事之谓也。”这种说法是大有道理、大有史实根据的。

其实“士”与“事”，古字本来通用。《周颂》“陟降厥士”，《毛传》云：“士，事也。”《郑风》“岂无他事”，《毛传》云：“事，士也。”《荀子·致士篇》“士其刑罚”，杨倞注云：“士当为事，行也。”盖在古代，“士”与“事”二者乃不可分离的概念。凡士必能做事，必须做事。当时两字通用，原因定即在此，固不仅由音同而已。即在孟子时代，“士无事而食，不可也”的一种阶级的荣誉观念，好像还保存于社会上一部分人之间。

“士，事也”可说是技术本位时代的看法。当然，封建时代的技术，无论其种类或造诣，都不免要受当时整个文化程度的限制。但其为当时统治层级所重视，的确是不可否认的事实。礼、乐、射、御、书、数，都在当时技术之列，故称“六艺”。这六艺的概略，上自天子、诸侯，下至卿大夫，多少都要涉猎的，所谓“游于艺”者是。但专司之人仍是“有司”社层，即士的等级。其他如卜、筮、医、药、灾、异、婚、丧、刑罚、土木以及一切有关于养生送死鬼神战争之事，多半都有专攻之人，专司之职的。

在那时代，一种技术（艺）的专攻（学）与专司（仕），普遍都用“世承”的形式。子学艺于父，父死则子继其业。“学而优则仕”，原初乃是此意。盖其仕也，并不是“做官”，乃是“继业”，乃是“做事”，“行父之事”。事字、业字可说是当日士的心目中的第一个对象。所以，“世济其美”乃人生的最大荣誉；“其父析薪，其子弗克负荷”乃人生的最大羞辱。换言之，在封建时代，士，事也；仕，亦事也。如果我们要为“士的发达史”断代取名，我以为叫封建时代为技术时代——“艺的时代”，未始不为恰当。

三

孔子出世的时候，封建的层级社会已经崩溃到了相当程度。卿大夫世家的兴替起伏，国与国间的侵伐兼并，都自然把士的社会挤入空前的脱节厄运。本来有固定爵禄与专司职务的，现在乃逐渐地成为社会上游离不安的分子。在这种环境中，当初世承技术社会里的那种“继业”人生观陡然失去了事实的根据。如果老实者还肯甘心于箪瓢屡空，驳诘者定不免要投机谋财，无恒产而有恒心者，士亦难能。所谓“穷斯滥”、

“不义而富”的现象，无疑是当时惯见的事实了。

士的整个社层经济以及行为标准既然发生了这般的激变，那位栖栖一代的孔子当然不免要苦谋挽救之方。他老先生的办法是一面企图政权以求事实恢复“先王”的秩序，一面广施教诲，在修身上提倡伦理的人格主义。修身立行尤其是他晚年矢志后之主张。如果他自家当初都不免“三月无君，皇皇如也”，那么，一种心理上自持自克的哲学不消说乃是时代的一般需要了。所以《论语》上所传的“仁为己任”、“富贵浮云”的论调都可说是应运而兴的“精神食粮”。孔门四科，“德行”为首，便是这种“精神化”的表现。同时呢，技术一物渐渐地被摈于“鄙事”之林。“不试故艺”之说，则又隐然要把“艺”看作君子不为的杂耍了。

显然，士这个字到了孔夫子那套孝悌为本，忠恕为首的学说里面，已经大部分脱离了技术的含义，而变成为一种“道德本位”的名词：再传而至子思手里乃愈道德化，愈精神化，愈注意到所谓“正心诚意”功夫了。孔门在士的历史上的大作用，就在这点：它趁着技术时期的末运，开创了“道德”时期——“道的时期”。由孔门转入战国便是由“致道”的士转入“游说”的士。孔子本身在许多方面看去就可说是开了游说风气之先，却是他的游说始终充满了道德先生的感觉。到了战国，功利潮流随着攻城攻国的现实而高涨。尽管孟轲一辈人还在那里勉强维持“道德”的传统，实际上，那时代士的中坚代表人物却在苏秦、张仪一帮的“大丈夫”。中国演讲术到战国可说是发展到顶峰，而演讲的效用也表现到极点。士这个字乃渐失了道德的含义，而取得了“诡辩”的新色调。这就是“说术”时期——“言的时期”。

四

战国时代那种“抵掌之间取得公卿之位”的运会，终究还是战国时代的现象。那种“浪人式”的自由投机，是与秦汉以后的大一统皇权根本不能两立的。于是“浪人式”的游说，必须正常化而为“贤良式”的贡举。自汉高祖的求贤诏，酝酿到汉文帝、汉武帝的策贤良，中国的贡举制度乃雏形略具。贡举出现，而后官僚制度开始稳定。官僚制度稳定，而后士的“宦术化”乃正式揭幕。

所谓“宦术化”者，不但指“想做官”而言。如果“做官”是封建时代士的世世固有的特权（那时代用不着“想”做官），“想做官”恐怕是孔子以后凡士皆有的普遍志向。所不同者，孔子想做官，多少还受着良心上的牵制而不愿“不由其道”（其实“子见南子”好像已经犯了不由道的嫌疑）。后代的士想做官，乃大都无所谓由道不由道，得官便佳！在我们历代的那种袍笏拥挤的小朝廷中，要插上脚而得一席之官，哪里是容易的事。既得之，又患失之。既不失之，又思所以“升”之。于是一种特别熬成的“官场手腕”，乃变为人生处世的绝对须知。

原来宦术的真髓就在“手腕”两个字。技术时期，重“器”与“物”(《易经》所谓立成器以为天下利，《考工记》所谓知者创物等是)。德行时期，尚“志”与“心”(士尚志与正心诚意等是)。说术时期，“口舌”为要（张仪所谓舌存便有为)。宦术时期，“手腕”万能。

投桃、报李、拍马、捧场，此手腕也；标榜、拉拢，结拜、联襟，亦手腕也；排挤、造谣、掠功、嫁祸，又手腕也。如何模棱，如何对付，如何吹牛，如何装病，形形色色，无往而非手腕也。一切皆手腕，也就是一切皆作态，一切皆做假。一切皆做假，便做官矣！打官话，说假也；做官样文章，写假也。官场的道德，假道德也。官场的事务，假公济私的勾当也。一切皆做假，只有做官是真。中国二千年来文化的结晶品，到此乃岸然出现：“满大人”(mandarin)一物是也——满大人者，做官大家也，盖以手腕为其做事的单方，以宦术为其惟一的技术者也。

官僚制度是大一统皇权下的必需条件，宦术乃是这种官僚制度下的当然产品。自秦汉以至明清，大体上趋向一贯：皇权愈来愈专横，官僚制度也愈来愈稳固，而宦术当然也就愈来愈精细。不消说，每代的士，因为其他背景的不同，也自有其侧面表面的特色。两汉的士，多带“孝廉”的气味（皇权下的道德先生)。晋魏的士，尤饶“清谈”的风趣（皇权下颓萎官僚的变态说术)。六朝的士，相炫以浮藻的文词。但是在底质上、骨子里，士的集团的宦术化、加度宦术化，却是不可挽回的正面潮流——虽然任何朝代都有若干例外的少数。

六朝文辞相竟的风气是士的“文人化”的开始。“文”的一个字上，皇权与官僚寻得了一个吻合脾胃的共同工具。紧跟着六朝之后，隋唐便开始以诗赋进士。沿到明代而八股制度兴。在这种情况下，“文”乃成为一种法定的做官入门，一种“钦定的宦术”。士的“文人化”，于另一方面看去，有它独立的意义；于这方面看去，却可说是士的宦术化中的一段凑合的支流。

五

由技术到宦术——这是中国“士的蜕变”的过程。了解这点，似乎便可以了解中国的士之当前根本问题了。宦术化太深，我们乃完全失去了“技术的感觉”。恰巧，现代的西方文化又偏偏是个空前发达的“技术文明”。人家的技术文明，日夜在那里“制器创物”，我们的“宦术文化”却整天在那里“作态做假”。人家不断“做事”，我们只一味“做官”。这就是我们国家的孽运。

我们现有的士配不配来当社会改造的动力与先锋，则只看其能否由放弃“做官传统”始。并不是说大家莫做官，乃是说大家要拼命拿着“做事”的精神灌注到官场去。我晓得目前颇有少数在朝的“专家”与“学者”就是正在想法向这方面努力——想法在那一向“做假作态”的窝窟里开始栽培一种“技术傲气”，一种“职业道德感”。这或是中国政治上微微一线的光明。换句话说，如果过去蜕变的路程是由技术到宦术，此后新生命的推进必须反数千年的旧道而由宦术到技术。

《战国》副刊第四期，重庆《大公报》1941年12月24日。

柯伯尼宇宙观——欧洲人的精神

一

一年多以前，我曾经有着一个机会到重庆浮图关中央训练团。由两路口往关上步行二十分钟就到团的场址。第一件触目夺魄的，便是那一幅高低不齐的青黄地面满插着白字蓝版的标语。

数十年来事事落人后。说到贴标语，我们确要考状元。那些千篇一律的滥调，涂满了街头巷陌，不但不产生丝毫警醒作用，恐怕徒然充分暴露了我们这世代审美感觉的欠发达！但，训练团的标语却是例外，大体都有生气，有吸力，有真感情。最能够动我心灵的，要算下列三则：

“武力！劳动！创造！”

我不晓得这三则当日所以缀成的背景，我也没有工夫就这三则细下腐儒的注解。我眼看着，我便直觉地承认它们对！它们美！它们恰恰弥补我们传统文化的不足！

我念起训练团这三标语，往往要联想到欧洲人的“柯柏尼宇宙观”。让我今天借“战国”的一些篇幅，来谈谈这宇宙观。

二

柯柏尼（Coprrnicus），大家都晓得，是欧洲四百年前的一位天文学家。他推翻了传统的地球中心的天文学而创造出太阳系的天文学。经过了卜略洛、克卜勒的奋斗与发展后，柯伯尼的天文学才算确立。

这个新天文学的创立，产生了旷古未有的影响：它变革了欧洲人——后来整个人类——的宇宙观。由柯伯尼、克卜勒、而伽利略、而牛顿，以至爱因斯坦，欧洲人对宇宙的认识虽然乃有了极重要的改进与扩大，但其中实含着一种根本一贯的精神，使我们感得就是爱因斯坦也还可说是继承柯伯尼固有的作风——爱因斯坦可说是柯伯尼系统最新的发展。

因此，这整个系统的宇宙观，我想就叫为柯伯尼宇宙观。“柯伯尼”实在象征了欧洲近代文化精神最恰当的名词。

柯伯尼宇宙观可用极简单的一句话来概括，就是：

“无穷的空间，充满了无数的力的单位，在力的相对关系下，不断地动，不断地变。”

在这简单的一句话中，乃存有几个重要概念可说是建造整个欧洲物质文明的最根本的基石，而欧洲精神文化的底蕴也就根据在这块基石上头：

“力！无穷！相对！动！变！”

我再也想不出另一批的概念比这段字更活跃、更旷豁、更紧张、更强悍！它们一方面充分表现了欧洲人的灵魂与性格，一方面也加速驾驭着欧洲人的思情与行径紧朝着这几个概念所指示的方向奔驰。柯伯尼宇宙观原来就是欧洲人的人生观的基础，原来就是欧洲人的人生观！这一点我们要深深认识，深深理会。

基督教在欧洲，影响甚大。这是不可否认的事实。欧洲人的生活——立身、处事、待人、接物——确处处带着基督教的色彩。但，一个更重要更根本深入的事实，我们大半忽视了：欧洲人的本质终究是“柯伯尼”而不是“基督”！如果欧洲人是“基督教”化了，也是以柯伯尼的本质来接受基督教。这与阿比西亚人的接受基督教意义不同，与一切东方人的接受基督教意义与结果恐怕也都大大不同的。换句话说，欧洲人对基督教始终是以一种柯伯尼精神而应用之，发挥之。如果欧洲人是基督教化了，我们更可以说基督教透过了欧洲人的手法也就充分地“柯伯尼”化了，我只须提出圣奥伽斯丁、因诺生教皇、马丁·路德、洛若拉等几个欧洲基督教史上的代表人物的名字，大家便可以立刻理会我这句话意义不爽。

其实，除了极少数的例外，一般的欧洲历史人物，尤其是政治界、实业界的主要角色或创造天才，尽管消受了千百年基督教训与熏陶，他们心坎深处始终明爽不昧地体验到柯伯尼的呼声：力！无穷！相对！动！变！基督教所耳提面命的“温和谦顺”(meekness)、“爱及邻居”的一套，实行者落落无人。西方人的潜在意识到今日还是柯伯尼。所谓“基督精神”者只不过在他们人格的表面层时形活跃而已！

基督教系统以“爱”字为中心。柯伯尼系统以“力”字为主脑概念。变，动，相对，无穷各点，可算是“力”字的说明或注脚。

所以，抓住了力字，便抓住了柯伯尼的核心。

三

一提到“力”字，我们中国人最能够顿时义愤填胸，指斥为“万恶之源”——力就是“不道德”，就是“残暴”！其实，力是自然界的一个现象，力的本身无所谓道德不道德——就譬如“生命”一般，“光”、“热”一般：生命、光、热的存在，与道德或不道德问题风马牛不相及。无奈传统腐儒的偏见只苦抱着“德感主义的宇宙观”，对“力”字的用法，一向“霸道派头”，不问究竟，破口便骂。这真是我们思想上的“盲点”。

力者无他，即俗话“力量”之谓。宇宙间万有，无论大小，都有力量。在无机物则叫作“精力”或“能力”（energy），在生物则叫作“活力”（vitality），在人事界叫作“权力”。名称不同，但性质上都代表一派的意义——就是“力量”。物理学上所用的 force 一字本来很可以用为一种概括名词，所谓能力、活力、权力可以看作 force 三方面的表现。但在英文俗用的习惯上，force 就像中国的力字，不幸也染上了“残暴”的涵义。也许 energy 一字可免误解。

不管英文怎样，我觉得在我们国文上要寻一个概括的名词，还是“力”字最妥当，我们必须把力字从那乌烟瘴气的腐儒意识形态中拯救出来，恢复了它在初民时代固有的净光，用它以代表宇宙间万有所“皆有而必有”的那个本质——就是力量。力是总称：能力、活力、权力是分出的别名。

拿起任何东西或事实，第一步必要先从我们这里所谓的力之立场去观察、去估量——这就是柯伯尼系统的作风！自然界、人事界，一切的一切都是力的表现，力的关系。因为一切都是力的表现，所以有一个存在便有他的力，无力便无存在。因为一切都是力的关系，所以有力才能存在，无力必归消灭。

这不是说有了力一切可不谈，乃是说有了力才可以开始谈一切。

四

一切物都是力，虽然其力有大小之别。太阳是力，地球是力，石是力，钱是力，草、木、鸟、兽、虫、鱼，尽是力。

一切人都是力，虽然其力亦有大小之别。尧是力，舜是力，樵夫是力，你是力，我是力。

“我即是力！”这是柯伯尼宇宙观可以供给我们的第一条启示。

通常中国人都是太“谦让君子”了，总不敢看自己为“力量”。你说你年轻位微无能为力，但你自有你的力量。不管你力量大小如何，力量还是力量。有一分力，做一分事，正不必弯着背，低着头，口口声声，不敢不敢。还是鲁迅当日所说的，有一分热，发一分光。哪怕你不过一萤火！

但，你却要留神，你的力量不是一成不改，它是动的，是变的。最重要的一点，它的动与变乃最靠着他与四周万物相对的关系如何。你是力，人家也是力。你不变动，而人家变动，则你不变动亦变动矣。太阳如果减热光，地球面的一切都要改观。地球如果加重量，月亮必要改轨道。你说中国近年来比李鸿章时代进步多了，无奈人家比俾斯麦、狄里莱里、伊藤时代进步得多之又多，那么，你虽进步而实退步了。如何在这种不断变动的相对关系中，维持你的作用，以至扩大加强你的作用，乃是一个绝对艰苦的事业。你必须警醒，必须拼命，必须唤出全副的精神，这可说是柯伯尼宇宙观的第二启示。

力与力相对关系下的变动，乃宇宙间一出无穷的热剧：变动无穷，演出形式亦无穷。我们这个大宇宙原来不是一个寂寂的闷葫芦，它有如春日流霞，万千其态。它原来是一个无穷的大可能！在这个无穷的大可能中，你想要实现你的可能，没有别的可靠，全靠自家的努“力”。以无穷的努力，换取无穷的可能，这可说是柯伯尼宇宙观的第三启示。

如果柯伯尼宇宙观太危险、太紧张，它同时也供给我们以热闹、以刺激、以想象力创造力无限飞腾的机缘！

最后，还要补充一句话——

现在世界文化已经演到空前的大战国时代。本来国与国间的形势，其性质不折不扣恰恰“柯伯尼”，就是说力的单位与力的单位，在力的相对关系下，不断地动，不断地变。大战国时代的特征乃在这种力的较量。任何时代都要绝对地以“国”为单位，不容局限于个人与阶级，而也不容轻易扩大而多言天下一体。国家是“时代的界线”，是“时代的大前提”！所以，你我的力不容任意横行，而必须在这“时代的大前提”下取得规范。换句话说，你我的力必须以“国力”的增长为它的活动的最后目标。你我的力不可背国力而发展。

因为在这时代你我的力乃绝对离不开国力而存在！

《战国》副刊第七期，重庆《大公报》1942年1月14日。

寄语中国艺术人——恐怖·狂欢·虔恪

一

我看尽你们的画了——花鸟画、人物画、山水画……不是说山水画乃是你们独步人间的创作吗？诚然，诚然，你们的山水画有一道不可磨灭的功用——一种不可思议的安眠力！

然而，弟兄们呵，我消受不了一味的安眠！

或许你们所需要的也正是几晚上的失眠。晓得吗？弟兄们，多少人生的意义，不失眠，无法领会得来。

因此，我劝你们不要一味画春山，春山熙熙惹睡意。我劝你们描写暴风雪，暴风雪冽冽搅夜眠。

弟兄们，你们根本不该眠！暴风雪时辰，你们应该在旷野，寒无衣，饥无食，一望迷迷无际——无人，无动物，无一切，只有那无情的空间弥漫了那无情的暴风雪！莫道眠不得，坐不得，行也不得，而又——不得不行。暴风雪中挣扎，你们画一画！

斜风芍药，淡月梅枝——引不起什么灵魂的颤抖。让我先派定第一道颤抖的母题——恐怖！

是气压突降之夜，满天乌云，不晓得为什么，心魂一上一下，躺床上，翻来覆去，眠不得也！想尽人间事，成、败、荣、辱、爱、憎、怨、慕……哪一个真是？茫茫天地，我为何而生，生何所为而去？盯着眼睥睨，只一段无穷的黑漆漆——由床上到门前，由门前到门外而到天之那一边。转回来，天边到门外，到床前，依旧一团黑漆漆！灵魂幽暗处，只寻着一束渺茫茫的彷徨——一切抓不住！最后，疲极了，昏迷迷地半合眼，整个身和魂悬荡在岌岌的半空……忽然霹雳一劈，雷电从九空罩下，就绕着卧室打滚，燃烧。滂沱大雨如河倒泻下，院里东墙，戛戛几声，砰然山崩狱溃，狗狂叫不已，魔鬼四面跳出。在那连掣纸窗的紫电光中，你抓着薄被子，坐起来，一副错愕丧色的面孔——恐怖！

弟兄们奋起笔来，快快画一画！

恐怖是人们最深入、最基层的感觉。拨开了一切，剩下的就是恐怖。时间无穷，空间也是无穷的。对这无穷的时空，生命看出了自家最后的脆弱，看出了那终究不可幸逃的气运——死亡、毁灭。恐怖是生命看到了自家最险暗的深渊：它可以撼动六根，可以迫着灵魂发抖。弟兄们呵！你们的灵魂到如今，需要发抖了！能发抖而后能渴慕，能追求。发抖后的追求，才有能力创造。我看第一步必需的工夫，是要从你们六根底下，震醒了那一点创造的星火。

二

第二步，让我墨淋淋标出另一道母题——狂欢。

弟兄们，你们还晓得狂欢吗？唉，数千年的“修养”与消磨，你们已失去了狂欢的本领了！然而生命必须重新发现狂欢！

微笑不可用，哈哈几声干笑更表现出生命力的枯涩。半笑等于半啼，半啼不算为笑。你们的需求：全副的笑或全副的啼！啼笑凭你们，但不可不全副。

要全副的啼吗？恐怖便是。

要全副的笑吗？那就是狂欢。

狂欢是恐怖的正对头，然而狂欢必生于恐怖。

那正是你看到人生最后深渊的刹那，六根颤，汗满身，血满面，你认定了生命是“无能”，忽然间不知从哪里刮过来一阵神秘之风，揭开了前面的一角黑幕，你恍惚有所见，见得了一线的晨光，见得了陆地的闪烁。并不是一切渺茫茫！如果时空无穷，此刻此地却千真万实。“我思故我在”，我在故我能！“我能，我能！”拍案大叫，踢开门，大步走出来，上青天，下大地，一片无穷舞蹈之场。挺着胸呼吸，不发抖，不怕什么，你把握着自家，你否认了恐怖。你脚轻，你手松，你摸着宇宙的节拍。你摆腰前蹈，你耸身入空，你变成一只鸟，一个驾翼的安琪儿，蹁跹，旋转。摆脱了体重的牵连，上下四方，充溢了阳光——丰草、花香、喷涌甘泉，俄听得钧天乐绕耳响。你眼花，你魂躁，你忍不住放声叫、唱，唱出来你独有之歌腔，追随着整个宇宙奔驰、激起、急转、滑翔！你和宇宙打成一片！不，你征服了宇宙，要变成宇宙的本身！你四体膨胀，灵魂膨胀——膨胀到无极之边。你之外，再无存在；你之内，一切油油生。你是个热腾腾，你是个混乱的创造！

狂欢！狂欢！它是时空的恐怖中奋勇夺得来的自由乱创造！没尝过恐怖的苦味的，永远尝不到狂欢的甜蜜。

狂欢是流线交射，是漩涡汇集，是万马腾骧，是千百万飞机闪电。狂欢是动，是舞——一气贯下的百段旋风舞。

狂欢是铿锵杂沓，是锣鼓笙簧，是狼嗥虎啸，糅入了燕语莺歌，是万籁奋发齐鸣，无所谓节奏而自成节奏。狂欢是音乐，是交响曲的高浪头。

弟兄们呵！我要你们画狂欢就是要你们画音乐，画那交响曲的高浪头！然而——你们不曾体验到狂欢的颤动的，哪里会诞生出交响曲的高浪头？

你们的画，不是说画中有诗吗？唉！诗到如今，难言之矣！你们所谓诗，无病的呻吟，逸兴的硁硁。我所谓诗，可以兴，可以发，可以舞，可以歌！硁硁的情绪，激不起巨大的音波，如果你们画中有诗，愿这诗不是三五字的推敲，而乃是整部民族史的狂奏曲！

三

史！这个字是一个如何可歌可泣的东西！一切史都硬要摆脱时空，但没有一个史摆脱得了。一切史——真正的史——都是狂欢，都是恐怖。

我不是说狂欢必由恐怖脱来吗？记着呵，狂欢终也必归恐怖去！

弟兄们，无穷时空的威胁，到处是，随时有，好个猛酷的事实。只有“历史外”的林林总总，自生自灭，它们感不到这个真实的赫赫，而这个真实也受不到它们漾荡之波。它们是古井，有水无波。它们是涸井，根本无水！历史外的人们有福了：一辈子安眠！唉，这“历史外”的安眠，更可使“历史上”的体魂不能合眼呵！

弟兄们！你们是“历史上”的体魂吗？那么，你们的心灵要永远是一个矛盾的结晶，你们对无穷的时空要永远感验到彼此宇宙性的孽缘：本体上是一种无由隔绝之亲，意志上却是两个不共戴天之敌！“自我”与“无穷”永远在斗法。恐怖是无穷压倒了自我，狂欢是自我镇伏了无穷。谁得最后胜利呢？弟兄们呵，是永远的斗争，没有“最后”两个字呵！每场恐怖必须创造出更高度的狂欢，更高度的狂欢必定要归结到骇人的恐怖！

因此呵，弟兄们，让我告诉你们生命的两大秘密。

狂欢必须大酒醉，虽然大酒醉不必是狂欢。因为狂欢的最高峰必引入恐怖的最暗谷，大酒醉所以支持最高峰的停留。因为狂欢的最高峰本即是恐怖的最暗谷，大酒醉所以否认最暗谷的来临。

狂欢必须异性伴，虽然异性伴不必是狂欢。因为狂欢的最高峰必引入恐怖的最暗谷，异性伴所以对待最高峰的告辞。因为狂欢的最高峰本即是恐怖的最暗谷，异性伴所以协助最暗谷的再征服！

大酒醉可以制造一时的幻觉，异性伴可以加强争斗的意力。

然而，这不足以与道德先生道，道德先生挡不住酒色的“鸩毒”。至于聚在街头交鼻接耳的俗徒呵，他们一味畜生，哪里认得了酒之仙、色之圣！

弟兄们，让我告诉你们吧！街上俗徒没有见地来体验狂欢，道德先生没有活力来接受狂欢。他们意识的对象原来是纵欲，不是狂欢：俗徒只晓纵欲，先生不敢纵欲！

你们，认得时空意义的历史体魂呵，你们配得谈醉酒，谈异性——因为你们的狂欢乃是征服恐怖的创造。

创造之才呵！奋起笔来，画一画狂欢，我并愿你们每次画狂欢，不要忘记了醉酒之香，异性之美！

四

弟兄们！现在正襟危坐，静肃里受我的第三道母题。

我不晓得你们还认得这两个字吗？虔恪！唉，世上民族再也找不出比你们更加缺乏虔恪了。然而呵，缺乏虔恪的民族，如何可以长留于世上？

虔恪是什么？且慢慢为你们说。

狂欢是自我毁灭时空，自我外不认有存在。恐怖是时空毁灭自我，时空下自我无存在。虔恪呢？虔恪是自我外发现了存在，可以控制时空，也可以包罗自我，由是自我与时空的战场上，降下了一道濯濯白旗，彼此鸣金收鼓。

归去安眠吗？蠢畜生！快快肃立，一齐合掌来参拜！

自我与时空之上，发现了一个绝对之体！它伟大，它崇高，它圣洁，它至善，它万能，它是光明，它是整个！

面对着这个绝对体，你登时解甲投降，你邪念全消，自认渺小，你不敢侵犯、不敢亵渎，你愿服从、愿自信、愿输诚、愿皈依，你放弃一切盘问、请求，你把整个生命无条件地交出来，在兢兢待命之中，严肃肃屏息崇拜！

什么是虔恪呢？那就是神圣的绝对体面前严肃肃屏息崇拜。

弟兄们！四千年的圣训贤谟，也为你们发现了一个绝对体没有？你们所谓神圣的是什么？你们所屏息崇拜的在哪里？

唉！我访遍了你们的赫赫神州，还没有发现过一件东西你们真正叫作神圣，叫作绝对之精！殿、庙、经、藏、天神、国家、女性、荣誉、英雄之墓、主义之花……在哪一个面前，你们真晓得严肃肃合掌？在哪一个背后，你们不伸出你们那秽腻的指头，哼出你们那虚无的鼻中笑？

笑？原来你们自诩无需绝对体！你们的心灵根本感不到自我与时空，当然无需绝对体。你们最要的是安眠，绝对体却迫你们立正！

弟兄们！不有恐怖，无由狂欢。不有恐怖与狂欢，也必定无由虔恪！你们要体验虔恪吗？先为我尝遍了一切恐怖与狂欢！

现在，弟兄们，准备好，要体验虔恪吗？我告诉你们吧！你们还需要斋戒，还需要洗澡——你们太不洗澡了！洗三日澡，跟我步行，渡过水，翻过山，来到大荒之野。人世远，尘念消，躺地上，过个露天夜。醒回来，无边的黑色与岑寂正凝伫着整个的宇宙。蓦然间，东方之下，辐射出一阵紫光红浪，一层一层荡漾，好像一条展开的罗裙、一只起舞的孔雀，倒撒上天空，愈来愈艳。紧跟着，一轮黄金之球，地底涌出，庄严华丽，天后之容，上下四方，反映着都是光，都是热，都是颜色！你和我不由自主地张着口，呆着目，一齐站起来迎驾。万籁无声，一轮高耀——这刹那我们认识了她——绝对，这刹那我们严肃肃合掌皈依！这叫作虔恪！

弟兄们，我如此指出三道母题，拿去分别画一画。

什么？你们要开辟一个“特强度”的崭新局面吗？我只须再吩咐一句话——猛把恐怖、狂欢与虔恪揉着一团画出来！

——萨拉图斯达如是说。

《战国》副刊第八期，重庆《大公报》1942年1月21日。

阿物，超我与文化

一

心理分析学鼻祖福罗特（Freud）因为是犹太人的关系于希特勒兼并奥国时踉跄亡命于英国，两年前不幸抑郁逝世了。他的“唯性主义”人人皆知。尽管学术界的反对者到今日还是势力不减，但唯性论影响到一般文学艺术以及普通人的思想者，实普遍而深入。

近年来他创有 id，ego，superego 之说，和他的高足阿德勒（Adler）的高卑情结理论大有掩映相成之处。福罗特的主要目的本在了解个人的心理状态与活动。但他所发明的许多概念，大可以帮助我们了解文化以及社会上种种群体现象。大家谈社会文化，动不动就称述斯宾塞、摩根、马克思等，也许换一换口味，采用福罗特的心理看法，可以取得一二个新颖的收获！

id 可译为“阿物”：是人们性心中的一种迈进力，一切本能冲动后面的原动力。它是无意识的、无理性的；是一团情欲，一团原始存在的情欲，不断地要求满足，要求立时的无条件的满足。在其自求满足中，它是毫不顾实际的利害，更不顾道德上的是非。

ego 或“自我”大体上是有意识的，是逻辑的。它可说是人们心中的灵明，认识环境、认识实际的。它的作用在驾驭“阿物”使其精力得相当的宣泄而又不致与外面的环境发起正面的冲突。

孩童之期，这个灵明的自我，尚未十分发达，十分强健。其时驾驭阿物，禁制阿物之处，往往有不得借力于父母的权威者。于是父母的权威，不期然而然地成为孩童心理中的一部分。所谓 superego 或“超我”者，即由是产生。超我可说是孩童最初的道德观，可与一般人所谓“良心”者比拟，但其严肃不假借的精神只有过之而无不及。

阿物的行动原则是享乐、快意。自我的行动标准是利害，现实。超我的行动型式是禁制、权威。

社会与文化都是根据在相当的公共生活、公共行为之上。将阿物加以相当的禁制，是文明生活之必需。但禁制太甚，则个人身心上摧残过甚而种种变态的表现不免要随之而产生。自我的永远难题是：如何在阿物、超我与环境三者之间，寻求一种适当的关系。

这也就是人类社会的永远难题！平衡发展的社会制度与文化结构就是要如何设法使自我得到充分发挥与运用的机会，以免阿物、超我与环境任一者之畸形发展与过度肆威。

二

中国传统伦理下的社会，如果用福罗特的术语来形容，可说是一个经典的"超我独占型"。敬顺长老、诵行古训、遵守惯例、反对新奇异端——哪一个不是表现出超我的威风，在这个四面楚歌的超我压力下，阿物处处遭禁制，遭呵斥。阿物不断地被摧残，而个人的迈进力，个人的生机热情当然也消磨殆尽。中国的传统社会，就好像旧约中以色列十诫命一般。到处逢源，都是"你不应当"四个字！你不应当作这个，你不应当作那个……非礼勿视，非礼勿听，非礼勿动！哀我中华人，可做的事在哪里？

"五四"以来的种种解放运动，根本意义就在要减杀数千年来超我的权威。反而观之，也就是给阿物以空前的宣泄机会。

阿物得宣泄是一种极含危险性的现象。阿物任意横行便是社会离心力的爆发——它要分散不要团结，要破坏不要建设的。然而在当日那"世纪的末造"，不破坏，从何建设？有超我万能的当年，就不得不有阿物冲荡的"五四"。这种情势，仿佛文艺复兴时代的欧洲：有中世纪的超我世界，便有文艺复兴的阿物怒号。

然则中国的问题是不是简简单单地只要一味解放，解放而又解放？

曰，唯唯，否否！这里头情形乃有大大不简单的一点在。

上次欧洲大战后，欧洲大陆上已经明显地露出了一个新动向：就是要再度压制阿物而建立一个"新超我"！用普通语词，就是说，个人自由主义的没落，集体功用主义的代兴。其实这种动向，在拿破仑时代已经开始萌芽，不过到最近二十年才开花结果。苏联、德、意几个极权国家，以为内在外在因素的急转，把这个集体主义的动向，用了一种过激的以至病态的手段与形式表达出来。英国、美国，处境稍缓，所以表达的形式也复略见温和。表面上各国虽有阶级基础之不同与夫民主独裁的区别，骨子里，不管愿意不愿意，都走上一个注定的路径——一种"新超我"的形成。组织化，合理化，分工互利之呼声，必要取放任平等的口号而代之；这是必然的趋势。目前世界各国决斗，谁胜谁败，只能影响到这个新超我形成速度的缓急，程度的深浅，而绝不能把这个新动向反掌而变成为"阿物复辟"的旧观。

却是，一点必须认清：欧西将来的新超我世界，与中世纪，必定绝不相同。根本原因：欧洲人的阿物已经过了一番充分的解放、自觉与发挥。将采的新超我乃黑格尔所谓"反后之反"与反前之正，必定迥异其趣的。

这里就是我们中国人的大难题了。人家已经大步踏进了"反后之反"的境界。我们究竟是行到哪个田地呢?

分明我们的阿物还没得个充分的真正的解放。我们的阿物尽管经过了“五四”的狂飙，还依旧没得着机会恢复它的天然灵机。我们不配接收新超我。但，整个世界急转直下的潮流，又紧迫着我们非赶急制造新超我不可。

这也就是我们文化的使命。人家花费了数百年的工夫，解放阿物，解放个性，现在正好开始建设新超我，加紧群体的组织。我们却要同一时间内，两者并行，一面赶造强有力的个人，一面赶造有力的社会与国家。这两个目标，最容易冲突不过，但平行推进，并不是不可能：这就看我们政治家、思想家的艺术是不是够高明够微妙了。

《战国》副刊第九期，重庆《大公报》1942年1月28日。

疾恶如仇——战士式的人生观

一

显然的，站在民族生命长久发扬的岗位看去，抗战的最高意义必须是我们整个文化的革新!

战胜是不够的(更莫说因人成事的战胜)。打倒人家侵略主义，收复一切沦陷河山，是无意义的——如果重新占了那金瓯无缺的神州之后，我们，尤其是有智力有才力的分子，还是依旧地愦愦嬉嬉，依旧地欺人自欺，还是一味地肮脏、混乱、愚昧、贪污。抗战历程中的种种浩大牺牲，若要有真正的代价的话，我们竟无可逃地必定要在那座收复回来的江山之上，培养出一个健康的民族，创造出一个崭新的——有光有热的文化。

第一步，人生观必要革新! 趁着这个火烧焰烃的苦战硬战中，打出一套新的人生观，铸出一副新的人格型来——这恐怕是思想教育的工作人的最高责任了。

也许是我的偏见。平日静察，总觉得数千年的国史，只留下春秋一段，最耐慕思。不消说，春秋时代也自毛病百出，不过它的整个精神，它的中心体相，是少壮的，活泼的，充满创造的可能的。最重要的一点——而这点终究是任何时代文化价值的最后试验——那时代所陶铸出的领导人物，其本质类皆是光明的、磊落的、刚强的。我无以名之，曾名之曰“大夫士”的人格型。由春秋而经过战国，而转秦汉以后的社会，便是我所谓的“由大夫士到士大夫”，我们整个文化的精神，整个流行的人生观的骨质，乃逐渐地官僚化、文人化、乡愿化、阿Q化。虽然在其间也曾有过了好几次起衰振微的运动，表面上或收到暂时的局部功效，无奈大运所趋，终是江河日下，到了晚近百余年、数十年，真可说是病入膏肓，非全部开刀不可。

阿Q式的人生观，无以立于二十世纪的天地之间。抗战的最深入的历史使命，必须是烧断了阿Q类型，而铸出一种“战士风格”！

战士两字，无疑地是官僚、文人、乡愿、阿Q的相反名词。把二千多年来世世互传的老模型，一旦要推翻之而代替以针锋相对子午相背的新标格，当然是大难事，然而——不是不可能。

这番抗战的历程确确供给了我们一条兴奋的启示：千百年来官僚、文人、乡愿、阿Q的社会，尚侥幸没有把民族灵机尽数摧残；响应着时代的呼唤，最少还有数百万奔赴前线的丈夫。战士——最少奔赴前方的战士——在中国，不但是可能，而且是赫赫眼前的事实。目下的关键问题，除了向前杀敌之外，似乎就是如何把前方战士的壮烈精神，向后方延长而倒灌到全部民族的（尤其是中上社层的）细胞，使一切营营的官僚、文人，靡靡的乡愿、阿Q，都要根本上革面洗心，树立出一种新人格。前方战士伟大的牺牲，不可不换得真正的代价。如何使死者不虚死，生者配得生？后方文化界的时代母题便在此在此！

二

战士式的人生观的建立——这个大题目从何说起？我不久前所提出讨论的“大夫士的人格型”，在灵魂的底蕴处看，也就是战士式的人生观的说明。本篇且再从另一方面提出一句话申论一番——就是“嫉恶如仇”四个字。

十数年来也学观世故，学观愈多，愈觉得我们这个“名教”古国里，“名目”与“事实”自来两回事。名是一向冠冕堂皇，实却全非所指。分明是贿赂公行，偏叫作“润墨小费”。分明是霸占民产，却叫作“合理经济”。准备打死的丫头，叫作“义女”。专卖鸦片的税收，叫作“懒捐”。说是这些风气近来好得多了，然而为国者依旧需要细细留神。孔子曰：必也正名乎。莫是他老先生千载之上，早已看透了这个“衣冠”的文化，“表里”总倾向于“不符”。

“我们中华民族乃有一个大美德焉，曰宽大容忍！”我们的文化大师告诉我们说，我们的文化小卒也津津地到处鼓吹。然而所谓“宽大容忍”者，实际究如何？宽大乃是“老滑苟安”的别名，容忍乃“忍辱容奸”的缩写。也许在“大夫士”风尚蓬蓬勃勃的时代，“宽大”两字确符“宽大”之实。无奈透过官僚、文人、乡愿、阿Q的手掌，宽大宽大已流为一种纵恶藏奸的民族习惯。在我们的“宽大”肚皮里，正不知增长了多少罪恶，埋没了多少冤魂！我们愿翻这个千年的古老案，劝大家“褊衷”，劝大家“发怒”，劝大家“嫉恶如仇”！

传统圣人们讲道德，太钻入“爱”的一定打跟头了。“宽大为怀”的人生观，便是以“爱人如己”为根据的。到了今天，太多的好好先生、滑头老板，到处交头攘臂，相诩“爱人爱人”。空气弄得太浊了。让我们打开窗户，引进来一阵“嫉”字的清风。

一提起“嫉”字，料得那群好好先生、滑头老板，将不免要而然骚动，指骂这是异端。这些人吃了“唯爱论”的饭碗，二千年于兹，对这个飒飒西风似的“嫉”字，当然一见生猜。我们要领略抗战的精神涵义、文化涵义的，却不可再错过机会，而不乘时把“嫉”字的功用，充分地提倡而发扬。

猛向恶势力无情地作战——这是这次抗战对我们所深深启示的人生意义。第一步，要认定宇宙间大有恶势力的存在。第二步，要用全副力量，向恶势力进攻。前者是一种现实的眼光，后者是一种坚决的意志，由眼光贯彻到意志的火线，便是那“嫉”的热烈情。

原来事实上恶势力的存在，便是价值上战士存在的理。世间无恶，斯无须战士之一物，然而恶乃人世的事实，而且比比皆是，于是战乃不可免，不当免，而战士也就成为人类社会的绝对必需。本来既专为了对付恶势力而出世，战士的眼光必定要第一瞥就集中到恶势力的上头。他是永远地贯注着现实的精神，不肯做漫游乌托邦的温软梦。他永远惊醒，用两个炯炯到处搜寻。把恶势力搜寻到手之后，无妥协，无让步，对它只猛力轰击，非等到你死我活不休。我们搜寻恶势力，决个雌雄的战阵——这是战士的职务，也是真正战士的夙愿。这里头心灵上的动力，是由哪样来的呢？曰，由“嫉”的一个字。

嫉的精神，是战士人格的心理基础。这不是说战士必定无“爱”，乃是说战士不可无“嫉”，便是精神上的非武装化！

嫉就是战士人格必具的精神，那么，我们就必须要它把急急引入我们民族的伦理内，高高抬起，让万众都得瞻仰。换句话说，让我们把“打日本”的精神，向后延长，向后代延长，使我们从此个个都得胆量与决心，对社会上各种恶势力不断作战。

天下有可爱之物，天下更有可嫉之物。这是因为天下有善，而更有恶。如果恶的存在是战士存在的理由，恶的存在也必是价值上“嫉”字存在的解释。因为有了恶的存在，“嫉”字乃充满了道德的价值，也就是说“爱”字不足以独占伦理上的中心地位。善固然可爱当爱；恶却必是可嫉当嫉。不分善恶而无条件地以爱相待，推其极，便是无抵抗主义，“反抵抗”主义——否认战士的存在，否认战士的精神。结果所及，不但是非不判，是谓不公，并且纵恶为虐，是谓不仁。爱的本意，到此却被爱的本身打翻了。甘地的一身反战主义所以到今天而成为离奇的偏见，其逻辑的渊源，本义在他“唯爱”的大前提。如果要“爱”不打翻自家，爱神之旁，必须有“嫉神”镇座。

抗战以前的国粹道德家，言必名“爱”。让我们从今认定，抗战以后的伦理，“嫉”

字要与“爱”字并驾齐驱。

抑我们更有进者，我们这个“神州”的社会，早非天上乐园。踏过南北东西，遇的人遇的物，善的有如麟毛凤爪，恶的却是到处逢源，换句话说，可爱的，百之一二；可嫉的，百之九十五六。在这种环境中，如果我们暂主张把“爱”字束在高阁五十年，把那“嫉”字捧出来作为重估一切价值的起点，有心人谅不会以此言为河汉。以爱为原则，百行只得其二，以嫉为原则，百行可以九十五六次不差。

时贤谈政治，动不动就要兴办这个，设置那个。我们细看这个充满习惯势力的社会，第一步需要是“去恶”，第二步再谈“兴善”。要建立“去恶第一”的政治，必须先设立一种自热的“嫉”的精神。

如之何到了今天，我们的文化大师，呐喊小卒，还是高卧讲座上，奔走市尘里，自吹自擂“宽大为怀，爱人容忍”？我们的脾胃，收容量煞是惊人。咸酸腐臭，一例嚼吞，鳖骨乌龟，笑颜接受。所以侵吞公款的，依旧可以呼弟称哥；卖身于伪组织的，仍然可以数亲论戚；废职抽鸦片，我们固然可以同榻捧场；弃妻结重婚，我们更无妨登门致贺。对这个官僚化、文人化的宽大，乡愿化、阿Q化的容忍，你说我们今天所要提倡的精神，是“爱”的婆心吗，还是“嫉”的火气？

三

说到这点，我们愿论一论“仇”的观念。中国传统处世之方，最要“无仇无怨”。无仇无怨，为的好保住他的小饭碗，保住他的小头颅。官僚、文人、乡愿、阿Q的人生观，根本精义就在这里。明哲者要保身，傻瓜者要闯祸；“嫉恶”不是好惹的事，因为嫉恶必结仇人！一有仇人，天下从此多事，眠食从此难安。所以“吾侪”的办法，是和其光而同其尘，呼我为马者，应之以为马，呼我为牛者，应之以为牛，管他世上有是非，人间有不平，我只须挺着这副“宽大”肚皮，笑里旁观，容忍笑语。本来阿Q所最怕便是仇人。在这点上，阿Q与战士恰恰相对处，暴露得最是明显。

真正的战士必要孜孜地到处寻“仇者”，因为寻得了仇，才有对象来试一试他的斩妖之剑。嫉恶是他一生的事业，却必定要嫉到如仇的程度，因嫉到如仇的程度，则不但在感情上你非拔剑不可，在利害上，那恶势力迫到途穷，也非向你拼命不行！专把自己迫上一个地位，非与恶势力决斗，没有出路之可能——这就是战士处世之方！过去的，是阿Q。未来的，倘是战士？未来的战士们，我不求你们“爱人如己”，但祝你们能——“嫉恶如仇”！

《战国》副刊第十九期，重庆《大公报》1942年4月8日。

民族主义与二十世纪——一个历史形态的看法

一

今天承云南省党部嘱讲“民族主义与二十世纪”，私衷感到荣幸而恐慌。抗战发动以来，一般人士都很能够肩负起发挥和解释三民主义的责任，上自抗建纲领，下至报章杂志中，直接间接以三民主义为基础为背景的言论和主张，都可说是这种努力的成果。我今天不敢说有所发挥或解释，只想就愚见所及，对民族主义，冒昧地作一个侧面了解的尝试。

我们知道，抗战在中国历史上是无疑地有划时代的意义的。在这短短的四年当中，中国各方面均有剧烈的变化。在学术方面，论理也应该有一个新的开展。我认为这个开展，事实上已有了萌芽。我晓得学术界中已有静中努力之人。只是他们力量分散，尚未能汇为主流。然而他们的趋向，已逐渐清晰，路线亦慢慢明白。我不久前所指认为“第三期学术思潮”者便是这样。

这种思潮的内容与轮廓，这里不能详谈。但它在中国当代的思想史上的影响，必定要与时俱长的。大概言之，中国思潮，“五四”以迄现在，二十二年经过了三段变迁。第一是经验事实的阶段。事实是那时期为学的目的，经验派论是它的方法。第二是辩证革命的阶段。革命，阶级革命是目的。辩证是方法。第三可说是文化综合或文化统相（cultural configuration）的阶段。民族文化整体的认识与推进是目的，综合或统相是方法。

抗战是一个有力量的伟大现实，它一面赋予我们以一个建设学术的机会，一面也派定我们以一个建设学术的责任。我们愈感时代之伟大，愈感这种机会之难得，也就愈感这种责任之艰巨。今天想试用一种文化综合的观点，来认识民族主义，看看民族主义在近代世界史上的意义是什么，在目前二十世纪的形式与运气是怎样。

所谓文化综合的工作，势须由各种学问多方促成的——社会学、心理学、政治学、经济学等。其中一个重要学问即为历史学。而在研究方法上曾给予历史学以一种新的路径，特别值得我们注意的，我以为是历史形态学（Morphology of History）。我们亦可名之曰历史统相法。

历史形态学或统相学是利用一种综合比较方法来认识各个文化体系的“模式”或“形态”的学问。各个文化体系的模式，有其异，亦有其同。我们研究，应于异中求同，同中求异。斯宾格勒曾应用这方法写出他的《西方的没落》的杰作。最近英国史豪汤贝的《历史研究》一巨著（二十一个文化体系的研究）也是这方法的另一应用的结果。在中国方面应用这方法而有卓著成绩的，恐怕是畏友雷海宗先生。他的《中国的兵与中国文化》一小书，国人应当注意。

二

用形态学或统相学来看文化，这种尝试，为期尚浅。方法虽可相同，结论未必一致。我个人看法是觉得一切文化似乎都经过下列三个阶段：（一）封建时代，（二）列国时代，（三）大一统时代。

封建时代是一个文化由原始状态升到水平线以上的时代。在这时期中，一切文物，无论政治、经济、宗教、社会各方面，才慢慢地显示其独特的形态，丰富的内容，以及高度发展的可能性。严格言之，到这时期始有文化可言。就文化之“意”（精神）上看，封建时代的文化往往就是它任何文化后来整个精神的基础。就文化之“形”说，凡是封建时代的文化，都有下列各特征。

其表现政治方面者，则为一种分化、分封的制度。虽然在那文化所被的区域，多半有一个名义上的“共主”，但其权力并不集中，共主的命令并不能透过各种下级的统治阶层，而直接驾驭所有的民众。

其表现在经济方面者，则为一种比较凝固不动的状态。农业是这时期的经济基础。“采邑式”的农田经济，限制了经济区域的扩大，减低了交通的效率，而各自成为自给自足的简单单位。

其表现在社会方面者，则为一种等级、层级的严密区分。人们的身份各自依附于若祖若父以来的等级或层级，不得逾越，不得混同。此种等级的区分虽因个别的文化体系而各有小异，然大处看之，都形成统治与被统治两级。两者之间，被一层截然的隔膜障碍着，无法接吻，不许互婚。

其表现在宗教方面者，则为一种集团的、贵族的宗教。政权正式承认的宗教是统治阶层所特享，平民都常常被禁止向神或上帝直接沟通。统治阶层自成一集团，故宗教亦呈集体现象，成为一种贵族的集体信仰物。封建时代统治阶层的宗教，大都起源于祖先崇拜。故当时他们重要的神，往往即为他们的祖先。神与祖先在这时代每有某混同的意义。

总之，这时期的变化，无论其表现在任何方面者，吾人皆可以一言以蔽之曰：必具有“上下之别”，必严于上下之别。“上下”两字是这时期一切价值最重要最基本的标准。

随着封建时代而发展的，是列国时代。在这时期中，就政治方面说：由分封到统一，由分化到集中。顺应统一和集中的趋势，国家的形态方才确立，而自然演进为列国并峙的局面。就经济方面说：由凝固而流通，由自给自足的采邑经济到互通有无的商品经济。最显著的时代特征，即为商人阶级的抬头。此时工人也可以取得相当的地位，但因个别文化内在的不同，其成就亦便有高低。就社会方面说：由有差别到平等，由等级到混同。维持等级和身份的种种特权逐渐减少。自由和竞争的机会日益增多。就宗教方面说：由贵族到平等，由特殊到普遍，由集体到个人。个人可以不经僧侣而直接向神或上帝契合、通意，其结果则为信仰自由。

总结一句：列国时代一切价值的基础，不在于“上下之别”，乃在于“内外之分”。上下之别虽不完全泯灭，但是降到次要地位了。此时社会上的意识，不注重贵贱阶级之互异，而最注重国与国间之区别。所以外战可以消除内争，攘外往往足以安内。在封建时代，甲国的贵族往往可以公开被迎入而为乙国的诸侯，两个敌国的统治门阀，可以彼此媾婚，而不能与本国平民媾婚。到列国时代，则此风渐泯，而“国籍”乃成人们最基本的标志。“内外”（国内国外）两字乃成鉴别一切价值的标准了。

结束列国纷争局面的，是大一统时代。在此时期中，一个庞大的帝国兴起，包括整个文化区域。在政治，趋向于专制。在经济，多少应用管制。所谓国营或官商合办的经济事业，在这时期内渐渐时髦。如果封建时代经济的象征是农夫，列国时代经济的象征是商人，大一统时代经济的象征可说是官僚。官僚地位的隆起，是这时期的最大事实。在一个皇帝或独裁者的专制下，社会上一切人皆有摇身一变而为官僚之可能，之希望。路径有二：或是遵循一种具有客观标准的考试制度，或是凭借其在社会上攫得的一种特殊势力与关系。也就是说，一个平民可依据自己的“势力”或“能力”而取得统治或准统治的地位，“王侯将相，宁有种乎?”这与封建时代的世袭世业制度不同。大一统时代的社会，可说是独夫专制下的大众平等式。至于宗教方面，则表现出一种颓萎的倾向。表面上，官家多要制造一种膜拜皇帝的宗教，实际上，民间已渐失去坚贞单纯的信心。各种神秘秽亵的杂教混聚相糅，而产生一种迷信的综合教。两汉以后的中国道教，便是此类。

此时期内一切价值的基础，在清平隆盛时或勉强可以维持前两期形式之一部，但其大势所趋，往往只是“势力判定一切”。私人的势力决定一切，无俨然的上下之别，也无截然内外之分了。

上述封建、列国、大一统三国时代，是人类史上各个文化体系均有的三阶段。中国如此，希腊罗马如此。我们细看汤贝所研究的二十余个文化体系，竟都如此！

三

现在我们要问的：两百年来推动全世界发展的西洋文化是怎样呢?

我们中国人应当坚决相信我们将来可以创造一个新的文化，成为世界主要的动力。我们应当具有这种决心和抱负。同时在今日的现状下，西洋文化，都是世界的主流，这点无须否认，也不宜否认。唯其如此，在今日而谈任何问题，必不容离开西洋文化所表现的一切问题而推演而讨论。

第一步，我们先要认识西洋文化的“形态”。

以西洋文化而言，十四世纪以前为它的封建时代。十四世纪以后，即从文艺复兴以至现在，为它的列国时代。此后西洋文化会不会走入大一统阶段呢？换句话说：此后西洋文化是否可以不走历史上其他各体系的文化所皆已经过的路线呢？我们此刻暂不论。根据我们上列所举的历史形态，我们却可以认定，目前西洋文化已演到它的列国阶段的高峰。大家晓得中国文化内的列国阶段，曾经我们的历史家分为春秋战国前后两期，如果应用这两个名词到西洋文化头上，我们可以如此说：文艺复兴至法国革命是西洋文化的春秋时期，法国革命以至现在，便是西洋文化的战国时期了。春秋与战国，虽然同属于列国阶段，但彼此不同之处颇多。最重要的：春秋时代各方面都保留着封建时代的贵士遗风，战国时代则在战的需求与影响下，一切贵士遗风扫荡殆尽。关于这点，我们这里也不能多谈，只好另日细论。

认清了西洋文化目前已走入战国时代，走入它的列国阶段的高峰，我们便可以再进一步来讨论民族主义。

民族主义即英文 nationalism，是一种社会现象，也是一种政治主张。按前者看去，民族主义是：一群人受了地理、历史及其他种种的环境作用，感觉他们彼此间虽然分别言之，利害难免参差，但从大处着想，却有一种生命上、心灵上不可分离的共同根据，于是产生一种渴求、愿望，在政治上要组成一个完整的单位，内在要统一，外在要独立。凡是一群人有了这种感觉和渴求，我们便可以说在这群人中发生了民族主义的社会现象。承认这种现象是合理的，是“应当”的，并且须设法培植、增进、加强，使它那种感觉和渴求充分实现——这便是把民族主义变为一种政治主张。

在历史的历程上看，民族主义的现象与民族主义的主张有不能分开的相辅相成的关系。中山先生的民族主义在某种意义说，便是根据中国已萌芽的民族意识之“现象”而加强提倡出来的一种“主张”，同时他这种主张在过去三四十年中也就发生了莫大的影响，增强了中国的民族意识。三民主义之中到目前为止，成绩最著的，要算民族主义了。

但我们今天所要说明的，还是一个历史形态问题。

原来妙得很，民族主义无论其为一种现象，还是一种主张，乃都是任何文化体系发展到列国时代所多少必有的东西。中国的春秋战国时代曾有过，希腊的波利斯（Polis）分立时代也有过。西洋文化，正在经历它的列国时代中，所以也必有它的民族主义之产生。西洋文化的特点，并不在尽有民族主义（像一般历史政论家所说），乃在它把民族主义，事实上、理论上，都发挥得特别坚强而显著。

这本是西洋文化的特点：在许多方面的表现，它都比过去一切文化强烈得多，热闹得多，彻底得多。理由呢？凭你说吧，智者见智，仁者见仁，本来一切历史上的大事情，不是所谓单向路线的因果律（one－way causality）所能解释的。一个大事情、大史实的产生，都是种种色色大大小小的现象，在不断的互相影响互相推荡中，拥将出来的统相。我们只能看到其如此，不知其所以然。不过人们的理智总不肯放休，总想设计说个“所以然”，人们这种“求其因果”的欲望，也是必需、当有的。同时我却也觉得史豪蒙森说得对：在伟大的面前，只有静默！必不得已，也许斯宾格勒的解释可以塞责（其实是不成其为解释的）。西洋文化比媢［较］具有一种浮士德精神，所以它所演出的戏出比人家总强烈，总彻底。

话转回本题来，民族主义是任何文化行到列国时代的产品。西洋文化的列国时代在文艺复兴时开始，民族主义在那时也老早就开始了。五六百年来的历史，是紧看着这个主义步步开展，步步演进。中山先生如炬的眼光，看到这点。在国人半醉半梦的时辰，揭出民族主义，作为开宗明义第一章，这是他把握着历史，把握着时代精神的中心。

民族主义应当放在第一条的。我们说过了，列国时代，一切价值，建在“内外”两字上。内外之分，就是以民族（或国家）为准的。把民族主义放在第一条，我想中山先生是有其深意在的，他要我们认清民族主义是一切的前提，一切的一切都应当在民族主义范畴内发挥其作用：民族主义是为民族的，民生主义也是为民族的。共产主义与民生主义的一个大不同点，我想也许就在这里：前者要超民族主义而谈经济平等，后者却是随着开宗明义第一章之民族主义而顺流延长的。广泛一点看，把民生主义当作一种“民族的共产主义”也无不可。民生主义究竟是不主张蔑视民族的“内外”之分的。

四

为什么一个文化发展到它的列国时代会有民族主义的现象与主张发生呢？

我的解释如下：

民族主义之原始的雏形根据，本来是一种“种族观念”。这种种族观念在封建时期就存在了。不过那时期的种族观念，和其他一切观念一样，其分布的形态是有“上下之别”的。“国”与“国”间（如果可用这字的话）的统治阶级，即贵族如公侯卿大夫等，倒觉得彼此血统相同或气味相通，而对本国内被统治阶级的庶民奴隶反感是鸿沟相隔。到了列国时代，贵贱的阶级意识逐渐扫除，“上下别”的种族观念便逐渐变为

“内外分”的种族观念。也就是说，种族观念由“身份”的根据转移到多少是“地域”的根据。在一个地域内的人，不分上下，都觉得彼此是同一来源，形成整个种族，与其他地域的人群有别——这便是民族主义的开始的萌芽。

然而后来民族主义所以成为一种富有自觉性、富有组织性的高度现象者，乃是因为列国时代都有两个伟大的潮流。高度的民族主义可说是种族观念受了这两个潮流直接间接的洗礼而形成的产儿。

这两个潮流是什么呢？一是个人意识的伸张，一是政治组织的加强。

这又是一个历史的形态。一个文化走到它的列国时代便有这两种潮流发生。由于个人意识的伸张运动，逐渐而有个人主义、自由主义的提倡；由于政治组织的强化运动，逐渐而有国家主义、国家极权的努力。这两个运动在表面上似乎相反，实际上也往往相克。然而在另一方面说，却往往相激而相成。其相克相成之处，本文无暇详论。有一点可以提及者，就是在列国时代的前期中，个人意识的伸张运动较占上风。而在后期，则政治组织的强化运动逐为时代的主流。就西洋文化说，十九世纪中叶可说是两个潮流的分界。前乎此，个人主义优越；后乎此，集体主义抬头。

列国时代是任何文化所演出可能的花样之最热闹时期。西洋文化的列国时代尤为好剧层出。最少有六幕热剧可堪注意。而每幕的演出，都与上列所称的两大潮流有关，都是推动这两大潮流的表现。

第一幕是文艺复兴运动。文艺复兴的一方面的意义，是人文主义的产生，提出了“人”的概念，以与中古的“神”对抗。人代替了上帝而成为人们意识生活的中心，这是个人意识伸张的第一步。同时，文艺复兴另有一方面的意义，就是对政治的解释由“神意”的表现，而变为“人力”的表现。马奇维里的“霸术”论便是这种看法的结果，与中古的圣·奥斯丁的“上帝之城”恰恰相对衬。从这时期起，政治才渐渐脱离了神的拘束，而成为人的意志的关系，以及物的力量的关系。在文艺复兴时代，鞑靼霸王铁木真——人力的象征——在欧洲人脑筋里所引起的仰慕之忱，竟可与上帝争衡。反叛上帝的普罗米修大士，偷天火以赉人间，尤为文艺诗歌的题材。文艺复兴在这点上说，乃是政治解放，把政治脱离宗教伦理而放在政治的本位上来发展、来鉴赏，也就是政治组织强化的第一步。

第二幕是宗教改革。宗教改革的意义，自然是把个人从教会里解放出来，使一切人在神的面前一律平等，一切人多少都可以直接与上帝契合，不须由教会为媒介。由这方面看，马丁·路德以及他的继起人的努力，都代表一种个人意识伸张的运动。同时，中世纪罗马教会所管辖的“世俗”事项，现在一一划归于各地域的封君或国王，中世纪教会所占有的财产和土地，现在也慢慢剥削到各国王的手中。宗教慢慢成为人们纯粹内心生活的趋势。因此，所谓“政教分权”，实际上乃有把教权隶属于政权的作用。政治组织日益具体，日益扩张。

第三幕是地理发现运动。地理发现富裕了欧洲人的经济情况。它使欧洲人得充分发挥其经济力量于空前天地的大舞台之中，其最后结果则为自由贸易主义的兴起。有一点堪注意的：地理发现与个人自由主义有莫大的关系。新大陆的发现，予欧洲商人以人类空前的机会来发展商人的历史地位与作用。这机会为其他文化内的商人所未有的。自由贸易主义是商人所以对抗国王的专营主义之工具，它曾给了个人主义、自由主义以一种强有力的支持与表现。但反而观之，地理发现也带来了种种政治涵义：如何驾驭土人，如何管理殖民地，如何保护并利用殖民地的资源以与他国竞争，这亦都非发明有更强大的政治机构不可，所以地理发现实促进了欧洲各国的军国组织、“帝国”组织的机缘。

五

第四幕是工业革命。工业革命本由于科学的发达，机械的发明。科学的发达是人们求知精神的成功，本是个性发挥的证实。由科学而机械，由机械而控制自然。人们到此乃为自然的主人翁，上帝的驱使者。声、光、电、化……种种的发明，哪一个不是证明人们的头脑差不多可与上帝争衡？科学发达、工业革命都可说是个性发达的表现，而同时也促进了个人意识的伸张。但个人“致知”与社会“致用”分不开的。个人发明所以供社会致用，科学在历史的意义绝不仅在“求知”，乃尤在“致用”，绝不仅在饱餍个人求真的欲望，乃尤在使整个社会科学化、机械化、组织化、规则化。科学即组织，科学发达，政府组织也要扩大，也要加强。科学和欧洲政治的相互关系，是论史者不可忽视的大事实。

第五幕是民主主义运动。民主主义运动，狭义言之，是一个政治运动。这个政治运动，目的在求人民自己成为国家的主人翁，用股票形式来表现各个公民的政治威力。其代表一种个人意识的伸张，彰彰明甚。但我们不可忽视：民主主义发达以后，对于政治组织的强化却也大大有帮助。“人民是国家主人翁”的观念，提高了民众的爱国心和责任心。在西洋历史上，民主运动每次都提携着爱国运动而来。尤堪注意的一个微妙事实是：教育国营与全国征兵制——两个增强政治组织的大工具——便是随着法国大革命的民主运动而出现的。原来民主运动，在事实上不只是个人主义的表现，也是集体主义的促成。这点许多形式分析派的史家每每看不到。

最后一幕是社会主义运动。这个运动的本来意义，在把民主运动由政治推到经济方面。必须经济平等方可以充分发展个性，故社会主义运动本是个人意识伸张运动的引申。但社会主义，在理论上又显然是一种集体主义。而在事实上的表现，凡属于社会主义性的国家，无论是苏联或是其他，其政治组织上，亦必然地呈出一种极高度的强化。

所以六幕热剧只有两个中心母题，尽管表面上的旗帜标出了文艺、宗教、地理、科学、政治、经济等符号，而每幕的主要作用都是伸张个人意识，加强政治组织。我已经提过了，这两个潮流大有相克相反之处的。个人意识的伸张，是一种离心的运动。政治组织的加强，是一种向心的工作。一是散，一是集；一是离，一是合。如何可以把它们调剂协合起来呢？这确是近代西洋文化中的一个实际社会重建问题，也是一个心灵重建问题。

为了这两个思潮的矛盾产生了西洋无数人灵魂上的烦闷与不安。在这里，民族主义确有它的作用。一个人感觉自我特立独在，握有独具的价值，不与人同，也不要与人同——这是个人意识所产生所培植的观念。但他同时又要否认自我，承认自我只不过为一个“大我”的零星断片，不能离大我而独立，必当附大我而发挥其作用——这是政治组织加强化所必须根据的基本观念。民族主义颇能够在这两个矛盾观念之间，搭起来一座桥梁，使之融合于一体。民族主义提出它那种统一概念，引唤那地域内每一个人都觉得他的特立的自我原来都是出自一个公共的祖先，化自一个同源的血统(事实上是否如此，是不涉重要的问题)。每个人尽管还是每个人，但同时也自愿承认为那个同源的集体——民族——之一部。而所谓政治组织的单位，并不是自外突来的异体，仍即是它所自出的民族。于是个人意识的伸张相安。越是这两个潮流发达，越需要民族主义做调人。在西洋文化里，民族主义之所以比任何文化都强烈鲜明者，这点或许是个大理由。

反而观之，民族主义本身，受过了这两个潮流的洗礼，也就不再是列国初期的那种模糊不确的原始种族观念。它受了个人主义的刺激，成为一种富于自觉性、自动性的东西，因为它乃由每个人经过自觉工夫而自动接受的；它受了政治组织加强化的影响，成为一种富于组织、实力性的东西，因为它不仅是一个概念，乃拥有一个社会制度以为其执行意志的机关的。列国时代的“民族主义”所以大异于封建时代的“民族意识”者，就在这里。

六

我上面提过了，虽然列国时代一行开始，个人主义潮流与政治组织潮流便并肩发展，但到了后来愈向前走，政治组织潮流愈形优越。十九世纪中叶以来的西洋文化可说是已经走到了这种情境。那时候，社会主义的抬头，德意两国的统一都可以说是这种情境的号箭。社会主义运动这一出剧，在一般人看去，都认为是一种工人解放运动，一种阶级革命的运动。诚然，诚然。但更重要的意义——就是它在历史上的中心作用——在我看去，恐怕将在于政治组织的极端加强化。历史上许多事情，在起初推动者的用意是一回事，到了后来实际上的结果或作用另是一回事。究竟列国时代的基本价值与形式或是内外之分，不是上下之别。……阶级解放终只能在国家的界限内发展而不能打破国界而成为国际的整个运动。应该不应该，不在话下。我们所指出的，是客观历史范畴的事实。

极权国家的诞生（可能即是下一幕戏剧的鸣铎），伴着极权国家而演出的热剧，大约就是所谓“大战”（great war）之一物了。“国家要极权，为的是对外好作战。”李伯曼（Lippman）这看法是对的。极权国家就是大战的另一面。

除非当代人类能用旋天转地的意思，突破这历史的尽头，这可能就是二十世纪的意义了：二十世纪大可能要被未来的历史家叫作“大战的世纪”。韩非子当年所赐予其所目击的中国战国时代的名字很可以移用到现时的西洋战国时代——就是“大争之世”。大争之世要发生许多次的大战争。上次欧战后，历史家把它叫作 the great war，好像是惟一的大战，不会再有了，现在却扑来了第二次大战（great war）。第二次大战后可免有第三次大战吗？我希望可免，我希望这次战后，不会再有大战来临，我希望这次战后，我们联合国可以想出法子，建立一个永久和平的世界。但——事体是不易办的，整个的历史气运都沉重地迫向“大争”路上走，要于这番战后，翻手转“大争”为“大同”，除非人类能显出空前未有的智慧、决心、毅力，前途未许轻易乐观的。政治家的职务，在充分认清困难后，仍求努力。万不当否认困难的存在，而高歌“世界民族解放”的必来，亿万斯年和平的在握。最近美国斯帕克孟教授发表一书，称此次战后世界仍要恢复到“势力均衡”的局面，“美国也许需要得英国的同意，利用日本与德国以均衡中国与苏联之势力。”他的看法是根据于世界“战略”而下这些现实式的结论。他的见解谅不能得美国朝野大多数人士的赞同，但我们一方面深信英美同盟国确守大西洋宪章的精诚，一方面却不能不注意其他发展的可能性以至或然性。

换句话说，按历史的气运看，我们的世代正是“大争之世”的一部。如果我们要于这次的“大争”后建立“永久和平”，第一个条件是不容错认永久和平当然来临。永久和平需要永久努力的代价！

七

大争之世，其所以为“大”者在哪里呢？曰：争以全体。曰：争在天下。也就是说，战的方法，要动员全民族的人力、财力、智力、文化力。战的归宿，有意无意，都在一种世界性的权力的形成。

大争之世乃任何文化走到列国后期所终要走到之世。它与民族主义所产生的关系可说是一方面代表了民族主义在若干复杂因素中所动荡而成的最高峰，一方面也表示了由于这最高峰而产生的相反倾向。因为，一个世界性的权力形成之日，也就是民族主义消亡之日。天下定于一，民族主义的多元概念势当取消。

然而细察当前的形势，西洋文化还未到“定于一”的时辰。这次大战，不论哪一方胜利，其所带来的结果，将不是世界的统一，而乃是两三个超级国家的诞生。这两三个超级国家可是一类压倒势的“大力国”(great powers)，实际上决定着人类命运的前途。配合而来的，也必有一类“大力国主义”，从理论上赋予这两三个大力国以公认的地位与特权。

问题不在“大力国主义”的成立，因为它的成立恐怕是必然的。问题在这次战后这大力国主义究竟是取希特勒、东条［英机］的强暴形式，抑还是一种开明领导的“齐桓公”作风——我们尚可叫为罗斯福作风?

民族主义的前途恐怕就在这两类型的大力国主义下取得决定。前之类型胜利，民族主义将逐渐汩没。后之类型胜利，民族主义或可取得一种新方式与大力国主义并行而并存。

这是西洋民族主义的开头，而也是中华民族主义的关锁。

三十一年八月讲于昆明

《战国》副刊第29－30期，重庆《大公报》1942年6月17日、6月24日。

文化的尽头与出路——战后世界的讨论

一

据说，罗斯福总统曾经表示这次大战不当无精打采地叫作“第二次世界大战”(World WarⅡ)，而当予以一个富有意义的命名。有些人士以为这次战争乃现代人类文化存亡所由决，因而提出“文化战争”(War for Civilization) 的名词。

这名词虽是笨重，确有相当的含义。一则这次战争，由深处看，实是整个欧洲文化——或以欧西文化为动力而形成的现世界文化——若干的结果。二则如果希特勒、东条得胜，连这个缺憾的文化恐怕也要“不在人间”——它要颓萎，要僵化，终于要消灭。

原来欧西文化，走到今天，已抵达了一个伟大的“尽头”(cul de sac)。它就等于中国文化上的战国后期，希腊罗马史上的帕洛普尼大战时代。到这时代，一个文化的若干基本的生命源泉竟发生了一种显似不可排解之矛盾与冲突。结果，有两条路可走：(一) 独夫之路——一拳扑杀了那些生命源泉以消灭矛盾；(二) 哲人之路——在那些矛盾与冲突之中，重建出一个新平衡。

独夫之路，即是希特勒（或东条）所取之路，凯撒，秦始皇曾行之于先，得到手的是逐渐枯涸的文化；哲人之路，有史以来尚无其例，晓不得联合国方面可有一个真正能见能行的政治家？

二

讨论欧西文化，就像讨论其他一切文化一样，最要微妙地鉴别它本体发展的线索，如它在本体发展中所受到外来混入的因素与潮流。本体是主，外素是宾。外素的作用，只能附着本体而发生，而不能撇开本体而自展。外素而能撇开自展，那便是原有本体的消灭与另一文化的出现。

欧西文化是最难了解的，因为它的外素最为复杂。最重要的外素有两种：（一）希腊罗马的古典传统，（二）希伯来的耶稣教。这两种外素的影响，广泛而深入，然而终是外素。

欧西文化本体发展的线索，到今日为止，有三点可言。欧西文化过去的灿烂表现，在于这三点的分途发挥。欧西文化此后继续的存在，要靠这三点的协谐。

这三点是什么呢？我们可以名之曰：贵士传统，个性焕发，国命整合。

贵士传统，即所谓 aristocratic tradition 者，乃欧西文化的“基本资金”，欧西文化本体的发源就在这里。这一点，论史者多半忽略了，结果，不但抹杀了一个根本的史实，而且忽视了当前文化的症结之所在。让我们这里先插一句话：贵士传统的衰亡实乃目前欧西文化的一个大险象，要拯救欧西文化，恐怕必须为贵士传统寻求一个新表现的路途。

第一步要说清楚的就是，贵士传统不是贵族制度。贵族制度是指特权世袭的社会结构，贵士传统乃是指一种无意中多少自成一套的君子行规、道德感、人生观等。按过去的史实说，贵士传统是附着贵族制度而产生出来的。但我们尽可想象那一套行规与道德感，一经产出之后，大可以脱离其所自出的制度而独立存在于社会间。贵士传统与贵族制度不必有不可分离的因缘。

欧西的贵士传统，当然是它的封建社会的产物，就像中国古代的大夫士风尚一样，以“忠”、“勇”为中心概念，是一种“武”的气概。它受了耶教的“怜悯弱者”、“服侍上帝”的影响，再加上来源复杂的“骑士情爱”的熏陶，乃逐渐形成一种比较文质彬彬的体裁，并且有味得很。贵士传统发达到意识的最高峰，并不在封建全盛时代，乃在封建开始崩溃、王权列国成立时期，尤其是在十七八世纪的法国。

贵士传统是一种流行风尚，一种时代“癖气”（temper），并没有什么成文的档案，而有系统地规定其内容。必要下个界说，我以为它的中心母题当是根据时间证实的价值而产生的一种层级差异之承受态度。这里面有几点堪注意的：（一）承认人与人之间的“差异”，即中国之所谓“有别”。（二）这差异有“层级”的，分上下的，即中国之所谓“有序”。（三）层级之分，是以价值为标准的，即中国之所谓“尚德”、“主善”。（四）这价值并不是抽象地由形而上学先验审定，乃必须是实际上由比较悠久的“时间”从实践证明的。英国柏克（Edmund Burke）所谓“民族的智慧”，与中国所谓“先王之道”，根本初无二致。贵士精神总带三分“保守”，此其好处，也是其缺处。

差异分上下，上者以“庄严”之态、“宽大”之心来治下；下者以“忠诚”与“虔恪”来事上。前者即所谓 noblesse oblige；后者要归结到杀身致命，即欧洲骑士用红黑两色以象征勇与死者之意。

但无论为上为下，对彼此的职分，都必有一种“守”的精神，“执”的精神。而这种的“守”与“执”，乃都是根据在一种强烈的“荣誉”观念上头的。英国人所谓 character，中国人所谓“立行”者皆含此义。

这种“立行”之中往往藏有一道凛凛自克自制的功夫。由于自克自制，还产生出两种标准的贵士情操，一即“公允”（fair play），二即“持中”（moderation）。

这些就是我所谓贵士传统——欧西文化的第一道源泉。

三

贵族制度，因为内在的腐化，失去了维持现状的能力，代起而来的就是号称代表全民的中产阶级。这种情形，在欧洲，约当法国革命的前后。贵士传统，随着贵族制度的崩溃而受指摘，受攻击。一道新的文化源泉，涌将出来——就是：个性焕发！

个性焕发虽然是中产阶级抬头的产品，但其“兆”实由贵士传统发生出来的——它是出于贵士传统而反于贵士传统的。它出于贵士传统，因为整个的个性运动可说是贵士的自尊心之普遍化到平民。它又反于贵士传统，因为它的基本原则，逻辑上，都势要与贵士传统的中心母题相冲突。

“个性表现”是这道新源泉的中心母题。

个性表现，包含两种意义。（一）个人有孑然独立独在的价值，不必靠任何人以及任何人为的事物而取得其存在的理由。（二）凡是个性——个人的才、智、情、欲——都有发挥的权利。换句话说，个人要自由。为了什么理由呢？曰：为了大家平等——天赋的平等。人人平等，所以人人有自由。这种在平等立场上谈自由，当然与那在差异结构下谈自克的贵士传统发生冲突了。

个性的表现，循两路发展。（一）循理智发展，蔚［然］成为科学与机器文明。同时，功利主义的观点，也就在这里抬头。运用纯功利的清晰逻辑以决定行动的“经济人”，不但无形中成为学术思想上的普通假定，而实际社会生活上确也层现叠出了。（二）循情感发展，蔚成为大量艺术与文艺。同时，大部分作品，根据在个人本人的感觉，多流入“印象派”的抒情。

个性焕发的潮流是欧西文化中最活跃最灿烂的因素。它开放“天才”，它鼓舞“创造”，它催促“进步”。

然而它最健全的表现多少须是建设在贵士传统的上头而取得的调和。可是近来的一般趋势，乃大有扑杀贵士遗风而放荡直奔下去，因而重量不重质，重存在而不重价值，重发泄而不重规则，重享受、重权利而不重牺牲。

换句话说，个性焕发，出于贵士传统而又与贵士传统相克，到了克尽贵士传统之时，个性焕发的自身乃流为一种“无标准”、“无约束”的颓废的虚无主义，而创成社会上灵魂与物质的混乱与不安。

这是欧西文化中现有的一个基本矛盾。

四

与个性焕发差不多同时萌兆的就是国命整合的潮流（national integration），这是欧西文化的第三道生命源泉。

渊源甚复杂，可说是种族与地理，战争与历史，王族与民心、宗教、文字与利益种种因素有意无意的产品。在欧西史上，通常叫作民族运动或国家主义。但我们这里另有理由，把它叫作“国命整合”。因为我们所指，不但政治方面，而经济、教育、宗教、文艺皆在其内。

国命整合潮流是由于一种锐敏感觉，看待整个国家为一个有机体的单位而欲把它变成一个理想的事实，可说是个人醒觉的扩大化。在这点看去，实代表个性焕发的一种“升华”。有了欧西人的敏锐的“个性”意识，也就有他们那样敏锐的“国命”意识。另一面看，国命意识却正是个性意识的对反。后者是离心的，前者是向心的。就事实上说，有了近数十年来个性放荡的流弊，才有了近来国命整合的加强。

国命整合的意义是用集中计划与法律规定来实现一种超个人、超阶级、超职业的民族协体的欲求，而这个协体的维持则又靠所有分子对于这个“较高体”的义务观念以及一种不断对外竞争的感觉。这里面所包含的若干概念——全体、集中、计划、法定、义务、一致对外等——都不免要与个性焕发若干原则根本不相容。整合所以压制个性的奔放，而增强全体的活力，但到了个性压倒之时，创造的灵机消灭而国家的活力也失去了根基。

这是欧西文化中现有的又一个矛盾。

五

简括说来，欧西文化，演到今天，贵士传统被人性焕发驱除殆尽，而个性本身的命运又受了国命整合的威胁而日近毁灭。国命整合的自身呢？失去了一切贵士“公允”、“持中”的精神，始终还没找出一个方法来解决国家的冲突。一世之间，两次大战。国命整合乃由全体战而走入自戕之途。横着眼前的需要，显然是一种世界性的组织。

希特勒的办法是以武力征服一切，把国家、个性与贵士遗风一概蹂躏起来而建立一个机械性的“车同轨，书同文，以法为教，以吏为师”的秦始皇式的世界帝国。这种一拳扑杀那三个基本源泉的办法，终使文化走上颓萎的孽程。

希特勒绝对要不得！

人类所需要的是一个世界组织，根于一种多面的和谐，一种动性的平衡。在一种全世界安全的前提下，保持国际善意的竞争而又可以免战；集中计划与规定而又可以无伤于个性的发展；允许自由平等而又可以保全贵士式的价值感觉与荣誉情操。

也就是说，文化有否真正出路，端看我们能否于若干基本的矛盾间寻出一个新和谐。这便有待于联合国的政治家的远见与手腕了。

《大公报》1942年7月。

官僚传统——皇权之花

一

晓不得所见有当否？近来愈观察中国政治，愈觉得关键的关键，究都在“官僚传统”四个字。关键不彻底改良，其他枝枝节节的改良都属无关宏旨的。

所谓官僚传统者，不仅指一般官吏任免黜陟的法规与夫分权列职的结构，乃尤指整个结构之运用的精神，表现的作风，以及无形中崇尚的价值，追求的目的。换句话说，我们此地对“官僚传统”的解释，不只是狭义地看作一种行政制度，乃要广而大之，把它当作一种活的社会形势来研究，当作一种动的文化现象从而分析它在整个国史演化上的作用与反作用。狭义的中国官僚制度，近年来已有了一二位学者开始编述。广义的探讨，尚无其人。我相信如果我们即行下手把这问题从多方面穷究其然与其所以然，我们对于政治清明、民族复兴一问题，必定可以得到个基本的认识，以至中肯的答案。

二

官僚制度，作一种行政结构解，并不是中国的专有品。从形态历史学看去，任何高级文化，从封建阶段走到列国阶段，迟早产生官僚制度。封建阶段照例是世族政治，列国阶段必定是渐演出官僚政治。

世族政治是统治的事业，由比较固定的少数家族，凭借其特有的“身份”来实行垄断，世世相传，原则上不容他人染指。我国西周时代，“士之子恒为士，农之子恒为农”，即是此例。官僚政治，适得其反，除元首之位多半保留世袭原则外，人人都有资格“做官”。事实上推行程度如何兹且不论，至少理论上只需透过一种“才能”为准的遴选手续，不管“身份”如何，人人都可以弹冠登府，办理大大小小的统治事务。两者相较，官僚政治多少接收些“平等”的观念，“贤贤”的标准，殊未可以厚非，而在当时世族消灭，社会情形复杂的场合下，除了借手于官僚，实亦无由以“为治”。官僚是列国阶段的必需！

不但列国阶段而已。旷观历史上一切古文化，由列国踏入大一统阶段，官僚的势力只有逐日增高，与时俱长。这又是一个极饶趣味的历史的形态：官僚制度的充分成熟，照例多在列国后期，但论到结构的堂皇、地位的稳固、威望的崇高，乃多是大一统以后的现象。从这角度看，大一统阶段可说是道地的官僚阶段，列国阶段只可算为转捩时期。

观此，则中国官僚制度的发展史可知其概了：萌芽于春秋末叶，成熟于战国时代，而大成大定于秦汉年时。由秦汉发展到明清，便可说是登峰造极，尽辉煌威重的奇观了。秦汉以后二千年间，朝代可换，江山可合可分，而官僚势力只一帆风顺，愈驶愈高。

在今日而为官僚气运瞻前顾后，有一些问题不免要油然涌到目前：此后官僚在中国社会与政治上的地位，其消长将如何？其对国运民生的影响，好坏又如何？此中因素复杂，不是一言可了。我们在这里只愿肯定如此说：（一）看世界各国五十年来的发展以及中国最近的趋势，官僚制度不但是社会的必需，而且它的作用将要加强加大。（二）我们的问题不是要取消官僚制度，乃是要改良我们一向的官僚制度。机构要改良，而传统的改良尤为关键。机构是形式，传统乃是活用机构的精神与作风，驾驶机构的价值与目的。传统不改良，则机构可千百改而终等于不改：传统原来有同化机构的魔力！

三

中国的官僚传统究竟是怎样呢？在这里我们又须认识一个历史形态的事实。

原来由列国阶段转入大一统阶段，官僚机构与作用“顺势”而扩大，而官僚传统却渐露出一种基本的“变质”，终使大一统阶段的官僚与列国阶段的官僚泾渭分流而积成两种截然判别的类型。我无以名之，想名之曰：外向型与内向型。

列国阶段的官僚传统，它的主宰母题是外向的。在那阶段，列国壁垒森严，环立虎视，争空间，争时间，争光荣，争存在，胜负之数，定于顷刻之间。一个有生气的国家，它的眼光必定，而亦必须，不断地注射到“外在”的环境；一切“内在”的设施，其最后目的都在“对外”。官僚制度也逃不出这个“时代精神”的荡漾与熏陶。即就中国而论，战国时代的策士，除了一二“孟轲之流”，没有一个不以“富国强兵”为号召，即下至鸡鸣狗盗也都握有他们对外的职务。尽管大家心目中不免也睥睨到个人的“势位富厚”，而这些“势位富厚”的取得多少都要借手于“富国强兵”的幌子，而后目的可达。那时代做官——最少做赫赫之官——必须有“外在作用”的根据！

到了大一统阶段，六合并吞，外无劲敌；在“王者无外”的大气度之掩护下，一切的人与物都流入一种“内向”的趋势，目光亦再不炯炯“向外”，而只求在“宇内”保太平，也就是说，为皇家保帝祚，为自姓谋安居。贾谊的“治安策”可以代表这种“标准精神”，可说是一种“太平术”，与苏秦、张仪、商鞅、范雎的“纵横术”、“富强策”前后恰恰对映！

纵横术、富强策的实际结果，表现在战国时代的“争地以战，杀人盈野，争城以战，杀人盈城”。大一统式官僚的治安策、太平术呢？其实际发展也并不是“亿万斯年安居乐业”的乌托邦。外向的警觉性一行作废，内向的“兴趣浓”立刻倍蓰增高。列国间的“大政治”衰亡，继起的乃是大一统朝廷上朝廷下“小政治”的繁衍。这般政治的意义何在呢？表面上类都是国计民生，实质上逃不出官僚们候补道的功名利禄的明争暗夺。

这当然不是说大一统阶段内根本不产生“好官”。秦汉以来二千年的历史，记载着不少贤丞良吏，他们毕生的努力都正是功名利禄的否认。然而例外证明事实，在整个的局面看来，官僚传统的恶劣化与官僚势力的膨胀恰成正比例。如果外向型的官僚，安内为的要攘外，内向型的官僚，到了末造，乃往往安外以来攘内。一切为“内在”，但使外力可倚，不妨引虎入室。借外力以为争内权之力，从石敬瑭透过秦桧、贾似道以迄民初的北洋官僚，其行径如出一辙！

有人问：中国近世的官僚与目前西洋各国何以异？我的答案简单：千异万差之中，最基本的是前者内向型，后者外向型。前者为二千年大一统意识之下的产品，而后者乃文艺复兴以来——尤其是法国革命以来——积势铸成的列国表现。我们当前的当务也就是如何加强若干年来的革命努力，趁目前千钧一发的时辰，把我们这个内向型的官僚传统改头洗心，转变为彻底的外向型，以应付四面洪流的战国局面。

要个个做官的人，敏锐地感觉一官一职统不是个人功名利禄的对象，乃必须尽忠竭力，做得精彩绝世，使国家得以光耀驰驱于国际之场——这乃是我们官僚传统所需要的基本精神革命。

先认定了这个“基本点”，再让我们更详尽些陈说一般。

四

中国历史上的官僚传统还包含有四种毒质：

（甲）皇权毒。官僚与专制，在历史时间上说，是并世而生的。在功用上说，也确相得益彰，相助为理。国王要专制，当然不愿意一些特权阶级——世族——在身边碍手碍脚。官僚们要以“平民”资格参与政权，当然也不愿意有一批“世嗣其官”的贵族们垄断高位。这一点是人类历史上最有兴趣的事实：专制国王抬头的初期，多半都要同平民联合战线以向世族攻击的。把世族打倒之后，半为了胜者彼此分赃，半尤为了治安需要“助手”，于是擢平民中“优秀者”而“官”之，就是官僚。就历史的陈迹看，官僚的地位本来是在专制淫威下取得了“次等的统治职权”，这个职权必须有背后靠山——国王——的支持才发生作用的。由列国阶段踏入大一统阶段，王权扩大加强为皇权。官僚的地位，对老百姓而言，要随着皇权的高涨而高涨，但在皇权的掌里，却实际愈来愈“贱”，结果养成了一种道地的官僚两重人格——对下必作威作福，对上必阿谀奉承。按心理补偿律看，凌下因为了谄上，按实际取利上看，谄上为的是凌下，并且“谄”之极，势必“蒙”。这乃为封建阶段，世族倒是为自己而统治，大一统阶段，官僚乃是为了皇帝而统治，前者看统治为自家事业，后者看统治为替人“办差”。唯其如此，一般官僚之办差，其心目中所拳拳拥抱的大前提与其说是“致太平”，不如说是“得帝心”。致太平皇家之务，得帝心却真正“俺的事”，升官发财所攸关！“谄”若不足以得帝心，则“蒙”亦在所不惜。谄与蒙配合乃造成了标准的“妾妇之道”。细验此中，实存有一条真道理——一个恶性的循环。有专制为风的皇权，势必铸出妾妇为道的官僚，而妾妇为道的官僚，势又更促进皇权之专制。到了后来，满廷唯唯诺诺，非有个鞭笞群伦的巨灵（leviathan），万事更无由推动，然而鞭笞愈厉，唯唯诺诺愈行，家有粉饰太平，指鹿为马，一旦关头来到，全局瓦解土崩。国史上朝代的结局，类多如此！

（乙）文人毒。官僚由哪一种人来当呢？这问题当然关系官僚传统的基本精神。中国历史的演变，经过若干曲折与试验，最后达到了“文人垄断”的一途。整个的科举制度，驯至八股制度，就是要制造出一种标准文人以充当官位。得文人以当官，皇权好像确得了一种理想的御用工具。而文人的做法也固自有真！做文章为主，做事为副。半因为文章本行内的拿手好戏，半因为皇权淫威下，明哲者“但求无过，莫求有功”。于是我们的文人者，积千百年的经验与苦心，磨炼出一套“办公文字”，以“等因奉此”、“呈审”、“待核”各字样来诿卸责任，点缀威严。行之既久，亦竟自催眠，认办文书即是办事。唐纳教授曾谓：西洋人办事，“言论只是实行的起点，中国人办事，言论乃是一切的终点。”殊不知我们文人式的官僚，许多就根本认言论即办事，无怪乎事之得办愈来愈少了！满脑袋“文字神经”，而毫没有现代人所谓的“技术感觉”，这可说是中国官僚传统中的又一毒。

（丙）宗法毒。按原则说，世族政治根据于“亲亲”。官僚政治根据于“贤贤”。前者重“血统”，后者贵“才能”。中国在战国时代因为战的需求，小家族制度大有抬头的趋势，与伦理上的“个人主义”、政治上的“唯才主义”三位配合。到了西汉，大一统局面稳固下去，专制皇权为了统治方便起见，特别鼓励大家庭制度的复兴。以“血统”为出发点的“亲亲伦理”也就跟着昌旺。本来官僚制度应当无情地向“贤贤”途径发展；却是在中国乃再被大家族精神所笼罩，而倒浸入世族政治的意识形态，到处发挥着“亲亲”的情怀。如此，官僚传统受了宗法观念的再熏陶，结果是“用私人”、“拔亲友”习惯的树立。

（丁）钱神毒：二千年来中国官僚与商贾打成一片的。说是中国自来以农立国，其实自秦汉以来，商人在整个的经济组织中早已取得主动的地位。在数量上，农重于商。在作用上，商是主体而农为被动。历代政府对商人的压制政策，正足以反证商人力量的蓬勃。商人的道德观——不是农人的道德观——实在支配了社会上的行为而侵蚀到官僚的潜意识。虽然如此，平心而论，商本是生产路程上一种必需的因素，商人力量蓬勃，纯粹商人的道德观畅行，皆未必完全是害。西洋近代文化可说是由商人充分发展其历史上的作用，以“纯商人”的立场与方法建立出这一百多年的资本主义社会。如果他们这个商人孵成的社会，未能解决分配问题，最少也为西洋解决了生产问题。在中国呢？官对商压迫，但暗中每有一些人对商勾连，表面压迫愈凶，暗中勾连愈力。至其极也，商不成商，官乃实商。商不能充分发挥商的历史作用，而官又不敢明目张胆而为商。结果，二千年的中华，乃流产为一个生产分配两无办法的“赤贫国”。王莽的新政，王安石的改革，多少都是失败在官僚们的“爱钱癖”上头。商人爱钱，原分内事。官僚不爱钱而又期期爱钱，这乃是中国社会的真症结。钱神之毒，到西晋时已发展到惊人的程度，而其尤堪惊人处，端在其毒之普渗入官僚层级中。十九世纪后，西洋式的金融制度、市场机构浸注到中国的经济生命，影响所及，恐怕只增加了我们官场中的钱神毒，使其复杂化、微妙化些须。

这是对过去历史事实的分析。也就是说，我们旧社会所交卸与我们的政治遗产，这般这般，是二千年来社会各方面发展系积而成的遗产。其来源也远而深，其铲除也当然繁而重。我们有时看得目前政府内也有若干大大小小现代化的官员，逐日在埋头努力，沉默中与旧传统搏斗，更看得我们稀世的大轴不断地在上头转着万钧的臂力，振微起衰，我们不禁色亦喜然。但想到这个官僚传统的雄厚历史背景，又感得兹事体大，非从整个的社会组织、生活习惯、国民教育方针以至政府与社会各势力的关系上多方着手，恐怕仍没有法子把这个膏肓彻底除根！

重庆《大公报》1943年1月17日。

我看尼采——《从叔本华到尼采》序言

一

陈大铨先生写完这本册子，嘱我作序，因为他晓得我生平是爱读尼采的。

的确，人间三部书，我百读不厌：庄子的《南华经》，柏拉图的《共和国》，尼采的《萨拉图斯达》。庄子谈自然，柏拉图谈正义，尼采谈最高度生命力的追求。他们所谈的问题不同，所以谈的立场各异，但在他们各个的范围内，都创出一家之说，蔚为千古不磨的奇书。

读书难，读奇书尤难。是哪一位哲学家说：真理如井水，许多人对它探看，只发现着自己的魔形。同样的，奇书如井水，魔见其宽，神见其神。读尼采而要真正得到其神处妙处，恐怕比庄子与柏拉图，还需要有心的读者！

陈先生以研究欧洲文学思想的老手写了这本尼采的述要，大是快事！我只求下面所谈的话不至画蛇添足。

二

我觉得读尼采，第一秘诀是要先把它当作艺术看。

尼采自己曾经如此说："把我辈哲学家混作艺术家看，最是我辈感恩无限的。"Aloi Richl的评语却也有道理：尼采本人毋宁是一位艺术家被混作哲学家看。

事实是：尼采就同庄子柏拉图一般，是头等思想家，而期期也是绝等艺术天才。我们对尼采，应当以艺术还他的艺术，以思想还他的思想。据我个人的经验，能够尽先以艺术还他的艺术，我们不但可以了解他的艺术，并且对他的思想的了解，不啻也打开了一条大门径！

什么叫作尽先以艺术还他的艺术呢？就是放开你脑筋中现有的一切问题，把尼采的写作当作纯艺术来欣赏，就同你欣赏达·芬奇的雕画、贝多芬的交响曲一般。换句话说：审它的美！

审美说不是一种悠闲懒散的消遣，它是真正的心血工夫。克洛齐说的好：审一个艺术作品之美即是对这个作品再度创造。这就是说，设身处地，尽你的才技所及，来体验原作者从头至尾的创造历程，把那整个作品在你心目中重新创造一遍。关键尚不在能否与原作者的经验完全相符（这是不可能的），关键乃在那体验的寻求。体验在哪里，便审美到哪里。体验创造，这叫作真正审美。舍乎此，不足以谈审美的三昧。

创造是人生最伟大的作用。一般创造之中，只有艺术创造，是无所为而创造，纯为着创造而创造。它最可以表现生命力的本性，因为它最能够代表人们生命力自由、活跃、至诚成物的最高峰。审美就在体验这个生命力的本性顶峰。它是一种创造的感召，而也就是创造的本身，审美与艺术创造，性质本一样。所以，审美退化的民族，其艺术创造的成绩亦必退化，因为推到底，两者本相同——同根源于生命力的饱涨。

尼采是生命力饱涨的象征。浑身生命力，燃烧着五脏四肢，要求发泄。又加上那副极敏锐的神经，就等于最精细的气压表，空气最轻微的压力变迁，都要立刻在他的体魂上发生强烈的反应。积弱的身体只激进了生命力跃跃欲出的倾向。于是愈病而生命力愈加精悍，愈老而生命力愈加热腾。尼采是人间极罕见的天才，显然脱离了年华的支配；他那管如椽大笔，真是愈挥霍愈生花，鬼使神呵，直到最后一刹那也不少挫。

尼采的写作，是生命的淋漓。热腔积中，光华突外。他创造，因为他欲罢不能。他的写作，竟就像米薛安琪所描绘的上帝创世，纯是一种生命力磅礴所至的生理必需，为创造而创造，为生命力的舞蹈而创造。在这点上看，他的文字，真是艺术之艺术了。虽然他有时也像庖丁子一样，解牛之后，不免踌躇得意，自命其思想空前，其文笔为德国开生路，但当他正在创造时，他显然只是一股热腾腾的生命力在那里纵横注泻，霍霍把横塞脑中的浩然之气妙化为万丈光芒，文字与思想本不是他的目的。目的？他本无目的！他只是“必须如此”，只是生命力的一时必要的舞蹈与挥霍。文字与思想在那时只是创造的工具与资料。

说来也怪。像他那样热烈的情怀，论理应当选择一个适宜的表现媒介。舞蹈，我以为最配当了。只有把整个娘生的身体猛投进来狂舞一番，方可以发泄他胸中的混沌的节奏。其次可能是音乐。尼采自己对这两种，本也推崇备至。他的“生命之歌”就是自己谱曲。至于舞蹈，他不是说过吗？“我的上帝是舞蹈大家。”然而他却偏偏有意无意中选取了哲学与散文做工具。好像命运作怪，最富戏剧性的一位艺术家偏偏要结缘于最缺乏艺术性的侣伴——哲学与散文。妙用命运，硬把这两位侣伴结合起来，产生出一套头等艺术，千古以来，只有尼采、庄子、柏拉图三人了，而三人之中，我以为尼采的作品最搅动心魄！

面对着这种稀世的艺术，我以为第一义务是审它的美。是第一义务，也是无上权利。审它的词章的巧妙，音调的铿锵，乃技之小者。在创造灵魂前，应当以创造灵魂来印证。我们要探到形迹之外，探到艺术的源泉——即是创造者生命力当事时的蓬蓬活动。我们要体验到他的创造历程，以至于借他的创造而激起、鼓舞，完成我们自己的创造！

一个必需的条件：审美者要先做到“无我”的工夫。在创造的刹那，只有创造的神境，没有人间的利害是非。人间一切的一切，只可供创造者无中生有的取资，而不容变成为创造者的心与手的滞碍。因此，要体验创造，也必须先见证到这种超绝无碍独来独往的纯火之光，我执法执，一概铲除，持着一朵浮空的心头来照取那对眼的稀世奇物如何烘托出当日那位稀世奇人的胸中块磊，而后再化为那位奇人的本身，照取到他当日何等得心应手，左右逢源，在不可分别的苦痛与狂欢里，宛然搏出那一朵千秋灿烂之花！

我以为永古最可宝贵最饶意义的场合，就算是创造灵魂对创造灵魂的心心相印了。当日拿破仑晤到歌德，破口便叫一声：“这真是一个人了！”我想这刹那间，两位巨人，相视微笑，彼此深深证到的就正是彼此深深同有的那一点独来独往的创造灵犀。他们政见的同不同，道德观的吻合与否，在这刹那间都成为题外的问题，无关宏旨。孟子谈尚友古人，读其书，论其世，以知其人。我以为要知之深，端在要证到古人所以为创造火光的那一点。

三四十年来的中国社会，到处笼罩着现实争斗的气味。一桩特有的收获：智识界一般人，个个满腔成见。叫我们今日来做一点无我的工夫，对艺术家取得创造的会证，无乃不可能？然而呀！读尼采而不做这一道工夫，岂不是可怜的悲剧，面对着一个旷古的艺术奇才奇品，你如何还紧抱着那万般人间成见的纷纷，而硬心抛弃这个绝妙的因缘，不肯来探一探生命的顶峰，创造的纯火？

三

如此，以艺术还他的艺术，我们再来谈一谈如何了解尼采的思想。

尼采的思想！今日这题目几乎不堪提及了。尼采自己有句话，竟已成了痛心的预言：“伟大的思想家要靠其被误解的程度以成其伟大。”千古思想家，尼采可算为当代最被误解的一人。诅骂者误解，崇拜者一样误解。

症结在哪里呢？曰，正就在大家忘记了尼采文章是艺术。要以思想还他的思想，你必须透过他的艺术氛围。

尼采的真意是不能直接从字面上认取的。越是他的精彩处，你越要小心，他自己略示了：“每一佳句都是艺术，要了解每句的意义，必须从其艺术上猜射。”通例说法，这就是读诗与读散文的不同。读散文，其真意可顺手接过。读诗，其真意宜间接“猜射”。而尼采的散文几乎是句句用诗的精神涵育出的。

因此，迂学与粗汉，不当读尼采。迂学拘泥咬字句，必要误解害理。粗汉卤莽吞文字，必要误解害事。他们所欠缺，恰恰是“猜射”的才情。

如何是透过尼采的艺术氛围呢？曰，一要了解尼采文字的象征性，二要了解它的抒情性。

尼采之所以为上乘的思想家，实在因为他的思想乃脱胎于一个极端尖锐的直觉。大家莫要把思想与逻辑混为一事。思想是真理的见到。见到真理，可以借手于逻辑，但一辈子玩逻辑的专家也可能一辈子摸不到真理的点滴。历史上超绝古今的思想，大半都由直觉得来。尼采不愧艺术家的本色，最富直觉能力。“不要相信任何思想不是由你散梦中迎面扑来的！”试想象这位孤寂的真理追求者，独步于斯洛士巴利、西西利、尼斯、都灵的山径水溪，为人求出路，忽然灵感触来，一条金光涌到心头，刹那间他对真理有所见，回家后，捉起笔，写一篇纯逻辑的冷枯文章吗？不可能，在尼采，这是生理的不可能！直觉得来的思想，要将直觉送出去。直觉得来的，所以尼采的思想，往往单刀直入刺到人所未刺的肯綮。直觉送出去，所以尼采就像画家作画，忠实看到的，便忠实写到。他不留情，因为直觉里无所谓情，他大无忌，因为艺术家不知有忌。逻辑呢？当然逻辑也有其地位。不过是尼采用逻辑，而不是逻辑用尼采。他化逻辑于艺术之火中而铸出他所特有的一种象征性、抒情性的哲学散文！

一切艺术都是象征，都是抒情。在某种意义上，我以为艺术实可叫作象征的抒情，或抒情的象征。象征是借形表意，抒情是化我人物，二者合而艺术成。

这里所谓形与意，应有界说。通常人为的物品，有体有用，而艺术则有形有意。形与体异，因为形超实质而是一种具有节奏与和谐的配合。意与用异，因为意超实利而是一种属于妙造而静观的意境。凡是艺术必须有意，但意必须附托于形。凡是艺术都必须有形，但形不过所以表意。我们对艺术，可以依其形以会其意，决不可认其形即是其意。

这里面实有个根本理由。形之成，根据于点、线、体、色、音、字等因素的组织。所以形之成，势必有其所限。（一）必限于具体——官能可触的呆板实体。（二）必取于殊相——个别特成的存在。意乃是一种精神的活动，它的性质与指归都不免与形相对峙。意的性质是空灵，当然超出于官能界的实体。它的指归在抽象的，不能拘滞于个别特成的范围。拿着势属有限的形，来表现势归无限的意，是一种永恒的矛盾。而艺术家的趣味与功夫即是要在这矛盾中求成就。本为抽象，必须被具体化起来，但具体化的结果又必须含蓄着一种回射抽象的功能。形永远不是意，透过了艺术家微妙的手法却宛然取得了“暗示”及意的作用。这就叫作象征——艺术家变意为形，借形示意的办法。所谓透过艺术氛围求认识者，也就是要如何而领会这暗示。如何而可呢？曰，领受暗示，须要“猜射”功夫，从具体猜射到空灵，从殊相猜射到共相——从有限猜射到无穷之那边！

见具体而即着于具体——一切迂学粗汉都是如此扑杀了千古艺术天才的。读尼采最忌见具体即着于具体。

尼采的艺术才情使他特别喜欢象征法，喜欢以具体假装空灵，他惯用绘声绘色的意象，惯用比喻与寓言：这些原都是艺术人的本色，尚不至横生误会。最当留神的，还是他不用意象与比喻而说象征话之时。这种象征话，可叫作揭理象征法。中国禅宗师祖所最善用的，这法的特点是说偏说反。说其偏以揭出理之全，说其反以揭出理之真。听者因此也必当晓得如何使偏以寻全，就反以捉真。究到底，仍不外上面所提"暗示"与"猜射"两点。

尼采关于文化与人生、社会与政治种种现象，种种问题，不知说过了若干揭理象征话！你如果笨头笨脑，见偏而着偏，见反而着反，晓不得向具体文字之外，体会他另有的空灵意境，你看罪属谁家呢？例如他的这几句名言：

> "你们说，有道而战，虽战亦神洁。但我告诉你们吧，善战而战，何道不神洁？"

再如他大骂国家，叫现代国家为：

> "一切冷酷妖物之最冷酷者！"
> "必要毁灭国家，不多余的人们乃可出世！"

你要如何解释呢？说他怂恿战争，他如何又要毁灭国家？毁灭国家又何以作战？却是——尼采的真意何当在战争与国家？他只是要说透奋斗精神的神圣与夫压制个性发展的绝对不可容，就譬如庄子大呼"圣人不死，大盗不止"，不过揭发战国时代"法令滋彰"的弊病，难道真叫你我杀圣人？

四

艺术之所以为艺术，不仅在其为象征，而还在那象征要激透着一种抒情性。抒情在这里，不只作抒发感情用。昔人惯认艺术为情感的产品，这见解在今已成戏论。哪一个有意识的人为行动，事实上是纯出自情感？何况艺术！所谓抒情者，抒从广义看，是指抒发整个人格，整个个性面目。说真正的艺术要于象征上再加抒情性，只是说艺术的象征还要饱含着艺术家的人格风味。

人格两字的解释，到今日心理学家还觉茫然。我们或可说人格即个性。它是一个人整个体魄内先天条件与后天环境互励互应而成的一种特有的精神统相（gestalt）。概念上，我们或可把它分为意志、理智、情感各部门，而实际上三者本是混然无间，糅成一团，藏诸内时则为一种潜能的倾向，发诸外时则成为一种行为的作风。艺术创造的特点，就在把这个精神统相的浑然本体依样托出，不让意志、理智或情感任何部门临时作偏畸的活动，而歪曲了这浑然的本来面目。一切创造之中，艺术创造可称为道地的个性自表、人格自抒者，缘故即在这里。如果象征是艺术家借形以表意，抒情是艺术家忠实地把整个的人格不加分解与拗曲而依样倒印到这形意互成的象征中，于是象征点点皆是其人。所谓化我入物，即是此义。

尼采的文学是他整个人格的忠实自抒。他行文之际只是把他的个性浑然于字里行间。他的文字育有其所特有的精神统相，非理智，非情志，而也是理智也是情志，盛得理智与情志而绝为不可分析的人格活现则也。“一切文章，我最爱用血写的!”尼采自己如此说，Stefan Zweig① 评：康德、叔本华行文，就像蜡烛之光，从上头燃起，只烧个头顶于头脑，尼采却烧着他的血、他的五脏与活力。这些都并不是说尼采只用情感，乃是说他之行文即等于他整个人格的猝然出现，浑然倒泻。舍开这种倒泻，他根本晓不得如何写作，晓不得写作有何生命价值。就这点上说，尼采可算是标准的“抒情”作家了。他的萨拉图斯达固然是一首道地的“抒情诗”，即是他的纯散文的著作，何尝不是一面说理，一面依据抒情?

不！他抒情即是说理，他是用抒情来说理。大家莫把“抒情”与“主观”混乱。主观是一种思维上的成见。抒情是表现上、创造的一种作风，而也是说理的一个格调。理本来可用多种格调托出的。抒情的格调，我以为最有效，因为它最亲切。它最亲切，因为它能代替一种活灵魂，会飞到真理的热情景。

尼采的人格或个性，我这里不能细谈。只提出他的中心特点，就是：他追求真理的狂热与勇敢是后引到的对传统与现状的全面反抗精神。尼采的抒情即出于全面反抗的形式。

“我晓得我的命运”！尼采晓得他的命运是个无底止的冒险行程，他要穷探真理。真理是无穷的，而他却必须比个短长，如果探不到真理的整个，他最少要试验出究竟人们可以担当几多量的真理。他的大决心：“毋宁人类消灭不愿知识停止。”他的作风是进，进，又前进。一个心得只加深他对另一心得的渴求，因为任何心得到手，味道便不到家。“无论到哪里，我只发现了虚幻的阿密达图。结果，每次神丧，每次心伤。势不得不提起脚跟——疲乏创痛的脚跟——再向前程。正因为必须再向前程，我不免要转眼回盼过去，留恋去程里所有的好风光！我爱惜这些风光，正因为它们无能力使我再停留”。

这种不断求真的渴望是尼采心理上、生理上的基本事实。再加上我前面所提及他那种敏锐的神经，热烈的情感，自然最容易使他对现状发生一种事事皆非之感，他要

① 即斯蒂芬·茨威格，奥地利著名作家。——编者注

寻出一个究竟。尽管他的意见不断在那里成长变化——崇拜叔本华，否认叔本华，崇拜瓦格勒，否认瓦格勒。崇拜艺术、科学，而又抑低艺术、科学以人于超人之论——我觉得他无形中有个根本问题在脑中一贯寻求解决，就是：人生的最后意义何在？而他那时代的欧洲文化又如何处处都好像不足以答复这问题，不能赋予人生以圆满的意义？经过长期的观察之后，到最后他发现了一个总暗示，就是“颓萎”两字。他发现了他的时代的颓萎！

他自己如此象征说：我的天才在我的两鼻孔，专门嗅出颓萎是什么。他嗅出了时代的颓萎气味，不由自主地遍体耸毛，满腔作呕——他要打一个大嚏子。这大嚏子就是他的全面的反抗，“一切价值的重估”！

原来欧洲十九世纪下半叶的思想派别虽然相当复杂，主要潮流却是深浓渲染着维克多利的色彩。一切光明，一切乐观。往日讲述的宗教生活，慈善救济的社会风尚，这大多数幸福的政谈，是大产量的经济、爱国主义、妇权运动、和平口头禅、进步必然论……欧洲社会经过拿破仑后半世纪的骚动与战争，到这里乃就像经验之船驶到港口，风平浪静，儿女笑声。欧洲人的灵魂好像已寻到安顿处了，大家正沾沾白喜。而尼采乃就在这时辰嗅到颓萎的气味！

一切沾沾的自喜都是颓萎的先声，因为一切沾沾的自喜都遮掩着暗伏的危机。

这危机是什么呢？在尼采看去，百般时代标志都指点出一个暗中的趋向——万流归海，都要涌出他最恐怖最厌恶的“末了人”。末了人者，末世的末流人，一切同等化、数量化、庸俗化、享受化、不求品质、不求高度、不求内心的健实与猛飞，不求贤达卓绝独立人间的气魄。熙熙趋时，茫不自知其所之，如羊群，如蛾阵，永断送文化与人类于愚昧渺小的坑中！

尼采要倾全力以反对这个末了人世界的出现。

在这一点上，我认为尼采确实嗅到了现代欧西文化的中心病象。他所谓末了人者，四十年来已更显明地成为欧西社会的基本问题。目前 Ortoga Y. Gasset① 以及 Peter Drucker② 一般欧美民主作家所称“群众人”（the mass man 或 mob－man，与普通所谓群众有别），为现代都市文明所产生的痈疽，为独裁主义繁殖的凭借者，与尼采所隐忧的对象，根本相同。我以为如果我们能够善读尼采，我们将要发现他对欧洲传统与当时的主要思潮批评得合理与否都是次要问题，他的主要历史作用在他嗅出了一切时代真实与招牌背后原来暗藏着末了人的颓萎细菌。他要扑杀的是末了人——虽然活捉巨奸之顷他也打碎了那些真实与招牌。了解这点，便可了解他那无分别的全面反抗作

① 奥特加·伊·加塞特（1883－1955），西班牙著名思想家，作品有《大众的反叛》等。——编者注

② 彼得·德鲁克（1909－2005），现代管理学的开创者，被誉为“现代管理学之父”。——编者注

风是有他的时代需要的根据的。

因此，我们也可以说，认得尼采的时代便认得尼采立言的苦心和他抒情格调之可贵可爱。认得他这抒情格调之可贵可爱，便当不理睬他的一切“似非”之词——毕竟都有其“是”。

五

有了全面反抗，势必须有全面肯定。说尼采抒情出于全面反抗的形式，其实也就是说他同时必定应用着全面肯定的作风。反抗时，他是批评者，是破坏者，肯定时，他就是先知，就是创业者。尼采的破坏处处都有他创业的企图，而这创业就是他的超人论。

相对看去，尼采的超人是专门针对着末了人而产生的，就譬如庄子的逍遥游真人是针对着战国新兴的法士官僚，柏拉图的全知哲王是针对着雅典末运的暴民政客。思想家的理想人格与境界本都有他们的特殊时代作用的。

然而他们也必有绝对的方面，不局限于时代与空间。超人论不仅对末了人下砭针，乃更是尼采对人生意义的基本探求所最后取得的答案，因而也握有千秋万代的力量的。

说来不耐听，却是事实上大多数人们，如果听其自然发展，结果并不是改善与上升，大半是停滞与堕落。上升要靠眼光与意志的，而眼光与意志却是特殊少数人的所有品。人类生活得免于堕落与劣化，端赖历史上不时产生出慧眼慧心的先觉大雄，在那里唤醒大家的沉梦，苦行苦口，劝大家向上攀登。

古往今来有两种做法：（一）道德家本着一套人伦论，劝大家人世学为圣，学为贤；（二）宗教家则本着一套神秘感，劝大家出世成佛，成圣徒。这两派的途径不同，但其不显人们苟安于凡俗的苦心初无二致。在这点上，尼采超人的呼声也无异于孔、孟、释、耶教人向上的用意。

尼采的异处，异在超人性质的特殊。

道德家的圣贤，辗转萦回于人伦世道里，在尼采看去，总嫌气味平凡，“人类，太人类了”！千万年的出生入死，如何只沉在这“太人类”的窠臼里永远打跟斗？真个闷葫芦！尼采厌烦极了！他大胆教我们：

> “人是必须超过！”

这就等于说：人生最后的意义不当在人类本身上寻求，应当在一种“超过人类”的努力，锻炼出超过人类的人类。永远在地上作现状的延长，平面的繁衍，是无意义的。尼采要我们渴望更广、更高的攀登，直登到“人类与时间约六千尺上头”，化作为一种别开生面的新人类——超人。

超人必是超人类，他的气质不能与现代人类同模样，却也不是宗教家的成佛，成圣徒。宗教家诅咒此生，赞颂来生，尼采的超人却必须“对大地唯忠唯实”，认肉体与灵魂不二。

“超于人”而百分之百地“入于世”——尼采的超人，我认为主要乃脱胎于古希腊的荷马英雄与阿灵比天神的遗意。这一点，大家多忽视了。尼采在这里无形中的雄心可说是于传统宗教伦理间求出一个新和谐：于某范围内，把宗教家“超于人”的高度认合于道德家“入于世”的热力，再透过苏格拉底以前希腊异教的自卫精神，唯美精神，而烧烤出他心目中所独有的理想人格型。

他特别反对基督教义，也就是因为一个高级宗教之中，基督教义乃正得了尼采之反；一套入世的厌生背景而却又喋喋好作“人类，太人类了”之谈！原来要锻炼出一种新希腊标准来代替基督教徒的一套。在这意义下，他实在是文艺复兴的一贯传统里所能孕出来的一位最后的“骇人儿”。

可能得很，尼采还受了十八世纪以来欧洲思想界流行的抽象演化论的影响，但像G. B. Fester一般人说法，认为尼采大有得于达尔文的生物演化论，便不免又是把诗人的一种空灵意境看呆板了！尼采的超人毕竟应作为一种诗意的憧憬，一种乌托邦的梦求，可望而未必可捉，可然而无必然，因而也更加令人神往。

他的希腊式念头加上他毕竟不能摆脱的耶教“爱人类”的情怀，使他提出两点超人的特质：

（一）超人必是具有最高度生命力的；

（二）超人必是具有大自然的施予德性的。

但在尼采看去，二者之间有必然的关系。最高度的生命力必定是无竭尽的创造者：无竭尽的创造者就像大自然一般，不是为了怜悯人们而施予，乃是因为创造是他的本体，他非创造不可，所以也就非施予不可，施予乃成为他生理上的必然作风，与耶教传统以怜悯为施予之动机者恰恰对称。

把施予或“为他”德性的基础从怜悯或恻隐之心转移到源源创造的生命力上头，这是尼采新伦理的中心意义。如果他尽了他的象征抒情的骇人能事来讴歌生命力，叫大家牺牲一切来作生命力最高度的追求，他最后的目的——在我的猜测——实在还是要看人类修成了一种大自然的身手，“为而不有”，不断创造而当然“为他”！

然而这些话毕竟多余。凯撒林写他的“创性之悟”云：读者要把我这本书当作一出乐曲，并且要从头到尾，不可片段取娱，因为我的书就像一出乐曲，目的在给读者以某种“空气”。我以为了解尼采，最好也不要分析其一五一十，最好当它为整个的乐曲听，设法于灵感上领略它所赋予的“空气”——

超绝。

自由。

大力之泉：

创以为予。

予而非怜。

斯宙斯勃发之神欤？

亦回乎道氏之仙！

三三·三·十五嘉陵江畔

选自陈铨：《从叔本华到尼采》，在创出版社，1944年5月。

文化形态史观·卷头语

我与雷先生这些文字，多少是根据于形态历史观的立场而写作的。两人的若干结论虽未必尽同，但大体上彼此可相辅为用。雷先生较偏于例证的发凡，我较偏于“统相”的摄绎。

各篇的发表，时期不一，场合各殊，前后的立意与用词，容有略异。现在仍照原文重刊于此，一是聊为作者思想的发展过程留些鸿爪，二是小处的差异并未妨害到各篇中之大处的一贯看法。

我们两人的文字，当然由两人各负其责。同时，两人彼此的见解，也断断不是这几篇文字所能概括的。我这里不妨且为我个人的见解简单说明。就是，如果我所提出的以往文化三阶段之说大致不误的话，那么，下列几点，凡是讨论中国文化再建设者似乎应当认清：

（一）所谓中国社会中现存的“固有文化”，它的整体乃是国史二千年来（秦至清）大一统皇权阶段的遗产；它的基本形态实在与二千年前列国阶段（春秋战国时代）以致封建阶段（殷商后期至西周）的固有文化大大不同。虽然二千年前的概念与仪式也有若干流传到今，而自从透过了二千年皇权逐渐高度化下的解释与应用之后，实际上一切的一切都另有意义，不复是当日的本来面目。

（二）西洋文化则正在热闹经历着它的列国阶段的高峰——战国时代。尽管在这次世界大战进展中，若干方面已显露出“超列国而入大一统”的征兆，但国际问题尚复杂，形势尚微妙，列国阶段决不会因这次大战而结束；它还要享有相当长期的活跃前途。

（三）这个列国高峰的西洋文化，虽然在它自家体系内矛盾层出，亟待调整，但它向外膨胀力的强盛，此后只怕有加无减。世界上其他文化体系，面对着这个蓬勃全球的力量，如果要保持自己的存在，而求不被毁灭，势必须决定一个及时自动的“适应”。

（四）中国百年来的基本问题可说是一种难产问题，一种为了图求适应西洋文化以取得新生的难产问题。难产的根本原因，可以简括界说：二千年大一统皇权积弊的底质，与西洋那些列国高峰的色色般般，距离太远，了解难，而吸收活用尤其难。

（五）就帮助解决这个难产问题而论，形态历史学似乎有它的应时而生的功用。就是，从客观上说明了中西文化彼此现有阶段的色色般般，以便揭开了彼此基本形态的基本异处与其所以异处之后，大家可以得到一个较分明较扼要的鸟瞰形势，来探索出来一个文化适应与新生的程序。

（六）这程序的细节当然千头万绪，但一点基本事实，必须把住。中国当前文化问题的“核心”，绝不容与西洋的混为一谈——虽然彼此“边缘”或有相共之点。西洋问题的核心是如何调剂五百年来列国阶段内若干形态的矛盾；中国问题的核心是如何起治二千年大一统皇权下种种形态所积成的痼疾。换句话说，西洋文化个性焕发与国命整合两潮流相荡相激地急烈发展，其毛病在“活力乱奔”；中国文化在官僚传统僵化一切下支持绵长，其毛病在“活力颓萎”——内在外在，都嫌活力颓萎！

（七）如何是好呢？曰：救大一统文化之穷，需要“列国酵素”！在西洋今日，或愁列国酵素太多，在中国今日则欠缺正在这里。也就是说，个性焕发与国命整合两大潮流所表现的种种价值与制度必当尽量吸收。让一般时贤们喃喃苦念着“中国本位”或是“全盘西化”，我们可不问中西，只问如何能把这个蹒跚大一统末程的文化，尽可能地酿化为活泼健全的“列国型”！

（八）“列国酵素”，从古今各体系文化所各有的列国阶段内，都可取资。但最当注意的渊源，应是下列两处：（甲）最丰富的渊源——文艺复兴以来的西洋；（乙）最亲切的渊源——春秋战国时代的中国。我们对这两个渊源的种种形态，要从一种忠实求索与体验中取得吸收与活用之结果。最忌的是我们近年来的两种趋向：（甲）死抱着“大一统”的混同眼光，把一切之“异”都要解说得与我“将毋同”；（乙）硬摆起“大一统”的万有派头，认中外古今早在我们“固有”的囊中。估量“列国型”的价值，我们最先要抛弃“大一统型”的骄态与执见。

（九）最后还要补充的：列国酵素，作用在重新唤起内在外在的活力。为避免西洋过去那种“活力乱奔”的流弊起见，我以为还有一点咸素期期必需：就是贵士标格的重建。因为只有建筑在一种重建的贵士标格的基础上，然后可以希望个性运动不流为庸俗与虚无，国命运动不流为专政与战争。前途是艰巨的，但充满了大可能。事在人为。文化是人造的；由人造坏的，还是可以由人造好。我相信这数年的抗战已经在我们社会上的若干分子中磨炼出一副坚决的意志和一对净锐的眼光，对未来可以不肤挠，不目逃，使我们终有一天要突破历史遗留的罗网而涵育出一朵新阶段的文化之花。

三十二·二·九，北碚

林同济、雷海宗合编《文化形态史观》，上海大东书局，1946 年 5 月。

陈　铨

陈铨（1903—1969），原名大铨，字涛西，别名陈正心，笔名涛西、T，四川省富顺县人。1921年进入清华学校留美预科班，次年入清华大学西方语言系学习，1928年毕业。后赴美国阿伯林大学留学，先后获得文学学士、哲学硕士学位，之后又赴德国留学，获得克尔大学哲学博士学位。1934年回国后任武汉大学中文系教授，1935年至1937年任清华大学中文系教授，1938年至1942年任西南联合大学外国语言文学系教授，1942年至1945年任中央政治学校教授兼中国青年剧团编导，1942年至1945年任重庆正中书局总编辑，1945年至1949年任同济大学德文教授，1949年起担任上海同济大学外文系教授兼任复旦大学外文系德文教授，1952年至1969年任南京大学外文系教授。曾主编《民族文学》杂志，著有《中德文学研究》、《文学批判的新动向》、《从叔本华至尼采》、《戏剧与人生》、《中国纯文学对德国文学的影响》等学术著作和论文，另有长篇小说《天问》、《革命前的一幕》、《恋爱之冲突》、《彷徨中的沉静》、《死灰》、《狂飙》，剧本《野玫瑰》、《金指环》、《蓝蝴蝶》、《黄鹤楼》、《婚后》、《自卫》、《衣橱》等，翻译了德国弗里德里希·沃尔夫的《两人在边境》、瑞士沃尔夫冈·凯塞尔的《语言的艺术作品——文艺学引论》等著作。1969年2月于南京逝世。

近代历史教育对人生的五害

以上尼采说明历史对于人生的需要。每一个人，每一个民族，都需要过去的知识，不管它是“碑铭的”“古代的”或者“批评的”历史，这完全看他自己的力量和需要来决定。但是这一种需要，并不是少数学者求知识的需要，得着知识便心满意足，这一种需要常常都和人生的目的，有密切的关系，而且绝对要受人生的支配。这就是一个时代一种文化一个民族，对于历史自然的关系。饥饿是它的源泉，需要是它的基础，内心的力量，给它相当的限制。过去的知识，是要来辅助现在和将来，不是拿来软化现在，推翻将来的生命。

这一些道理，看起来都很简单，只要头脑清楚，没有特殊嗜好的人，都很容易相信。但是看看现代的历史教育，尼采却很惊异地发现许多奇怪的现象。

历史同人生的关系，完全消灭了。大家对于历史教育所要求的只有一个口号，就是“科学”。历史必须要变成科学，人生倒成了不重要的事情。受过近代历史教育的人，脑子里边充满了各式各样互相冲突互相矛盾的事实。他们时时刻刻都［要］卑躬折节地去欢迎外来的宾客，请他们上坐，尊敬崇拜他们，有时这些宾客们打起架来，他也没有办法。近代的人肚子里边，好像吃了许多生硬的石头，不断地在里边嚓嚓地响，这一种响声，就是近代历史教育的成绩。他们并没有饥饿，但是他们吃了许多的东西。但是他们还自鸣得意，说我现在已经有材料了，我所需要的，只是形式，但是这同生存的原则，刚好相反。所有近代的文化，根本不是生存的文化，乃是一种文化的知识，它一切行为的动机，不过是一种习惯，一种仿效，一个可怜的笑话。受过近代历史教育的人，他感觉得像一条蛇，浑吞了一只兔子，在太阳里边躺着，除非有十分的必要，他动也不想动。因为他们所得的始终不过是不消化的知识，没有内心的生活来支配它，然而没有内心的生活，历史的教育，就是毫无价值的教育。

假如一位希腊的人，再到现代的世界，他一定发现，近代所谓“教育”，差不多简直就等于“历史的教育”，因为我们整个教育的时间，都花费在记忆过去的事情。假如这一位希腊人告诉我们，教育不一定要历史，那我们一定要笑他。但是希腊的人他们能够凭他们最高尚的教育去创造一切，却完全靠他们“不历史”的观念。拿他们来同近代的人相比，我们也许发现他们历史的知识，比我们相差得很远，但是他生活创造的能力，却不是我们所梦想得到。因为我们什么都知道，但是我们自己本身却没有东西。我们的脑子里，充满了历史上的风俗艺术哲学宗教科学的知识，简直可以算是“行动的百科全书”！材料和形式，内心和外物，完全分离独立，我们不是真正有文化的人，因为有文化的人，应当是一个“生存的统一”，不能达到这一种统一，根本不配谈历史教育。

尼采认为顽固不化的历史知识太多，对于人生，有五种害处：第一是内心和外物的分立，没有坚强的人格来统一它们。第二、是现代的人容易骄傲，以为他们比任何时代都公平。第三、是一个民族的本能，因此遏制毁坏，不能成熟发达。第四、是我们相信，我们是人类的老年时期，我们不过是前人的后人。第五、是我们养成一种旁观的态度，因此消灭我们活泼的力量。

就第一点来说，近代的人，受了过多的历史教育，内心和外界分立，没有坚强的人格来统一它们。从前罗马人，因为征服的地方太宽，外国的风俗习惯不断地涌进罗马来，因此失掉了他们原来罗马的性格。近代的人，也是如此。他们不断地看见世界各国复杂的现象，历史家不断地把新材料供给他们。因为他们看得太多，感觉逐渐迟钝，到后来简直成了旁观者，连革命战争天大的事情，都不能感动他们。一个战争还没有终结，已经印成几千几万页的历史，一般读历史的人，因此也不感觉这个是战争，只感它是历史。这样人事上一切的经验，转瞬都在历史中死亡，对活人再没有任何的影响。有许多事情，连小孩子都看得见的，受过完备历史教育的人，反而看不见，他尽管额上都起了皱纹，但是他的头脑比小孩子还简单，因为他的本能已经被历史摧残尽了，他的个性也摇动了，他自己对自己，再没有信心，他得了许多零乱的知识，但是他没有坚强的人格来支配。

从前历史是要教我们诚实，现在的历史只教我们虚伪。我们只学了一些外表，我们并没有真诚。我们的言行全不一致，艺术宗教因此也不能帮助我们打破陈腐的习惯，虚伪的风气，使文化适合我们真正的需要。近代历史的教育，只教训我们关于这些需要，说许多的谎话，连我们自己都成了“行动的谎话”。

近代历史教育，是这样地虚伪，这样地不自然，无价值，所以科学里面最诚恳的科学——哲学——简直没有立足的余地。在这一种勉强的世界，外表相同的世界，哲学只是寂寞浪游人的自语。没有人过哲学的生活，没有人不鄙弃哲学。就算还有人在研究哲学，但是他所谈的哲学，也不过是“从前有一次”的死知识，在真正教育中间，却不能有任何的地位。近代的人也许还需要哲学来装点门面，但是他们早已经不知道哲学是什么东西。我们看见近代的哲学家，我们忍不住要疑问：“他们到底还是人呢？他们还是思想著作谈话的机器呢？”

歌德讲莎士比亚：没有人像他那样鄙弃衣服的准确，但是他太知道一切人类所穿同样内心的衣服。大家以为他善于描写罗马人，其实他描写的乃是有血有肉的英国人。但是无论如何，他们从头到脚，都是真正的人，穿上罗马的衣服，也没有什么不可以。但是我们能够把现代的人，穿上罗马的衣服吗？尼采认为这一定办不到。因为现代的人都不是真正的人，他们只有人的形状。就算他们还有点个性，他们的个性已经堕落到了这一种程度，永远也不能再立起来。这都是近代历史教育的结果，结果使近代的人，完全失掉了他们自己的个性。世界上只有坚强人格的人，当得起历史，个性薄弱的人，遇着历史，好像遇着一阵狂风，把他整个的身子都吹走了。一个人自己不能够相信自己，只想在历史上去找寻忠告，他对于目前应该怎样对付，怎样感觉，这样胆小，当然不敢作什么大事情，就故也一定失败。渐渐历史同这种人的关系，就完全断绝了。因为历史上老是伟大的人物，他自己没有个性，当然不能仿效成功［为］伟大的人物。历史上无论哪一位伟大人物，在他都是一样，就像一位受过宫刑的人，无论哪一位女人，对他都是一样地没有意义。

离开第一种懦弱的人，我们来讲一讲近代所谓强壮的人。这就是历史对于人生第二种害处。近代的人容易骄傲，以为他们比任何时代都公平。到底他们是不是公平呢？到底所谓对历史的客观态度，能不能够给他们公平的观念和习惯呢？也许他们自以为公平，其实就是偏见呢？梭格拉第认为一个没有德操却自以为有德操的人，简直和疯狂差不多。这样的想像，比真正的罪恶还更有害。因为罪恶还可以补救，想象只有使他一天天地变坏，一天天地不公平。

近代所谓公平，不过是对于历史上的人物事实，发表一些冷酷无情的判断。他们自己以为客观，其实是偏见，他们自己以为诚实，其实是胡涂，他们自以为公平，其实是最不公平。因为判断是最不容易的事情。只有最高尚的人，才能给准确的判断，天资低下的人，只应当宽容，如果他们也要自以为公平，那么他们就很容易成世界上最不公平的人。并且通常大家以为只要一位历史家，能够客观地去寻求事实，他就算公平，其实同一样地寻求事实，有各种不同的动机，因此就有各种不同的判断，我们怎么敢说，客观求事实的历史家一定就会公平呢？近代的人，总喜欢把他所处时代，一般流行的意见，来批评历史上的事实，他们以为现代大家都承受的议论，自然是客观的议论，他们以为这儿一定是真理。他们的工作，就是用现在来衡量过去。如果一种历史不用这些标准来写，他们就说这是“主观”的历史。

真正的客观，需要一种幻想。历史家对于过去的事情，动机和结果，看得非常清楚，因此个人的人格，不至于影响他的判断。这差不多同一位画家画画时，完全摆脱自己一切的关系，忘掉了自己，全副的精神，都放进一幅迅雷暴雨的景象里，完全一样。一位历史家，对于他们的对象，也需要这样的专心和想象。但是在这一种情形之下，我们仍然不能说：画家和历史家所得的景象，是事物的本来面目。因为这种时候，本来是艺术家创造艺术的时候，他所得结果，当然也不是历史上真实的图画，乃是艺术上真正的图画。拿这种意义来说，对历史客观的思想，是戏剧家的事情。历史家必须需像戏剧家那样，从这件事情联想到那一件事情，把所有的事实，组织成一个整个，假设历史中间，一定有一种统一的计划，假如这个计划不在那儿，你也得放进那儿。这样人类才可以战胜过去，表现他对于艺术的冲动，但是决不是对于真理和公平的冲动。

所谓客观的态度，和真正的事实，通常的人都以为有密切的关系，其实不然。世界尽管有许多的历史，里边完全没有一点真正的事实，然而大家仍然可以说它们有最高程度的客观。格锐拔慈甚至于是：“历史不过是人类精神想明白对他不清楚事实的态度。他把事实连络起来，这一些事实的关系，只有天才知道。他把不懂的事情，改换成懂得的事情。他把自己因果的观念，放进外界的世界，外界的世界也许只能够从里边来解释。他假设机会的存在，也许那儿有千万的小原因在影响。每人都有他特点的需要，所以千千万万的趋势，都跑拢来，直的、弯的、平行的、交互的、前进的、后退的、互相帮助的或者互相障碍的。它们都有机会的貌似，使我们要离开它们自然的影响，去建设关于过去必定发生的事情，普遍的规律，简直是不可能”。这，一个“必定”发生的“必定”本来是没有法子知道，但是所谓“客观”的历史家，总想把它明白表示出来。历史上主观的成分，既然这样不可逃避，那么所谓纯粹客观的历史，也不过是一场幻想。

历史本身既然不能够纯粹客观，但是一般的历史家却又要努力去求客观，所以结果只养成一种冷静旁观的态度。大家总以为越冷静就越客观，所以对于历史上发生的事情，丝毫不发生任何的感动。最干燥的句子，他们以为是最正当的句子。他们认为完全不受过去影响的人，才是正当描写过去的人。这样一来，历史同人类，完全不发生任何的关系，这就是他们所说的“客观!”

不要以为自己公平，不要以为自己会判断。公平判断，是最不容易的事情，假如你没有生成这一种天才，那么你最好不要胡乱去尝试。对于前代的判断，并不一定就是后代不可缺少的工作。后代的人，很少有真正能够对前代公平的人，只有最少数的人，才有这一种资格。谁强迫你去判断？假如你自己愿意，那么你就应该首先证明，你能够公平。你既然是判断的人，你就应该比被判断的人，站得高些。但是你是后来的人，照例后来的宾客，应该坐末席。你如果要想坐首席，那么你必定要先作一两件伟大的事业。英雄识英雄，好汉识好汉，你自己要不伟大，你有什么资格来判断伟大？

通常历史都勉强去建设普遍的规律，然而这些规律，又往往都是大家早已经知道了的规律。他们费了无限的精神，无量的时间，结果告诉我们的，不过是一个普通的人，稍为经验一两件事实，就可以知道的原则。那么历史的研究，根本又有什么意义呢？假如一本戏剧，它的价值完全在第五幕，那么以前的四幕，岂不是太费工夫，太无作用了么？真正伟大的历史家，同真正伟大的艺术家一样，应该能够从过去事实中间，发现深厚的意义，一般人从来没有听见过的事情。肤浅的历史家，没有伟大个性的历史家，无论他如何地勤勉，无论他脑子里堆积了多少的知识，他仍然永远不能伟大。历史只能让有经验有个性的人去写。一个没有经验过比别人更伟大更高尚事实的人，根本就没有资格去判断过去伟大高贵的事实人物。过去的事实，都是将来的预言。只有建设将来的人，才配得上判断过去。一位伟大的人，应该时时抱着伟大的希望，向前奋斗，自己成了映照将来的镜子，完全忘记自己是前人的后人的迷信。他想着将来，他已经够有许多思想的余地，他用不着去请教历史告诉他方法工具。假如他要传记，他不要“某某和他的时代”那样的传记，他的传记应当是“某某反对的时代”。假如有一百个这样的人，受过反对现代的教育，沉浸在伟烈的言行，达到了成熟的时期，已经够永远解决现代喧嚷卑鄙的历史教育。

过度的历史对于人类的第三种害处，就是它遏制毁坏一个民族的本能，使它不能成熟发达。主要的原因，就是历史观念没有限制，可以破坏一个民族靠着生存的幻象。所谓历史的公平，就算用纯洁的心来使用，已经可以发生这种的危险，因为假如历史观念后边，没有积极的冲动，假如破坏行动不是建设的预备，假如判断只是为判断而判断，那么一个民族创造的本能，一定因此要受遏制摧残。即如一个宗教，假如变成仅仅一种历史的知识，用科学方法来研究，用公平的态度来判断，那么这一种宗教立刻就会失掉它的意义。因为历史科学的研究，可以找出许多宗教上虚伪可笑凶恶残酷的事实出来，虔敬的幻象，不能不归于消灭。但是一种事物，没有虔敬的幻象就不能生存。因为一个人只有在爱的幻象中间，只有在无条件信仰完美至善中间，他才能够创造。任何事物，只要强迫一个人抛去施无条件的爱，同时也斩断了他力量的根基，他一定要枯萎凋谢。艺术和历史，在这个地方，刚好相反。也许只有历史变成艺术的时候，它才能够保持鼓励人类的本能。这样的历史，一定不是现代科学分析的历史，也许一般人会说他不是正确的历史。但是假如一种历史，只能破坏，不能建设，那么这一种历史，又还有什么存在的价值呢？

基督教现在已经渐渐变成历史的知识，它的生命因此也被摧残。其它一切生存的东西，假如经过历史的解剖，也要遭受同样的命运。一切的生物，都需要一种空气，一种神秘的云雾，来围绕着它们，假如这一个面网取掉，它们也立刻就要枯萎消灭。伟大的事物，没有幻想不能发达，德国的诗人项斯萨格斯早就这样说过了。每一个民族，每一个人类，都需要这样一个幻想的而又保护的云雾。但是现代的人，痛恨这些东西，他们把历史比生命还更看得重要。他们大声呼喊，“科学现在起首治理人生”。这也许是可能的事情，但是这样一个被治理的人生，根本就没有多少价值。因为这种科学领导的人生，对于将来，没有从前那样本能和幻象领导的人生那样伟大。现在的世界，不需要人格，只需要机器，人类不久也会完全变成机器一样。一般少年的人，都是盲目的，对于一切的事情，只知道承受，过去的历史，对于他们不发生什么影响，他们都是无家可归的人，他们怀疑一切的理想，一切的道德。他们懂得各时代的观念，但是他们自己是怎么一回事，他们完全不懂。他们只想作真理的奴隶，他们忘记了自己的人生。

现代历史教育对于我们第四种害处，就是我们相信我们是人类的老年时期，我们不过是前人的后人。在这个地方，尼采对于黑格尔相传下来的“历史进化”的观念，激烈反对。黑格尔在他的历史哲学里边，认为人类的历史，是人类精神向绝对自由前进的表现。所以人类历史总是进化的。黑格尔把世界文化分成三个时期，第一个是东方文化，为幼年时期，在里边只有一个人自由。第二个是希腊文化，为少年时期，里边有少数人自由。第三个是日耳曼文化，为老年时期，里边每人都自由。这一种分期的方法，把日耳曼文化认为登峰造极，日耳曼现代的人不过是进化的结果，前人的后人，这是尼采所最反对的。尼采是最崇拜希腊文化的人，他认为日耳曼民族本身，除了希腊文化、基督教文化外，根本就没有文化。但是希腊文化所以这样富于创造能力，完全因为它“不历史”的性格，它能够不受过去的束缚，自己认识自己。假如希腊的人，也像黑格尔那样，认为他们的文化，登峰造极，他们是进化的结果，是前人的后人，那么他们对于世界，早已经不会有那样大的贡献了。

所以历史进化的观念，把自己看成前人的后人，尼采认为是最不长进的思想。尼采以为谈历史进化的人，他们都不谈创造，只谈改革，不谈革命，只谈适合环境。但一个人只想改良，只想适合环境，久而久之，就好像点头点惯了的木偶，随便对着什么东西都点头，他身体的活动，完全照牵线人手势的轻重。他们以为历史上每一个成功，都有理智的力量，每一件事实，都有逻辑的胜利，所以他们赶快对历史磕头，五体投地地佩服。宗教神话，对于现代都没有力量了，但是历史进化的观念，对于现代，却有这样大的魔力。

最后现代历史教育，对于我们第五种害处，就是我们养成一种旁观的态度，因此消灭我们活泼的力量。现代的人，都不能摆脱历史的束缚，都承认历史上发生的事情，有不得不然的原因。既然一切都是不得不然，那么还有什么努力奋斗的必要？所以结果他完全抱一种旁观讥讽的态度。他美其名曰：“消灭我自己的人格来完全皈依世界的过程”。这一种人还有什么人格？他有的不过是蚯蚓的“人格”而已！历史是进化的，现代人类是进化最高的结果。历史的想象，从来没有像现在这样利害，历史家甚至于在黏土里面，发现他们自己进化的来源。人类的历史，不过是黏土植物动物的继续。人类站在进化尖塔上面，心里说不出来的满意，因为他们自己以为他们是自然最完美的东西。他们还要什么努力，什么创造，什么伟大的事业，他们自己已经够伟大了。

其实他们这样的历史知识，并不能帮助他们自己成为自然最完美的东西，他们的知识，只能摧残他们自己活泼的力量。世界一切的事物，都是演化，他们就完全消灭在演化中间。他们只是随着演化潮流，浮沉起伏，他们完全不知道还有他们自己。他们也立志不要他们自己。哈德曼有名的“不自觉的哲学”，就是这一种旁观态度的结晶。他认为就算人类完全厌倦这一种生存，我们的时代只能像现在这样，人类已经到了老年，只有中等人材，才能够胜利。艺术是柏林经济家晚间的娱乐。现在的世界已经不需要天才，或者是因为像把珠子抛给猪仔，或者因为我们的时代已经进步到了天才不关重要的程度。在这一种社会进化状况里边，每两个工人都过舒服的生活，剩余的时间，都拿来培养他的知识。这样一来，天才是牺牲了，中等人材是胜利了，世界的末日也快到了！

真正理想的世界，不是袖手旁观可以达到的，是要牺牲一切才可以奋斗出来。不要无知的群众，要伟大的个人，才可以担当这一个严重的责任。他们只是振作精神，快乐地向前迈进，让那些千万的侏儒，在地下爬着走。历史的工作，就是要传达这一个使命，供给动机和力量来产生这样的伟人，人类整个的目的，就是为着要产生这样的人物。世界的过程，不过是一种笑话，进化的观念，是最不长进的思想，旁观的态度，是消灭人生的态度。我们不要黑格尔，我们不要哈德曼那样的思想领袖，我们不要一切减少人类活泼力创造力的历史，我们要伟人，我们要人生！

陈铨：《尼采与近代历史教育》之一节，

《中山文化教育馆季刊》4卷3期，1937年10月1日。

浮士德精神

一

歌德的诗剧浮士德，是西洋文学中最伟大著作之一。只有荷默的史诗，莎士比亚的戏剧，但丁的神曲，可以同它相提并论。

浮士德的创作占据了歌德的一生。第一部的完成，经过了三十年工夫；全部完成经过了六十二年。从来世界上一部文学作品，没有经过这样长的时间；从来一个文人，对于一个艺术创造，没有卖过这样大的气力。

歌德少年的时候，天才智识，已经就超越常人。铁手葛兹和少年维特的烦恼，早已取得了国际的名誉。中年在魏玛宫廷，作了许多政治上的建设。晚年对于科学，也有重要的贡献。他是诗人，政治家，科学家。他的人格，教育，经验，使他成为十九世纪西洋文化的最高峰，他的诗剧浮士德，也就是十九世纪日耳曼民族精神最高尚的表现。

现在我们要问，浮士德精神是什么？浮士德精神，对于目前的中国有没有什么可以借镜的地方呢？

要探讨浮士德精神，我们先要研究浮士德的缘起。

二

浮士德大概生在十五世纪的末叶。他同时的人，已经有好些关于他的记载，以后继续又有许多传说。到一五八七年希匹士把这一些记载传说收集起来，写成一本书，在佛兰克弗城出版。书出后风行一时，第二年已经再版，三年后就有英文的翻译。英国的戏剧家马罗，根据这一部书，一五九三年写成功一本戏剧在伦敦上演。后来英国的戏子到德国演戏，把马罗的戏本肤浅改变一些，大受德国民众的欢迎。一五九九年意德曼根据希匹士的原书，又增加若干故事，另外写一本更完备的书，在汉堡出版。一六七四年斐泽尔改编意德曼的原书，重新问世，引起大家对浮士德的兴趣。浮士德的傀儡戏也出来了。一七二八年还有一本简短的书，重述这一个故事□这一本小书，意德曼的传说，和傀儡戏，歌德都曾经过目。

这一些传说故事，小地方也有出入，但是大体讲浮士德，是当时一位很聪明的学者，凭他的医病魔术，很受一般人民的欢迎。人世间的智识，他都应有尽有。但他仍然感觉失望，他想要彻底了解人生，他要探讨宇宙的奥妙，他的学问并不能帮助他，他受不了内心的压迫，后来用魔术找了一个魔鬼，同他订了廿四年的契约。在这廿四年中间，魔鬼用一切的力量来供他的驱遣，限期满后，魔鬼有一切权利来处置他。根据这一个契约，他经历了许多奇怪的事情。他到过罗马，康士但丁，埃及，摩洛哥，亚拉伯，波斯，他享尽了人间的繁华。到二十三年，他对古代希腊的美人海伦，发生爱情，和她同居，生了一个孩子。期限满了的前夜，他心中失悔，把学生叫拢来，告诉他们，他不愁身体牺牲，只希望他的灵魂能够得上帝的饶恕。到中夜的时候，忽然狂风暴雨。第二天早上，他的学生进屋，只看见墙壁地板，到处都是浮士德的血肉。魔鬼已经把浮士德撕成片片，身体没有一部分完整，海伦和她的孩子，早已无影无踪。

这一个中世纪的浮士德故事，自然是代表当时基督教的人生观。人类应该信仰上帝，安分守己，不要受魔鬼的诱惑，浮士德的惨死，是活该的，是大家应当引以为戒的。但是话虽如此，浮士德这一个人，到底是一个非常人物。他明明知道结果可怕，仍然要同魔鬼订约。明明知道只有二十四年，但是他宁肯尝试廿四年丰富的人生，不愿过长时间庸庸碌碌的生活。这一种个性主义的伸张，无形中已经开始表示中世纪人类对于基督教压迫人性教条约反抗。

这一种反抗精神，在代表文艺复兴的戏剧家马罗，已经深深感觉到了。马罗悲剧中的浮士德，已经不是中世纪的浮士德。中世纪的浮士德，是一个不可救药的坏人，马罗的浮士德，已经是一个伟大的人物。但是马罗对基督教义，还没有完全摆开，所以浮士德结果，还是遭了魔鬼的毒手。

歌德的浮士德，和前人的认识，全不相同。

一七六五年，歌德到莱布慈进大学，当时他满心抱着希望，以为大学教育，可以帮助他了解人生。但是很短的时间，他就失望了；法律不近人情，逻辑是无意识的把戏，其他的科学，干枯无味，还不能满足他心灵的要求。他虽然年青，已经大似饱学深思的浮士德。求真的冲动，内心的悲哀，使他对于这一位中世纪阴沉书斋中的老学究，发生无限的同感。一七六七年大病回家，养病期间，自己也读了一些魔术的书籍，并且还布置了一个试验室，来研究中世纪的化学。那个时候他已经下定决心要写浮士德诗剧。

一七七〇年，病好了，重新来希雀斯大学，那儿他会见黑尔德，精神思想上受了这一位好朋友很大的影响。传统的法国文学势力，他摆脱了，狂飙运动的主张——感情，天才，力量，等等新观念——他接受了。当他提笔写浮士德的时候，浮士德已经是狂飙时代的英雄。歌德从浮士德口中，说出他自己灵魂的状况，描写这一个新时代的精神。以后几年中间，一直到一七七五年，歌德第一次写成的浮士德原本，实是歌德全部浮士德精神的胚胎。

拿狂飙时代的浮士德来作歌德全部浮士德精神的根据，关于这一点，专门研究德国文学史的人，一定有很多的辩论。四年前作者在清华学报上发表一篇四万字的长文，研究歌德浮士德上部的表演问题，已经从各方面有详细的讨论。事实上，歌德一七七五年到魏玛宫廷，因为政务纷忙，没有时间来继续写浮士德。以后十几年他和斯坦茵夫人的友谊，以及斯宾洛莎的哲学，意大利的旅行，都使歌德渐渐抛弃狂腾时代的主张，学会感情理智的平衡。等到意大利归来，重新提笔写浮士德的时候，歌德已经变成古典主义的歌德。古典主义和狂飙时代精神上的不调和，使歌德几乎不能完成他的浮士德。他没有办法了，在一七九〇年勉强结束，出浮士德残本。再后十几年，因为朋友们的鼓励，自己的新认识，才完成一八〇五年浮士德的上部。然而里面矛盾冲突的地方，到处都是。一般写文学史的人，千方百计，想替歌德辩护，其实在歌德却是极自然的事情。

歌德的主张，和他文学的形式虽然有变迁，歌德的人格个性，始终是一致。不但在浮士德上部中间是如此，就是在一八三二年完成的浮士德下部中间，也是如此。所以浮士德的统一性，不应当在形式字句间去找寻，应当在歌德人格个性上去探讨。狂飙时代，是歌德精借浮士德而作的最初表现，应当是后来浮士德精神一切表现的根据。

三

歌德浮士德精神，到底是什么呢？

第一：歌德的浮士德，是一个对于世界人生永远不满意的人，世界的进步，是无穷的歹人生的意义，是要永远找寻的。天地间最没有希望的人，就是对人生世界认为满意无缺。因为人类只要满意，立刻就要停止活动。活动还有什么意义呢？世界上先知先觉的职务，就是能够常常发现世界人生的缺点，时时刻刻都要努力去改良。他的努力，也许一时不能唤醒一般人，但是他决不灰心，不丧气。大家不爱听他的话，讨厌他，痛恨他，残害他，他也置之不理。他要的是进步，是真理，不是胡里胡涂鬼混的生活。假如他牺牲，他觉得牺牲是光荣的，正如黑格尔所说：牺牲是伟大人物的光荣。因为要没有这一群永远不肯满意的人，历史就会停滞，人类也看不见光明。浮士德和魔鬼订约的时候，浮士德提出的条件是：

假如我安静懒卧床上，
你立刻让我生命丧亡！
假如你能够谄媚阿谀，
使我看着自己满心欢喜，
假如你能够用享乐欺骗，
那一天就是我最后一天！

浮士德是永远不能满足的人。魔鬼虽然用尽方法，醇酒，女人，金钱，势力，走遍天下，尝尽人生，浮士德始终没有被他欺骗，安静懒卧床上，而魔鬼始终也没有成功。

第二：歌德的浮士德，是一个不断努力奋斗的人。生活的意义，不在努力奋斗的结果，而在努力奋斗的过程，人生的意义，是不可知的，世界上没有任何人，能够彻底明白了解的。但是人类的内心，都有明白了解的要求。根据这一种要求，不断的努力奋斗，人类的生活就有意义。人生最怕不活动，不工作。只要活动，工作，生活立刻就不觉无聊。悲观厌世的人，多属有闲阶级，吃完饭不作事，当然感觉生活干枯。真正提起精神，孜孜不倦，寻求真理的人，他们充满了生命，兴趣，希望，决不会有这种病态的呻吟。他们的奋斗努力，也许会走错方向，但本来是人类，自然免不了错误。世界上最可怕的，不是错误，乃是灰心。英国的卡奈尔受了歌德的影响，在他的文章中，不断宣传工作的意义，可以说得着了浮士德精神的三昧。

第三：歌德的浮士德，是一个不顾一切的人。要作事，就得不怕事。自己先要有决心；那怕天崩地裂，我也要勇往前进。孟子说：富贵不能淫，贫贱不能移，威武不能屈，这才是男子汉大丈夫。畏首畏尾，瞻前顾后，这一种人，一生也作不出任何精彩的事业。浮士德要探讨宇宙人生的真理，他的野心是大的，他的工作很困难，同时他冒的危险也是不可想象。旁人的冒险，顶多损坏他的身体，浮士德的冒险甚至于要毁灭他的灵魂。他想，与其胡里胡涂地生，不如清清楚楚地死。歌德写浮士德最初内心烦闷的时候，决心要饮鸩自杀，还是教堂的歌声，引起他儿时的回忆，才打断了自杀的念头。他一心一意，只要求真理，死生祸福，早已置之度外。他同魔鬼订约的时候，没有丝毫的迟疑恐惧。魔鬼还怕他追悔爽约，要他用血来签名，浮士德答复的话，正可以表示他坚强的意志：

精灵不给我答覆，

自然也闭了大门。
思想的线索已断，
智识只带来厌憎。
让我们到人间去探险，
好消除我们的愚迷，
让每样奇异揭开面网，
现出他本来的身影！
让我们跳入时间的狂舞，
随着万千局面奔腾！
这样：欢乐和悲哀
成功和忧闷，
都尽力地变更！
不断的活动
证明真正的人！

第四：歌德的浮士德，是一个感情激烈的人。人类固然是有理性的动物，但是人生最精彩的事业多半从感情得来。忠臣孝子义夫节妇，到了紧要关头，能够牺牲一切不顾一切，战胜死的恐怕，全靠心中沸腾的热情。就是科学的研究，也要先有求真的冲动，然后能够推动一切。理智应当是感情的工具，没有真正感情的人，他也许可以说得头头是道，然而并不能使他努力实行，甚至于他还可以利用他的理智来掩护他的虚假，达到的私谋。浮士德的爱人格饶琴，问他为什么不进教堂礼拜，是不是他没有宗教，浮士德的答语是：感情是一切！这一句话，简直是狂飙时代的口号。因为德国的狂飙运动，主要的就是反对十八世纪初年的启蒙运动，唯智主义。浮士德是狂飙时代的产儿，所以也是感情主义的崇拜者。歌德本人，一生最富于感情，后来虽然极力回复到希腊的古典主义，但是歌德的人格个性，并没有多大变更。而且歌德的古典主义，和十七世纪的古典主义，最重要的分别，就是前者勉强抑制他的热烈的感触，他的作品，处处表现作者的灵魂，法国的古典主义的作品却往往只是作者笔尖上的花样。所以狂飙运动和感情主义，实在是全部浮士德的胚胎。浮士德之所以为浮土德，也就全靠他内心有激烈感情的冲动。

第五：歌德的浮士德，是一个浪漫的人。浪漫两个字，在中国到处被人误解。一般人都以为在男女关系上随便一些，就是浪漫，这真是大错误大荒唐。浪漫主义运动，在西洋历史上，乃是一种新的人生观运动。浪漫主义者，实际上就是理想主义者。他对人生的意义，有无限的追求，因为人生的意义无穷，永远追求，永远不能达到，这就是浪漫主义的精神。德国最富于浪漫色彩的诗人罗发利斯，曾经写了一部小说，里面描写一朵青花，或隐或现，若远若近，书中的主人翁，不绝在寻求，始终没有得到。这一朵青花就是人生最高的理想。歌德的浮士德的态度，就是浪漫主义者的态度——他有无穷的渴想，内心的悲哀，永远的追求，热烈的情感，不顾一切的勇气。

以上般般，可说是歌德浮士德主要的精神。

四

中国数千年以来，贤人哲士，都教我们乐天安命，知足不辱。退后一步自然宽！如果对于人生不满，认为是自寻烦恼。这一种不积极的精神，在从前闭关自守的农业社会，外无强邻，还有相当的价值。处在现今生存剧烈竞争的时代，不改变这种态度，前途只有暗淡不堪。奋斗努力，不顾一切，也不是中国的理想，却正是目前最需要的精神。感情方面，中国人素来就在重重压迫之下，不能发挥，浪漫主义者无限的追求，更可予我们静观的哲学以根本纠正。如果没有感情的冲动，没有无限的追求，中华民族怎样还可在这一个战国的时代，演出伟大光荣的一幕！

总起来说，浮士德的精神是动的，中国人的精神是静的，浮士德的精神是前进的，中国人的精神是保守的。假如中国人不采取这一个新的人生观，不改变从前满足，懒惰，懦弱，虚伪，安静的习惯，就把全盘的西洋物质建设，政治组织，军事训练搬过来，前途怕也属有限。况且缺乏这个内心的新精神，想要搬过西洋外表的一切，终究也搬不过来！

在歌德浮士德的结尾，浮士德被救了，天使们把浮士德的灵魂欢迎到天上去。我们可能变成浮士德，来受天使的欢迎？

《战国策》第1期，1940年4月1日。

论英雄崇拜

一、历史与人类意志

人类历史的演变，有两种推动的力量：一种是“物”，一种是“人”。主张物是一切历史的成因的历史家，认为历史上时代的转变，完全看物质条件的转变。铜器时代，石器时代，铁器时代各有各的特点，游牧时代，农业时代，工业时代，也各不相同，其所以不同的原因，完全是物质条件，发生了剧烈的变化。

在另外一方面，主张“人”是一切历史成因的历史家，认为物质条件不过是历史的外表，人类才是历史的内心，物质要靠人类来运用，人类是主，物质是奴，人类是本体，物质是现象，人类可以支配物质，战胜物质，创造物质，物质却没力量来对人类施行同样伟大的影响。

其实这两种理论，都有它的缺点。在相当条件之下，人类的行动，必须受物质的限制，然而人类之所以为人类，除掉饥餐渴饮穿衣生育以外，还有其他强烈的“意志”。这一种与生俱来不可磨灭的意志，就是人类精神活动的根基，就是人类一切感觉本能统一性的主脑，人类一切动作思想反应能够有一个目标，也就靠这一个意志的作用。

人类是有意志的，人类意志的表现，往往也是许多物质条件的表现。譬如人类先有意志要生存，就不能不造房屋制衣服种稻麦发明其它一切的器具，来维持他的生存，又因为一个人不能生存，才结成团体，结成团体不能不有秩序，然后才有政府，有法律。又因为一个团体，常被另外一团体侵犯，然后才有军队，有组织，有训练。又因为生活的知识，应当遗传后人，所以才有教育有学校。假如我们照这一种观察的方法，去追寻根底，我们可以发现大部分的物质建设，都是人类意志的表现。

不但大部分的物质建设，甚至人类本身的许多器官，也是意志的表现。生物学上给我们的证明太多了，每一种生物，都有他每一种特长，而这一种特长，往往就是他发展生存意志的工具。虫类的保护色，猛兽的爪牙，其他一切的动物的器官本能，都包含这一种作用。顶奇怪的就是同一种动物，放在不同的环境，他居然会产生新的器官，来适合他的生存。至于人类也有同样的现象，拉洋车手腕发达，抬轿子肩背发展，水边的人善泅泳，山部的人会攀援。这一切都可以证明，物质对生物，固然有相当的力量，但是生物求生的意志，很容易适应物质，战胜物质甚至于改变物质，创造物质。

意志的作用，既然这样伟大，所以人类历史的演进，假如我们只拿物质条件，来解释一切，一定要陷于许多错误。但是物质条件始终是相当限制人类的，因为这种限制，所以各种民族，各种时代，都有它显明的特点；然而物质却始终不能限制一切，因为人类还有伟大的意志作用。真正历史家的工作，到不在仅仅解释物质条件的力量，假如他的历史是为人类写的，他最重要的工作，倒是在说明人类在某种物质条件之下，他怎么样凭借他伟大的意志，去解决一切的困难。他们努力的过程，到底是怎么样一种进展的情况。

人类的意志，才是历史演进的中心，凡是想凭物质条件来说明一切的人，凡是相信人力可以战胜一切的人，都只看到一方面的现象，而没有找出全部的真实。物质的力量，决不是万能，人类的力量也不是万能，但是人类意志发展努力的过程，的确创造了人类全部的历史。

二、英雄与历史

意志在人类历史演进中，既然占这样重要的位置，第二个最重要的问题，就是创造历史的人类意志，到底是多数人的意志，还是少数人的意志呢？在这个地方，历史家又分成两派。

第一派的历史家，主张历史的演进，如果不是全体人类意志的表现，至少也是大多数人类意志的表现。历史进展到相当的程度，多数人类的意志发展，受了某种物质条件的阻碍，不能不努力奋斗，去克服一切的困难。这一种庞大的意志结合，往往造成一种人类精彩的活动。如像拿破仑的东征，托尔斯泰在他《战争与和平》中间，再三地辩明，这一段伟大历史的现象，决不是拿破仑一人意志的表现，乃是那时西方民族要向东方发展，东方民族要向西方移动，所以才有这样一场空前的冲突。又如像中国以前的历史，都只记载少数统治阶级人物的言行，绝少数写全部人民的状况，现代的中国历史家，也殚精竭神，除开少数君主官吏的记录以外，去搜寻全民族的活动。

第二派的历史家，在另外一方面，却认定群众尽管有强烈的意志，然而他们本身却没有表现创造的能力□只有少数聪明勇敢的人，才能够代表群众，领导群众，去踏进历史上的新阶段。比方群众尽管有御寒的意志，然而代表群众意志去发明衣服的人，仍然不是群众，乃是极少数的天才，群众尽管有发展交通工具意志的要求，代表这一种要求，去发明轮船火车的人，依然是少数超群绝类的科学家。假如没有这少数的天才，历史也只有暂时停顿在原来的状况。至于政治方面，当权领袖人物的才气和举动，关系更重要了。德国民族，尽管需要统一，假如没有威廉第一和牌斯麦那样的圣君贤相，统一也不会那样迅速实现。楚汉逐鹿中原，假如项羽在鸿门宴上，把汉高［祖］杀掉，中国以后数千年历史，又将演化成什么局面？至于哲学文学美术宗教各方面，时代尽管有激烈的要求，假如没有莎士比亚、康德、安格罗、马丁路德那样人物产生，也决不会有那样光明灿烂的历史。

然而在这两派中间，最巧妙的说明，还是中国的名言："时势造英雄，英雄造时势"，这两句话，充分说明，少数伟大人物，和历史发展相互的关系。时势到了某种情况之下，群众的意志，有了某种强烈的要求，这种要求自然可以产生伟大的人物，然而伟大的人物那时也可以不产生，结果历史就成了停滞和紊乱。在另外一方面，时势已经走到了某种重要的关头，群众还没有明白认识，假如少数伟大人物，已经产生，凭他们的聪明才力，事先认清楚时代的需要，唤醒群众的意志，组织他们，领导他们，开辟一个新的局面。这样的事实，在历史上是很多的，我们不用细举，也就显明了。

所以英雄与历史，有双重的关系。一方面他可以代表群众的意志，发明，创造，克服一切困难，适合时代的要求。在另一方面，他也可以事先认定时代的要求，启发群众的意志，努力，奋斗，展开历史的新局面。

但是无论在那一方面，英雄和历史，是分不开的。像托尔斯泰的主张，英雄是时势的产物，我们可以赞成，但是他的解释，英雄仅仅是时势自然的结果，好像无论任何人处在那地位。都可作这一番伟大事业，那就未免太迷信群众，太没有认清伟大人物的力量了。

英雄是群众意志的代表，也是唤醒群众意志的先知。群众要没有英雄，就像一群的绵羊，没有牧人，他们虽然有生存的意志，然而不一定能够得着最适当生存的机会；他们到的地方，不一定有良好的青草，他们的四周，说不定还有凶恶的虎狼，要侵害他们。

三、英雄崇拜

人类意志是历史演化的中心，英雄是人类意志的中心，只有站在一个立场，我们才能够彻底了解历史的现象。

人类生存的意志，是平等的，所以他们生存的权利，应当平等，但是人类的智力，是不平等的，所以他们担任的工作．不应当平等。人类社会上无论任何方面的事业，创造领导，都只有靠少数的天才，他们是群众的救星，他们是宇宙伟大的现象。天才就是英雄。英雄不仅是武力方面、政治宗教文学美术哲学科学各方面，创造领导的人，都是英雄。

英雄是受人崇拜的，是应当受人崇拜的，这一种崇拜的心理，有什么根据呢？

英雄崇拜，发源于惊异。人类的意志，是怎样发生的，它最后的目标是什么，世界上没有任何的哲学家，科学家，能够彻底解答。至于代表唤醒发展人类意志的英雄，他们是怎样发生的，他们为什么天赋比其余的人类超越，这也是不可解的现象，然而就在这不可解之间，我们不能不发生一种惊异的情绪，我们只觉得他们伟大，神秘，不可想象，不可意料。无论在什么时候，无论在什么地方，无论在什么表现，我们都发现他们与平常人不同。他们好像有一种不可思议的魔力，我们一接近他们，我们就得相信他们，惊美他们，服从他们，崇拜他们。历史上多少的英雄，其所以能够号召群众，作出惊天动地的事业，完全因为他的人格，有这一种神秘伟大的力量。

假如宇宙间万事万物都靠力量来推动一切，那么英雄就是伟大力量的结晶。没有他们，宇宙间万事万物也许就停止了。所以他们的活动，就是宇宙间的活动，我们对大自然中间伟大力量的活动，如像火山的爆发，海潮的奔腾，雷电的轰击，都充满了惊异，那么我们对英雄的活动，怎么能够没有同样的情绪？

这一种情绪，同宗教的情绪，是一样的。宗教的情绪，也是起源于惊异，惊异自然的奇巧神秘伟大，忘记自我，顶礼皈依。对于英雄，我们发现他超群绝类的力量，假如我们没有嫉妒仇恨夸大贪婪的情绪，作我们诚恳的障碍我们也不能不惊异崇拜。

英雄崇拜和奴隶服从是两样的。英雄崇拜，是由于诚恳的惊羡，没有利害的关系存乎其间，奴隶的服从，则由于贪图利益，惧怕惩罚。换言之，英雄崇拜，是一种高洁光明的情怀，奴隶服从，是一种卑鄙浑浊的心理。这两种分别，非常重要，因为许多人都把它们混杂不清，甚至于把这种误解，来作为反对英雄崇拜的根据。

英雄是伟大的，凡是伟大的对象，都是一种美。康德把美分成“幽美”和“壮美”两种，如像鸟啼花发，水皱风来，这是幽美，如像山崩地裂，奔电走霆，这是壮美，英雄多半是壮美的，少数文学美术方面的英雄、才有幽美的。根据这一种理论。英雄崇拜，也起源于人类审美的本能。

在审美的时候，我们要忘记自我，在崇拜英雄的时候，忘记自我也是最需要的条件。因为不忘记自我，他的崇拜就是不纯洁的，崇拜之中，一定还有别的动机。或者因为地位的关系，或者因为某种实际的希望，或者因为某种恐怕的心理，某种利害的关系，总起来说，就是有条件的。凡是有条件的崇拜，就不是高尚的崇拜，因此也就不是真正的崇拜。

人同人的关系，多半在利害冲突之中，我们没有一刻能够忘记自我，因此我们的内心，也很少有快乐。在欣赏自然风物，艺术作品的时候，我们才可以暂时摆脱一切，忘记自我，在那时我们的心灵，完全是一种光明空阔的景象。人世的痛苦，不能再扰乱我们，我们因此可以得着高尚纯洁的快乐□没有利害关系的英雄崇拜，同审美是一样的，所以也是一种很高尚纯洁的快乐。

中国话说：“惺惺惜惺惺，好汉惜好汉”。真正能够无条件崇拜英雄的人，正表明他自己本身中也有英雄的成分。许多妄自尊大心胸狭隘的人，总不愿意承认别人的伟大，好像一旦崇拜别人，自己的地位立刻就降低了一样。有时他们不但不肯承认别人，而且还想方设计去破坏别人。他们以为这样行为，才可以表示他们自己的伟大。其实这正表示他们自己卑鄙的人格，下流的心理，小老婆的态度，他们本身的无能无识，也呈现无遗。假如这样的人，要来反对英雄崇拜，我们仅可以嗤之以鼻。

无条件的英雄崇拜，最高尚的表现，就是“死”。人生最严重的时候，就是生死关头，整个自我，有消灭的危险，非见理极明，感情到了最高度的时候，一个人决不能够克服他死的恐惧。所以世界上最伟大的人，也就是不怕死的人。在军事政治宗教方面，我们常常发现一位领导的信徒，一位英雄的崇拜者，到了生死关头能够勇敢快乐地牺牲自己的性命。这种行为，不但证明英雄人格的伟大，同时也充分证明崇拜者人格的伟大。那些不度德，不量力，妄自尊大的人，还要用种种侮辱的名词，来讥笑谩骂英雄崇拜者，其实只要把这批人放在生死的关头，他们人格的弱点立刻就暴露无遗了。

孙中山先生革命的时候，千千万万的志士仁人，因为景仰他的人格几前仆后继，视死如归，我们固然承认孙中山先生人格的伟大。然而我们能够否认这些崇拜孙中山先生的战士们人格的伟大吗？蒋委员长创办黄埔军校的时候，许多青年，因为佩服蒋先生的精神，北伐之役壮烈牺牲，造成中国近代历史上光荣的一页，提到这一批热血青年，我们能够不肃然起敬吗？

世界上凡是不能够崇拜英雄的人，就是狭小无能的人。凡是不能够无条件崇拜英雄的人，就是卑鄙下流的人。

但是崇拜与阿谀奉迎，又是两样。崇拜是出于真诚，阿谀逢迎是想利用。崇拜英雄的人，人格是光明的。阿谀逢迎的人是下贱的，崇拜英雄的，不一定事事顺从，因为他崇拜英雄，英雄的前途就是他自身的前途，所以到了紧要关头，他尽可以充分发挥自己的意见。在另外一方而阿谀逢迎的人，他只想博得伟大人物的青眼，来巩固自己的地盘，所以无论什么事体，都先意承志，委婉顺从，假如这一位英雄失败，他马上可以同样的伎俩，施之于另外一个伟大人物。假如一位英雄，没有鉴别忠奸的眼光，喜谀恶直，他自身的命运，往往会陷于极悲惨的境况。

四、中国人能够崇拜英雄吗？

假如我们说中国人不能崇拜英雄，西洋人才能崇拜英雄，这是近来醉心欧化的人容易形成的主张，然而这一种主张是错误的。中国人素来是崇拜英雄的。一部廿四史，里面的记载，大部分都是民族的英雄；诗歌小说戏剧的主人翁，也多半是济困扶危的剑侠，出口成章的天才；至于民间的传说，宗教的对象，往往把许多历史上的英雄，抬高到天神的地位。中国的历史演进，毫无疑义地是以英雄为中心。近来许多历史家在那里勉强凑合，想写一部以民群作中心的历史，结果都是可怜的失败。

中国人是能够崇拜英雄的，这一种情形，我们要走到中国的下层阶级，特别是农村，更见显明，清末的哥老会，追随一位领袖，死生置之度外，我们都知道了。就是现在内地的乡村，只要村里有一位正人君子，出来创办民团，保卫地方，乡下的农民，也敬之若神明。在军队方面，当兵的人，大部分都是受很少近代化教育的人，他们的教育，完全是数千年来祖宗遗留下的传统观念，他们生活在这些观念之中，濡染熏陶，对英雄仍然保持原始民族那样真诚的崇拜。抗战以来，中国军队在前线拚命的精神，服从长官的勇气，震惊了全世界。其实这并不是什么特别的事情，因为中国民族的精神，本来如此。

然而为什么又有许多中外的人士，发现中国人不能崇拜英雄呢？这其间有两个原因。

第一个原因，就是中国士大夫阶级的腐化。在中国古代的时候，士大夫阶级，代表民族中最有人格最有勇气的人物。他们对君忠，对人诚，对己廉，作战勇，他们有所为，有所不屑为，后来士大夫阶级渐渐官僚化，作官发财，是他们唯一的目标，儒家美好的名词，成了他们种种罪恶的护身符。他们的人格，卑鄙下流，他们的行径，妾妇之道，他们对人没有诚恳，他们对领袖，不是反叛，就是谄佞。所谓真正的英雄崇拜，在他们腐败人格里，已经是不可能。陈独秀先生曾经愤激地说，把中国士大夫的骨肉烧成灰，里面都可以发现"做官发财"四个大字。真是一针见血之谈。

第二个原因，就是五四运动以来个人主义的变态发达。五四运动所提倡的第一是德谟克拉西，第二是科学精神，这两种思想潮流，在西洋自然有历史的背景，在清楚的界限，在中国却成了个人自由无限伸张的工具。对于一切的传统都重打倒，对于任何的英雄，都不佩服。他们相信的，崇拜的只有自己，在这一种空气之下，社会一切都陷于极端的紊乱。中国士大夫阶级，本来已经腐败透了心，从前还用圣哲的教言，虚伪穿凿，偷偷摸摸地来达到自私自利的目标，现在更可以明目张胆，用这些新名词，来作反叛嫉妒自私颓废的工具。所以五四运动的功绩，是打破中国旧式的传统，五四的流弊，就是更进一步使中国士大夫阶级，更加腐败。

这两种原因，造成了中国今日士大夫阶级，无人格，无信仰，虚伪狡诈，阿谈逢迎的风气。他们满口的自由独立，满肚的奸诈邪淫。抗战以来，中国的武人，在前线部有可歌可泣的功烈，中国的文官，却在后方极尽颓废贪婪的能事。岳武穆说："文臣不爱钱，武臣不怕死，则天下治矣。"中国今日，武臣不怕死，是作到了，然而文臣不爱钱，却没有办到。然而反对英雄崇拜，以阿谀逢迎奴隶服从，来冒牌英雄崇拜的，仍然是文臣。

经过二十年反对英雄崇拜的近代教育，经过千百年传统的腐化陶养，造成中国今日士大夫阶级的末路。还没有亡国灭种者，幸亏有中国下层阶级，保持中国祖先遗留下来的民族精神。中国现在还有许多教育家，在他们那种教育方针之下，在慨叹中国平民教育不发达，其实平民教育要太发达，中国民族，一定会更不能崇拜英雄，更是一盘散沙，这次抗敌，更没有人拼命了！

怎么样改变教育方针，怎么样打破中国士大夫阶级腐化的风气，怎么样发扬中国民族潜在的精神，怎样养成英雄崇拜的风气，这就是中国目前最切急的问题。

《战国策》第4期，1940年5月15日。

叔本华与红楼梦

二十年前作者还在清华作中学生的时候，有一天得着机会读王静庵先生一篇文章

《红楼梦评论》。在这一篇文章里，静庵先生根据叔本华的哲学，对红楼梦发表许多精透的见解。当时我爱不释手，叔本华和曹雪芹的悲观思想，充满了我的心灵。迄今事过境迁。我的思想，在这二十年中间，和叔本华曹雪芹，已相去甚远，然而静庵先生《红楼梦评论》，始终是第一篇影响我思想的文章，曹雪芹叔本华至今还供给我少年时期丰富优美的回忆。

不但在个人方面，就拿中国的文艺界来说，二十年以来，还没有产生曹雪芹那样伟大的小说家，关于红楼梦评论，始终没有跳出索隐和版本批评的范围。像静庵先生那样有见识的文艺批评家，还寥若晨星，至于叔本华那样和人生发生密切关系的哲学家，在中国也没有多见。

叔本华是欧洲思想界一位奇人。他有奇怪的性情，极端的偏见，然而他的性情和偏见，是这样地有趣味，这样地富于刺激性，反而令我们喜欢。他不得不没有朋友，没有爱人，没有家庭，成年成月，度着可怕的寂寞生活，社会压迫他，同行嫉妒他，然而他并不因此灰心丧气，五十年的学者生涯，始终如一，寻求真理。他惟一的安慰，惟一解除痛苦的方法，就是他的哲学上的努力。这和红楼梦的作者，经过人事沧桑之后，抱着凄凉的心境，埋头著作，不求闻达，如出一辙。

在思想方面，叔本华同曹雪芹，有一个同一的源泉，就是解脱的思想。红楼梦以一僧一道起，以一僧一道终。作者写宝玉陷于情网，几经奋斗，才达到解脱之域，其中屡次谈禅，一到不得意时，即云出家作和尚。佛家的思想，对于曹雪芹的影响，是很清楚的。至于叔本华在一八一三的冬天，廿五岁的时候在魏玛会见迈尔，迈尔介绍他印度思想，从此以后，印度的哲学家特别是佛家的思想，对于叔本华就发生伟大的影响。在他的著作里边，佛家色彩是极浓厚的。实际上叔本华是西洋第一位哲学家，把佛家的思想，融化在他的系统里。

叔本华最主要的著作，就是《意志和观念的世界》，这一本著作，已经包含他全部的思想，其他的著作，都是陪衬阐明，这一本书的题目，也清楚表明，叔本华哲学最重要的两方面：一方面是观念，一方面是意志。依叔本华的看法，我们不能够知道世界的“本身”，我们只能够知道世界的“现象”。人类观察世界的现象，心中产生各种观念，用我们的观念，把世界的现像，组织起来，给它各种的规律。所谓自然法则，所谓事物条理，都是人类心灵中的观念所造成的。从前希腊的哲学，以宇宙为中心，思为人类的心灵，有知道宇宙的本事，人类所定的规律，就是宇宙的规律。这一种天真的看法，经过康德哲学的革命，已经不能存在了。叔本华继承康德的哲学，把所谓世界一切的事物，都归纳到人类心灵的观念、世界不是真实，乃是幻觉，我们不能知道物的本身，只能知道物的现象，真实与幻觉的界限，在实际人生中很难划处，所以庄周蝴蝶梦，柏拉图的石穴阴影，成了千古不磨的妙喻。

然而在另外一方面，叔本华超过康德的思想，发现人类另外一种极重要的精神活动。这一种精神活动，是推动一切的力量，使世界人生包含另外一种意义，这就是意志。意志是人类与生俱来，至死方休的一种庞大的支配力量。每一个意志，就包含人类每一种活动。没有意志，就没有活动，也就没有人生。生如此，世界也是如此，世界上万事万物，从无生物到有生物，从最低的生物，到高级的人类，都有同样激烈的意志。所以世界在一方面，是观念的世界，在另一方面，就是意志的世界。叔本华根据观念和意志，说明世界一切的本源。

在观念的世界，一切的事物，都是人类心灵的幻觉，这已经打破人类天真的自信，使他感觉抓不着真实的悲哀。在意志的世界，人类的活动，处处受意志的支配束缚，更使他精神上，感受极大的痛苦。因为意志是盲目的。我们不知道它的来源，也不知道它的去路，它死死地抓着人生，它永远也不能满足，意志就是欲望。人类的欲望是无穷的，欲望达不到，人生即痛苦，然而一种欲望刚达到，另外一种新的欲望，立刻发生，永远不能压制，永远不能休息。只有在漫漫长夜之后，经长途跋涉，受尽千辛万苦，怜悯的死神才走来卸下迷途的行路者严重的负担，他的痛苦告终，然而一幕人生的傀儡戏，他也演完了。

在这一种无目的，无趣味，无自由，充满了痛苦的意志世界，人类到底还有什么方法，可以摆脱意志解放自己呢?

照叔本华的看法，有两种解脱的方式，一种是永远的解脱，一种是暂时的解脱。永远的解脱，在于彻底明了意志与人生的关系，使心如槁木死灰，不受意志的束缚，达到光明空洞的境界。就是佛家的涅槃，就是叔本华所赞成的遁世主义。暂时的解脱，在于艺术的欣赏与创造。在实际人生意志驱迫我们，痛苦我们，我们如春蚕自缚，不能自解。然而在艺术的创造和欣赏的过程中间，我们却能够暂时摆脱人生一切的关系，无欲以观物，使我们的心灵，暂时自由解脱。

对人生求解脱，是叔本华哲学一切问题的中心，也是曹雪芹红楼梦一切问题的中心。

红楼梦第一个对人生求解脱的指示，就是辨别真实和虚假。世界不是真实，人生不过幻景，一切的喜怒悲哀，都是由于我们受意志的牵制，不能静以观物，受世界现象的迷惑。红楼梦全书，描写贾府的事情，同时又描写甄府来陪衬，“贾者，假也”，作者的命意在“假作真时真亦假，无为有处有还无”一联，已经明白表示。至于甄宝玉的俗气，贾宝玉的聪明，两两相对，更阐明真假的关系。红楼梦的作者，要读者彻底人生的虚幻，知道世界的本来面目，才可以摆脱意志，得到内心的自由。

解脱第二步的办法，就是要消除人我。生活上一切的痛苦，都由于人我的界限。人我的关系，在逻辑上，是没有法子打破的，因为我之所以为我，是靠有人，没有人，我的存在，根本不能想象。我的存在，既然依赖别人。那么我自己心灵上的喜怒悲哀，小部分也许由于我自己，大部分却靠别人的态度来决定。我内心既没有自由。外物自然能够支配我。而且人生的意志，是无穷的，意志的满足，又处处受外物的支配，外物能够满足我们的时候很少，不能够满足我们的时候很多，所以我们生活上的痛苦也是无穷的。红楼梦的作者，要我们消除人我界限。而消除人我界限的方法，根本要消除自我，假如能够在别人中间，发现有我，在我中间，发现有人，人我分别，既然解除，内心的痛苦自无由发生。贾宝玉赋诗中有“无我原非汝”，即系消除人我界限的尝试。钗黛间他假如喜欢你，你便怎么样，不喜欢你你便怎么样，也是对于人我关系明白的注解。

解脱的第三步，要打破儒家传统的观念。儒家的思想，是入世的，红楼梦的思想是出世的。儒家对人生是肯定的，红楼梦对人生是否定的。红楼梦作者对于儒家的思想，根本反对，所以在书中，处处表示反对的意思。红楼梦书中，道地儒家思想的代表，就是贾政，然而贾政迂腐不近人情，谁看见也受不了。贾宝玉骂作官的人是“禄蠹”，骂“致君泽民”一类的话，是混帐话。儒家思想造成功社会的腐败、肤浅、平庸，在红楼梦里，都表示无遗了。

红楼梦的思想，是在求解脱，对于生存的意志，要加以永远的消除。生存不能没有欲望，欲望不能不有痛苦，所以生存是极大的罪恶，世界是痛苦的泉源。我们的祖先，根本错误，把人生世界，生存至今，使人类陷于不能自拔之境，假如我们当后世子孙的人，能够知道祖先的错误，解除生活的意志，那么我们对于祖先，就是孝子贤孙。儒家的孝子贤孙，是作官发财，光宗耀祖，红楼梦的孝子贤孙，是消灭生存意志，补救遗传罪恶。所以贾宝玉说：“一子出家，七祖升天。”

叔本华曹雪芹都主张人生要求解脱，然而解脱在消灭生存意志，而不在摧残身体。照叔本华的看法，自杀不能算解脱，因为自杀是基于生活之欲没有达到，所以愤而摧残自己，然而身体虽存，意志犹在。这个未灭的生存意志，也许还要另外取一种更不痛快的形式。造物既然安排下一幕生的傀儡戏，人类就得演完，自杀不是懦夫，乃是反常。红楼梦的作者，差不多也有同样看法。书中写金钗坠井，司棋触墙，尤三姐潘又安自刎，和惜春紫鹃宝玉三人之解脱，其人格之高下，成功与失败，相去不可以道里计。又如妙玉，虽然出家，然而生活之欲，仍然没有铲除，所以也只有解脱之形，没有解脱之实。

至于书中的主人翁贾宝玉的解脱，也经过许多的挫折。宝玉从幼即反对儒家思想，对于功名富贵，早已置之度外，惟一不能摆脱的，就是男女之情。在叔本华哲学中间，男女之欲是生存意志最伟大的表现。因为人类求生存。然而生存即不遭挫折，至多不过百年，然而有男女关系，人类的生存，因此可以无限制地延长下去，所以在实际人生最难压制，而在解脱途径，最必须压制的就是男女之欲。贾宝玉陷于情网，不能自脱，屡次觉悟，屡次又入迷途，及至黛玉死后，他才打定主意，然而宝钗五儿，几乎使他功败垂成，男女之欲，真是人生解脱，最大的障碍。

有人怀疑，假如林黛玉不死，宝玉是否还要出家，这种怀疑，是没有根据的。因为红楼梦全书的目的，是在描写人生解脱的程序。林黛玉和贾宝玉的关系，不过是贾宝玉解脱程序中的一个节目。林黛玉在艺术必须上面，不能不死，假如不死，就要损坏全书艺术上的价值，所以续红楼、后红楼一类的书，毫无艺术价值。就算黛玉不死，在红楼梦主题之下，作者亦必设法使宝玉终于战胜男女之欲，走入解脱之途，不然，全书即毫无意义。事实上黛玉虽死，宝钗犹存，贾母在堂，家庭种种束缚，依然如昔，然而宝玉并不因此就停止他出家的思想。

叔本华与红楼梦的关系，既如上述。红楼梦虽然前八十回与后四十回，不是一人手笔，然而在前八十回中曹雪芹已经造成局势，标明主题，高鹗在后四十回中，不过完成曹雪芹未竟之业，对于他的思想，并没有变更，所以红楼梦全书，才可作为一人的思想，一部完整的著作看待。

最末我们要指出的，就是叔本华和曹雪芹的悲观主义和解脱思想，在事实上有许多的困难。假如生存的意志，力量是这样伟大，那么要永远摆脱，恐怕也是差不多不可能的事情。叔本华一直到临死的时候，还在对他的朋友格文勒说，希望天假以年，他能够达到涅槃。曾经叹息，“我宣传神圣，但是我不是神圣。”红楼梦作者，一则曰：“大无可如何之日也。”再则曰：“满纸荒唐言，一把辛酸泪，都云作者痴，谁解其中味”；这也明显地不是已经达到永远解脱的口吻。歌德把少年维特自杀，他自己并没有自杀，叔本华曹雪芹盲目解脱，自己没有解脱。

到底悲观主义，对人生声［有］什么价值，解脱的理想，对人生是否可能，这一个问题的解决，恐怕只有进一步研究尼采的思想。尼采是最初笃信叔本华哲学的人，后来从叔本华的悲观主义，一变而为他自己的乐观主义，从叔本华的生存意志，一变而为他自己的权力意志，从叔本华的悲惨人生，一变而为他自己精彩的人生，这一个转变的过程，是世界思想史上最饶兴味的一段历史。也许红楼梦前后的评价，不在讨论“叔本华与红楼梦”，而在研究“尼采与红楼梦”了。

《今日评论》4卷2期，1940年7月14日。

尼采的政治思想

关于尼采的政治思想，我们可以从三方面来看：第一是国家，第二是民主政治和社会主义，第三是战争。国家是否有存在的意义？假如没有存在的意义，应当采取另外一种什么办法？假如有存在的意义，应当采取什么形式？民主政治和社会主义是不是政治上最理想的形式？它对于人类的进步，文化的提高，是帮助还是障碍？在生存竞争的世界中，战争是政治上最重要的事件，它消耗政府最大的财源，牺牲民族中大部分的生命。它应当鼓励还是消弭，？它对于人类文化，是摧毁还是促进？

这一些问题，都是政治思想上最重要的问题，一直到现在，还没有一定的解决方法。尼采生在十九世纪的末叶，正是国家主义民主政治社会主义帝国主义极端发展的时期。尼采对于这几方面的问题，都有他斩钉截铁的答复。他看清欧洲文化的弱点，他理想一个进步，强壮，健康，充满了生命的新世界。为了实现这一个新世界，尼采不惜对一切的传统观念挑战，要重新估定一切价值。

自从尼采最后一部书出版，一直到现在经过了五十多年的时间。世界过去的政治，是否已经追随了尼采所指的方向，对于世界将来的政治，尼采的学说，是否还有特殊的使命呢？

一、国家

尼采理想中的社会，是一种超人的社会进步的社会。在这一种社会中间，超人和天才，有绝对发展的自由。在这一种社会中间，强者应当征服弱者，智者应当支配愚者，对于弱者愚者，我们不应当有任何的同情，因为他们根本不应该生存在世界。他们在世界所占的地盘，应当让更优秀的人类来代替他们。这一种淘汰消灭的过程，是自然的，也是应当的。因为世界必须进步，人类必须超过，假如我们立下一种制度，使弱者愚者，得着充分的发展，那么世界的文化，一定会停滞，腐化，不可救药。

站在这一种观念的立场，尼采是反对国家存在的。因为现代国家的存在，是在保持弱者愚者的发展。弱者愚者，自己没有本事，生存竞争，所以组织团体，制定法律，来压迫强者智者，使他们不能够为所欲为。他们的行动，对于群众，有任何不利，群众立刻就可以拿法律来制裁他们。他们本来是文化进步的先锋，现在因为国家法律的存在，他们成了穷凶极恶的罪犯。

世界上有两种罪犯，一是可怜的罪犯，他们受社会的压迫，勉强作犯法的事情，但是他们自己不相信自己，良心谴责他们，他们的灵魂身体，都陷入可怜的状况。另外一种是伟大的罪犯。他们不知道什么叫做法律，因为他们的立场是超出法律之外的。法律不能束缚他们，他们有勇气来反抗一切，他们的内心，只感觉自己的伟大，并没有任何的追悔。在这一种意义之下，世界上每一个伟大人物，都是穷凶极恶的罪犯。

只有这样伟大的罪犯，才配作人类的主人，他没有道德，没有法律，没有国家，他是人类的鞭策，为要充分发展他自己的人格，他需要人类，来作他试验的工具。他是勇敢的战士，他有铁石的心肠。他的目标是伟大的，光明的，精彩的，人生在他手里，要完全充分美丽地实现。人生是一局棋，超人是国手，人类不过是他用的棋子。

邵尧夫说："唐虞揖让三杯酒，汤武征诛一局棋"，征诛揖让，关系天下的安危，然而在尧舜汤武的眼光中间，这些事体，和下棋饮酒，并没有什么分别。

现代的国家，都是道德的，尼采的超人，是不道德的。现代的国家制度，要保护平庸，尼采的超人社会，要发展个性；现代国家里；生活一切机械无聊，在超人社会里，生活一切精彩美丽；现代的国家，是整齐的理想，超人的社会，是力量的象征；现代的国家，是守旧的，腐化的，超人的社会．是前进的，创造的。这就是为什么尼采猛烈地攻击现代国家的制度，因为它和尼采的理想，水火不相容。

但是尼采反对现代国家存在，和无政府主义者，反对现代国家的存在，又根本不一样。他们有两个绝对不同的出发点。无政府主义者以为人性本来是善的，因为有了国家的各种的法律限制，反而会使他们不能平安相处，产生出种种罪恶。假如没有国家，一切听其自然，人类世界，就可以达到光明之域。在另外一方面，尼采是主张性恶的。假如没有国家的存在，强者智者，就可以暴虐无情地，征服消灭弱者愚者。原始的社会，是一种战争的社会，战争的结果，只有优秀分子，才能够生存，人类的本质，因此可以提高。现在的国家，把人类根本的力量意志，和他的罪恶，都同时破坏，来保全愚者弱者，然而力量意志和罪恶，乃是人类本性中最美丽的部分。

无政府主义者，痛恨国家是"力量"的象征，尼采痛恨国家是"软弱"的象征。无政府主义者希望国家倒台，暴力专制也倒台，尼采希望国家倒台，超人专制才可以上台。无政府主义者，反对国家，因为它是阶级压迫的工具，国家铲除，群众的利益，才可以不受任何的损害。尼采的见解，恰好相反。尼采认为国家是保护群众利益的工具，只有消灭国家，超人的利益，才可以得到天然的保障。

最重要的，就是无政府主义者，不但希望取消现代的国家，任何时代，任何制度的国家组织，无政府主义者都不愿意它存在。尼采最反对现代的国家，因为现代国家组织，不适宜于超人的发展，假如有一种新的国家组织，超人能够独裁，这一种国家，是力量意志的象征，尼采也没有理由不接受。在《萨亚涂师贾这样说》里边，尼采说：

> "国家吗？那是什么？……我要告诉你们民族死亡的故事。国家是一切冷酷恶魔中最冷酷的。他冷酷地说谎，这就是从他嘴里说出来的谎话：'我，国家，也就是人民。'但是这是一句谎话。过去曾经有创造的人，他们创造各种的民族，给他一种信仰，一个理想：这样他们帮助人生。
>
> "那些人是破坏的人，是虚无主义者，他们替多数人安下陷阱，叫这些陷阱做国家；他们悬挂一把刀和百种的感情，在他们头上。那儿还有一种强壮民族生存，他们不了解国家，他们恨他，因为他是一只坏眼睛，一种罪恶，反对道德和自由。国家用一切善人恶人的舌头来说谎，无论从他那儿出来的什么，都是诳话，他一

切所占有东西，都是偷来的。每样同他有关系的事物，都是假的；他用偷来的牙齿来咀嚼，甚至他的肠胃都是假的。”

现代的国家，只能保护产生一些多余的人，过慢性自杀的生活，尼采说：

“国家——那儿有一切饮鸩的好人和坏人。那儿所有的好人坏人，都失掉他们自己。那儿大家慢性自杀，叫做‘人生’。

“你们看这些多余的人呵！他们偷窃发明者的工作，聪明人的宝藏。他们叫他们的偷窃做教育——每件事物，在他们的手中都变成疾病和无能！

“你们看这些多余的人呵！他们永远痛苦，他们发泄他们的脾气，叫这种结果作报纸。他们互相吞并，他们甚至不能够互相消化。

“你们看这些多余的人呵，他们找了财富，但是他们变得更贫乏，第一个在一切力量前面的条件就是——金钱！”

只有在国家消灭的时候，超人才可以自由，这些多余的人，也自然归于淘汰。尼采的结论是：

“那儿国家停止存在，那儿不是多余的人超首。看呵！我的弟兄们！那儿国家停止存在。难道你没有看见超人的虹霓和桥梁吗？”

二、民主政治与社会主义

从上文尼采对于国家的反对的理由，我们已经可以预料，尼采对于民主政治和社会主义，不会有好的观感。因为民主政治和社会主义，都是注意群众，要求平等，尼采却认为人类进步，不在群众，人类力量根本是不平等的，因此他们的义务权利，也就永远不能平等。

一八八零年，尼采写成《黎明》，那时，正是他科学时期的结尾，超人时期的开场。他的妹妹，告诉我们，在这个时候，尼采费了许多工夫，研究政治问题，尤其是社会主义，她特别注意：“在《黎明》里边，他对于这类题目，尽力表示同意，同时他却坚固地保持他从前的公式，一个民族的价值——实际上一切人类的价值——是在人类最高模样中表现。因此我哥哥不管他个人方面的好意，不得不作一个社会主义的敌人。特别是它的领袖们，不仅止因为他们的感情和目标不高尚，对一切强壮、美丽、文明，都洽相反；同时也因为，我哥哥攻击这些领袖们，使群众不满意，不快乐；他们引起群众对某种情形的热望，用一些不值得达到，不能够达到的希望来安慰他们。”

对于民主政治，尼采也同样地不满。尼采的好朋友彼得加师特这样解释：“在民主政治中间，尼采看见一个清楚堕落的征兆，特别是缺乏高贵的感情和自觉指挥的主宰头脑；照他的意见，纠正改良人类的计划，靠第三流第四流的人数起首，或者靠解放妇女来达到更高的水准，是判断上可以想象到的，最可怜的错误。”

在尼采心目中间，民主政治，社会主义，无政府主义，和基督教，都根据同样的精神，都是近代文化平庸、粗俗、堕落的主要原因。尼采理想中的社会，是每一个人都有自由发展的机会，因此天才和超人，不受社会上任何束缚。民主政治和社会主义的趋势，是要把群众的力量提高，把人类一切的行动社会化，个人的自由和创造，加以严格的限制，保障群众，不受特别个人的征服，统治和摧毁。尼采不赞成这一种办法，因为他认为文化的出路，只有靠少数的天才，群众不过是天才活动的工具。现在不让天才来领导群众，却让群众来压迫天才，人类前途，还有什么希望呢？

在政治方面，尼采是明白地主张贵族主义的。他自己的家族，据说本来是波兰的贵族，因为宗教关系逼迫逃亡。尼采从小就以此自豪，他说：“一位伯爵尼采，必须不说诳话。”

尼采自己素来看不起群众，他叫群众做“太多的多数”。照尼采的眼光，群众不过是生存竞争中大炮的粮草，是少数成功分子的陪衬。中国诗人慨叹“一将成功万骨枯”，尼采认为这是自然的现象，没有什么可以悲伤，最可以悲伤的到是万骨不枯，一将不成功，如像这一次欧战，比法的军队，牺牲极少，没有一将成功，然而国家民族，也就悲惨沦亡，不知何日方有再起的机会。

但是尼采的贵族主义，并不是指通常一般养尊处优，借先人余荫，在政治上享受特别权利的王孙公子。尼采所谓贵族，乃是人类中的强者智者，他们是天生的统治阶级。在生存竞争中间，他们有超人的权力意志，千万的群众，都必须受他们的支配。萨亚涂斯贾说教的对象，并不是庸俗的群众，乃是少数的贵族，就是少数的天才。尼采整个的哲学，只是为他们写的。世界只有两种人，一种是统治阶级一种是被统治阶级。尼采只要训练统治的阶级，真正有本事，配统治世界的贵族。

尼采的贵族，也并不是仅指德国民族，如像从前的普鲁士主义，和现在的国社主义，他们都认为德国民族，是世界上最优秀的民族，所以他们有统治世界的权利，而且世界非在德国民族领导之下，不能达到和平进步。这一种思想，好像是尼采，实际上并不是尼采。尼采谈政治文化，并不限于德国民族，他书中常用“欧洲人”这一个字。整个欧洲的文化，全世界人类的将来，是盘旋尼采脑中的问题。至于德国民族，是否能够领导世界，这还要看他们将来的努力。最明显的，就是在一八七零年，普法战争，德国获得空前胜利，全国欢欣若狂的时候，尼采写他的《历史对人生的利益和缺点》，对于德国文化，深致不满。他再三说明：军事胜利，并不是文化胜利。拿文化来说，法国的文化，远在德国文化之上，对于“德国超于一切”的口号，尼采也有讥评。

尼采哲学的目的，不是替德国民族作宣传，乃是阐明人类文化进步的真理。民主政治，要把弱者的力量提高，所谓“民治民有民享”，尼采看来，不过是“弱治弱有弱享”，所谓“一切人类生来是平等的”，这是政治思想上最大的诳话。所谓“大多数最大的幸福，”尼采问为什么一定大多数？凭什么决定最大的幸福？幸福的根本是在“质”不在“量”，千万的群众，不及一位天才，厨房中百年，不及天国中一日。至于社会主义，重量不重质，注意多数群众的幸福，不注意少数天才的发展，和民主政治，根本陷于同样的错误。不要说社会主义者的理想，根本违反人性，不能够圆满实现，就算能够圆满实现，然而这种庸庸碌碌，禽息鸟视的社会生活，也是一种无声无色沉闷无聊的生活，我们也不值得达到它。尼采要肯定地答复人生，因为人生有希望有意义有进步，一切消极的敷衍，一切否定的理论，一切平庸的手段，尼采都根本反对。而且社会主义的理想，不但是不能够达到；不值得达到，而且引起群众的不满，使他们自己生活痛苦，同时再痛苦别人。他们对天才失掉了信心，压迫他、残害他、使他不能发展……世界因此只有一天天陷于紊乱腐化。

不过尼采的政治思想后边，自然有他新道德的观念。有人说尼采反道德，或者不道德，这当然是错误。因为尼采只反对传统，他自己却建设了一套新道德。尼采在政治方面，主张强者统治，弱者服从，强者生存，弱者消灭，这种思想，在传统道德方面，自然是极不道德，然而尼采认为传统的道德，如像怜悯，爱邻居，谦恭，友善，都是弱者创造来束缚强者的，“好人”最初的意义，是指强壮勇敢，并不是指谦让怜爱。这一种弱者道德观念的养成，就是人类腐化的先声。它摧残人类的本能，和他求权力的意志，对人生的快乐。应用这些道德观念到政治方面，就成功［为］民治主义和社会主义。

三、战争

在一八六七年，尼采廿三岁的时候，他被强迫去受了一年的军事训练。他非常近视，很早就有眼病，但是在那个时候，普鲁士的军队需要大量的补充队，本当不征的都征去，所以尼采也被拉去了。他在军队中的成绩并不算坏。他是全队中最会骑马的人。但是在几个月以后，正在骑马的时候，他把胸部的筋肉跌坏了。他的伤口需要开刀。从此以后，免了军事的服务。一八七零，三年以后，普法战争爆发，尼采那时正在瑞士巴勒大学作教授。巴勒大学认为他是瑞士的国民，不能够报名作战斗的军士，但是尼采对于祖国的热情，使他非参加战争，不能忍受。他自动报名，作义务看护。但是在很短的时间，尼采重病了，他不能继续服务，又回瑞士，继续他的教授的生涯，尼采和战争的关系，也就从此终结了。

实际战争的经验，对于尼采的影响，不过如此。所以尼采主张战争，与其说是经验的感发，还不如说是思想的结果。广义来说，尼采认为人生宇宙，充满了冲突的原素，社会与个人，外物与内心，内心与内心，无处不是战场，无处不是战争。一个伟大的人物，全靠这一些战争，来磨炼他的意志来训练他自己驾驭自己的能力。所以伟大的人物，常常都是痛苦的，然而痛苦愈多，他自己人格的表现也更精彩。尼采自己一生，无时无地，不同旧社会旧观念作战。尼采理想的人物，决不是安居乐业的好人，他理想的人物，乃是摧毁一切，建设一切不断前进不断奋斗的战士。萨亚涂斯贾没有在山上永久隐居，他不顾天太的困难，走下山了。萨亚徐斯贾自己是一位勇敢的战士，他劝世上的天才，也作勇敢的战士。人类社会，只有靠这一批战士们，才能够对旧社会重新估定一切价值，打出一个新的世界。

在狭义方面来说，尼采也极力主张战争。第一，因为战争可以使人类进化。自然是进化的。它摧残弱者、病者、和没有征服环境不能适合环境的生物，它使强者，健康者，和有征服环境适合环境能力的生物，继续生存。这样逐渐淘汰，逐渐进化，人类不是“量”的方面，乃是“质”的方面才可以改良发达。假如世界和平，拙劣的份子都有生存的机会，那么人类就会逐渐退化。尼采要的是超人，要的是充满了力量，热情，快乐的生命。战争最大的意义，就是淘汰平庸的份子，创造有意义的生活。

从历史方面来看，一个国家，一种文化，到了腐败堕落的时候，往往经过一次战争，到可以消除积弊，发扬光大起来。尼采说：“在一些变成懦弱可鄙的民族，假如他们真正要想继续生存，可以用战争来作一种补救的方法。民族的肺病和个人的肺病一样，准许一种残暴的医治方法。然而永远要求生存的意志，没有去死亡的能力，在本身已经是一种情感衰老的现象。我们越是底完全生活，我们越是容易看一个简单快乐的情感，牺牲我们的生命。假如一个民族这样生活感觉，它就不需要战争。”

照叔本华的哲学，生存是人类最强烈的意志，照尼采的哲学，权力总是需要的意志。为着权力意志，人类尽可以抛弃他生存意志。而且人类之所以伟大，生命之所以有意义，也就在人类有摆脱生存意志的勇气，简单来说，就是要有不怕死的精神。一个民族，完全受生存意志的支配，甚至奴颜婢膝，忍耻偷生，不能摆脱死亡的恐惧、牺牲一切，以求光荣的生存，这样的民族，根本没有生存在世界上的资格。他们的位置，应当让出来给更有勇气能力的民族光荣发展。

这就是为什么，叔本华意志的哲学，在第三期尼采的思想虽然有伟大的影响，然而精神态度，完全两样。叔本华生存意志，一变而为尼采的权力意志，叔本华的悲观主义，一变而为尼采的乐观主义，叔本华怜悯同情的道德教训，一变而为尼采生存竞争的道德教训。

关于尼采反对怜悯，曾经引起许多人的惊骇反对，然而尼采自有他哲学的根据。

历来伟大的哲学家，如像柏拉图，亚理斯多德，斯宾洛沙，康德，对于怜悯，都没有看作最高尚的道德。怜悯削弱我们的灵魂，而且根本是由于自私，由于自己想取得精神上的快乐。在《人类的，太人类的》中间，尼采说："怜悯的目的很少为着别人的快乐，就像凶恶的目的很少为着别人的痛苦，根本相同。因为怜悯至少包含两种个人快乐的成分，都是自己满足自己：第一怜悯是情感的快乐，就是悲剧中间存在那一种怜悯，其次怜悯驱迫到行动的时候，就是权力使用的满足快乐。此外，假如一位痛苦的人，对于我们非常亲爱，我们就用同情的行动，来减去我们自身的悲哀。除开少数哲学家外，怜悯常常被放在道德感情的最低级，本来也应当如此。"

怜悯既然不是最高的道德，所以站在怜悯的立场，来反对战争，攻击尼采，是没有根据的。

尼采认为战争是必需的，在《人类的，太人类的》中间，尼采坚决地宣布："假如人类已经忘掉怎样战争，我们还对他们有很大的希望，这不过是发狂和抱美的灵魂的主义。至于现在，我们不知道旁的方法，能够使营幕中的粗糙精力，深刻超出个人的仇恨，有良心责备的冷血残杀，摧毁敌人组织的普遍热情，对于剧烈损失，对于自身和朋友们生存的骄傲不管，像空洞地震般的灵魂颤动，像每一个伟大战争那样强烈准确地传达给衰落的民族：因为这儿泛滥出来的溪涧河流，一定会把碎石渣子一块儿冲走，破坏细致土壤的草场，以后心志工场的机构，情形适宜，新的力量，把它掀动。文化不能够没有热情，罪害，恶意。罗马人建设帝国以后，有点厌倦战争，他们极力用打猎、角斗、摧残基督徒等方法，来取得新的力量。现在的英国人，大体看起来好像反对战争，然而他们还是用别种方法，来重新恢复他们失去的力量：就是危险的探险旅行，航海和登山，名义上是为的科学目的，但是实际上是要想借各种冒险和危险，来取回他们过余的力量。许多这样战争代替品还会发现，然而也许就在这儿，事实越来越清楚，像近代欧洲这样一群文化甚高，因此必须孱弱的人类，不仅只需要战争，而且需要最大最可怕的战争——因此常常堕入野蛮主义——怕的是全靠文化，就会失掉文化和它本身的存在。"

假如战争是人类进化不可少的工具，那么民主政治和社会主义，自然不适宜于战争，得不着尼采的同情。至于现代国家，政治的组织，法律的规定，使天才不能发展，领袖不得自由，在尼采看来，也在推翻之例。尼采的政治思想，可以说是近代政治思想家中，最前进的，最革命的，最富于理想的，同时也可以说是最贵族的。伯兰德士总称尼采的思想为"贵族的过激主义"可以算是最恰当名词，不过尼采所指的贵族，并不是传统，观念上所指世袭的贵族，乃是尼采自己埋想的超人。

《战国策》第 9 期，1940 年 8 月 5 日。

尼采的道德观念

历来第一流的思想家，都站在时代的前面。时代认为是的，他不一定以为是，时代认为非的，他不一定认为非。他凭他超越的眼光，深沉的智识，对于社会上一切制度文化道德宗教，都要重新估定价值。在必要的时候，他不惜摧毁一切，来创造一个新的局面。

尼采就是这样一位思想家。

他的心目中，只有真理，没有感情，没有恐惧，没有任何顾虑。他最佩服叔本华，但是后来思想转变，他抛弃他了。他最敬爱瓦格勒，但是忽然发现瓦格勒的艺术不合他的理想，他和他立刻断绝关系。社会上的讥评、压迫、非笑，他完全置之不理。他一心一意，找寻世界文化的错误，和补救的方法，使人类走入光明之域。人生再不是死气沉沉腐化堕落的人生，乃是充满了热情生命有声有色的人生。

只有尼采这样的人格，和他大无畏的精神，才配得上批评传统的道德，建设超人的新道德。

就在尼采的生时，他的道德观念，已经受很多人的攻击。他死后这样多年，一般道学先生，提起尼采，还不能不摇头吐舌，因为他们认为尼采是反对道德，或者不道德，其实道学先生们所谓道德，和尼采心目中的道德，根本是两件截然不同的事情。

要说明尼采的道德观念，我们先要说明尼采的人生观。

在第一时期里，尼采接受了叔本华的悲观主义，对人生取否定的态度。人生是痛苦的，人类是可怜的，世界的存在，根本是一种错误。解脱的方法，就在靠美术或者遁世主义，来摆开生存意志。真正的道德，在于压制自己，怜悯他人，在别人生存中，发现自我，在自我生存中，发现别人，人我的界限解除，生活痛苦的连环，即无形消灭。但是叔本华这一种人生观，尼采不久就抛弃了。

尼采认为人生不是求生存，乃是求权力，支配人生一切的，不是生存意志，乃是权力意志。我们对人生不应当消极地逃卸，应当积极地努力。生活的意义，不在压制自我，而在发展自我，不在怜悯他人，而在战胜他人。世界必须要进步，人类必须要超过。所以叔本华消极的悲观主义，一变而为尼采积极的乐观主义。

根据这一种新的人生观，尼采不但对于叔本华的道德观念，就对于数千年来许多传统的道德观念，都要发生激烈的冲突。

人生的意义，既然在发展权力意志，那么生活就等于是一种战争。在战争中间，强者才配生存，弱者自然消灭。这一种淘汰的过程，虽然残忍，然而却是不可逃避的现象。世界人类，如果还要进步，只有靠这种淘汰的过程。然而传统的道德观念，如像怜悯、同情、爱邻居、人我合一，都是违反自然，压倒强者，扶持弱者。这样，世界不能进步，人类不能超过，人生还有什么意义呢？

对于传统的道德观念，尼采追溯他的本源。所谓“善”的观念，本来是指“高贵”“伟大”“勇敢”，所谓恶的观念，本来是指“弱小”“谦让”“柔顺”。但是由于历史的演变，弱者要保护自己，所以把原来的意义改变了。凡是对于他们有利的，就叫做道德，凡是对于他们不利的，就叫做不道德。其实道德分两种，一种是“主人道德”，一种是“奴隶道德”。现在所谓传统的道德，都是“奴隶道德”，尼采所激烈反对的，就是这一些道德观念，如像怜悯、仁爱、谦让、顾虑，都是违反自然的情操，对于奴隶们感觉舒服的观念。在另外一方面，真正合乎自然的道德，就是权力意志的伸张，强者行动，弱者服从，道德就是庞大的力量，不顾一切的无情和勇敢。

假如有人仍然攻击尼采“主人道德”，不是真正的道德，尼采有一个最好的说明。鹰认为吃羊是“善”，然而在羊的眼光看来就是“恶”。鹰当然不需要善恶的道德观念，来拘束他吃羊的行动，只有柔弱的绵羊，才需要一个禁止的规律，假如没有这个规律，他们也会创造一种规律，来保护他们。所以真正需要道德观念的人，不是强者，乃是弱者，不是主人，乃是奴隶。真正的超人，决不受任何人为的道德规律的束缚，他的行动，超出善恶之外。他照自然的条理，发展自己的力量。道德的世界，不能压制自然的世界。

道德观念，并没有神圣的来源。一切宗教的说明，都是没有证据的假设。道德的观念，也不起于自然，因为自然本身，强食弱肉，本来是极不道德的。很明显的，道德观念，不发生于神，不发生于自然，而发生于人，发生于弱小无能的人，他们的力量不能保护自己，所以不能不要名词的花头来保护自己。凡是相信这些名词的人，自己不是弱小无能的人，就是受了他们欺骗的人。

道德观念，也不如康德所说，根据人类的良心。在人类的批评和行为中间，固然良心占极重要的地位。他内心中间，似乎常常有一种声音，敦促他依照道德的规律，假如他不顺从，那么这一种声音，就要谴责他，痛苦他，使他精神永远不得安宁。假如道德规律，不是上帝安排的，不是自然本身的，那么是否从人类的良心发出的呢？

尼采认为良心不是人类本能自然的声音，乃是遗传环境教育习惯创造的结果。一个祖先影响不同的人，和另外一个祖先影响不同的人，良心是不一样的。两个环境产生的人，良心也复不相同。并且一个时代有一个时代的良心，一个性格有一个性格的良心，到底哪一个良心是对的，那一个良心是不对的呢？易子而食，析骸以爨是否还有良心？项羽坑秦卒四十万，刘邦欲分乃翁一杯羹，是否还有良心？杀人不眨眼，卖人肉包子，是否还有良心？作了这样残忍行为的人，他们的良心，并不见得就谴责他们自己，然而愚夫愚妇，拜佛求神，一朝失慎，践踏缕蚁，反可以因之寝不安席，食不甘味。良心的反应，这样不同，它怎么能够作道德的标准？

并且一个人的行动，用什么方法来判断他的是非呢？判断是非的标准靠得住吗？你说，我的良心告诉我是非。但是你的良心有什么权利来判断呢？你的良心不过是你整个自己的一部分。假如你整个的自己，不是万能，那么你自己的一部分，怎么能够万能呢？假如你整个自己是不道德的，那么你自己的一部分怎么会是道德的呢？你凭什么标准，来判断你良心的判断呢？凭你精神上的习惯吗？然而你精神上的习惯，不过是遗传和教育的结果。为什么你服从你的良心呢？你的服从，是真的还是假的呢？难道因为你是一个伪君子，所以你需要服从你的良心，把它来遮饰你的罪恶吗？难道因为你是一个懦夫，没有勇气，彻底调查良心的根底吗？或者你像一个军人，不加考虑地服从长官的命令吗？你到底用什么态度来服从良心，你为什么一定要取这一种态度？

进一步考虑良心的本质。你作一件道德的事情，凭你自己的判断，或者你说，凭你良心的判断，但是你是否曾经考虑：这一个判断是完全纯洁的吗？不是自私自利的吗？尼采说："你拥抱你的邻居，对他说些温和的话。但是我告诉你：你对你邻居的爱，不过是你对自己的爱的虚伪表现。"尼采不但反对慈善情操的真实，而且不承认它有道德上任何的价值。作慈善事业，根本不是为人，乃是为己。我们爱别人，乃是想制服别人，或者引诱别人。换一句话来说，我们的爱，不过是我们权力意志换一个方式的表现。

尼采反对传统道德规律，最大的原因，就是它违反自然，压迫生命的活力。道德是人生的仇敌，是一切人生基础的仇敌。道德教我们作什么事情？反抗我们的本能，摧毁它们，摧毁生命的源泉，摧毁生命的条件。生命的目的，就是更多的生命。强壮的人，真正的人，爱人生，不怕人生，他爱人生包含的一切，人生的危险、人生的遭遇、人生的眼泪、人生的痛苦、人生的失望、人生的悲哀、和人生的快乐，人生的胜利。激烈的感情，不过是健康活力的符号，它要冲破人为的束缚，它要打破道德的制裁，它要找寻有价值的生命，整个完美的生命。在一个伟大的人，一切的感情，都是合法的，都是必要的，因为没有他们，生人就无意义了。恨同爱一样的重要，复仇和怜悯一样的重要，欲望和贞操，愤怒和善良，同样在生命中不能缺少。

所以传统道德规律，照尼采看来，不是从上帝来的，不是从自然来的，乃是从人类来的。而且不是从伟大的人类来的，乃是从弱小无能的人类来的。弱小无能的人类，要保全自己，所以订下这些规律，来束缚压迫伟大的人类。然而人生没有伟大的人类，就没有价值，没有意义，所以尼采认为传统道德规律，是人生的麻醉剂。

这一种麻醉剂一天不取消，尼采的理想一天就不能实现，所以尼采不能不激烈地抨击它。

平心而论，尼采对于传统道德观念的反抗，在欧洲思想史上，并不是唯一的人。远在二千多年以前，希腊的诡辩家卡里克里斯，已经就是强者权利的理论。他认为道德和法律的限制不是发源于自然，乃是发源于知觉。法律是弱者愚者和多数的人造的，来保护自己，反对强者，一切法律道德的规律，都是不自然的枷锁，强壮的人毫无顾忌，一点没有良心谴责，随时可以撕破，来满足他自然的意志。怀疑派哲学家安纳格萨卡斯也极力忠告亚力山大打破一切的限制。中世纪的哲学家曾经说："没有一样事情是真的，每样事情都可以许得"。此外如霍布士，马希亚维利，对于道德问题，也有相似的议论。法国的卢梭反对近代文化，回到自然。

这一种反对传统道德的暗潮，在欧洲思想史上，始终没有断绝。然而尼采始终是第一个人，凭他自己对于世界人生崇高的理想，对于现代社会上一切文化制度思想，都有崭新的意见，不但破坏，而且建设，不但局部，而且整个。他对于传统道德的观念无情攻击，但是他攻击的原因，是因为他想树立一种更新的道德，因此可以创造更美满的人生。

处在现在的战国时代，我们还是依照传统的"奴隶道德"，还是接受尼采的"主人道德"，来作为我们民族人格锻炼的目标呢?

萨拉图斯达的办法是：

"他把船头掉转，离开'父母之邦'，经过深夜的狂风暴雨，泛游到寥远的海洋，他达到'孩提之邦'那儿有超人的虹霓和桥梁!"

1940 年 9 月 15 日，《战国策》第 1 期。

狂飙时代的德国文学

一

德国文学在十八世纪的后半，发生了一种伟大的革命运动。文学史家都叫这一个运动，做狂飙运动，这一个时代，叫做狂飙时代。

狂飙运动，不但对于德国文学，产生了解放创造庞大的力量，它对德国的思想政治社会宗教各方面，都有深刻的影响。没有这一个运动，德国的文学，恐怕还在法国新古典主义势力之下，所谓民族文学，根本不能想象。没有这一个运动，德国的思想界，虽然有康德这样伟大哲学家出来，十七世纪以来的“光明运动”，“理智主义”，恐怕还要支配若干年。没有这一种运动，德国民族的意识，还不能发展，分裂的局面，因此不能改善，封建统治者的残暴，不能改良，至于社会的不平，阶级的斗争，宗教的束缚，也只会有加无减。

参加这一个运动的人物，大半都是当时德国青年的作家，如像哈芒、黑尔德、歌德、席勒、伦慈、克林恩，还有其他无数的文人学者。时代的转变，是很奇妙的，刚刚凑巧在这一个时候，大家不谋而合的，心心相感，对于旧的一切思想制度，要根本推翻，幻想建设一种更有意义，更有精彩的局面。

要说明狂飙运动的意义，我们得先观察狂飙时代以前各方面的情形。

在文学方面来说，在狂飙时代以前，德国的文学完全在法国文学势力支配之下。一般德国的文人，对于法国文学，都认为至高无上，他们的工作，只是翻译仿效。法国文学的理论规律，他们也信奉遵守，作为衡量一切的标准。弗雷德大帝的宫廷里面，大家都讲流利的法文，图书馆全是法国书，他宫廷的诗人，是法国的福录特尔。他认为德国文字野蛮，他根本不承认德国有什么文学。

雷兴是德国第一个最有见识的批评家，出来反对法国文学。他指出，德国的民族性，有丰富的想像，奔放的情感，梦幻的感觉，比较上同英国相近，和法国相远。法国的语言，清楚明亮，不适合于表现德国人的心灵。法国新古典主义者严格的规律，对于德国天才，更是极端的束缚。德国的文学家，应当学莎士比亚，弥尔敦，不应当学纳森，科勒尼。

除雷兴之外，还有一位从事实际文学创作的诗人，就是克罗卜希托克。他摆脱法国传统一切的枷锁，用崭新的形式，丰富的语言，来表示德国民族复杂热烈的情感。他的“弥赛亚”长诗，在德国文学史上，翻开光荣的一页，当时千千万万的德国青年，都热心诵读。歌德自传中，讲他同他妹妹，小的时候，偷着读克罗卜希托克，读高兴忍不住大声了，引起父亲的责备。在“少年维特的烦恼”里边，维特和绿蒂在暴风雨之后，绿蒂满怀伤感口里说：“克罗卜希托克!”这都可以表示这位诗人在当时的影响，同时也表示狂飙运动的来临。

然而雷兴和克罗卜希托克，始终不过是狂飙运动的先驱，并不是狂飙运动的代表。真正的代表人物，第一个是哈芒，集大成的黑尔德。加强这个运动，用文艺作品，表示这一种新精神的，是歌德、席勒、伦慈、克林恩、瓦格勒一大批青年的文人。自从这一个运动成功以后，法国文学的势力消灭了，德国民族的文学成立了。一直到今天，德国民族，敢于说他们自己有文学，不能不导源于这一个运动。

二

文学同人生是分不开的。人生的理想有变化，人类整个的文化都有变化。所以一种新文学运动，往往不是一种单纯的运动，它牵涉到各方面，各方面也影响到它。而一切变化根本的原因，还是由于人类对人生发生了一种新的理想。

狂飙时代以前，德国一般人对于人生的理想，是根据十七世纪以来，欧洲各国最普遍的一种思想潮流，历史家通常称它做“光明运动”。这一种理想的人生，认为支配人生一切行动的最好的力量，应当是人类的“理智”。人类之所以是人类，就是因为他有理智的本能，世界上万事万物，都有一定的条理。人类凭他的理智，明了宇宙的现象，采取应当保持处理的态度，这就是合理的生活，也就是人生至高无上的理想。

这一种思想，风行一时，德国最有力量的代表是莱布尼慈，和他的弟子渥尔夫。他们不愿意有热烈的感情，他们受不了神秘的思想。他们的人生，是青天白日，没有一片的浮云，没有朦胧的景色。代表这一种人生观的文学，当然莫过于法国的新古典主义。法国的文学，本身就明白清楚，加上天才作家严格的洗刷，整齐的规律，成了欧洲其它各国文学最高的典型。

但是人类不单是有理智，而且还有感情，人类的行为，动机不是单纯，无时无事，都隐藏无数复杂的现象。世界历史上伟大的人物，创造伟大的事业，往往不是凭干燥单纯的理智，而是凭热烈复杂的感情。法国的卢梭，是欧洲第一位思想家，把欧洲近代的人类，从理智桎梏中，解放出来，重新过有声有色的感情生活。

因为要使人类的感情自由，所以凡是阻碍感情的枷锁，都要摧毁。政治不良，暴君压迫，就应当改革政治。法律不良，压迫人性，就应当改良法律。社会不良，阶级悬殊，就应当改良社会。宗教不良，专重仪式，就应该改良宗教。感情是自然的，文化是人为的，就应当摆脱文化的束缚，“回到自然”。

至于文学方面，自然的表现，是感情真挚的流露，天才自由的发展。古典主义的规律，压制感情，拘束天才，都应该通通取消，才能够产生真正的伟大的文学。人类各人有各人的特性，各民族有各民族的特点，不应当抄袭，仿效。应当把自己的特点特性，充分表达出来。这样，天才主义和民族文学，也就成了狂飙时代鲜明的口号。

卢梭的主张是德国狂飙运动的源泉，这是文学史家公认的事实，略一翻开狂飙时代德国文人的作品，到处都可以得到直接间接的证明。不过卢梭的思想，要没有哈芒黑尔德深刻的引申推论，没有歌德席勒和其他青年作家的具体表现，没有德国过去文化腐化肤浅的背景，也不会发生这样伟大的影响。

三

感情是狂飙时代新的人生理想的中心，和十七世纪光明运动的理智主义，针锋相对，歌德浮士德口里“感情就是一切”一句话，已经鲜明地表现了。我们再看看当时德国政治社会法律经济的状况，我们更可以明了狂飙运动，还有严重的意义。

德国当时分裂做千百的国家，每一国家的君主，对于他的人民有绝对管理支配的权利。他们征取极重的租税，他们可以随时强迫人民去修造浩大工程的宫室花园，他们可以把人民编成军队，送他们去帮另一个君主打仗，因此得着巨额金钱的报酬。他们高兴的时候可以在田中打猎，任意蹂躏。有些国家，在人民结婚的时候，甚至于还有所谓“第一夜的权利”。一位贵族，可以随便同民间女子发生关系，厌倦了的时候，可以把她随便赠送一位立功的军官，这位军官不能不接受，而且还认为是最大的恩惠。

至于法律的规定，也有许多残酷的条文。一位青年女子，随时可以受人欺骗，男子抛弃她以后，婴孩无法处理，留着就羞辱家庭，杀掉就处以死罪。歌德浮士德里边的格锐琴，就是这种严酷法律的牺牲者。瓦格勒“杀婴者”中女主角，也遭际了同样的命运。

固然当时也有一些贤明的君主，如像弗雷德大帝、约瑟夫第二，都作了许多改善的工作，昼日夜晚，想替人间谋幸福，然而这样的君主，在当时却是少数，大部分的君主贵族，都横征暴敛，为所欲为。当时的君主贵族又多。有人开玩笑，甚至说：“王子比民多!”这样重重压迫之下，德国一般人民悲惨的境遇，和三十年之战，把德国人口消灭了三分之二，并没有多大的分别，因为前一种是“快死”，后一种是“慢死”，慢死也不过是多受一点活罪。

所以狂飙运动，在当时德国，不但在文学思想方面，充满了改善的热诚，在政治社会方面，也浸透了革命的情绪。但是后来政治革命，爆发在巴黎，在德国并没有兴起，这当然有其它许多的原因，然而主要的原因还是因为德国当时太分裂，统治阶级太多，分裂人民势力太少，统治阶级太多，人民不容易集中目标，团结反抗。又因为狂飙运动以后，德国的政治，渐次改良，和缓了紧张的空气。

不管它怎么样，狂飙运动，是一种革命运动，是一种反对现状要求自由的运动，而这一种运动的基础，建筑在感情上面，这是没有疑义的了。歌德的《少年维特的烦恼》，风行一时。许多青年，因此自杀。《铁手葛慈》也描写一位古式反抗政治压迫的英雄。席勒的《阴谋与爱情》暴露当时贵族平民阶级的分别，至于《强盗》，作者更大胆写一位忠义的土匪头领，来推翻社会上一切的制度。至于复仇的心理，狂飙时代的作家，尤其特别提倡。

宗教方面，虽然经过马丁·路德的改革，然而在许多战争之后，人民并没有得着什么宗教自由，不过欧洲各国的君主，决定他管辖人民的信仰。人民并不能直接和上帝发生关系，教堂的努力，僧侣的贪婪，宗教的仪式，依然是不可磨灭的事实。少年的歌德，不愿意进教堂，别人问他，他说：“我不能虚伪，不能进教堂!”在浮士德中间，格锐琴也问浮士德为什么不进教堂，浮士德讲大自然中间，没有一样事物，不能使他崇拜上帝，最重要的还是感情。

所以狂飙运动，名义上虽然是一种文学运动，实际上对于政治社会法律经济宗教，无处不发生革命的影响。只有这样的革命，才是真正的文学革命，只有这样的文学，才是真正的新文学。因为文学同人生是分不开的，人生有各方面，文学也有各方面，离开各方面，来专谈文学革命，根本就无意义。所以中国五四时代的作家虽然技术粗浅，他们都有新的精神，他们心里都有话说，后来专在技术方面用工夫的文学家，他们根本就无话可说，所以只有搜索枯肠，皱眉苦作，结果还是塞字篓！他们还摇头叹息，骂时代不了解他们，更令人忍俊不禁了！

四

关于歌德、席勒，与狂飙运动的关系，以后当为文详论。这儿要介绍的，是一些次要的文人，和他们作品中重要的特点，来证明上文所论列的事实。

狂飙运动这一个名词，起源于当时一位作家克林恩的一本戏剧的题目《狂飙》。剧中的主角，内心充满了活力，无处发泄，一刻不能忍受，终于跑到美国，去参加革命。他自己说："我不能不跑开，逃出这个可怕的不安宁和不肯定。我什么都干过了。我作过劳工，我在亚尔布斯山上生活，我替人牧羊，整天整夜躺在无边无际的天空之下，让山风吹凉我，内心的火依旧燃烧。没有地方休息。没有地方安宁。你看，我充满了冲动和力量，不能够把它发泄出来。我要自动去加入这一个战争，那儿我可以展开我的灵魂，假如他们肯帮忙枪杀我——那就更好了。"

这一种激烈的感情，不安定的状况，是狂飙时代一般德国青年共同的感觉。在《双生子》里，克林恩写一个人仇恨他的弟弟，把他杀了，那一种报仇的情绪，也是同样激烈。

克林恩《浮士德》中间，描写当时农民被压迫的状况。有一天浮士德和魔鬼骑马沿着河走，在一株橡树下，他们看见一个农妇带着几个小孩，悲伤不已。浮士德问她，她望了浮士德许久，然后告诉他大概的故事：

"过去三年，我的丈夫不能够付清主教老爷的租税。第一年没有收获；第二年，主教的野猎把什么都毁坏了；第三年主教行猎经过我们的田土。因为管事老拿驱逐来威胁我的丈夫，他今天要把一只肥胖的小牛和他最后的一对大牛赶到佛兰克佛城去卖来付租税，他正赶出场子，主教的厨子走来，要求小牛来供给主教的饮食。我的丈夫告诉他［厨子］他的惨状，请他考虑，这多么残暴，一个钱不给，把小牛牵去，他在佛兰克佛，本来可以卖一笔很好价钱。厨子问我的丈夫知不知道，一个农民，不许搬运任何属于厨子的东西到边境。他们正在谈话的时候，管事和警察来了。他们不惟不帮我丈夫的忙反而连两只大牛也解开，厨子牵了小牛，警察把我同小孩子赶出门去，我的丈夫，失望极了，在仓中抹断自己的喉管。那儿！你看，他在这个被单下面！"

浮士德惊骇道："人类！人类！难道上帝让这个不幸的人降生，使他宗教的仆人好逼他自杀吗?"

浮士德到主教的宫廷，主教请他吃饭。浮士德把路上看见的故事讲出来，席上谁也不理会他。接着仆人端进牛头，主教问明就是自杀农夫的牛头，他说很好，他要亲自分割。浮士德气不过叫魔鬼把牛头变成农夫的头，睁起眼睛看着主教，主教昏倒了，全席的人全都惊骇失色。

最有趣味的，是海因塞的小说《亚丁黑罗》，主张不拘束的自己行动，是自然最高的定律。人生是本能自身表现。感情，淫欲，罪恶，是生存必需的形式。或者可以说，在根本意义之下，无所谓罪恶。真正的罪恶，就是懦弱；真正的道德，就是"力"；最高尚的"善"，就是"美"，就是"力的表现"。亚丁黑罗一生，都是谋杀引诱，永远不追悔，永远不失掉自己，充满了生命，充满了快乐。他生平最佩服的就是汉黎堡大将，他勇敢，聪明，残酷，他所行为一百人所有的生命，凑拢来，都没有他一个钟头那样精彩。最后亚丁黑罗建设了一个共产国家，里边的特点，是自由恋爱，女子选举，崇拜元素。他书中有一个比喻，阐明全书的主题。一个蜡做的家神，站在陶器的火旁边，陶器烧硬了，家神融化了。家神对火埋怨道："你看，你对我多么残暴，那些陶器你使他们耐久，我，你却毁坏。"火答应道："你最好埋怨你自己的本质。至于我自己，无论什么地方我都是火。"

这一些主张，如像"力"就是"善"，罪恶是生存必须的条件，真正的罪恶就是懦弱，和尼采的思想，颇有相同之处。至于家神，不埋怨自身当不起火，反而埋怨火把他毁坏，也和尼采鹰与羊的比喻相同。现在世界弱小民族，口口声声呼喊正义人道，终究不能挽救他们灭亡的命运！

瓦格勒《杀婴者》的题材，歌德在自传中，说他偷窃浮士德的故事，但是这正可以证明当时这个问题，引起当时一般人浓厚的兴趣。剧中描写一位军官，住在一个屠户家里。趁丈夫不在的时候，军官把他的太太和女儿，带去参加假面跳舞会。会完以后，带他们到一个不正经的人家，把迷药给母亲吃让她睡觉，他乘机和女儿发生关系，他假装答应女的结婚，后来也就不管了。女的逃出家里，把婴孩杀了，自己因此也被杀，然而这位军官却逍遥于外。

中世纪的浮士德，不满意自己的学问，要穷探宇宙的究竟，和魔鬼订约，消灭自己的灵魂，也不失悔。他求真的精神，同狂飙时代的精神，处处［引］起了共鸣。不但少年歌德，想写浮士德，就是克林恩和密勒也都写过浮士德。密勒在他的《浮士德》前面，写了一篇序文，中间他说："浮士德是我幼年喜欢的英雄中的一个，因为我早就认识他是一位大人物，一位感觉自己力量的人物，他感觉命运加在他身上的鞍辔，极力要摆脱它，他有勇气把一切阻碍东西扔掉。——难道这不是在人类的本性中间，极力提高自己，充分地发展他感觉的可能吗？至于他对命运和世界的埋怨，因为它们压迫我们，强迫我们高贵的自己，独立的意志，走进传统习惯的枷锁，这也是在人类本性中间，那儿会有这种下等永远忍受的生物，他决不愿意升高，自己甘心退让，喜欢他自己堕落呢？对于这种生物，我不能感觉，我应当认为他是一种怪物，早期走出自然的怀里，自然在他中间没有成分。谁不知道，人生有些时候，心跳出来了，世界上最好最高贵的人，不管正义和法律，忍不住忘记了他自己呢？"

浮士德无限追求的态度，热烈的感情，使他成了狂飙时代的象征。实际上我们要了解狂飙时代的精神，必须要彻底先了解浮士德。

因为浮士德的精神，就是狂飙时代的精神。

希特拉的纳粹主义，就是德国人也有反对的。但德国民族精神和思想的独到处，连尧舜禹汤也要认为有效法的价值。

——鬼谷纵横谈

《战国策》第13期，1940年10月11日。

文学批评的新动向

一

文学批评，在什么时候发生的呢？这个问题在历史事实上，很不容易解答，然而在常识推理方面，却非常容易解答，因在世界文学史里边，愈到上古，事实愈模糊，材料愈缺少，无论考据家怎样费工夫也不能断定谁是文学批评的鼻祖。假如我们用笛卡儿思想的方法，先从极简单极明白，在常识方面谁也不能否认的事实推论，那么我们就可以立刻建设第一个不可动摇的公理，就是：

先有文学，后有批评。

这一条本身就清楚可靠的定律，看起来多么简单，对于讨论文学批评又有什么用处呢？就像几何学一样，最初的几个公理，往往就是后来建树一切复杂定理的根基，这一点根基没有牢牢把握，以后发展推进，就会全盘错误。

欧洲的文学批评，从希腊一直到十八世纪，在某一方面，甚至于一直到现在，中间经过无量数的文人学者的研究阐明，然而他们中间，有一个共同的最大错误，就是忘记了这一个极简单明白的事实。

假如我们承认先有文学，后有批评，那么相关而来不可逃避的第二个公理：就应当是：

文学有变化，批评就有变化。

但是夸［说到］这个地方，我们很惊异，历史上许多伟大批评家，就是现在许多在文学批评方面努力的思想家，都不肯承认。莎士比亚的戏剧出来了，古典主义者偏要说他不合“三一律”；莫利哀的戏剧成功了，博瓦鲁偏要说：“假如莫利哀不像他那个样子，他是最好的喜剧家”；歌德的《铁手葛慈》风行一时了，黑尔德慨叹“莎士比亚把你弄坏了！”葛歇德要把德国戏台的滑稽角色，根本排斥；易卜生在第二阶段用象征的方法，描写伟大的超人，批评家说他年老昏聩，力量崩溃。

这一些批评攻击，反映出批评者本身有一种相信，就是：

文学是没有变化的，批评的标准也是没有变化的。

二千多年以来，欧洲的文学批评家，都殚精竭力，去寻求文尝批评的标准。他们都相信，假如这一个标准找着，文学上的一切问题乙［也］就迎刃而解了。

然而最灵的障碍，就是文学是常常变化的，一个时代有一个时代的文学，一个民族有一个民族的文学，一个天才有一个天才的文学。批评家不愿意承认这些变化，他们苦苦想用一些从过去文学形成的标准，认为是天经地义，来牢笼衡量现在和将来所有的文学，他们的困难，随着时间，日益增加。每一次新时代新文化新天才出来，他们往往就穷于应付了。

二

文学批评家对标准的相信，是从哪儿来的呢？

这一个相信，起源于二千多年以前希腊的时代。希腊的哲人都相信，世界上万事万物，都有一定的规律，人类有找寻事物规律的能力，人类同世界是分开的，对立的；世界事物的规律，就在事物的本身，只要人类把这些规律找寻出来，人类就能够了解世界，得着世界的真理了。

我们可以说，希腊的哲学科学的发展，都建筑在这一个天真的相信。希腊的哲学家，涤开柏拉图，有时凭他的天才，冲破这个范围以外，其余的思想家大部分都接受这个人类同世界对立的局面，找寻规律，是他们惟一的企图，在文学方面，一部希腊人最成功的悲剧，就是描写自然的法则怎样支配人类的愈运。这一些法则，不发生于人类的内心，而前定于外界神人的决定。

希腊的悲剧家也和其他希腊哲人一样，是相信自然中有一定规律的，根据这一种相信，欧洲第一位最伟大的文学批评家亚里斯多德，更进一步分析研究希腊悲剧中的规律。他的努力，是这样的成功，他的《诗学》，支配了欧洲二千多年的文学批评史！

罗马的文学批评家，差不多述而不作。中世纪因为宗教的关系，根本排斥文学，当然没有多少文学批评。文艺复兴时代，主要是恢复古代的文艺，对于亚里斯多德和罗马的文学批评家，除了把他们的理论，推到极端而外，根本精神原则，没有任何改变。到十七世纪，再经过法国新古典主义者谨严地表现，古代文学批评的规律，成了一般评论家万世不磨的真理，它们是衡量一切的标准，一种新文学的成功或失败，完全看它对于这个标准的适合和冲突。

希腊人相信标准，建立法则的精神，在十八世纪，还有庞大的势力，就是十九世纪和现在，中间还有千万的文人学者，拚死命在拥护它，承继它。

希腊人不但相信文学批评有一定的法则，而且相信文学创造也有一定的法则，其实文学批评，实际上也就是审定过去的文学，教育现代的作家，要根据什么标准法则来创造新文学。所以一个受了古典主义精神陶冶的作家，往往在动笔之先，费无限的精力，寻求规律，探讨文学创造的秘诀，他们相信得了这些秘诀，才可以产生伟大的作品。至于文学批评家更不用说，自以为他们已经得了这些秘诀，所以苦口婆心，劝创造的作家依照他们的方案，完成不朽的事业。

我们只消看坊间《作诗入门》《小说法程》《小品文作法》《戏剧技术》，汗牛充栋，再看美国大学许多关于文学写作的课程，再看中国大学无量数修改作文的先生，我们就可以明白，二千多年前希腊人的相信，一直到现在，还在施展深刻伟大的影响。

三

但是文艺复兴，对于欧洲文化的意义，是两方面的：一方面是恢复希腊的文艺，一方面却是提高人类的尊严。经过长时期中世纪对人类的压迫，到了这个时候，他们忽然起了一种不可压制的反抗。人类的命运，不再让上帝来支配，他们要自己处理自己的事情，自己决定自己的命运。

笛卡儿根本推翻了一切外界的规律，从自我的存在，重新建设一切的智识的基础。莎士比亚的悲剧不是由于自然的命定乃是由于悲剧英雄自身个性的弱点，悲剧不是外来的，乃是内心的。

从上帝转到人类，从外界转到内心，文艺复兴的思潮，不但推翻了中世纪的上帝，而且无形中推翻了希腊人相信身外的世界。

世界同人类，不是分离独立的，他们中间有一种奇怪的联系，这一个联系，到底是怎么样一种状况呢？这是文艺复兴时代以后，欧洲哲学家忙碌寻求的对象。

人类一旦感觉这一个问题，他们立刻就不会像希腊人那样天真了！

康德是欧洲第一位哲学家，把人类和世界的联系的问题正式鲜明地作一个有力的解答。

康德分世界上的事物，成为两方面，一方面是“物的现象”，一方面是“物的本身”。人类所能够知道的，不过是物的现象，至于物的本身，是人类的智力所不能知道的。希腊人相信世界上的事物，都有一定的条理，这一些条理，包藏在物的本身。康德认为世界上的事物，本来无所谓条理，人类观察事物的现象，在心灵中组织成一种条理，勉强加在事物的身上。因为事物的本身，我们没有法子知道，事物的现象，不过是事物在人类的心灵上，呈现出来的状态，从这种状态上组织成功的条理，根本不是事物本身的条理，乃是人类心灵上的条理。所以希腊人认为自然的法则，实际上是人类心灵上的法则。

经康德这一番解说，人类所能够知道的世界，和人类是分不开的，因为离开人类，就没有任何的意义了。

这是人类思想史上一个伟大的转变！康德在哲学界的地位，和柯伯尼在科学界的地位是一样。从前的天文学家，相信地球是宇宙的中心，柯伯尼证明地球是绕日而行。从前的哲学家相信世界是一切问题的中心，康德却把这一个中心，从世界转移到人类。从文艺复兴以来，人类的尊严，无形中逐渐提高，现在康德第一次给它一个强有力的解说。

假如人类是一切事物的中心，世界上一切规律都不来自物的本身，乃是人类心灵的创造，那么在文学方面，从希腊以来一脉相传的文学批评家所认为天经地义的规律，就时时刻刻有动摇的危险，因为规律是人类心灵的创造，人类心灵有变化，文学批评的规律自然也就有变化。

在康德美学里边，他最重视天才，他根本不承认艺术上有任何“放诸四海而皆准，俟诸百世而不惑”的规律。天才最大的特点，就是发明，仿效不是天才，天才一定有与群众不同的贡献。规律不能束缚天才，天才随时可以创造规律。一位天才艺术家的作品，我们只能够就它本身的规律来说明它，不能够用旁人预定的规律来指摘它。

天才并不是广博的智识，天才必须要能够产生崭新的东西。他不能模仿前人，他一定要能够作后人的模范。天才须要有想象，一种富于创造能力的想象，虽然每一种艺术，都有一些基本的训练，没有受过这些基本的训练，想象也许会泛滥疯狂，但是超过基本训练的规律，对于天才想象是有害无益的。

天才最重要的就是精神，精神代表生命的原素。一次演说，一篇文章，一位社交上的女人，可以很美丽，但是可以没有精神，一种天才的艺术品，不能够“有形无神”。这一种神，代表天才特殊的生命。

天才因为民族性的不同，他们有各种特殊的风格。德国人是根，意大利人是顶，法国人是花，英国人是果。

在哲学上康德提高人类的尊严，在美学上康德承认天才可以创造规律，根据这两层的理论，康德无形中替文学批评的新动向，奠下了深厚的基础。

四

从康德到黑格尔的理想主义，对于近代文学批评，有不可思议的伟大影响，根据这一种看法，二千多年以来古典主义所精心厘定的规律，通通动摇了。我们再也不用希腊悲剧的三一律来衡量莎士比亚的戏剧，我们只能就莎士比亚戏剧本身的规律，来说明莎士比亚的戏剧。歌德可以放手写他的浮士德，再没有顽固的批评家，根据任何的原理来讥评他，就算讥评，并不能掩没歌德浮士德的伟大。莫利哀就是莫利哀，中世纪的传奇诗，不是希腊罗马的叙事诗。时代，民族，天才，都有它自身的特点，与前人别人是否相合，毫无关系，惟其与前人别人不相合，所以才有新文学，它们的作家，才是伟大的作家。

旧的规律，完全打破了。批评家再也不寻求新的规律，因为他们根本不相信任何规律，可以作为一切文学的衡量器，文学家再也不寻求创造伟大文学的秘诀，因为他们根本不相信有任何的秘诀，可以使傻子变聪明，使平庸的作家，变成超群绝类的人物。

然则照普通情理来说，批评必须要有一种标准，没有标准，我们用什么方法来批评呢？我们凭什么说某一种文学美，某一种文学不美呢？某一位作家是天才，某一位作家不是天才呢？某一种文学有价值，某一种文学没有价值呢？

而且在逻辑上，反对文学批评标准的人，无形中，不可逃避地，他们自己就建设了一些新的标准，根据这一些新的标准，他们才有资格去反对从前建设标准的人，他们岂不是陷入不可救药的矛盾吗？

关于这一个矛盾的问题，精研黑格尔逻辑的学者，自然有详尽的解答，我们在这里所要说明的，就是康德本人，并没有根本反对艺术上一切批评的标准。他所反对的，古典主义者和顽固学究们所遵守信奉的标准。其实在他的美学中间，他教我们对于艺术采取一种新的态度。亏这一种新的态度，自然包含许多新的标准，不过这一些新的标准，再不束缚天才，使天才有充分发展的机会，同时作艺术批评的人，更能欣赏他们作品真正的美丽，真正的价值，不至于再贫传统观念的障碍，盲目地攻击，鄙视，压迫伟大的艺术。

康德所要告诉我们的，就是人类是宇宙的中心，一切的规律，都是人为的，都是人类心灵，对于事物现象活动组织的结果。现象不同，规律就应当改变。在文学方面，一个时代有一个时代的文学，一个民族有一个民族的文学，一个天才有一个天才的文学，文学的性质特殊，批评的标准，也就要特殊，拿希腊悲剧的标准来批评莎士比亚，拿西洋戏剧的标准来批评中国的戏剧，拿摆仑雪莱的诗来批评李白杜甫的诗，这是康德所不允许的。

康德告诉我们，什么叫做天才，同时他还详尽地告诉我们，什么是美，康德的美学，是近代美学开山的著作，但是一直到现在，大体上还没有人跳出他的范围。

所以近代文学批评的新动向，我们可以大胆地说，是从康德开始一直到现在，虽然发扬光大，修正演变，也不过是康德思想的影响和继续。

五

纵观康德以后一直到现代的欧洲文学批评史，虽然千头万绪，终别纷歧，然而除开抱残守缺的古典主义文学批评家以外，能够发明新的理论，指示新方向的大概可以分为三派：

第一派摆脱传统的观念，不拿外来的标准，衡量文学，他们只从文学本身，找出它的条理和演进，来说明它，解释它。在这一派文学批评家手里，文学批评，变成了“文学解释”。

主张文学解释的文学批评家，最重要的工具，就是“精神历史研究法”。康德在他的美学里，曾经提出“精神”的名词，后来这一个名词，成了黑格尔全部哲学系统的基础。精神历史研究法，主要是根据黑格尔的历史哲学。人类的精神，是不断向前发展的，一个时代有一个时代的精神，世界历史就是世界精神进展的痕迹。

因为每个代的精神不同，所以每个时代的文化形态也不一样，文学是文化形态的一部分，它是随着时代精神走的。文学批评家的责任，并不像从前古典主义者一样，建设一些标准来批评文学，他的责任乃是找出时代精神和当时整个的形态，说明为什么这么一个时代，产生这一类文学，这一类文学，采取这一种方式。

应用这一种方法，文学不是一种独立的研究对象，他是文化全体中的一部，一位文学批评家，一定要能够抓住整个文化的精神，然后才有资诊［格］解释文学。

时间在精神历史研究法，自然非常重要，空间在这一个新方法，也同样地不可忽视。一个民族，因为遗传环境的不同，他们文化的形态就不一样，因此文学形态也不一样。文学批评家一定要了解一个民族特别的精神，然后才能了解他们特别的文学，根据古代文学的现象，来阐明近代文学，固然不对，拿外国文学的现象，来解释中国的文学，也常常陷入穿凿附会武断的弊病。

天才是时代和民族的代表，他们著作的形式和内容，往往就是时代精神和民族精神的反映，但是二个天才；也有他自己特别的精神，他的精神在时代和环境中，怎样成长变化。这是极饶兴趣的研究。

在精神历史研究法的文学批评家眼光里边，一位文学家的生活和他的作品，是分不开的。从前的文学批评家，可以把文学家当成机器，著作当成货品，他们可以不管机器，专用鉴别的标准来批评货色的高下，现在的文学批评家可不是这样简单了。他们把文人的作品，看作天才的表现，从表现去研究天才的本身。文学家的传记和生活，特别是他少年时代的传记和生活，成了精神历史研究法里边最重要的材料。

六

第二派不作解释的工作，也不寻求客观批评的标准，他只根据美的原则，来“欣赏”文学。一种文学的美丽和价值，也就看他对欣赏的文学批评家，能够发生多大和那一种的影响。

“文学欣赏”看起来似乎是主观，然而积许多主观，也就成了一种客观的标准。一种文学美或者不美，并不是个人的意见和客观，乃是人类共同审美能力判断的结果。

照康德的看法，美分两种：一种是“壮美”，一种是“幽美”。两种美都能够引起我们的快感，但是情况完全不同。一座穿云险峻的山峰，弥尔敦可怕地狱的描写，使我们快感中掺杂着惊恐的情绪；但是在另外一方面，草场曲涧，鲜花点缀其间，或者荷默形容美丽女神的衣带，我们只微笑欣赏，并没有惊恐的感情。因为前者是壮美，后者是幽美。

无论在欣赏幽美和壮美的时候，我们一定要没有欲望。如果有欲望，就不是审美了，同时我们也没有概念，因为美感是一种主观感觉的情状，并没有客观事物的思想，因此也没有任何肯定的概念。

因为美的欣赏，能够使我们无欲无思，达到光明空阔的境界，所以后来许多文学批评家认为文学最大的功用，就是帮助我们解脱人生。生活不能不有欲望，欲望不能不有痛苦，是解不破的连环，文学美术虽然不能使我们永远解脱人生，但是它可以使我们片刻解脱人生。一种文学是否优美高尚，就看他对读者能否发生这一种伟大的作用。

七

第三派的文学批评家，认为文学是一种创造的活动，文学批评也应当是一种创造的活动。真正的文学批评家，必须要设身处地，走进作者的灵魂，想像他当时此地内心的情致，他努力要表达的事物和心境，然后才能够真正了解，欣赏他的著作。

文学批评在这一批人手里，变成“文学创造”了。

这个方法的运用，当然有极大的困难。文学创造，需要天才，文艺批评假如也是创造，那他也同样地需要天才。批评家自己必须要具备丰富的想象，崇高时好，甚至于他自己的人格精神中间，也必须要有原作者那样的伟大成分。

批评家的地位，提到这个高度，并不是苛求，乃是证明文学批评本身是一件极繁重艰巨的工作，能够担当这一种工作的人，是极少数的极少数，失败的机会多，成功的机会少，他的失败是意料中事情，他的成功，却真值得我们惊异，佩服。

八

希腊的“世界哲学”支配了欧洲哲学二千多年，希腊的文学批评也发生同样伟大的影响。文艺复兴以后，人类渐渐认识自己，一直到十八世纪，康德才根据这一种新精神，建设他“自我哲学”完密的系统。“自我哲学”和“世界哲学”的出发点根本不同，前者是外物决定内心，后者是内心决定外物，人类的尊严，因为这一个转变，正式提高，后来在十九世纪后半叶，尼采的“超人哲学”完成，这一股思想潮流，才算登峰造极。

“世界哲学”相信事物本身中有法则，所以在文学方面，要寻求批评的标准。“自我哲学”发现法则不过是人类心灵的活动，不在“物的本身”，所以打破古典主义一切的旧标准，另外从人类性灵方面——审美的能力，和天才的发展——去建设自由广博的新标准。

有了新哲学的根基，有了新标准的建设，欧洲的文学批评，才产生它的新动向。所谓“文学解释”“文学欣赏”“文学创造”，都是站在“自我哲学”的人生观宇宙观的立场，反对传统的规律，展开文学批评的新局面，假如没有康德在哲学上的革命，欧洲文学批评的局面，恐怕仍然要因袭十七世纪以来的新古典主义，间接就是因袭希腊“世界哲学”的人生观宇宙观。

文化是整个的，文学是文化形态的一部分，它不但和哲学分不开，它和文化中其他一切的形态都分不开。一个时代文化的内容形式，一有变动，文学的内容形式，也要发生变动。假如我们承认“先有文学，后有批评”的基本公理，那么“文学有变化，批评也就有变化”，当然是不可逃避的定律。

近代文学批评的新动向，虽然中间也包含许多新标准，但是这一些标准，和古典主义的标准，根本两样。它们以人类为中心，人类的天才发达，“物的现象”在他心灵上呈现的范围也扩大，天才可以随时创造规律，规律绝对不能束缚他们。

我们可以说，近代文学批评的新动向，就是对于天才，加以解放，对于古代的标准，加以动摇，人类对于世界和自己，都有一种新的看法。

许多不明了这一个大转变的批评家，还在那里穷年孜孜，分析诗歌的音节，句法的构造，那一种事物需要那一类形容词，他们满以为得着了这些文章秘诀，就可以创造伟大的文学，根据这一些文章秘诀，就可以判断别人。结果他们磨坏头皮写不出一首好诗，嚼断牙根，打不倒天才的创作，因为他们根本没有内心生活，所以他们不能从内心去创造精神，他们只能勉强在文字中去寻求规律。他们迂腐学究的态度，摇头摆尾，自以为得了“文章三昧”，其实也不过令人发三日呕而已！

人类的自我已经发现了，世界已经转变了，天才，意志，力量，是一切问题的中心，创造发展，是全世界人类的共同努力的方向。我们再不要任何“外在”的规律，来束缚我们自己，我们要根据“内在”的活动，去打开宇宙间人生的新局面。

天才和天才，正如巨人一样，从这一个山峰，踏到那一个山峰，侏儒们只能沿着山边水涯，慢慢前进。

中华民族的天才！今后批评与创造，尽可不必顾忌学究先生和政治小丑的讥评，因为他们讥评中隐含的规律，根本没有可靠的基础。你们何妨放开脚步，踏到另外一个山峰，让侏儒们在下边埋怨非笑呢？

《战国策》第 17 期，1941 年 7 月 20 日。

再论英雄崇拜

一

自从在《战国策》第四期发表《论英雄崇拜》一文以后，引起不少的同情和反响。沈从文先生在《战国策》第五期载有《读英雄崇拜》旁一篇长文。贺麟先生在《战国策》第十七期“讨论英雄崇拜与人格教育”。沈先生是反对英雄崇拜的，贺先生是赞成英雄崇拜的。沈先生例举了许多当前零碎的事实，作些反驳，对于原文主要的意思，哲学的根据，未予深刻的讨论。贺先生认为英雄崇拜是应当提倡的，而且是必须提倡的，不过他以为英雄崇拜根本上是关于人格修养的文化方面，道德方面问题，而不是，也不当是政治问题。所以他别开生面，要从英雄崇拜，去探讨人格教育。其实政治也是文化形态的一部分，道德训练和人格修养更同政治生活，有密切关连，英雄崇拜在一方面有其重要，在其他方面，也有同样的重要。

沈先生和贺先生的态度，都是很诚恳的，无论他们赞成或反对，我都一样地欢迎，因为他们能够严重地把这一个问题当作一个问题，这在新时代演变中间，已经是最足令人吟味的事实。不过同时细读他们文章以后，也不免令我私怀失望，因为他们都忽略了我原文最重要的意义。

我论“英雄崇拜”，本来还有一个深远的根据，这一根据，乃是一种历史观。判决这一种历史观是否正确，英雄是否应当崇拜的问题便自然迎刃而解。不抓住这一点，而来作技术的辩说，或者另出题目，而自作一场的论证，则对于作者的立场，根本不生损益了。

此外还有许多谩骂攻击的文章，或者应用一些肤浅无聊轻视侮辱的政治口号，或者因袭五四以来流行的极端个人主义的立场，不明时代，不顾事实，不解学理，实在没有反驳的价值。倒是在另外一方面，有几位用假名字发表文章的作家，根据唯物史观，来批评我对于历史的看法，虽然他们说得相当的肤浅，他们却的确抓住了这个问题的核心，因为上文已经提到了，英雄崇拜的问题，根本是一个历史观的问题。

二

人类历史的演进，到底是靠“人”，还是靠“物”来推动呢？这是历史上最重要的问题。每一个历史家，对历史的现象，都有意无意地隐藏着一个解释。假如一位历史家不相信“人”对于历史有推动的力量，他决不会费几十年的心力，去搜集领袖人物的事实，追述他们的言行。假如一位历史家，看轻“物”的力量，他也决不会成年成月，去研究各时代物质的环境，经济的变动。他们也许鲜明地表出他们的立场，他们也许糊里糊涂地采取一些流行的观念，嘴里还在说他们讲历史不谈哲学，其实他们肤浅的哲学已经在他们作品中表现无遗，对于时代青年贻害不浅了。

自从文艺复兴以来，欧洲思想潮流，有一个极明显的趋势，就是人类的尊严，逐渐提高。世界的中心，在中世纪的时代是“上帝”，在文艺复兴以后是“人类”，所谓“文艺复兴”，“光明运动”，“理想主义”，“浪漫主义”，都是这一个潮流的续涨增高。但是在十九世纪的后半叶，因为科学的发达，工业文明的猛进，有一些思想家，把“物”的成分，过度重视，因此把人类的精神，认为是物质环境，经济变动的自然结果。这种包含片面真理的历史观，使人类的尊严，逐渐低降，然后才有“意志哲学”的提倡。意志哲学，是要把人类的意志作为历史演进的中心，是要把人类作为物质世界的主人，不断进化的原素。

这一种历史观的对头，当然是唯物史观，因为前一种侧重“人”，后一种侧重“物”。他们的竞争，简单说来，就是“人”与“物”的竞争。

我在《论英雄崇拜》里边，说明意志作用以后，曾经作一个平衡的论断：意志作用，既然这样伟大，所以人类历史的演进，假如我们只拿物质条件来解释一切，一定要陷入许多错误。但是物质条件始终是相当限制人类的，因为这一种限制，所以各种民族，各种时代，都有它显明的特点；然而物质始终不能限制一切，因为人类还有伟大的意志作用。真正历史家的工作，倒不在仅仅解释物质条件的力量，假如他的历史是为人类写的，他最重要的工作，则是在说明人类在某种物质条件之下，他怎么样凭藉他伟大的意志，去解决一切的困难。他们努力的过程，到底是怎么样一种进展的情况。

三

假如意志是人类历史演进的中心，那么历史上第二个最重要的问题，就是多数人的意志，还是少数人的意志。主张多数人意志的历史家，把领袖人物完全看成群众意志的产物。只要群众意志到了相当强烈的程度，领袖自然不成问题，假如这一位领袖不产生，一定会有另外一位领袖起来代替他的位置。这一种说法，有它的真理，也有它的缺欠。因为历史上尽管有许多时代，群众的意志有了热烈的要求，然而领袖的人物并不一定立刻发生，历史演进的迟速，往往也就看领袖人物产生的迟速。

在另外一方面，领袖人物，不但代表群众，帮助群众去达到他们的意志，他还要指示群众领导群众去达到他们的意志。在指示和领导中间，他所处的是先知先觉的地位。因为群众的意志往往是盲目的，他们往往不知道他们需要什么，或者他们不知道他们需要采取什么办法。先知先觉的地位是困难的，也是很危险的：耶稣上十字架，梭格拉第吃毒药，历史多少革命的英雄，远见的智士，都是遭受了残酷的命运。所以领袖人物不但要有超群绝类的天才，还要有大无畏的精神勇气。然而时代精神的进展，也就全靠这一批人，这一批人就是英雄，他们散布在各方面，不但政治军事，就是思想宗教文学哲学科学，无时无地，不需要他们；要没有他们，人类世界，就会永远停滞在兽的状态。

中国话说“时势造英雄，英雄造时势”，充分说明历史演进的真理。英雄不单是时势创造的。英雄所以可贵，还在他们有先知灼见，创造时势。在这两种过程中间，群众的意志都是很重要的，因为有了它，才有时势，然而英雄的意志更重要，因为有了它；才能够鼓励群众，发展他们的意志。

四

英雄就是群众的领袖，就是社会上的先知先觉，出类拔萃的天才。就人格人权来说，人类是平等的，就聪明才力来说，人类是不平等的，因为不平等，所以在人类社会中间，必须要以先知觉后知，以先觉觉后觉。柏拉图在他的理想国中间，把人类分成三等，第一等是“金”，第二等是“银”，第三等是“铜”与“铁”。一个国家政治文化上轨道的时候，就是“金”“银”处在领袖地位的时候。在变乱的时代，“铜”“铁”却盘据要津，“金”“银”每投闲置散。中国古代诗人慨叹“黄钟毁弃，瓦釜雷鸣”，也就是同样的意思。拿下愚来支配上智，拿后知来领导先知，政治焉得不一塌糊涂，乱亡自然是不可逃避的命运。

英雄本来应当受人崇拜的。一个不知崇拜英雄的时代，一定是文化堕落民族衰亡的时代。人人都自以为天才，人人都不佩服别人的天才，人人都想取得领导的地位，人人都没有领导的能力，仇恨嫉妒，争权夺利，高尚的行动不可能，团体的生活都涣散，到了这种局面，就有英雄出来，也不能挽回世运，他虽然抱着一腔光明磊落的心事，超群绝类的才能，也只有乘桴浮海，啸傲山林，或者乃竟受人诅咒，终于押上断头台，葬送了自己的生命，葬送了整个国家民族的生命！

英雄崇拜，发源于高尚纯洁的情操，凡是能够崇拜英雄的人，都是高尚纯洁的人。他们惊异英雄特殊的力量，他们欣赏英雄壮美的表现，在惊异和壮美中间，他们没有丝毫利害的观念。他们无所求于英雄，他们不阿谀逢迎，他们不奴隶服从，他超过嫉妒，因此他们也没有仇恨，他们是英雄的知己，所以他们爱惜他，同情他，扶助他，英雄的祸福，成了他们自身的祸福，凡是能够作英雄知己的人，自己人格中间，也就包含了不少英雄的成分。所以能够崇拜英雄的人，自身往往也是英雄。就算他自己不能担当英雄的事业，然而他鉴别的能力，高洁的情操，已经可与英雄媲美。

人类最不光明的心理，就是嫉妒。嫉妒是弱者的象征。有时甚至因为嫉妒的心理，污蔑别人，压迫别人，残害别人，来提高自己的地位。所谓自己不够高，只想站在别人肩膀上显高，这实在是卑鄙下流，中国话说："文人相轻"，其实相轻的文人，决不是第一流的文人。杜甫与李白，席勒与歌德，苏东坡与黄山谷，柯勒锐基与华茨握斯，何等互相崇拜，然而他们都是第一流的文人。中国话又说"同行相嫉"，其实人格高尚的人，对同行一定能够尊重赏识。不肯承认同行贡献的人，在学术界，在社会上，多半是心理不纯洁的人。这种人物，决不是高尚。

然而真正反对英雄崇拜最厉害的论据，还是误解"天赋人权"的学说。许多人以为人类都是平等的，你是人，我也是人，我那点不如你，我为什么要崇拜你呢？在这种骄傲心理状况之下，似乎崇拜了别人，自己无形中就变低下了一样。其实所谓人类的平等，是在道德方面，而不在才智方面。在道德方面，我们尽会看见"满地都是圣人"，"服尧之服，诵尧之言，行尧之行，是尧而已矣。"在才智方面，情形却完全两样，有许多事体，只有某人胜任愉快，其他千万的人，都不能担当，我们有什么方法，同他平等呢？学科学的人一定要自比牛顿，写戏剧的人一定要自比莎士比亚，带兵的人一定要自比拿破伦，弄政治的人一定要自比稗士麦，已经是非常狂妄。等到明知比不上的时候，更嫉妒潜言，贬损对方，简直是人格破产了。

造成反对英雄崇拜的心理，还有一个坚强的根据，就是"极端的个人主义"。自我要求伸张，团体的利益可以置之不顾。

公益事业可以破坏，国家可以乱亡，自己的骄傲必须要满足。同辈中不能有任何人比我强，权力要由我独占，我不能崇拜任何人，我不能听从任何人，世界上一切的事物，是替我安排的，凡是不能发展我自己权欲的国家社会，我不能承认他，凡是比我强胜的人，我必须要消灭他。这就是自由主义的极端，个人主义的极端。在过渡时代，旧社会的观念沦亡，旧社会的模范人物不受人尊重，新社会的观念未建设，新社会的模范人物还不经树立的时候，这是最容易发生的现象。五四运动以来，个人主义畸形发达，集体意识物［特］别薄弱，这就是为什么现在一提起英雄崇拜，特别是智识阶级的人，就立刻发生反应，横加误解曲解。

然而过渡的时代，终须过渡了，新时代要继着来临。我们需要新的观念，我们需要新的人物。我们需要“金”“银”的分子，处在领导地位，我们需要一种健全的向心力，使中国成为一个有组织有进步有冷有热的国家。极端的个人主义，无限的自由主义，必须剪除。“天赋人权”极端的学说，平等的理论，必须加以正当的解释。“英雄崇拜”，不仅是一个人格修养的道德问题。同时也是一个最迫切的政治问题。中华民族能否永远光荣地生存于世界，人类历史能否迅速地推进于未来，恐怕要看我们对这个问题能否用新时代的眼光来把握它，解决它。

《战国副刊》第21期，1942年4月21日。

尼采与红楼梦

一

一七六四年曹雪芹完成他前八十回的红楼梦，一百二十年以后，一八八四年尼采完成他的萨亚涂师贾。两位哲人，都曾经用毕生的心力，对世界人生作深刻的探讨。

他们的著作，逐渐风行，成千成万的人，都受他们的影响。一个是东方文化的结晶，一个是西方思想的反抗。他们都是不世出的天才，他们对人类社会，建立了不朽的事业，然而他们遭际的命运，正复相同。他们都是很寂寞的，在生的时候，并没有受多少人的了解和欣赏。

红楼梦作者思想，和叔本华有许多相似的地方，在前一节《叔本华与红楼梦》，已经有详细的讨论。假如叔本华的哲学同曹雪芹一样，在消除生存意志，对人生求解脱，那么起初受叔本华影响最大，后来反对叔本华最激烈的尼采，他的思想过程，正是批评红楼梦最好的资料。因为研究叔本华，我们只能解释红楼梦，研究尼采，我们就可以进一步批评红楼梦。根据叔本华来看红楼梦，我们只觉得曹雪芹的“是”，根据尼采来看红楼梦，我们就可以觉得曹雪芹的“非”。尼采和曹雪芹，代表对人生态度极端相反的两个方向，他们的是非，我们当然不能够凭空决定，然而时代的潮流，自然会显呈出一个判断的标准。

二

红楼梦作者对人生的态度，是否定的。佛家出世的思想，表现无遗。书中的主人公贾宝玉，对于功名富贵，视如浮云，儒家传统的入世思想，成了他解脱的障碍。男女之欲，魔障最深，经过种种难关，居然一齐解脱。生活到了无欲的境界，心身如槁木死灰，没有沾滞，没有蒙蔽，看清楚宇宙人生本来面目，精神上享受绝对自由，佛家道家最高的理想，在红楼梦里，得了充分的表现。

叔本华临死的时候，叹息他没有工夫达到“涅梁”。贾宝玉看穿一切，抛弃一切，离开家庭，摆脱人生，正是叔本华所没有达到的境界。叔本华一生梦想解脱，但是为了一个“名”序，愤世嫉俗，仇视黑格尔，痛骂当代哲学家。最后十年，举世崇拜，他每天只想读报章杂志上称颂他的文章，费许多时间，接待新闻记者和远道拜访他的人。他的胸襟气魄，远在贾宝玉之下。叔本华提倡解脱，自己并没有解脱，贾宝玉寻求解脱，居然得着解脱。叔本华的著作，虽然风行一时，转瞬也就衰弱，他能够影响尼采，并不能够长期抓住尼采。至于红楼梦，却永远流行，东方人生活的态度，随处都染上红楼梦浓厚的色彩。

人类不是前进，就是后退，不是积极发展生命的力量，就是消极压制生命的力量，只有在这两个极端的方向，智力最高的人，才有安身立命之所。中庸之道，不是天才的作风。世界上尽管有提倡调和妥协的哲学家，但是他们所能够影响教育的，泰半是中材之士和庸俗的人。带煞气的英雄，天资卓越的智士，永远走极端的途径。

曹雪芹和尼采，是人生两个极端，红楼梦和萨亚涂师贾，始终对天才说法。天才是人类的精华，是推动文化社会进步的原动力，是指挥群众的司令官。他们到底采取曹雪芹的态度，还是尼采的态度；愿意作贾宝玉，还是愿意作萨亚涂师贾；愿意过消极解脱的人生，还是愿意过积极精彩的人生，就是社会文化上最严重最迫切的问题了。

三

尼采是一位“文化哲学家”，文化的升降，是他最关心的问题。人类的文化，必须前进，是他一生没有动摇的信念。就在他思想的第一期，虽然他接受叔本华的悲观主义，他的出发点已经和叔本华根本不同。尼采恨极了当时欧洲一般人肤浅的乐观主义，因为这种乐观主义，会使欧洲文化堕落腐化。尼采要提高人类的理想，所以他先要让大家知道，像大魏司乔士那一类的乐观主义，没有深厚的根据。人生是痛苦的，我们必须要清楚地认识人生，再鼓起勇气来承受它。这就是尼采所提倡希腊的悲剧精神，和叔本华悲观主义的精神已经两样。

在思想的第二期，尼采毅然抛弃叔本华。初听好像令人惊异，细按却极自然。尼采对人生的态度，自始至终是积极的。叔本华否定的人生观，经过尼采希腊悲剧精神的融合，早已经成了肯定的人生观。不过这一种从悲观主义声发的肯定人生观，并不有稳固的基础。尼采很快就发现，叔本华的哲学是不健康的。他称颂的遁世主义，不过是麻醉剂，使人类暂时走入无欲的境界。就是希腊的悲剧精神，也是“知其不可而为之”，人生真是不可为，“为”的勇气，也同样地勉强。

尼采不要麻醉的状态，不要勉强的勇气，他要明明白白地了解人生，接受人生。“快乐的科学”，是第二期尼采的主张。“科学”是清楚的观察，“快乐”是肯定的情怀。人类文化必须要前进，前进必须要有乐观主义做根基。不过尼采的乐观主义，并不是大魏司乔士的乐观主义，因为后一种肤浅，前一种深刻；后一种建筑在文明的发达，前一种建筑在科学的真理。

然而科学的真理，很不容易寻求，就算能够寻求，也不一定能够帮助人生。而且科学全凭理智，理智并不是生命的源泉。本来研究科学，为助［着］是要促进人生，现在为着科学，反而毁灭人生，那么理智主义也和悲观主义同样地不可靠。

尼采对人生的态度，始终是肯定的。他要的是人生，真理可以牺牲，人生不可以牺牲。人类最大的问题，不是什么是真理，乃是怎样发展人生。假如真理能够解决这一个问题，真理就值得我们采用，假如真理不能担任这一个使命，真理就是一个无用的东西，要不要根本毫无关系。

生命的源泉，不是理智，乃是意志，理智是奴，意志是主；理智是工具，意志是主宰，这一点在叔本华哲学系统中，已经得着无量数的阐明。人类意志中最主要的，莫过于“生存意志”，人类不但要为本身谋生存，还要替种族谋生存，生存意志的摆脱，是一件最艰难的工作。

意志是推动人生一切的力量，叔本华这个理论，第三期的尼采完全接受，但是“生存意志”，照尼采的眼光，不占人生最重要的位置。叔本华哲学中间最严重的问题，就是怎样摆脱意志，尼采哲学中最严重的问题，就是怎样鼓励意志。尼采发现，人类除了生存意志以外，还有一个最伟大的生命力量，就是“权力意志”。人类不但要求生存，他还要求权力。生存没有权力，生存就没有精彩。权力意志最强烈的时候，人类可以战胜死亡，生存意志，再也不能支配他。要解除人生的束缚，不应当勉强地摆脱生存意志，应当强烈地鼓励权力意志。

文化必须要进步，人类必须要超过，进步超过，全靠人类权力意志的活动。世界是一个战场，人生是一场恶斗，只有在斗争中间，生命的力量才可以充分发展，一切拙劣平庸的份子，都归天然淘汰，文化进步到最高峰，世界变成超人处理的世界。

尼采痛恨七种东西：悲观主义、道德、基督教、社会主义、民治主义、理智主义、女性主义。这是人类的七毒，七毒不除，文化一定要平庸、堕落、腐化、崩溃、消灭。尼采看清楚欧洲文化的危机，因为工业化的结果，物质生活的发达，享乐主义的流行，欧洲的人类，已经不是发扬踔厉的人类，乃是泄泄沓沓宴安鸩毒的人类。一切都是平庸，一切都是享乐，人类是平等的，世界是和平的，人生是痛苦的，奋斗是痴愚的，这样无生气无颜色的世界，不是尼采理想的世界。

他苦心孤诣，要向人类传布他的新宗教，新教训，新理想，就是他的超人主义。他的超人，要肯定地接受人生；抱乐观主义；有积极的精神，充分发展他生命的力量；伸张他权力的意志；不受传统观念的束缚；他聪明，他知道怎样支配人类世界，打开崭新的局面；他喜欢战争，时时刻刻他都是一员勇敢的战士；他没有死亡的恐惧，因为他能够战胜死亡；他是整个人类生命的象征，他是世界文化进步的标志。

四

尼采绝对乐观绝对肯定的人生态度，拿来同红楼梦的理想比较，真像北极和南极的距离。红楼梦的中心问题和叔本华一样，就是怎样摆脱生存意志。书中千头万绪，无非要烘托出这一个题目。贾宝玉是全人类的代表，他解脱的过程，也就是曹雪芹暗示全人类解脱的过程，贾宝玉怎样解脱呢？他根本消灭生存的意志。人生，意志，痛苦，三个解不破的连环，贾宝玉经过千辛万苦，轻轻一锤击破。

连环是解开了，但是连环也击破了。贾宝玉逃避人生，解除痛苦，人生也随着灭亡。这固然是釜底抽薪的办法，同时也是极不自然的办法。人生是一场戏，既然粉墨登场，要想下场不易，戏园老板和观众，都不允许，你为什么一定要固执不唱呢？尼采的想法，和曹雪芹不同。曹雪芹是主张不唱的，尼采不但主张唱，而且主张唱得异常热闹，异常精彩。

到底人生的戏，应不应当唱，站在个人的立场，本来投［没］有什么是非，站在戏园老板和观众的立场，恐怕就要赞成尼采，反对曹雪芹了。戏园老板就是“自然”，观众就是“社会”，自然赋予人类生命的力量，曹雪芹要压制他，社会需要天才领导，曹雪芹要毁灭他，自然和社会，怎样会高兴呢？

在太平盛世，一个国家，多有几位悲观遁世的贾宝玉，本来也无足轻重，在民族危急存亡的时候，大多数的贤人哲士，一个个抛弃人生，逃卸责任，奴隶牛马的生活，转瞬就要降临，假如全民族不即刻消亡，生命沉重的担子，行将如何担负？

中华民族几千年来，受佛家的影响，摧毁民族生命的力量，远过尼采攻击的七毒。红楼梦是佛家道家精神的结晶，他完整的艺术形式，使悲观厌世的思想，极端的个人主义，深入人心。处着现在的中国，假如我们的心还没有全死，假如我们感觉人生的戏剧，不能不唱，假如我们清楚认识，生命不可消亡，那么红楼梦作者的人生观宇宙观，我们就不能再表示同意。

文化必须要进步，人类必须要超过，这是六十多年以前，尼采对世界人类的呼声。对于现代的中华民族，这一种呼声太有意义厂［了］。尼采的思想，固然有许多偏激的地方，他积极的精神，却是我们对症的良药。

贾宝玉出家了，萨亚涂师贾下山了，他们走着完全相反的道路。

我们应当走那一条道路呢？我们仔细想过没有？

选自《文学批评的新动向》，正中书局，1943年5月。

民族运动与文学运动

一

要明了文学运动与民族运动的关系，必须先要明了文学的特点。

文学艺术和哲学科学不同。哲学科学的目的，是要寻求人类世界普遍的真理，文学艺术的目的，是要描写人类世界特殊的状态。哲学科学家研究的结果，必须要能够“放诸四海而皆准，俟诸百世而不惑”，要不然他的结果本身就站不住，旁的哲学科学家，就得要修乎它，推翻它。拍拉图、亚理斯多德、汤姆斯亚铿匹斯、笛卡儿、斯宾洛莎、休谟、康德、黑格尔、孔子、老子、程、朱、陆、王的哲学；科泊尼、加理礼、牛顿、爱因斯坦的科学，都不断经过后世的哲学科学家反对改善，因为他们说的并不一定完全是真理，在真理还没有肯定发现以前，它不能够应用到全世界全人类，哲学科学本身担负的使命，就没有完成。

至于文学艺术，性质根本两样。它并不要寻求普遍的真理，它只找出当时此地的某一种特殊现象，把它用艺术的形式描写出来。只要现象真正特殊，文学艺术家能够把特殊的状态鲜明表现，他的结果就是成功的，完整的，（吸）用不着任何人修正，更用不着任何人推翻。荷默的史诗，但丁的神曲，莎士比亚的戏剧，歌德的浮士德，亚斐尔的图画，安格罗的雕刻，伯拖奋的音乐，李太白杜甫的诗，后人只能欣赏崇拜，后来的文学艺术家只能创造新的作品，同他们比美，不能取而代之。

哲学科学相同，文学艺术立异，求同而不得同，别人苛以攻击，立异而真正得异，别人无法推翻。哲学科学家的精神人格，尽管令人肃然起敬，他们的学说，却不能令人盲目信从。文学艺术家伟大的表现，却是“不废江河万古流”的，因为他们的时代已经过去了，他们描写的对象已经不同，他们自身的心境也不能重现了，后人有什么方法再去和他们竞争呢？

哲学科学家要建设抽象的观念，文学艺术家要表现具体的事物，抽象的观念是超时空的，具体的事物，一定要有时空的限制，才能够呈现它们本身的特点。譬如一个人，是张三还是李四，他声音笑貌，一切特殊的状态，在哲学科学家眼光中间，并不重要；他们要研究的，是这一个人和其他的人共同的关系，再应用这一些共同的关系到全人类，道德修养，思考形式，身体构造，心理种类，都不是这一位特别人物的事情。文学艺术家对于这一些问题，有时也发生兴趣，甚至于利用这一些问题，在作品里表现出来，但是他们表现的形式决不是抽象的观念。这一个人，一定是往古至今，上天下地，唯一无二的人；他必须要有血有肉有灵魂，他要呼吸，他要生存！我们能够想象他，感觉他；他特殊的性格，特殊的心境，特殊的形状，特殊的时代环境，特殊的问题，都活灵活现。哈孟雷特也许是哲学家和心理学家研究的对象，但是哈孟雷特之所以成为哈孟雷特，还是因为他有一切特殊的状态。

总括起来说：哲学科学求同，文学艺术求异；哲学科学是抽象的，文学艺术是具体的，哲学科学要超时空，文学艺术要表时空；哲学科学家的目的，在寻求人类世界普遍的真理，文学艺术家的目的，在描写人类世界特殊的状态。所以哲学科学愈普遍愈近真理，文学艺术愈特殊愈有价值。

文学必须要特殊。构成它的特殊，有许多相关的条件，文学家是一个特殊时他不能够奴隶式地的人，离开时代，就要损坏他文学的价值。他不能够奴隶式的仿效古人，因为古人有古人特殊的时代。仿效希腊悲剧，一定不是希腊悲剧，仿效李白杜甫，一定不是李白杜甫。文学家是一个特殊地方的人，离开他经验丰富的地方，他的文学也会减少精彩。美国人描写不熟悉的欧洲，中国人描写没有看见过的黑奴，一定要闹可怜的笑话。就算有时用一些想像的材料，也不过是借题发挥，间接表现当时此地的特殊状况。哈孟雷特本来是文艺复兴的产儿，浮士德也并没有失掉德国狂飙时代的特点，莎士比亚和歌德的心境，依然活跃纸上。时代环境，固然是构成文学特殊的重要条件，文学家本人的个性，也是文学特殊的重要根基。天下古今，没有两个人的个性，是完全相同的。一位文学家，最可怕的是抛弃自己，追随别人。仿效古人不可，仿效今人也不可，仿效外国人不可，仿效本国人也不可。仿效的文学家，不是第一流的文学家。亚理斯多德主张文学仿效，乃是仿效自然，不是仿效其他作者。文艺复兴时代的文学批评家，曲解亚理斯多德，说自然已经被希腊罗马人仿效得尽美尽善，后人只消仿效希腊罗马的作者，因此陷入最大的错误，使欧洲文学入于迷途数百年，后来雷兴，康德，才把他们的学说，彻底推翻。

文学家不但要保持自己的个性，还要保持民族的个性。身上有民族的血，他没有方法使他自己变成一个外国人。他自己必须要亲切感觉，他和任何地方的外国人两样，他的文学创造才有希望。文学必须要特殊，假如一位文学家成天梦想作外国人，岂不是放弃自己有利的地位，执拗地走上失败的途径？

而且，站在世界文学的立场来说，一个民族对于世界文学要有贡献，必定要有一些作家，把他们的民族文化充分表现出来。一位作者，在世界文学史上要占一页篇幅，一定要有一些作品，代表他民族特殊的性格。英国文学史里面，不需要一个中国人，勉强加进去也没有多大的意义，王实甫曹雪芹的戏剧和小说，在世界文学上，自然有他们很高的地位，然而他们决不是莫利哀和托尔斯泰。他们都是中国人，西厢记红楼梦真正的价值，就在它们表现中华民族特殊的文化。

民族和文学，是分不开的。一个民族能否创造一种新文学，能否对于世界文学增加一批新成绩，先要看一个民族自己有没有民族意识，就是说它自己觉不觉得它是一群和世界上任何民族不一样的人。假如这一种感觉还没有发达，这一个民族的文学家，一定会成天仿效外国，不能有独立的贡献，它的文学，也不值得世界上的人尊重欣赏。

所谓民族意识，固然是摆脱外来的束缚，同时还要离开前人的枷锁。一个时代有一个时代的精神，因此一个时代有一个时代的民族意识。一个还没有伟大成绩的民族，自然没有这一种弊端，一个已经有了高尚文化的民族，往往只图保守前人的基业，动辄拿祖先骄傲别人，他们以为学会祖先那一套老把戏，就算尽了他们对世界文学的责任。他们不知道世界文化是要进步的，人类的遗产是要增加的，前人有前人的责任，后人有后人的责任，前人尽了他们的责任，后人并不能因此偷安。前人有前人的时代，后人有后人的时代，前人利用他们的时代，创造了伟大的文学，后人不利用自己的时代，只想抄袭前人，当然不能有新的贡献。

世界上最不中用人，就是夸耀他祖先事业的人，世界上最不进步的民族，就是梦想前辈光荣的民族。祖先固然有志气有作为，但你自己呢？

民族运动，是独立自由的运动。一个民族，政治军事上受了外力的压迫，它必须要努力奋斗，打倒暴力，争取独立自由。它需要独立自由，为的是要发展它自己特殊的个性。在文学方面，也是一样。不能独立自由，文学就没有新贡献。

民族运动的精神和文学运动的精神是一致的。在各国文学发达史里边，我们常常发现这两个运动，手携着手，互为因果，向自由独立的路前进。

不过所谓独立自由，并不是同祖先和外国人完全断绝关系。这是不应该的，同时也是不必须的。民族运动，并不是说绝对不学外国人，文学运动，也并不是说关上别人的书不读。别人的长处，我们必须欣赏学习，欣赏学习是吸收不是生吞，吸收需要溶化，溶化产生新的东西，生吞不但没有补益，而且有伤身体。

一个民族的文化，不但要特殊，同时还要丰富。特殊是新颖，丰富是伟大；特殊要有独立创造的精神，丰富要有兼取并蓄的雅量。狭义的民族主义者，不但不能创造伟大的文学，更不能创造伟大的国家。排外和复古，不是民族运动，也不是文学运动。

二

文学运动和民族运动，有相互的关系，翻开世界各国的文学史，我们就一目了然。

一个民族有一个民族的语言文字，语言文字是表现一个民族特殊最直截了当的工具。假如一个民族的文人，还在用外国语言文字，或者用古代已经死了的语言文字创造文学，那么他们的文学，一定不能够超越外国人和古代人，因为他们的特殊无法表现。所以语言文字的运动，往往就是民族运动的先声，同时也是文学运动的先声。

欧洲中世纪的时候，政治和宗教发生密切的关系，全欧的人类，都直接间接［地］受罗马教皇的支配，他们的民族意识极为薄弱。在语言文字方面，因为僧侣用拉丁文，全欧洲都用拉丁文。僧侣是惟一的知识阶级，文学的写作，自然是他们的事业。民间流行的故事，游方唱师的诗歌，凡是用本国文字写的，都不能占文学崇高的地位。不能用拉丁文表情达意的人，就是没有精神生活的人。

至于时代精神方面，我们都知道，中世纪一切问题的中心是“神”。上帝比人类重要，天国比世界重要，灵魂比肉体重要，死后比生前重要。人类世界的存在，根本是一种罪恶，只有凭上帝的仁慈，救主的恩惠，僧侣的转达，才能够得救。因为文学能够给人快乐，人类是不应当快乐的，欣赏文学创造文学，都是严重的罪过。只有阐扬圣经的文章，宣传教义的戏剧，证明上帝存在的辩论，赞美神圣的诗歌，得着教堂的宽容。奥古斯丁再三追悔，他少年的时候曾经喜欢文学，虔求上帝饶恕他。

中世纪压迫人性反对文学的时代精神，到文艺复兴，渐渐不能存在。时代转变了，人类回到自己的本身。上帝就在他自己的心里，世界是值得欣赏的，人生是有意义的，肉体是可以享乐的，人类自己要处理自己的事情，一切问题的中心，已经从上帝转移到人类自己。

有新时代的精神，必须有新时代的文学，语言文字是文学创造的工具，是精神自身实现的形体，新时代的精神文学。需要新的语言文字，当然是不可逃避的事情。欧洲第一个认识这一个转变的人，要算意大利但丁。在但丁的神曲里边，虽然题目是称颂基督教的上帝，人类的喜怒哀［乐］，一切的精神生活，都占极端重要的位置。

但丁非常明白，新时代，新文学，新语言，有密切连带的关系。在创造文学以前，他先研究欧洲各国的文字和意大利的方言。已死的拉丁，不能作表达的工具，外国的文字，不能描写意大利人的情感。但丁要寻求一种意大利人口里讲的，耳里听的，能够直接发抒新时代新意大利人心灵感觉的语言，来创造新文学。结果他发现一种意大利的方言，最适合他的目的。

但丁的试验成功了。他没有摹仿前人，他没有奴隶式地抄袭外国，他的神曲是崭新的产物，“前不见占人，后不见来者。”从今以后，意大利人有了新文学的语言，无量数的作家，可以尽情抒写他们特殊的情感。裴加克的诗歌，波卡却的小说，共同奠定了意大利民族文学的基础。意大利人自己明白感觉，他们是新时代的意大利人，他们不是外国人，也不是罗马人，甚至于不是中世纪的意大利人。

但丁建设语言创造文学的功绩，是多方面的。他表现新时代的精神，他找出表现新时代的新工具，他传达意大利人特殊的性格，他培养意大利人独立自由的思想。没有但丁的高见和努力，意大利人不会有这样强烈的民族意识。但丁是意大利语言文学运动的先锋，同时也是意大利民族运动的先锋。

但丁的功绩，还不只此。自从他成功以后，欧洲各国，都继续有民族文学的运动，法国、英国、德国的作家，都抛弃拉丁，用本国的语言文字，创造新文学。我们研究欧洲各国文学发达的历史，我们很惊异每一个文学运动，都要先经过语言运动，民族意识又往往是推动语言文学运动的原动力。甚至于现代的中国，二十多年以前的新文学运动，也先有一种白话文运动，提倡的人，自己也承认受了但丁的影响。中国人的民族意识，随着新文学运动，逐渐增高，到现在，民族运动成了四万万五千万人的共同信念。

三

法国在中世纪的时候，民间流传许多韵文故事，并不受人的重视，因为那时还没有强烈的民族意识。文艺复兴以后，法国人受了意大利的影响，动手研究希腊罗马的文学，想不用拉丁，用法国的语言，创造法国的文学。然而法国的语言，既没有意大利语文那样完成，又没有但丁那样的天才加以锤炼，不能作文学创造的工具。到十六世纪，有一群法国的文人出来，明白主张应用法国的语言，不过法国的语言，需要经过有意识地提倡改善。

图伯勒第一次发出这一个呼声。他的论文法国语言的辩护和阐明，同但丁的论俗语后先辉映。图伯勒（的）一方面替法国语言辩护，相信它有资格创造新文学，而且法国人写文学，非用法国语言不可。在另外一方面，他认为法国的语言，必须经过一番改造。用什么方法改造呢？要用古代的希腊拉丁近代的意大利西班牙的文字，补充法文里边所不能表达的意思。“语言是文学的源泉”，特别是诗。他不相信翻译或者仿效古代文学，能够建设新文学。法国人应当仿效古人的“过程”，不应当仿效古人的“结果”。拉丁文字所以伟大，因为它能够吸收希腊文字的精华，法国文字，也应当吸收希腊拉丁意大利西班牙各国文字的精华，使它变成法国文字的血和养料。

响应图伯勒呼声的，有伯勒蒂。他是一位语言改造家，教授，和诗人。他先从事诗歌的创作，到四十岁他才写他诗的艺术。他不是一位纯粹理论家，他有许多实际的经验。他希望法国有两种文字，一种绝对法国化，没有外国文字的形式，一种就是拉丁文，加上法文的语尾。前一种写散文，后一种写诗。诗是崇高的艺术，单靠法国文字，还不能够担任这项艰巨的工作。

图伯勒不是诗人，伯勒蒂不是成功的诗人，隆萨却是一位有成就的作者。对于法国文字的改造，他下了许多功夫。文学不是可以传授和学习的艺术。它蕴藏在人类的心灵，不容易对旁人说明解释。但是隆萨对于古代文学和国内外语言的研究，非常看重。希腊拉丁法文，自然要精心揣摩，近代外国的语言，也要审慎采纳。字类要多，不过要严加选择。法国古代的韵文故事，不必排斥，里面适用的字，必须收容。在必要的时候，方言也可以入文。比喻要经过极端勤勉的寻求，发明是想象的工作。文章第一要有条理有秩序，条理秩序的获得，全靠天才和勤勉。

经过这一群人的努力，法国的语言运动成功了。他们虽然没有但丁创造的天才，他们替后来作家制造了良好的工具。接着，莫利哀、科勒、亚森的戏剧，布亚罗、马勒布的批评，无数的诗人小说家，充分发挥法国民族的特性。法国文学在世界上占了光荣的位置，影响普及全欧。法国人能够骄傲，他们是一个有优美文化的民族。这些收获，都发源于法国人的民族自觉心。固然，法国语言运动的领袖，充分吸收采用外国文字，法国大部分作家，深受古典主义的影响，然而法国文字依然是法国文字，法国的新古典主义，决不是希腊罗马的旧古典主义。法国人采取别人所长，融会贯通，自己的语言文学，因此更伟大丰富。

法国的文学运动，实际上等于法国的民族运动，这是历史上有目共见的事实。法国民族性格的表现，在他们重视本国的语言。英国批评家安诺德，盛称“法国学会”对于法国文字严肃监督的工作。每一个新字，不经过学会的同意，不能登大雅之堂。第一流的法国作家，文字到了精美的程度，学会就选他们作会员，他们也认为莫大的荣誉。一个法国人被强迫着不能说写他本国的语言，精神上感受无限的痛苦。都德的短篇小说最后一课，深刻描写法国人爱好本国文字的热烈情绪。

四

我们再考察英国文学发达的历史，差不多也经过同样的阶段。在十一世纪的时候，英国曾经被罗尔曼人征服，法国文字，在英国发生很大的影响。本来，英国文学就比较意大利法国落后，意法的文学发达，英国首先仿效，一般受过教育的英国人，都喜欢说外国话用外国字，夸耀他们的知识。一个国家民族的知识阶级，到了这种地步，自然是不可救药，因为他们已经自己不感觉自己是一个特殊的民族，他们没有独立自尊的精神。

英国人还有不心死的人，这样状况，不能长久。剑桥大学三位学者，韦尔森，竭克和亚显蒙，挺身出来作英国的语言运动。

韦尔森反对英国人说外国式的英国话。他说他们：“就像外国化了的绅士们，回家以后，喜欢穿外国的衣服，所以，他们用海外的语言，装饰他们的谈话——不是法国式的英语，就是英语意大利化。”竭克赞成用古典文学作模范，造成良好的英文风格，但是英国文字必须保持纯洁，无论古代的文字，近代异族的语言，都不能侵入破坏。英国作家的弊病，就是妄想超出他们自己的能力，勉强求工，结果在本国文字里，夹杂一些不自然的外国话，牛头不对马嘴。他说："依我看，我们的语言必须要写得纯洁干净，不因为借用外国语言，掺杂损坏。假如我们不注意，永远借款，老不偿还，早迟一定会倒闭的。"亚显蒙主张取英国材料，英国文字，写文章给英国人看。

除开英国语言运动，另外又有一群英国人，开始作英国文学运动。加师葛尼，斯宾塞尔，哈魏，作种种试验，改进英国的诗。到底英国诗应不应当用韵脚和节奏，应当用那一种韵脚和节奏，这是他们忙着研究的问题。斯宾塞的"牧人日记"，是一件成功的作品。在形式方面，他用种种不同的节奏和韵脚，一切都极自然，他完全证明英国文字在诗里的弹性。

这些运动成功以后，英国文坛就热闹起来了。在伊利莎白皇后［女王］的领导下，英国对内对外树立空前的事业。英国人个个奋发有为，盛世的精神，鲜明反映在当时的文学。文学史家承认伊利莎白时代是英国文学的黄金时代。特别是莎士比亚和马罗的戏剧，显出永远不磨的光辉。他们描写的人物，无论古代和当代，都有伟大的精神，丰富的内心生活，生命力童［强］，横绝古今，英国民族特殊的个性，从没有得着更强烈的表现。

伊利莎白时代的作家所以伟大，不但是他们能够美妙运用英国的语言，在技术方面，他们的新精神帮助他们摆脱外国文学的桎梏。意大利法国文学不用说，欧洲奉为神圣的古典主义，对他们也不发生多大的影响。拿戏剧来说，当时的戏剧家，整个不理"三一律"，人物尽管多，场面尽管换，主要结构之外再添上一个次要的结构，感情肆意奔放，文字不要单纯，他们有强健的神经，不怕活人死在台上，一切新古典主义者认为最可怕的事情，最不应当违犯的规律，他们完全置之不理。

这样惊天动地的精神气魄，证明英国人已经认识他们自己。英国人并不比别国人低劣，他们不愿意仿效别人，他们要充分表现自己。无论批评家和创作家，在这一点都是一致的。他们甚至于比法国人强，法国人还保持不少古典主义的形骸，英国人把古典主义全部推翻。这又可以证明文学愈特殊愈有价值，民族意识愈发达，文学愈有精彩。

五

德国文学发达，远在意法英之后。前几个国家已经有了庄严灿烂的宝藏，德国的文坛还是荒凉贫弱。大部分的文人学者，都用拉丁文写文章。在十七世纪的初年，阿匹慈第一次用德文写了一本文学批评的小书。内容方面并没有什么新奇，阿匹慈完全因袭意大利文学批评家传来的古典主义，特别对于法国，尤其是对于隆萨，阿匹慈非常崇拜。阿匹慈看见法国语言文学运动成功，自己想在德国作同样的工作。也就是因为这一点民族意识，他这一本小书在德国文学史上有特别的价值。

同法国语言运动的领袖一样，阿匹慈反对外国文字的侵入，主张洗刷锤炼本国的文字。经过这个阶段，德国文字就可以作文学的工具。阿匹慈对于文学的见解是很肤浅的，不过他对于德国语言运动，的确是开荆辟棘的工作，他太崇拜法国，文学理论方面，他想把法国的规律完全搬运过来，语言改造的成绩，也要和法国人一模一样。在前一点他是奴隶仿效，在后一点他却充满了德国人的民族精神。

假如阿匹慈能够继续推广他的运动，德国的语言文学，早可以同英法并驾齐驱。不幸三十年之战发生，德国民生憔悴，政治宗教的争斗，摧残发苗的文学事业。阿匹慈领导的语言运动，忽然中止了。

等到战事完结，国内一切情形上了轨道，又有一批文人学者，重新从事语言文学，已经是十八世纪转初的事了。葛歇德是当时最负盛名的文学批评家。他批评艺术的尝试一书，脍炙人口。主张方面，和阿匹慈没有什么分别。葛歇德迷信法国，法国文学是衡量一切文学的标准，法国批评家手定的规律，是天经地义。葛歇德和阿匹慈一样，想改造德国的语言，改造的方法，完全依法国人的嗜好。

德国文字经过葛歇德的洗刷，的确是干净纯洁，然而干净纯洁，是法国人的作风，不是德国人的作风。也许德国文字，当时需要葛歇德这一番工作，文学史家至今还不能决定葛歇德的功过。至于文学理论方面，葛歇德完全摹仿法国，是一个严重错误。最先攻击他的人，是瑞士的波德麦尔和伯莱廷额尔。葛歇德主张文学规律，波德麦尔和伯莱廷额尔要主张文学欣赏，葛歇德要仿效法国，波德麦尔和伯莱廷额尔要仿效英国。这一场笔墨官司，葛歇德打输了，德国产生了一位最有见识的文学批评家。

雷兴对于德国文学的贡献是很伟大的。他有精密分析的头脑，渊博的学问，远大的眼光，坚强［忍］不拔的人格。德国文学问题的纠纷，德国文学将来的出路，他完全解决指明。从他以后，德国文学才走上了康庄大道。

雷兴认为德国的民族性和法国的民族性根本不同。法国人要清楚明白，德国人要复杂磅礴，法国人约束情感，德国人发挥情感，法国人注重规律，德国人超出规律，法国文学的作风，不是德国人理想的作风，法国人使用的技术，不能表达德国人的内心生活，假如德国人要借镜旁的国家，与其找法国，不如找英国。莎士比亚、弥尔敦离德国人近，科勒、亚森离德国人远。德国文学如果要发扬光大，德国人必须先认识自己的民族性，摆脱法国文学的势力。

这并不是轻而易举的事情。当时法国文学，风行全欧。在德国方面，德国人很少相信德国能够产生高尚的文学。佛雷德大帝的宫廷，大部分说法国话，读法国书，他宫廷的诗人，是法国的福禄特尔。只有雷兴那样的批评家，才有这样大的勇气，见识，转回风气。

雷兴进一步证明，法国的新古典主义，并不是古代文学的真面目。法国人误解亚理斯多德，制造了许多文学的规律来适合他们自己，其实与亚理斯多德不相干。真正能够吻合亚理斯多德精神的，不是科勒和亚森，乃是莎士比亚。新古典主义的基础动摇了。

接着黑尔德领导的狂飙运动，打破文学上一切的规律。天才，力量，民族精神，是德国文学的指南针。歌德席勒的作品，造成德国文学的黄金时代。德国的民族意识发达了，德国民族的文学也成立了。

阿匹慈葛歇德的语言改造，雷兴黑尔德的文学批评，歌德席勒的文学创造，都是德国民族逐步发挥自己特殊性格的演进。德国文学运动所以成功，就是因为德国民族运动成功。这和意大利法国英国文学的发展，根本上没有区别。

六

二十多年以来，中国也经过一番新文学运动，新文学运动最初发达的时候，也经过一番语言运动。

中国是一个有长久历史文化的国家，欧洲人的祖先还在树林里野蛮生活的时候，中华民族已经有光荣灿烂的文学。西洋文字象声，中国文字象形，形是固定的，声是变化的，西洋文字容易变化，中国文字不容易变化。不但文字本身不容易变化，中国人尊重古人，习惯保守，也不愿意变化。数千年以来，中国人使用一种文言，差不多等于欧洲的拉丁，中间也有一些小小的改动，但是大体上并没有什么变迁。二千多年以前孔、孟、老、庄的书，二千多年以后的中国人，一样地诵读。

文字没有变化，反映中国文化没有变化。固有的民族精神，一代一代地传下去，凡是反对的人，就是大逆不道的人。然而中国文化不变，自有情势的关系。中国文化素来就比旁的国家高，环列都是小蛮夷，远不及中国，中国人自以为是世界的中心，天下的主宰，中国的皇帝自命为“天子”，任何的国家，都应当受他的支配。在这种情形之下，当然谈不上什么民族意识，因为民族意识是相形的比较的竞争的产物。中国人没有民族意识的需要，因为没有旁的国家文化，可以同它抗衡。

文化是这样，文学也是这样。中国古代的文学，无论精神技术，都是世界第一流的文学。中国人崇拜古人，他们并不想创造新文学，他们只想仿效古文学。赋诗学李杜，论文学秦汉，能够得李杜秦汉一点气味风格，就是中国文学最高的境界。没有一种文体，没有一批超群绝类的古人，可以作后人的模范。文学不能摆脱古人，实际上是时代精神没有演进。中国数千年来没有新语言运动，没有新文学运动，因为没有新文化运动。

民族运动，文化运动，语言运动，文学运动，是一套连贯的现象，它们交互影响，交互推动，缺少一样，其它一样就不能单独进行。这一些运动，为什么数千年以来从不发生，为什么在近代的中国忽然风起云涌，这可以说明人类历史的进展，时代精神的转变，有一定的规律线索，旁的国家是这样，中国也是这样。

“鸦片战争”以后，中华民族忽然遭逢一个最严重的局面。这一群欧西的国家，有进步的物质文明，进步的精神文化，中华民族，从来没有遇着这样的敌手。从军事失败，觉悟政治失败，到后来不得不承认文化失败。中华民族要求生存，旧的一套文化有改弦更张的必要。但是数千年的积习和骄傲，不容许重大改革顺利进行，各方面阻挠迁延，民族的危机日益迫切。最后实在不能忍受了。辛亥革命，是鸦片之战以来中国民族意识发达的自然结果。革命虽然只限于政治，它的精神却不只限于政治。

时代精神变了，随着民族运动，新文化运动，新语言运动，新文学运动，是不可逃避的趋势。五四运动以后，中国的先知先觉，把这一些口号明显地呼喊出来。时代已经成熟了，他们的势力，愈来愈大，旧社会任何的力量，任何的人物，都不能阻挡他们。传统的文化推翻了，新文化要建设了。

新文化运动的含义是双方面的，一方面摆脱过去，一方面开拓将来。为什么要摆脱过去呢？因为过去不适宜于民族生存。为什么要开拓将来呢？因为将来必须在促进民族的发展。

新文化必须要有新文学来表现，旧文学只能表现旧时代，不能表现新精神，新文学运动是“势所必至理有固然”的。新文学必须要有新工具，旧文字不能创造新文学，白话文运动，也是自然而然的现象。这和意大利法国英国德国文学的发展完全相同。没有人能够反抗，因为在白话文运动的后面，有中国四万万五千万人的民族意识。

七

白话文运动，经过二十多年的努力试验，现在总算成功了，新文学运动却没有惊人的成绩。这也很自然，因为一种新语言，成为文学家自由使用的工具，需要时间的训练。除非有但丁、莎士比亚、莫利哀、歌德那样的天才，不容易产生伟大的作品。天才是不世出的，非有天才，新语言的基础，又不能奠定。二十年以来，中国新文学运动比较最有成绩的要算小说，这是因为施耐庵曹雪芹早已经给白话文奠定了基础。话剧完全是一种新的文学，中国旧戏是歌舞剧，是旧诗词的连续体，同话剧毫无关系。至于白话诗最可怜，起初极端解放，后来极端刻意，诗人都在工具上下工夫，他们没有抓住时代精神，他们心里无话可说。他们不但没有精神，他们更没有才气。他们的努力，顶多是在语言文字方面作一点洗刷的工作，真正伟大的事业，还要靠未来的天才。

中国虽然有过新文化运动，新文化运动的意义，始终是含混的。有人说是科学精神，有人说是阶级斗争，这一个谈工业建设，那一个谈全盘西化，五花八门，无奇不有。到底什么是新文化呢？连领袖们都没有清楚的观念。其实新文化运动本来的动机，是要创造一种新文化，使中华民族独立自由，发展它特殊的性格。新文化运动，实际上是一个民族运动。

要发展民族特殊的性格，外来的文化当然不能拒绝，然而奴隶式地仿效外人，不利用外人来丰富自己，只想抛弃自己，东施效颦，这和本来的目的，不是背道而驰吗？

二十年来，中国的旧文化渐渐站不住了，盲目崇拜外国的风气，却不可抑制。有人甚至于主张中国全盘西化，采用世界语，罗马拼字，这简直是发狂。古人不要了，外国人神气了，打倒旧偶像，崇拜新偶像，名义上是中同新文化运动，实际上是外国旧文化运动。

文化和文明不同，文明可以全部搬过来，文化不能够全部搬过来，努力是白努力，顶多不过摧毁自我的发展。在文学方面，一部分的技术可以仿效，全部分的精神不能仿效。中国二十年来的新文学家，没有多大成绩，固然有其它的原因，然而他们崇拜外国偶像，彻底仿效外国人，不顾时代精神，抛弃民族特性，就算自己是天才，这种态度，已经足够毁灭自己，何况他们根本不是？

民族运动和文学运动是分不开的。民族意识的发达，是新文学创造的根基。文学艺术和哲学科学不同，哲学科学要求同，文学艺术要求异。只有民族特殊性格充分表现，才能够对世界文学有新贡献，只有打破前人和外国人的偶像，才能够创造崭新的作品，没有新贡献新作品，还有什么新文学？

独立自由是民族运动的目标，也是文学运动的目标。民族运动并不拒绝采取古人和外人的长处，文学运动也并不要闭关自守。到底什么是批评的采取，什么是奴隶的仿效，这是民族发展的严重问题，同时也是文学创造的严重问题。

选自《文学批评的新动向》，正中书局，1943年5月。

盛世文学与末世文学

一

一个时代的盛衰，一种文化的升降，往往可以从当时此地民族精神生活表现的形态探讨出来。文学是民族精神生活表现最鲜明的形态，所以研究文学的现象，对于这一个民族前途的转变，至少可以说出一个大概。季札观乐，知道春秋各国的盛衰，我们假如根据同样的原理，来观察文学，其间蛛丝马迹，一定可以呈现于吾人之前。

要明了目前文学的现象，必须要先分析世界各国文学的历史。自然，过去的历史，和现在将来的事实，不一定完全吻合，然而在历史演进的途程中，有变的成分，也有不变的成分。变的成分，往往翻出无限的新鲜花样，不变的成分，却常常发生奇异的重演。

时代环境是有变化的，人性是没有变化的。孟子说；“先立乎其大者，则其小者不能夺也。”假如一位历史家，能够“先立乎其大者”，就是说他先抓住“人性”，那么他就可以得着根本的根本，其它一切支离复杂的现象，就不能动摇他肯定的真理。他就可以根据这一种真理，来衡量过去，说明现在，推测将来。历史家研究过去，主要的使命，就是要同现在和将来发生密切的关系，要不然历史家不过是“古董商”和“书呆子”，无论他考据怎样精详，他们的工作，没有理由引起我们的重视。

历史家不但需要一双手，还需要一双眼睛，这一双眼睛，不是帮助手抄笔记，弄古董的眼睛，乃是观察人性，发现原理的“哲学眼睛”。历史家没有哲学眼睛，他一定会被书本和古董压得气都喘不过来，他所看见的只是变的，他永远看不见不变的，他自以为懂历史，其实历史同他根本没有发生任何的关系。

二

盛世文学和末世文学，第一个分别，就是前一种文学的作者，对人生是肯定的，后一种文学的作者，对人生是否定的。人生的意义，本来不可捉摸，然而有一个不可逃避的事实，就是人类不能不有生，不管生命如何短促，不能不度过数十寒暑，这数十寒暑如何度过，每一个人不能不逼迫着采取一定的态度。在一个民族，发皇［张］大，精力弥漫的时候，每一个分子，都充满了生命，充满了野心，他整个的身心，都投放在不断的活动。他没有工夫来思想人生，他只在活动过程中去饱尝人生。

在这一种时代，大家不感觉生活的无聊，他们的内心也许会有希腊英雄的悲哀，哈孟雷特的疑惑，浮士德的痛苦，但是悲观，疑惑，痛苦，只能深刻化他们对人生尝受的意义，他们的活动，反而因此更趋积极，他们的人格，反而因此更见伟大，他们对人生的态度，始终是肯定的，不是否定的。

一到末世，就不同了。整个的民族，已经没有朝气，他们不积极工作，他们只消极思想，生活在他们是沉闷的，无聊的，怎么样看透一切，享受一切，玩弄一切，是他们努力的方向。他们要聪明，图消遣，他们内心充满了悲哀。世界的空气是压迫的，人生的担子是沉重的，惜花饮酒，吟风弄月，也不过想游戏游戏，消磨此“大无可如何之日也”。

末世文学家的天才，并不一定比盛世文学家低，他们文字的技术，对人情世故的了解，也许远在前者之上，但是他们对人生的态度，大不相同。他们失掉了生活的勇气，严肃的意义，悲观，颓废，沉酒，消遣，他们自己感觉一切无聊，所以别人读他们的作品，也感觉一切无聊；他们自己没有力量接受人生，他们还要非笑鄙视别人接受人生；人类行为中一切光明磊落的行动，都是他们幽默讽刺的资料；他们不崇拜英雄，因为他们自身充满了骄傲；他们要打破道德的观念。因为他们要摆脱一切的束缚；醇酒，女人，自然，艺术，成了解除他们生活痛苦的工具；他们计算一个人生活的时刻，只要每一个时刻，能够充分利用，不让任何事物，萦扰他们的心志，他们也就充分满意了。

三

鉴别盛世文学和末世文学，还有一个标准，就是前一种往往表现人类伟大的精神，后一种从事纤巧的技术。要表现人类伟大的精神，第一步先要承认人生伟大□盛世的文学家，发现人类活动过程中，充满了生命的意义，伟大的使命。他们欢欣，赞美，抱无穷的希望。宇宙是神秘的，人类［是］不虚生的。美丽的自然，壮烈的牺牲，崇高的道德，纯洁的爱情，是他们描写的题材。他们也未尝不悲愁感叹，但是他们时时刻刻缅怀祖先的陈迹，冥想未来的光荣。他们文章的技术，也许粗疏，但是他们的气魄，却是雄浑，奔放。他们的著作是伟大精神的表现，他们已经超出文字的范围。

在另外一方面，末世文学家，根本不承认人生有什么伟大，他们觉得一切都没有意义，没有希望，人类是可怜虫，他的努力，可笑，盲目，白费功夫。人生即这样，末世文学家还有什么可以描写的呢？他们找不出精彩的题材，他们只好在文学本身上，卖弄他们的技巧。那怕极纤小的题目，他们可以表现惊人的聪明，音节，用字，章法，情致，是它们刻意的地方。（宋）程颐：吟成五个字，用破一生心。（唐）卢廷让：吟安一个字，捋断数茎须。这并不是对艺术严肃的态度，乃是他弃精神，注重形式自然的结果。

在末世文学家，文章本来是一种游戏，要借游戏来忘怀世界，就不能不在游戏方法上精益求精，但是方法愈惰，精神愈少，生活愈无聊。在外表看来，他们似乎已经借文学的帮助，摆脱生活之欲，然而在心灵深处，他们还常常有不可抑制的悲哀，流露于行间字里。

生命是一种力量，力量必须要求发展，没有任何消极的哲学，宗教，艺术，道德，能够压迫它，解脱它。世界上第一流的文学，就是能够提高鼓舞生命力量的文学。文学不是好玩的东西，文学家应当有“崇高的严肃”。末世文学家，根本想逃避人生，他们著作的流行，只能摧毁民族生命的力量，使一个时代有用的天才悲哀颓废，政治军事社会道德，腐化崩溃，终陷于不可收拾之境。六朝的文章，晚明的小品何尝不是精心凝炼之作，然而国家民族，也正是暮途穷途时。如果我们不相信天心，那么人力就大有纠正的必要了。

四

盛世文学与末世文学相关而来第三个分别，虽然不是康德本来的意思，我们不妨借用康德美学的名词来划分，盛世文学多半是“壮美的”，末世文学多半是“幽美的”。

幽美导人入无欲的境界，壮美引人入惊骇的情操，柳暗花明，心怡神静，走霆奔电，骇目动心，幽美和壮美同是艺术上难到的境界，它们对人类发生的效果是不同的。

盛世的文人，气魄雄厚，力量充足，他们喜欢寻求壮美的对象。荷默的史诗，但丁的神曲，莎士比亚的悲剧，歌德的浮士德，都是文学上壮美的结晶。末世的文人，意志消失，力竭精疲，他们只想在漫漫长夜的生命途程中，寻求一种暂时休息之所，他们喜欢描写的，自然是幽美的目标。鸟啼花落，水绿山青，逸致闲情，敲金戛玉，到了物我皆忘的境界，就是生命源泉枯竭的象征，末世文人的内心暂时得着安静了，然而人生的意义也停止了！

五

我们不愿意讨论盛世文学与来世文学的是非问题。我们只愿意指出盛世文学末世文学对于生命力量的影响。假如一个国家民族，腐化崩溃，在文人心目中，认为不足轻重，自然他会寻求他自己的安身立命的地方。在另一方面来说，假如他的心还没有全死，假如他感觉自己生命还有不可压制的力量，假如他还认为国家民族应当光荣发达，那么他就没有理由，再谈什么“为艺术而艺术”，咬文嚼字，倾全力在技术上下工夫，如历史家不能专门弄过去的古董和书籍，不顾现在和将来一样。

瓦格勒的歌舞剧众世崇拜的时候，尼采忽然发现它是摧毁生命力量的艺术，末世的弦歌；其实瓦格勒的天才气魄，已经超绝常人，比起“吃苦茶”“忆故乡”引线装书的小品文作家，谈音节究字眼的诗人，不知道高明多少倍？

中华民族现在正经验一个伟大的时代，希望这一个伟大的时代，能够产生一个伟大的盛世的新文学运动。

选自《文学批评的新动向》，正中书局 1943 年 5 月。

五四运动与狂飙运动

一

狂飙运动，奠定了德国文化的根基。五四运动，展开了中国文化的新局面。这两个运动，都有划时代的意义。德国民族第一次认识他们自己，摆脱十七世纪以来的理智主义，法国的新古典主义。中国民族第一次感觉时代的新潮流，推翻数千年来的传统思想。

在历史转变的关头，假如没有先知先觉出来明白指导，历史一定要陷于停滞和紊乱；假如这一些先知先觉，对时代的认识远不够清楚，那么历史也会因而走入歧途。一个民族，需要造时势的英雄，正如一群绵羊，需要聪明的牧人一样，绵羊尽管有求生的意志，没有牧人，他们就不能达到丰富水草的地方，甚至于陷入龙潭虎穴。民族尽管有求光荣生存的意志，没有英雄，他们就不能有崇高的理想，根据崇高理想，来建设适合光荣生存目的的文化制度。

英雄与历史是分不开的，历史进展的迟速，就看英雄识见的高下。

中国的五四运动，在历史上价值是很大的，然而中国五四运动的影响和成绩，却不及德国的狂飙运动。狂飙运动以后，德国民族，完全认清自己，踏上理想主义的途径，以后虽然在十九世纪中叶时代，物质主义，风行一时，然而转瞬衰落，不能动摇理想主义的基础。中国的五四运动，正在如火如荼之际，忽然一部分领袖，转移到物质主义，一直到现在，还陷入泥潭，难于自拔。

这到底是甚么原因呢？

原因很简单，就是：五四运动的先知先觉没有认清时代。

二

开头第一个错误，就是把战国时代认为春秋时代。战国时代的作风，是要整军经武，春秋时代的作风，是要会盟交涉；春秋时代，国与国之间的冲突，还没有到尖锐化的程度，所以外交还可以有回旋的余地，战国时代，大家已经到了你死我活的关头，除了自力更生，联合利害相同的民族，共同奋斗，就要遭灭亡的惨祸；春秋时代，国力削弱，还可以讲外交，战国时代，也需要外交，然而外交的推动，需要武力来推动，自己先要配作一个战斗的单位，然后才有外援。所以春秋时代，郑国介于两大之间，有了子产那样的外交人物，还可以保持国家相当的体面，战国时代，有楚国那样的人口地面，楚怀王居然一再受骗，身死异邦。

辛亥革命的目的，是双方面的。一方面在推翻国内腐化的政府，一方面在解放被外力压迫的中华民族，孙中山先生革命的方针，始终是他一贯的民族主义，在他临死的遗嘱里边，还鲜明指示，他四十年革命的目的，是在求“中国的”自由平等，所以在辛亥革命的前后，中国的民族意识，经过革命领袖有意识地提倡，已经有了相当的基础。在民初的时候，全国的学校，充满了军国民主义，中小学没有体育，只有兵操，学生唱的歌，大部分是救亡的战歌。

但是五四运动一来，虽然最初发源于爱国情绪，然而转瞬就把救国的方向，转变到国际和平。欧战而后，全世界厌战的心理，盛极一时，中国的外交代表，舌敝唇焦，在议场上，力争中国的自由独立。因为国际形势的关系，列强压迫日本，退出山东。中国智识领袖们，都以为正义伸张，其实实际上乃是英美不愿意日本独霸东亚，抢了他们最好的市场。日本也并不是不想并吞中国，不过力量不够，不能不暂时放弃。

现在我们回顾历史上的事实，是很清楚的，然而五四运动的领袖们满以为从此天下太平，只要派二位能言舌辩的代表，加入国际联盟，参加太平洋会议，中国的自由独立，是绝对不成问题的。著名的报章杂志上，许多名言谈论，都在群悉讨论怎样可以消灭民族间的仇恨，减少各国的军备。青年学生，受了这些良善的影响，有时热情勃发，还要来一两次非战运动的游行。

民族主义是狭隘的，战争是残酷的，这是当时智识界领袖们的主张。作者那时正在学校，有一位社会学教授，在班上替我们讲了整整四个星期的世界和平。和平的方法，据他看来是国际联盟和太平洋会议。至于中华民族的自由独立，据我们的教授看来，应当是怎样设法加强这种和平运动，我们的教授，还很沉痛地攻击中国中小学教科书里，还有不少的民族思想和好战的言论，我们的同学，听了这一番言论以后，到寝室一个个高声朗诵好些时候不读的“吊古战场文”!

谁能说我们的教授不是政治的理想家，然而我们的教授，却不能说是理想的政治家，因为理想的政治家，必须把握事实。事实是无情的，违反了事实，整个的国家民族，就要受沉痛的教训。

处在战国的时代，自己毫无力量，不积极备战，反而削弱全国的民族意识，养成全国国民厌战的心理，这是五四时代中国思想，是领袖们第一个错误。

国际主义和平主义和社会主义，有密切的连带关系。假如革命的目的，不以自己的民族的自由平等为第一对象，那么彻底的办法，当然以全世界全人类为第一对象，这就是为甚么变成五四运动的第二个阶段的思想，抛弃民族问题，侈谈经济史观，国际联合，胡适之成了落伍的人物，李大钊陈独秀做了时代的英雄。中国的严重的问题，不是国内和国外的问题，反成了国内和国内的问题。内战连年，毁伤元气，迟缓军备，破坏统一。九一八事变一起，狼狈不堪，呼号无处，最后卢沟桥战事爆发，然后互相携手，中国不亡，间不容发。时至今日，毒犹未消，这就是五四运动思想错误自然的结果。

三

五四运动第二个错误就是把集体主义时代，认为个人主义时代。

欧洲二千多年以来的政治思想，有两大潮流，一个是集体主义，导源于柏拉图的概念论，一个是个人主义，导源于亚里斯多德的实在论。柏拉图以为真实存在于概念，个体不能代表真实，亚里斯多德却以为真实存在于个体，概念不过是空虚。拿这两种哲学思想，应用在政治，一个注重团体，一个注意个人。罗马民族起初对国家观念最强，大一统以后，个人主义发展，沉溺于生活享受，不肯为国牺牲，因而丧失战斗能力。中世纪神权与政体，合而为一。教皇承袭罗马人的集体主义，把教堂看得重，个人看得轻，所以天主教的组织，一直到现在，还是最严密的组织。文艺复兴以后，人的意识展开，个人主义渐渐抬头，十八世纪以后，天赋人权民治主义逐渐伸张，都是个人主义的表现，但是自从十九世纪以来，民族与民族之间，因为经济的发展，冲突越来越激烈，以个人主义立国的国家，渐渐觉得团结不紧，使用不灵，行动迂缓，不能应付紧张的国际局面。

二十世纪的政治潮流，无疑的是集体主义。大家第一的要求是民族自由，不是个人自由，是全体解放，不是个人解放。在必要的时候，个人必须要牺牲小我，顾全大我，不然就同归于尽。五四运动的领袖们，没有看清楚这个时代，本末倒置，一切以个人主义为出发点。甚至子抗其父，妻抗其夫，学生赶教员，属僚凌官兵，秩序紊乱，组织不成，仇恨嫉妒，傲慢不恭，背叛国家，破坏团体，无不以个人自由为口头禅，护身符，时至今日，大敌当前，学者名流，依然埋头考据——尽良心，羞谈时事，见人写通俗文章，即肆意诋讦。青年学生，除少数热血份子而外，大部分均习工业经济，预备入公司，从商业，发国难财，过优裕生活。爱国情绪不高，战斗意志薄弱，这就是个人主义的极端现象。这当然不是五四追动最初倡导者的初衷，然而他们自始不从集体主义出发，流弊所及，不可避免。

四

五四运动第三个错误，就是误认非理智主义时代，为理智主义时代。

十七世纪以来，欧洲有一种思想潮流，叫做“光明运动”。人类一切行动，要以理智为依据，道德、宗教、美术，一切的一切，都要建筑在理智之上，但是到十八世纪的末叶，欧洲思想界，渐渐起了反动。法国卢梭，从生活体验中，发现人类不但要有理智，而且要有感情。在人类行为中，感情比理智还要重要。德国狂飙运动，继续着各国的浪漫运动，都认为“感情就是一切”。康德是最后一个理智主义者，也是对理智主义彻底的革命家，他从道德科学美术三方面，分析理智的功用，在每一类给它一个限度，人类的理智是有限度的，这是康德对于人类思想史一个最大的发明。从此以后，理智万能的学说，再也不能成立，叔本华尼采的意志哲学，黑格尔的精神哲学，柏格森的生命哲学，心理学上的潜意识，文学上的表现主义，象征主义，未来主义，尽管头绪万端，无不以非理智为目的。

这并不是说反对科学，乃是要求发现科学的本来面目，只有认识科学的限度，人类所得的智识，才是真智识。然而五四运动的思想家，只高唱肤浅的科学口号，要想凭藉理智，解决人生一切的问题，这和十七世纪的理智主义，完全相似。在介绍西洋思想来说，他们落后了二百年。然而这种思想，在西洋是旧，在中国却新，居然风行一时。一般的人，没有研究多少科学，却是满口的科学方法，领导的是这样，随从人也是这样。结果，科学就没有多大成绩，政治经济社会文化各方面的建设，无不过于肤浅。

我们说：理智主义，在西洋是旧，在中国却新，这句话也许不大妥当，因为中国数千年来，受儒家思想的支配，一直就是崇奉理智主义的国家，在欧洲十八世纪的时候，光明运动，登峰造极，当时欧洲的思想家，如像莱布尼慈，握尔夫，福禄特尔，都非常佩服孔子，莱布尼慈甚至说，中国应当派传教士到欧洲，握尔夫讲孔子哲学，被驱逐出哈纳大学。福禄特尔一再称赞孔子，歌德和爱克曼博士谈话，也讲中国人的人生观，光明空阔，没有神奇迷离的景象，中国小说中描写月光下的景象，和日光下的景象，完全相同。朱子说：“人心之灵，莫不有知，而天下之物，莫不有理。”一段话，彻底表现儒家的理智主义，所以五四运动的领袖，尽管在反对儒家，他们对人生宇宙的根本精神，同儒家并没有分别。

新时代已经到来，五四运动肤浅的理智主义，并不能担当新时代的使命，即如民族主义，是二十世纪的天经地义，然而民族意识发展，不是肤浅的理智所能分析的，它是一种感情，一种意志，不是逻辑，不是科学，乃是有目共见，有心同感的。具体事实，一经分析，就瓦解冰销。其它如系战斗精神，英雄崇拜，美术欣赏，道德情操，都要靠意志感情和直观来把握事实，才能鼓励人生，见诸行动，拿简单的理智规律，来推动复杂的人生，结果全国都养成书呆子，整天研究，整天不能动作，人类一切光明高洁伟大的行为，都可以想出理由来讽刺讥评，结果只是袖手旁观，百端下举。

五

拿狂飙运动来和五四运动相较，是非得失，不难推知。狂飙运动是感情的，不是理智的，是民族的，不是个人的，是战争的，不是和平的。德国民族，在政治文化外力支配之下，他们要认识自我，发展自我，摆脱一切的束缚。中国的五四运动，也有同样的目的，然而我们所走的路线，却刚好背道而驰，狂飙运动是合时代的，五四运动，是不合时代的。因为合时代，所以经过一番运动，德国全国上下，生气蓬勃，努力创造，奠定新文化的基础。因为不合时代，所以五四运动以后，或者误入歧途，或者意志沉沉，或者彷徨歧路，全国上下，精力涣散，意志力量，不能集中。

我们对于五四运动的先知先觉，并不愿意加以严重的批评，他们是有敏锐感觉的，他们是有勇气的，我们并不反对，他们曾经有许多贡献，如像对白话文的运动，新文学的提倡，都是很有价值的，然而在基本方面，在创造一种新的人生观宇宙观方面，他们的弱点暴露出来了，他们没有深刻认识西洋，他们也没有深刻认识中国，介绍没有正确介绍，推翻没有根本推翻。

尤其错误的，就是他们没有认清时代，在民族主义高涨之下，他们不提倡战争意识，集体主义，感情和意志，反而提倡一些相反的理论，使中华民族，在千钧一发之际，没有急起直追，埋头苦干，惊涛忽至，举国仓皇，这是非常可惜的。

在每年五四运动的时候，全国报章杂志，照例来一次纪念，登一些称功颂德的文章，但是从来没有人给他一个客观的批评。其实批评不批评，到没有关系。问题的关键，是今后局面愈来愈艰苦，五四运动一套的思想，并不能帮助我们救亡图存。给三期的学术思想，已经到来，我们需要一番新的觉悟，新的人生观，新的办法，关于这一方面，德国的狂飙运动，孙中山先生一贯的民族主义，都是我们不可忽视的指南针。

《民族文学》1卷3期，1943年9月7日。

民族文学运动

一、文学的性质

文学是文化形态的一部分。假如一种文化，因为时间空间的不同，它的各种形态就会呈现出各种特殊的情状，那么文学的性质也同样要受时间空间的支配。一个时代有一个时代的文学。希腊和罗马不同，罗马和中世纪不同，中世纪和文艺复兴不同，因为它们各时代有各时代的文化。同样英国法国德国中国的文学，也各各有鲜明的特点，因为各民族有各民族的文化。

举一个具体的例来说：在十七世纪的时候，法国的新古典主义运动，奠定了法国文学的基础。当时人才辈出，盛极一时。法国文学能够在世界文学史上占一个地位，完全因为有这一个伟大的时代。但是法国新古典主义运动的发生和成功，决不偶然的，它不发生在旁的国家，它不发生在法国以前的时代，这中间确有它根本的道理。拿时代来说，十七世纪是一个理智主义高涨的时代，当时欧洲一般智识界的人士，都相信理智是万能的，它可以决定人生的一切，而且只有在理智支配之下的人生才是最高尚的人生。这是当时的时代精神。把这一种精神应用到文学，就是法国十七世纪的新古典主义。因为法国的新古典主义最崇拜理智的。它的开山祖师马雷伯，就是理智主义的极端崇拜者。因为崇拜理智，所以文章要清楚，用字要准确，规律是神圣的，天才要受严格的训练，他们不要奔放无归的感情，神奇荒诞的想像。

时代精神固然是形成法国新古典主义的主要原因，但是另外还有一个主要的原因，就是法国民族的性格。法国民族素来就喜欢修饰。他们要的是整齐，有秩序，有条理。上流社会的人，说话要明白，要漂亮，要有机智。法国“沙龙”里边，或者高贵人家的客厅里边，喜欢聚集一些文人雅士，男男女女，大家穿得整整齐齐，用极清楚的头脑，极明亮的语言，互相交谈。这中间假如一个人感情太热烈，没有学会抑制自己的本事，一定会闹出许多的笑话，上流社会的人士一定要觉得此人离奇。在这一种空气中间产生的文学，自然染满了理智主义浓厚的色彩。这就是为什么新古典主义运动不发生在旁的国家，特别发生在法国，同时也就是为什么新古典主义在法国得着最良好的收获，它的命运也特别久长。

所以时间和空间，对文学有伟大支配的力量。时间就是时代的精神，空间就是民族的性格。抛弃了这两个条件来谈文学，我们就不能真正了解文学。

文学和科学性质两样。科学求同，文学求异。科学寻求超时空的基本原理，文学表现当时此地特殊的情状。原理是抽象的，情状是具体的。假如一种科学只限于一时一地的个别事物，那么科学的价值就不高。一种文学只能描绘抽象的规律，文学的价值也有限。这就是为什么世界上有民族的文学，而没有民族的科学，有时代的文学，而没有时代的科学，就算有，也是过去的陈迹，后人已经取而代之。在科学方面，往往是后来者居上；在文学方面，近代的文学却不一定比古代高明。

文学是要受时间和空间的限制的：但是这种限制，不惟不减少文学的价值，反而增加了文学的价值。因为文学的使命，是要表现特殊的事物。天下古今没有绝对相同的两个人，天下古今也没有两人绝对相同的心境。同样一朵花，同样一轮月，同样一幅山水，古人有古人发生的情绪，今人有今人发生的情绪，李白有李白的观感，杜甫有杜甫的观感。专门仿效古人的文学家，决不是第一流的文学家，专门仿效今人的文学家，也一样不是第一流的文学家。

文学家是不能仿效的，仿效就是欠天才。文学家第一件事情，就是要认识自我。

在自我认识的时候，就是天才起首表现的时候。固然在基本训练中间，一位青年作者未尝不可以借镜他人。但是在高尚的表现，成熟的时期，一位文学家依然不能摆脱别人，建设自己，那么我们只能说他没有天才，或者有天才而没有认识自我，所以把自我毁灭了。

二、民族与文学的关系

一个人和另外一个人是不同的，一个民族和另外一个民族，更是不同的。一个人有一个人的天才性格，一个民族也有一个民族的天才性格。一个人要认识自我，才能够创造有价值的文学，一个民族也要认识自我，对于世界文学然后才有真正的贡献。

一个民族有特殊的血统，特殊的精神，特殊的环境，特殊的传统风俗。假如一个民族，不能够把它的种种特殊之点，在文学里尽情表现出来，成天镇日，专心一意去摹仿旁的民族的文学，那么它的文学，一定只有躯壳，没有灵魂，只有形式，没有内容，枯燥无味，似是而非，不但文学是没有价值的文学，民族也是没有出息的民族。

法国十七世纪的新古典主义所以成功，并不在当时作者摹仿希腊罗马，而在他们认识了法国人自己特殊的性格，和希腊罗马的气味相投，所以藉他们的形式，来充分发挥自己的天才。他们是这样的成功；在十七世纪的末叶，产生古代派和近代派的斗争，有许多法国文学批评家，认为法国十七世纪的文学比古代希腊罗马的文学还要超越。因为他们表现的，是道地法国人的心情；古代希腊罗马的文学，对近代法国人，反而没有那样亲切。

法国人的性格可以借镜希腊罗马，德国人的性格却不能借镜法国。在十八世纪的上叶，法国文学风行一时，德国一般文人都摹仿法国，但是不能成功。后来德国有一位最有见识的文学批评家雷兴出来，从德国民族性格的立场，说明德国人不能［追］随法国。德国人喜欢复杂，法国人喜欢简单；德国人喜欢想像，法国人喜欢实际；德国人注重情感，法国人注重理智；法国人要求完美的形式，德国人要求丰富的内容。如果德国人要找一位文学上的导师，这位导师，不是法国，应当是英国。英国的莎士比亚，弥尔敦，同德国人近，法国的高乃依，纳森，离德国人远。

在雷兴的指导之下，德国民族认识了他们自己。接着哈芒黑尔德出来，发起狂飙运动，少年的歌德席勒，完全摆脱法国文学传统的势力。天才，感情，力量，自然，成了当时德国文学界理想的目标。仿效，修饰，秩序，规律，都认为是文学的束缚。经过这一度的解放，德国天才得着充分的自由发展。从此以后，德国文学在世界上，可以同英国法国分庭抗礼，因为德国人不奴隶式地仿效别人，自己找出自己本来的面目。

文学是要特殊的，它的价值也就在特殊。世界文学史上并不需要完全相同的摹仿，它需要崭新的创造。一个民族的文学要能够永垂不朽，必须要把自己表现出来。摇旗呐喊，跟着别人走，不但心劳日拙，穷极无聊，而且东施效颦，丑态百出。

进一步来说，一个民族能够认识自己，创造特殊有价值的文学，大多数的国民必须先要有民族意识，他们自己首先要感觉，自己和旁人不同，而且这一种不同的地方，就是他们自己可以自己骄傲的地方。现在中国有许多丧心病狂的人，不骄傲自己的祖国，而骄傲别人的祖国。这样的人，连自己的祖先都弄不清楚，还配谈什么文学？然而这样的文学口号，却风行一时，许多青年认为时髦；许多在社会上有地位的文学家，为着博取一般青年人的欢迎，也勉强在自己作品中间掺杂一些这样的口号，真是可惜！

所谓世界文学，并不是全世界清一色的文学，或者某一个民族领导，其余的民族仿效的文学，乃是每一个民族发扬自己，集合拢来成功一种文学。我们可以说，没有民族文学，根本就没有世界文学；没有民族意识，也根本没有民族文学。

世界上许多伟大的文学运动，往往同伟大的民族运动同时发生，携手前进。意大利是这样，法国是这样，英国德国也是这样。（参阅拙著《文学运动与民族运动》军事与政治月刊第二卷第二期。）特别在近代社会里，文学和政治常常是分不开的，因为政治的力量支配一切，每一个民族都是一个严密组织的政治集团。文学家是集团中的一份子，他的思想生活，同集团息息相关，离开政治，等于离开他自己大部分的思想生活，他创造的文学，还有多少意义呢？所以民族意识的提倡，不单是一个政治问题，同时也是一个文学问题。

三、五四以来中国文学三阶段

文学受时间空间的支配，空间是民族的特性，时间是时代的精神。时代精神有转变，民族特性表现的方式也有转变。在某一个时代，民族意识还不够强烈，时代精神把一般作者领导到另外一个方向，使他们不能认识他们自己。在这种时候，真正的民族文学就不容易产生，它对于世界文学的贡献，因此也不能伟大。文学的情状既然这样，政治的情状当然也陷于一种苦闷的境界。全国民众意见纷歧，没有中心的思想，中心的人物，中心的政治力量，来推动一切，团结一切。这是文学的末路，也是民族的末路。

自从五四运动以来，中国的思想界经过三个显明的阶段：第一个阶段是个人主义，第二个阶段是社会主义，第三个阶段是民族主义。中国的新文学也随着这三个不同的阶段，表现出不同的色彩。

在第一个阶段间，中国思想界的领袖努力解放个人。对于传统的道德，风俗，社会，政治一切的标准，都激烈反抗，因为他们压迫个人的自由。个人要有怀疑的精神，反抗的勇气，他不愿意受任何的束缚，崇拜任何偶像，他要绝对自由。但是他的自由观念是很空泛的，他只有要求自由的意志，他并没有明了自由的意义。他是一位纯洁天真的青年，他还没有实际人生的经验。他还不知道，人生是有限制的，真正的自由，不在外界，而在内心；漫无边际的追求，只能增加自身精神上的痛苦，不但对于国家社会没有补益，对于个人的前进更没有光明。

在这一个阶段间产生的文学，大部分都摹仿西洋。诗歌学美国的自由诗，戏剧尊崇易卜生的问题剧，一部分浪漫主义中间包含的感伤主义，弥漫于各种文体之间。个人主义，无疑地是这一个阶段的时代精神。一般的文学作品，所要表现的，都是个人问题；就是政治社会问题，也站在个人的立场来衡量一切。这一种思想文学，对于打破旧传统，贡献是很伟大的，但是对于建设新传统，它却是不切实的。因为新的社会新的国家，不能建筑在极端的个人主义之上。虽然说自由的国家社会应当是一群自由份子所结合，然而为着国家社会的自由，往往个人的自由就不得不加以限制，甚至于牺牲。在这种关头，真正的自由，应当求之内心，尽责任就是得自由，自由在我自己，而不在他人。只有这样讲自由，才没有极端个人主义的流弊。五四时代的文学，不能产生伟大的文学，因为它没有得着一个巩固不摇的基础。

个人主义的风气，虽然一直到现在没有绝灭，但是它不久就不能作时代的中心。在第二个阶段中间，社会主义成了思想界研究的对象。在第一个阶段，大家认为没有个人自由就没有社会自由；在第二个阶段，刚好翻过来了，大家认为没有社会自由根本就没有个人自由。社会怎样才可以自由呢？第一要政治平等，但是政治平等必须先要有经济平等。经济是一切问题的中心，社会主义是解决的方法。然而他们根本忘记，中国是一个半殖民地的国家，外来政治军事经济三方面的侵略，重重压迫，整个民族都失掉了自由。中国最迫切的问题，是怎样内部团结一致，对外求解放，而不是互相争斗，使全国四分五裂，给敌人长期侵略的机会。

在这一个阶段中间的文学，仍然是摹仿外国。俄国的作家成了最时髦的作家，描写的对象，说来说去，永远离不了阶级斗争。对于一切外力的侵凌，政治社会的罪恶，都用社会主义的名词来解释。在这一个时期，全国的民族意识最薄弱了……

到了第三个阶段，中国思想界不以个人为中心，不以阶级为中心，而以民族为中心。中华民族是一个整个的集团，这一个集团，不但要求生存，而且要求光荣的生存。在这一个大前提之下，个人主义社会主义，都要听它支配，凡是对民族光荣生存有利益的，就应当保存，有损害的，就应当消灭。我们可以不要个人自由，但是我们一定要民族自由：我们当然希望全世界的人类平等，但是我们先要求中国人和外国人平等。中国人自有中国人的骄傲。不能听人宰割，受人支配。

在这一个阶段中间，中华民族第一次养成极强烈的民族意识。他们第一次看清楚自己，中国的文学。从现在起，一定有一个伟大的将来，因为，我已经说过了，只有强烈的民族意识，才能产生真正的民族文学。

四、民族文学运动的意义

过去二十几年间，中国的思想界，从个人主义到社会主义，从社会主义到民族主义。中国现在的时代，是一个民族主义的时代。我们政治上的先知先觉，虽然早已经提倡民族主义，然而真正民族意识强烈的发展，实在是最近几年的事情。政治和文学，是互相关联的。有政治没有文学，政治运动的力量不能加强；有文学没有政治，文学运动的成绩也不能伟大。现在政治上民族主义高涨，正是民族文学运动最好的机会；同时民族政治运动，也急需文学来帮助它，发扬它，推动它。

民族文学运动的发起，在今日刻不容缓，但是要发起这一个运动，我们必须要先明了这一个运动的意义。

第一：民族文学运动，不是复古的文学运动。一个时代有一个时代的文学，古人的处境和今人不同，古人的文字和今人不同，古人的思想和今人不同，因此古人文学形式技术，和今人也应当不一样。古人固然有光荣的成绩，我们应当尊敬实贵；但是我们不一定要奴隶式地仿效古人，因为仿效不能成功，就算能够成功，我们也只能学得一些表面的形式技术，内容方面，同新时代不惟不发生关系，而且常常要发生冲突。新时代有新时代的思想，古人虽然没有这些思想，我们尽可以尽情表现。新时代有新时代的语言。二十多年前的白话运动，理论是正确的，其所以没有伟大的文学，不是工具不良，乃是因为没有正确的思想，和伟大的天才，我们不能因此回复到文言，增加表现现代思想的阻碍。新时代有新时代的环境，我们应当就地取材，不能再在故纸堆中，去描写与现代无关的陈腐对象。新时代有新时代的形式技术。诗歌不必遵守旧的格律，戏剧不必墨守成规，小说尽可废弃章回，散文更不必恢复桐城。揣摩史汉，明了当时此地，不向时代开倒车，才是真正的民族文学运动。

第二：民族文学运动不是排外的文学运动。一个民族的文学，性格要特殊，内容要丰富。特别有悠久历史的文学更需要旁的民族的文学来充实它，培养它。一个真正伟大的文学，决不排斥外来的影响，因为这种影响，如果善于利用，对本身是有益无损的。就像一株花，时时需要不同的养料。更像一株花，它吸收不同的养料，在本身溶解消化，自己表现自己特殊的色香。这就是说，对于外来的文学，不能奴隶式地仿效，也不能顽固地拒绝。即如戏剧，中国只有歌舞剧，没有话剧。西洋的话剧，正可以补充中国戏剧的内容。不过我们需要中国的语言，中国的情节，中国的人物，创造中国的新技术，不能够生吞活剥，把西洋的戏剧搬上中国的戏台。近来有些所谓戏剧家，用一些直译的外国话，什么“我的最亲爱的”，“我的最甜蜜的”满台乱叫，而自鸣得意，这当然是不对。不过在另外一方面，有人以为话剧既然是西洋的东西，我们就不应当采纳，我们应当专门写作西皮二黄，就是描写现代的人物，也让他们走台步，作种种不自然的声音，这又失掉民族文学运动的意义了！

第三：民族文学运动不是口号的文学运动。文学是具体的，不是抽象的，是创造的，不是摩仿的。假如一位文学家只知道利用几个口号，而不能具体地创造真正的艺术，那么他的作品不但本身毫无价值，而且引起别人对民族文学运动的反感。民族文学运动需要埋头创造，用有形的方式，表现高尚的思想，最好是不用口号，惹人嫌厌。

第四：民族文学运动应当发扬中华民族固有的精神。时代虽然不同，民族固有的精神是一样的。我们的民族有光荣的历史，我们的祖先到底凭什么精神创造过去的光荣历史呢？依我看来，第一是战斗精神。中国历来开国的君主，都是勇敢善战，到天下太平以后，他们就废武功，谈文治，所以国力削弱，渐至乱亡。中国的圣贤，虽然教人安不忘危，足食足兵，然而重文轻武的风气，始终不能改易。我们今后要恢复先民勇敢善战的精神，才可以在现今战国时代达到光荣生存的目的。除了战斗的精神以外，我们还要恢复祖先道德的精神。中国素来是最讲道德的。一个民族没有道德，互相欺诈，互相压迫，互相争斗，一定不能坚固团结。国际政治和国内政治，根本是两件事情。国际政治，有时因为民族生存利害的关系，强食弱肉的局面，不能不采取现实政治，但是在国内的政治，人人必须奉公守法，诚实忠信。中国的圣贤，处处以道德教人，但是到了最近代，道德成了敷衍的名词，欺骗的口号，许多人满口的道德仁义，满肚的奸诈邪淫。这就是因为我们已经失掉了先民道德的精神。今后中国文学，应当用艺术的形式，提倡固有的道德精神。这样的文学，才是真正的民族文学。

第五：民族文学运动应当培养民族意识。民族意识是民族文学的根基，民族文学又可以帮助加强民族意识，两者互相为用，缺一不可。所以民族文学运动，最大的使命就是要使中国四万万五千万人，感觉他们是一个特殊的政治集团。他们的利害相同，精神相通，他们需要共同努力奋斗，才可以永远光荣生存在世界。他们有共同悠久的历史，他们骄傲他们的历史，他们对于将来的伟大创造，有不可动摇的信心。对于祖国，他们有深厚的感情，对于祖国的自由独立，他们有无穷的渴想。他们要为祖国生，要为祖国死，他们要为祖国展开一幅浪漫，丰富，精彩，壮烈的人生图画。有了这样的民族意识，伟大的民族文学运动才可以成功。

第六：民族文学运动应当有特殊的贡献。怎么样才能够有特殊的贡献呢？要采中国的题材，用中国语言，给中国人看。这三个原则，是民族文学运动的规矩准绳，中国作家不容忽视。固然真正特殊贡献需要文学的天才，文学没有天才，根本谈不上文学，不过天才也有走错路的时候。英国批评家安诺德，主张文人应当生活在一种“智识潮流”中间。所谓智识潮流，就是合乎时代精神的正确思想。这种思想，是文学天才发展的根基。历史上好些伟大的天才，因为得着伟大文学批评家的指导，力量用在正当的途径，才有最优异的成绩。如像歌德遇着黑尔德，受他最大的影响，摆脱传统的拘束，发挥自己的天才。假如没有黑尔德，那么歌德也许还要多受法国文学的支配。

也就是因为这一种关系，民族文学需要一种运动，来创造一种智识潮流。使中国的文学天才向正当有效的途径发展。

选自《时代之波》，大东书局1946年版。

何永佶

何永佶（1902—1967），一名何永吉，字尹及，1902年生，广东番禺人。清华学校毕业后留美，获哈佛大学博士学位。归国后任北京大学教授，北平政治学会秘书长，太平洋国际会议中国代表。1937年前后任中山大学社会学系教授，兼勷勤大学工学院教授。1946年任中央政治学校教授。1949年后任云南大学教授。“文革”期间去世。著有《为中国谋国际和平》、《为中国谋政治改进》、《宪法平议》、《中国在戥盘上》等著作。

政治观：外向与内向

政治观，即国家观。而什么是国家？国家所以异于其他社会团体的在哪里？

世界历史上最聪明的民族，希腊人，早就备有答案。他们以为国家之所以为国家，其他社会结合所以不成为国家的，在它为一切人群结合中惟一具有“作战权”的团体，有此则成国，无此则非国。这个“作战权”为国家所独有，为其他社会结合所无，它们也许有作战之实，而无作战之权。国家有权对任何团体作战，哪怕是国外之他国，或国内之社团；其他社会结合，如对内作战，则为叛逆；对外作战，则为擅动。作战之权实俱有的，只是国家。抓住这个要点希腊人与后来的欧美人，就从此发挥他们特有的政治思想。无论是明讲或暗示，他们的国家思想，大体上，（有时间有例外）都以“战”之概念为中心。在他们的心目中，国家乃在战争中及为战争而存在。一切政治，经济，文化，教育，科学等等设施，有意无意，都是以“战”为最后决定之因子。譬如美国某州，欲修一条公路，表面上虽是区区一条路，但事前除须得该州的公路局允许之外，须先得美国中央政府参谋部的批准，为的是公路与国防有密切关系。这种敏锐的“战意识”，在欧美各国人的脑筋中，甚为普遍，推其源，实希腊人发端。希腊哲人希路卡拉塔士（Heraclitus）有一句名言，千古传诵，“战争为万事之父”！

这种思想，与支配中国政治的儒家正宗哲学，多么不同！儒家满口讲仁义，讲道德，讲尧舜，讲谐和，讲大同，充满了“雍雍和和”的气象，无半点“战争意识”。孔子于食，兵，信三样宁肯不食，宁肯无兵，而不肯失信。这种道德观，是我国的长处，也是我们在现世界中的吃亏处。法家很可以反驳道：“无食则死，无兵则亡，人而死亡，信于何有?”遍览中国政治历史，惟法家思想近于希腊。战国时的商鞅说得好：

“国有体，有乐，有诗，有书，有善，有修，有孝，有弟，有廉，有辩——国有十者，上无使战，必削至亡。国无十者，上有使战，必兴至王。国用诗、书、礼、乐、孝、弟、善、修、治者，敌至必削；敌不至必贫。国不用八者治，敌不敢至，虽至必却。兴兵而发必取，取必能有之；按兵而不攻必富。国好力，以难攻；国好言，以易攻。国以难攻者，起一得十；以易攻者，出十之百。”(商君书·去疆)

商鞅把国家一切的一切，归结于战争，犹如生理学家把人体一切的一切归结于“生命力”。这种“战意识”多么浓厚！与希腊西洋政治思想多么吻合！假如亚理士多德被称为西洋的第一个法西斯主义者，商鞅可称为中国的最先的“全能主义者”。

我们用不着品定这两种思想——儒家与法家——的高下，而只需问哪一种对于我们较为适合时代的需要。儒家政治思想自有其时代的原因：秦汉以降，法家所促成的大一统局面告成；中国除在几个外族侵入的危机外，所需的是雍雍和和的儒家，而不是法家。现在不同了：中国已不是“大一统”的“世界”，而是在紧张严肃的世界角逐中的一员。这世界尚无“大一统”的象征，春秋战国时代的一切，可于现在世界见之。也许全球将来可有“大一统”，但现尚茫茫不知何日；中国至少有几百年要在战国日子里过。

我常以为政治思想，中外皆然，有一个共同的缺憾：即未把两种战争认识清楚：这一种我无以名之，名之为“[为] 胜利而战的战”(War for Victory)。另一种是“为消灭而战的战”(War for annihilation)。有一朋友告诉我。美国政论家李比民氏(W. Lippmann)亦有同样的分别，前者他名为“局部战”(Partial War)，后者他名为“全体战”(Total War)。我没有看见原文，不知他的意思是否与我完全吻合。我的意思是：前者为只把敌打败就罢手的战争，打败者须割地，须赔款，须认胜者为盟主：春秋时代很多战争，如所谓“五霸”便是，十九世纪也如此。这种战争，可以防止，可以消弭于事前，可以调解于事后。可以用国与国间之组织，来作斡旋人。后一种战争，为“你死我活”的战争，其目的不只把敌人打败，而在把敌人消灭。其表现不再割地，不在赔款，而在根本毁灭对方，简直是“有你无我，有我无你”的一种战争。这种战争，是不能防止的，不能调解的。中国的战国时代，西方罗马帝国将成之前得时代，都是好例。目前也是这种战争开始的时代，此之所谓“大变动”。

为什么把这两种战争分开？因为不分，就弄出许多徒劳无功的错误。譬如国际联盟，就是一例。国际理论的基础，以为所有战争，都可以防止，所以立盟约，盖房子，开大会，扰攘了十几年。闹来闹去，毕竟是一套空谈，一个纸老虎！我国又以为真，在拉西曼氏甘言悦语下，依靠国联，以为国联真可以助我，结果是大失望！假如我们早把这两种战争分清，看定现实，何至有今日的碰壁？又如有些人也不把这两种战争分清，以为现下中日之战，与甲午中日之战一样，同是“为胜利而战的战”：听见近卫“不割地不赔款”的宣言，即色然而喜，以为可以讲和，高唱“天下无不和之战”的口号。谁知“不割地不赔款”，正是“为消灭而战的战”之特征，正是整个吞灭中国，消灭中国的别名。这些人犹以为可以讲和，真是荒天下之大谬！有一身为学者，曾充某大学教授多年的先生，也不懂这点，贸然去上海，落了陷阱后，始知日人之不易与，仓皇走出。其实他如把这两种战争分清楚，早就应该知道：在现的第二种战争中，日人的条件不会好的：应该不待“失身”后，然后知道。这可见分开这两种战争，极端重要。

认定战争为国家最后的精义，时时刻刻想着国与国间是不断地斗着或明或暗的战争，而将国内一切的一切，置于这个大事业的最高总驭之下：这种看法，我们无以名之，名之曰外向，或大政治（High politics）的政治观。反之，认国家为一种“雍雍和和”的“大一统”，所谓政治，不过是升官发财的驰逐；某人作部长，即色然而喜，以为我可以攫得司长参事的一官半职；某人卸任，则戚然而忧，以为我的饭碗不保了；整个国家，无非是为他个人玩“升官图”的棋盘；这种看法，我们名之为内向或“升官图”的政治观。

“差之毫厘，谬以千里。”由这两种政治观的不同，就产生了我们与人家的国运的迥异。内向的政治观所产生的为“媵妾之道”“妻妾争风”的政治。士大夫所孜孜不倦的，为如何取得大力者得青睐。某人幸而取得青睐，则左右必大吃其醋，从而诋毁他，攻击他，排斥他，大部分时间，都消磨于互相倾轧，互相毁谤，互相捣蛋的工作上。这无异二姨太说三姨太如何的不好，三姨太之说四姨太如何的那个，无非欲自己取得老爷的欢心，行个打倒的方法。外向政治观则不同。谁来做大官都行，只要他确能增进国家的总力量，以备“大政治”不时之需；只要他的设施，系向着时代的方向走，认清这世界是个战国世界，而中华民族要在内谋生存的，互相倾轧之心自有合力御侮的意识因而逐渐减少，以至消灭。

内向的政治观，注重内争，各霸一方，各不相能，各不相下，各树党羽，各立机关，结果无非增厚离心的势力。外向的政治观注重国防，集全国一切的力量，以向外方，复由此意识的出发点，而努力于政权之统一化，吏治之效率化，军队之机械化。在前一种政治观下，轻工业旺盛，因既无国防意识，则资本必放在利息高厚而易得的企业里（如轻工业），在后者的政治观下，重工业必特别发达，因为重工业乃国防的基础。苏俄革命后，几个五年计划，第次成功，重工业的发展，一日千里。我国革命后，重工业成就甚微。其关键在战意识之有无。

在内向的政治观下，外交依内政而转移；在外向的政治观下，内政跟外交而变革。

前者既无战意识，则凡可增进国内此一派或彼一党的政治地位及权势者，都可以利用。用外交而能便利个人或私党在内政上的地位，则引外援不以为羞，投外敌不以为耻。直至专门办外交的脑筋，也退化至一种不自认为全国对外的代表而以门户意见相角逐。外向的政治观则不然：外交为先，内政为后，内政许多设施，视外交的需要而定；内政许多改革，也由外交的条件促成。内政上的一举一动，虽针滴之微，亦必视其是否与国防及外交原则相合。在内向的政治观下，最高元首旁，坐第一把交椅的，为办内政的大员。在外向的政治观下，最高元首旁，坐第一把交椅的，是办外交的国务卿。

内向的政治观尚"文"，外向的政治观尚"力"。前者既无战意识，则"文"自然要紧。庄子所传盗跖笑孔子的话，如"尔作言造语，妄称文武，冠枝末之冠，带死牛之肋，多辞谬说，不耕而食，不织而衣，摇唇鼓舌，擅生是非，以迷失天下之主，天下学士，不返其本，妄作孝弟，而儌幸于封侯富贵"等语，可当作我们一般士大夫的缩影。彼此以"文"取胜，政治乃流为一种虚文把戏，大半时候，消磨于"等因奉此"四字。政治上偌大问题，仿佛作一篇洋洋的文章，即可了事。外向的政治观则不然：既认定战为政治的精义，而"战危事也"，非科学无以取胜，非准确无以自存，清谈虚文，为自杀之门，自退居不重要的地位。于是日夕所祈求者，为国力之如何增加，国运之如何增长。"文"不是不要，而是用以促进战争效率，适可而止。无论科举八股，不会产生，即近日的"抗战八股"，亦无机会出世。

惟其讲力，故具有深强意识之政府，必奖励科学，以增强国家的战斗力。欧洲各国政府，无不与其国立大学的科学学系，建立特别联络。德国政府每年津贴科学研究为数之大，尤是惊人；即其津贴哈宝教授（Pr. of Haber）一人，已达四千万马克。而哈教授率发明固定氮，其利乃比德政府的津贴，多过数倍。法政府所资助之巴士德（Pasteur）一人发明灭葡萄害虫法，所获之利，即可偿法国所负之普法战争的赔款而有余。在内向的政治观下的意识既无，求力之心也没有，所谓科学者恐必逃不了变为文人学士所稚弄的玩意儿。科学是果，而非因。前数年，国联来华教育考察团，批评中国教育家对科学态度的错误，谓我国以为西方文化，是科学的产物，而不知实际上科学实乃西方文化的结果。中国人用火药作爆竹，而西洋人用它制炮弹，就是这个原因。

内向的政治观，其趋势为军队私人化；外向的政治观，其趋势为国内之军队国家化。在前者之观点下，政治重心既在内争，而政争又须实力为后盾，则趋势自必私人私党，各拥厚兵，以为政争之工具。带兵的当然带兵：不能带兵的文人学士，又必麇集于所谓实力派旗帜下，各成集团。于是国内扰攘，了无宁日。此种现状，其始也极微，久而久之，则尾大不掉，积重难返，有如唐代之藩镇，民国之格局，极难打破。欲打破这种现象，惟有采取外向的政治观，认定国家为世界大政治中角逐之一员，在那无情的角逐中，不容许我们割据自私。且惟其军队国家化，始有宪政可谈，始有法治可讲，军队而不国家化，则朝立宪法，而暮即可毁坏。所谓人权保障——宪政的精髓——在军队私人化下，不过是一种空谈。国人羡于英法等国的法治宪政，而不知他们的宪政，正是建筑于军队国家化的大前提下。我们惟有采取大政治的观点，然后可以入内政于"轨道"。

在这两种政治观中，我们不存鄙夷心。两种都有其历史及环境的远因，各有其时代适应点。我们不过是认清这二十世纪时代之精义，以为在一战国时代，大政治的观点，比较适合我们现在的需要。而且我们千余年习于小政治或升官图的政治看法，提出大政治的政治观之时候到了。现在抗战已经有两年半，我们是不是可以学到些战的意识，而坚固地树立一个外向的政治观？（完）

《战国策》第一期，1940年4月1日。

蜚腾之死

尹及[①]先生酷爱希腊神话，欲以公诸国人，在本刊中当源源介绍，或真或仿，见仁见智，读者随意可也。

——编者[②]

文学之中寓意深长而说得具体的莫若希腊神话，它能把人生的日常称"微妙"两字。

譬如说，中国有财神，希腊也有财神。中国的财神是圆面、长髯、斜眼，活像一个"老爸爸"！希腊的财神却不同了。普鲁塔斯（Plutus）是一个瞎子，因为宙斯（Zeus）——神中之王——怕他分配财富太合理了，把他的眼睛挖去。所以现在世界上人的财富与他们的道德才智，并不称配。有钱的未必有才有德，有才有德的未必有钱，这完全因为希腊的财神不过是一个瞎子！这意义多么深长！这故事多么可以替天下寒士扬眉吐气！

希腊神话中的天神们，没有一点道学先生的派头。性爱与战争几是他们的家常便饭。阿灵比亚——神宫——山上，没有一个好好先生。宙斯的左右，不是乡愿，不是妃嫔，不是信徒，不是内亲外戚，而是"力"（Krotas）与"势"（Bia）！

现在让我来说一个富有趣味的蜚腾故事。蜚腾（Phaeton）是太阳［神］蜚勃斯

① 何永佶笔名。——编者注

② 此处为《战国策》第一期编者。

(Phaebus) 与下凡的女人相私而生的儿子。蜚腾不自以私生子为耻，而反以太阳神之子为荣。但他的朋友不信他，嘲笑他，他愤而上天去找他的父亲。

到天上他看见了他父亲的美丽，庄严，伟大的太阳车，金的轴，银的辐，珍珠宝玉砌成的轭，熊熊的大火在车里烧着，四匹勇壮强大的马，口喷火焰，昂首飞蹄，预备把它从东方拉到西方。年青，好奇，大胆的蜚腾，起了跃跃欲试之心，便来到他父亲面前。那蜚勃斯身穿鲜红大袍，头戴金光四射的冠，是一位伟大的天神。左右列侍的有春、夏、秋、冬和日、月、星辰。蜚腾问太阳神是否真是他的父亲。蜚勃斯看是他的儿子，当场作肯定的回答，一面以地狱里的死河为誓，一面还答应蜚腾任何的要求，以证明他说话的诚意。那胆大的少年遂要求驾一次太阳车。

"你这个要求令我觉得我刚才出言鲁莽了。"蜚勃斯这样说，"除了这一件——极端危险的事——你不能要求另一件吗？傻孩子，你不知道这太阳车的四匹马，除了我，无论何神何人都不能驾驭的吗？你不知道这道儿非常的险阻艰难，绝不是康庄大路吗？你难道不知道我由东方上中天时望着眼底大海大陆，连我自己也带点惊悸吗？你不见我直下西方迎接我的爱人——海的女神——的时候，我的车如何翻腾，我的身如何如何上重下轻，仿佛要掉下去吗？你不看见这天幕是不断的旋转，这些天柱是一条一条地冲进你的面前阻碍你的去路吗？傻孩子，你有什么驾车的经验？你敢儿戏神器，玩弄他们的生命之秘火，以取快你大胆的一时吗？不，亲爱的孩子，我虽然是天神之一：但既然答应不能不做，因为天神们也必须践行他们的诺言。不过我求你，诚求你，哀求你，撤回你这个要求，免［得］闯出滔天的大祸！"

但这傻孩子偏不肯撤回他的要求。

"好！来吧！"太阳神这样丧气的说，"听着！你要紧握住马缰，专心致志于你的驾驶，然后才能有成。你拣的路途要不上不下，不左不右，不高不低，不广不窄。最稳当的路途乃是中央。因为太右了，要碰着旋转着的天柱：太左了，要冲到神圣的天坛。太高了，要烧灼了苍穹；太低了，要毁灭了大地。紧记着！不要太靠南，也不要太靠北，避开五道带，而紧靠着三道带。去吧！我把一切托付于命运之神，明知这一次傻事是无好结果！"

蜚腾欣喜地跨上太阳车，黎明女神为他拴好马缰，时间女神为他安好轮子，月女神为他打开殿门。看呀！那四匹曳车的马，口吐着火焰，傲然昂首，声震天空，雪白的蹄不耐烦的在门眼上踏着踢着，他们的两肋的双翼（因为这四匹马是有翼的）振鼓作欲飞得神气！它们冲出去，踏着大块细块的青云，一直往中天飞去，追过了比它们先出的东风，无情地无畏地狂奔着。蜚腾究不如他父亲的老练，重量亦不及太阳神。那四匹马觉得车身轻了不少，缰绳也不若往日的紧张。没有多少时候，那车子有如一只巨舰，失了压重物和握柁的老柁公，在险恶的波涛中颠踬，翻腾，飘荡。离开了平日惯走的道，横冲直撞的乱跑，斜驰出中央，走近极北，把多年蛰伏在北冰洋的蛇都惊醒了，通通跑到南方去：所以到如今严冬来临，这些蛇还未失掉从前在北极冬眠的旧习惯。

蜚腾不看尤可，望下一看，乃见大地深深的摆在下边，他双膝不由自主的发抖。眼睛已被熊熊的火光弄花，双手已被缰绳擦破。回顾后面的东方，遥远无际；望着前面的西方，又如大海茫茫。前后左右，满布着可怕的猛兽。天蝎伸出双爪来捉他，喷出毒汁来射他，火抽似的毒针的尾从下而上地来打他。他慌了；但一转念，危险虽大，而“太阳神的儿子”之荣誉，不能不维持，好容易到了天上，获得了父亲的允许，千辛万苦，才取得肉体凡人第一次驾驶太阳车的机缘，焉有“临阵退缩”的道理？不，还是前进，虽把自己和这世界毁灭了亦所不惜！

愈向前奔，那些马愈漫无目的。有时一直飞到天顶，有时翻跟斗落近大地，把大地都燃烧了。汪洋的大河片刻中化为涓滴毫无的涸底，绿油油的花草变成黑灰。深茂茂的树林，烧得熊熊热热，变作后人拾用的煤块。繁华伟大的城市，转瞬化成灰烬。非洲的人们被巨火煨烤，立刻变成黑人。据说沙哈拉沙漠就是因太阳走得太近而烧成的。埃及的尼罗河，因为怕那车的热，退缩到大地的尽头，车去后始每年出来泛滥一次，但退缩的习惯，到现在还未除掉。海神也躲到海之深处，喃喃地诅咒驾车的人。海牛被灼死，至今尸浮海面，白肚上翻。海中女神们，披发满肩，痛苦水源的苦涩。

大地忍不住热，在黑烟中透不出气，勉强挣扎而起，以手遮额，审量这世界如何拯救。她祷告天神，求他们放出去他们的至宝——雷霆——来打击这个火攻世界的狂夫。她以尊严的母性口吻对天谴责道：“我年年繁殖万物，而烧死乃是我的报酬！我年年从头到尾忍受农夫犁锄的割裂，忍受鸡豚狗畜的污粪，忍受人类的残踏，蹂躏，供作他们的战场；我生五谷来充他们的饥，我流乳汁——水——来解他们的渴！天神呀！难道烧死的孽运就是你们所以对待万物之母，有如负心郎所以对待曾经为他生了儿子的旧情人一般吗？”

天神们充耳不闻，不动声色。

于是大地重鼓她的如簧之舌，说道：“天神们呀！你们虽住在阿灵比亚山上，但在这狂妄沸腾的世界中，也不见得十分安全。看呀！那无法无道的蜚腾，他所驾驶的车就快火烧到你们的乐土，那时你们的极乐世界也会变成火山。背托天穹的亚特拉士（Atlas）也会因避热而逃走，让天柱断折，让天幕压到你们的头上。你们虽然是不死者，到时候也恐怕得与凡人一般的遭受毁灭，与一切的一切同返到原始的混沌世界！”

天神们听了这个理由，肃然动容。

于是宙斯跨上天顶，掣出万钧的雷霆，瞄准着驾车的蜚腾，霹雳一声打将过去。蜚腾就像是一个流星，从车子里跌下来，跌呀！跌呀！他着了火的长发在空间中画了一条长而美丽的金弧线，直掉入大海。海水为之沸腾。三翻之后，一具玉尸便浮在浪上。海中仙女们绕尸而泣，为之惊讶，为之私慕，为之惋惜。他们共携着他的壮伟美丽的躯干埋葬在海的深处，并为之歌曰：

这里躺着蜚腾，
他的狂妄与失败，
真是伟大，
但他的勇敢更是无伦！

《战国策》第一期，1940年4月1日。

论大政治

中华民族非要把他们传统的政治意识彻底改换方向，抛弃小政治（Low Politics）而进展到大政治（High Politics），然后才有出路。

譬之一条金鱼，当其在金鱼缸时，优哉游哉，以为天下是一个信义和平的世界，那里面没有鲨鲸鼋鳖，而只有青草白石的金鱼缸也的确是这样的世界。那条金鱼在这安乐窝的金鱼缸里住了几千年，忽然被抛入大海，那里有的是海虎、海豹、海狮、海豺、海狼、海蛇、海蝎，个个垂涎它的金色的美，“象以齿而焚身”，这条金鱼也许就因自己的美丽而遭不测。把“中国”二字代替“金鱼”，就可知我们处境之危。国人尤以为现在仍是“金鱼缸”的政治，而不知早已变为“大海洋”的政治了。

英文有 High Politics 一语，又有所谓 Power Politics，德文有 Real politik 一词，中文就没有这类的词，弄到我们须创造“大政治”的新名词，还以为不甚符本意。介绍西洋政治思想者翻译卢梭有的，翻译弥尔有的，翻译孟德斯鸠有的，竟无人翻译 Real politik 的鼻祖马奇维里（Machiavelli）！而实际上我们内部的政治，是反马奇维里吗？这又不是，内部政治到十足马奇维里派，而关于外部政治却自信“世界道义”，国联盟约、非战公约、九国公约，那一捆的废纸！

一个民族国家，犹如生物界的一个有机体一样，他要随时随地适应环境，客观的环境条件在先，而谋所以适应环境的内部组织在后。前者是注定（given），而后者是跟随。我们不能转移前者，但可变换后者。我国百年来与国际政治，尤其是欧洲的政治一起一落，息息攸关，国内几乎无一件政治的大动荡不是由欧洲政治寒暑表升降而来的。欲彻底明了我国国内的政治，非先明了国际政治不可。现在中国的历史书所犯的最大毛病，就是这一点，他们记载事实，既详且尽，缕述情景，亦颇扼要，但里面所砌叠的一大堆人名，一大堆年月，一大群事实，因无外在的背境，故只觉得不过是人名年月与事实的堆砌，看不见内外因子交互错综的关系。这不但在中国近代史为然，一向都是如此。中国的廿四史，无疑的亦有谈及边疆，然以边疆为中国内政决定之最大因素之一，再从这观点写中国历史的，除林同济先生外，我就不知有第二人。一个国家当然是综合各方包罗万有的，内在的因素当然很多，然外在的因素也不算少，我们注意内在（Internality）太甚，稍微注意国家的外在（Externality）恐怕也是应该罢！

我们在这里提倡国家的“外在说”，并不因外在是真理的全部，而是因为外在有可惊的决定力。我们在国内，凭你如何的“埋头苦干”，如何的“卧薪尝胆”，如何提倡“教育救国”、“实业救国”、甚至“读书救国”、“饿饭救国”等，哪怕你办了五十个定县，一百个兰溪，五百个模范省（?），一千个市中心，五千个美轮美奂的大学校舍，几千里外国际政治巨流之源稍漏一点，我们苦心经营耗了盈兆盈亿而办的事业，眼见在我们“傻子乐国”的睡梦中，被无情的洪流冲去！

已往国际局势给我们极好的翻身机会不少，而我们不知利用，在勾心斗角地玩小政治的当儿，让一个一个的好机会错过。因为不明现实的外在，已经进至大海洋，而仍沿用金鱼缸里的外交陈套，如李鸿章用小政治“远交近攻”法子去玩大政治，焉有不陨越之理？“远交近交”由强者而欲并吞五内的秦国运用则可，由武备后人挂牌弱者的现代中国运用，则只有自招失败。

政治也有好几种，犹如工程有好几种，能做土木工程的未必能做电气工程。同样，能玩小政治的未必会玩大政治，甚至如英国首相狄思莱尼所说，适用于下议院的未必适用于上议院。“荷包”、“升官图”的政治把戏，绝对不适用于目前无情的大政治的角逐。要在这角逐中谋胜利，最先要有大政治的意识，潜伏在脑子后面，于是无论有什么事发生，这桩事就会立刻呈上那意识审查、检阅、批准。最要的是那意识，次要的才是智识。国内外交书籍、刊物、报告，汗牛充栋，不能就因此遂谓我国人有大政治意识，虽这种意识可由外交的教育及出版物养成。

孙中山先生不愧为近代中国少见的大政治意识的政治家。那时他的外交顾问也比一般高明。别的不说，单说他的联俄政策，他主张联俄，并不是因为他倾向共产，也不是因为他有所爱于史太林，也许但不是主要地因为那时俄国帮他革命。他的联俄政策，大部分因为受了“大政治意识”所驱使，他要在东亚建立一个他所谓“自由平等”的大中国，但东亚已经有了一个大国——就是日本——书上说的好，“两雄不并立”，“卧榻之旁，岂容他人鼾睡？”日本岂有容许我们从容见过的道理？在日本强威的阴影下，建立可以与她抗衡的大中国是一件未做而已先败的事。从大政治意识者的眼光看来，我们愈“埋头苦干”，愈努力统一，愈“现代化”，则日本人打击我们之心愈急。这就是为什么西安事变一发生，绥远伪军的进攻马上停止，而西安事变解决后，过了不久就有卢沟桥事变的道理。这不是说我们不应该“埋头苦干”，而是说除了这个内部小政治努力之外，还必须有点外边的大政治工作：这个工作，孙中山先生主张“联俄”。他知俄国是一个跨欧亚的大国，称霸的范围不是如日本的限于亚洲，故不会妒忌我们的建国大业。我们如联她，而使世界周知，日本必有所顾忌，虽眼巴巴看着我们建国，无奈我们有一大熊做保镖，日本虽心里极想动手打击中国，也不能不三思而后行，就有了也无必胜的信心，在她的愤懑、妒忌、迟疑、犹豫、不决、手举起来而未下的当儿，我们的建国成功了。这就是孙中山先生的真意：联俄为的是建国，为的是对付日本，是玩大政治必须走的一步伐。他虽不反对联英联美，但亦未明言要联她们，因为她们太遥了，“远水救不了近火”，联她们虽可多些朋友，然于对付日本的大目的无补。而且他也深知以中国这样的弱国，“远交近攻”的把戏玩不得。与我们接壤，能帮我们对付日本的，只有俄国。

孙先生也深知俄国那时肯帮我们，不是因为她有所爱于中国，也不是因为那时中国有共产党，而是因为那时中俄两国的利益，刚巧一致。那时俄国革命未久，受所谓以英国为头的“帝国主义者的包围”，俄国欲攻破这个包围，乃以迅雷不及掩耳的手段与德国签订罗伯诺条约，巩固西陲，然又以迅雷不及掩耳的办法来到远东，在中国设法冲破帝国主义者的包围线。这就是那时为什么国民政府的外交处处与英作对，基本原因在欧洲而不在中国。

后来因为种种原因，内部的矛盾和外部的压迫，我们失掉了俄国的友谊，日本看我们孤立无援，故动而无恐。在我们国家未统一前，她很可以按兵不动，坐视我们自相残杀。但我们统一后，她的态度就不同了。有人说，那时的“共党捣乱”，使我国无法联俄。从大政治观点看来，这句话错了。国与国的联合，不在各国国内的政党怎样，而在该两国在国际环境内的利益是否一致。你看共党跋扈“捣乱”，还有甚于德国吗？捕杀、监禁、流徙共党的残酷，还有甚于希特拉的吗？而史太林居然也肯与希特拉携手。可见在德国，“剿共”为一事，而“联俄”又为一事，二事在德国，虽貌似矛盾而实可并行不悖。在德国如是，在我国无理由不如是。只要于她有利，我们“容共”也好，“剿共”也好，俄国总肯与中国联［合］。在一九二三年至一九二七年国共合作期间，也不是没有过“剿共”的事——如西山会议，如中山舰事件——而俄国那时还吞声忍气与我们联。可见即在所谓“剿共”期间，挟俄自重以对日本，也不是毫不可能的事。

后来继中东路事件，九一八来临了。一时上下朝野，无不感觉孤立。与俄国交，于一九三二年鲁鲁草草恢复了，但还未到可以挟之以对抗日本的境地。从一九三一至一九三七年，国人希望俄国出兵以打日本者，真可谓“望眼欲穿”了。无何张鼓峰事件发生了，我们无不色然而喜，以为苏俄果真出兵了，结果又是一大失望。其实从大政治的观点看来，毫不奇怪。那时的俄国与北伐时的俄国根本两样。自一九二六年德国加入罗加诺集团投入英法怀抱，并且不久拒绝继续柏林条约后，欧洲情势大变，俄国与德国交恶，西陲不复安全。在俄德交恶之场合下，俄国在远东是不会出兵的，即出兵也随出随止。现在俄德又交好，如无近东较迫切的因素，在理我国与俄不是无接近的可能，视乎我们的外交手段怎么样。

只有从大政治的观点看，始能看出国际间的无情逻辑，国与国间的悲欢离合，始有线路可找。昧乎此者，徒把一切计划建筑在希望之上，希望有时成真，但有时亦变假。譬如前年华南之役，广州之以九日失陷，就是因为建筑在一后成泡影的希望之上。我们那时以为英国在华南势力深厚，日本人未必敢来，同时宇垣曾表示尊重英国在华南之利益，张伯伦亦暗示祝福华南，我们信以为真，有恃无恐，把华南有力的军队调走，于是吃了不明大政治的大亏。那时我们如稍留心欧洲局势，当知英国在欧洲被日本的同盟德国拉着后腿，心有余而力不足，即欲防止日本侵打华南，也无此能力去做。于是明兴会议一结束，日本人马上在华南登陆。从小政治看来，这不过是日本人之又一横暴举动，但从大政治看来，是密切的不可分离的与欧洲有关。从广州到明兴的途中，布满了男女老幼的尸骸、被强奸的妇人、被刀刺的孺子！

现在到底什么是我们的外交国策？世界各国，稍为有出息的，无不有她特有而他国所无的国策。如德国的独霸欧洲大陆、意大利的独霸地中海、英国的维持帝国航线、法国的防止德国西侵、美国的门罗主义等。英国的国策与法国的不一样，而法国的与美国的又不一样，美国的与德意俄的更不一样。我们的呢？我在书本里报章里谈话里，费了九牛二虎之力，才找出两句话——多树友，少树敌——据云是我们现在的外交国策。但试问世界哪一国不是想“多树友，少树敌”，这种老生常谈，国国所同具的空套，安能做我们立国的大策？在金鱼缸里时人人都是友，在大海洋时个个都是敌，因为个个都垂涎着金鱼的金色美，金鱼而欲生存，第一看它自己的力量，第二也看它的由海洋大政治意识所指使的纵横连合。

我们什么时候才能从金鱼缸进至大海洋，从小政治进至大政治？

《战国策》第二期，1940年4月15日。

偷天火者

宙斯——神中之王——开辟了宇宙之后，乃命泰顿巨人（Titan）普罗密修斯（Promtheus）去造人，他以泥和水，造了一男一女。但他能给人类什么呢？他的兄弟爱贝密修士（Eptmethus）做了虫、鱼、鸟、兽，差不多把材料用尽了。爱氏给虫类以善变之术，给鱼类以善游，给鸟类以善飞，给兽类以善走。给这个以犀利杀敌的爪牙，给那个以巧妙护身的甲觳。但人是一无所有，赤条条地矗立于大地上，连御寒的长毛都没有，鱼虫鸟兽没有一个不能欺负他的。普罗密修斯乃给人以特出的智慧和直立的躯体，解放前面的两足，使之可以玩弄和制造工具。造人的工作完毕，人们仍不过是泥水的混合，有如庙里的泥菩萨，缺乏生命。普罗密修斯寻思无计。

于是他开始研究天神生命之秘密，发现了他们不可思议的力量，乃是从火而来；天神们力的表现，无一件不与火有关。但是如何取得呢？天神们绝不会给予，因为这是他们的至宝，不能与下凡同享的。要去偷吗？则那里禁卫森严，插翅也难飞进去。要去抢吗？则更无希望，因为谁能敌对天神呢？

普罗密修斯酷爱人类，因为他们是他创造的，他宁愿万死，把他们弄活。天上的火既不能求，也不能抢，只有去偷。他备了许多葡萄美酒预先送到天上并在神后嘉娜（Hera）面前大致殷勤。宙斯得到美酒，欢喜极了，大宴诸神，杯盘狼藉，吃了个酩酊大醉。普罗密修斯的机会到了。他不声不响地偷进了神宫，直入大殿里面藏火的所在。看守的分润了天神们的宴馀，也醉倒在地下。大胆的泰顿人于是一无所阻地偷了一点天上的秘火，他把这至宝藏在芦管里战战栗栗地出了天宫，神不知鬼不觉回到凡界。

以泥与水做的人，得了天神们的秘火，立刻活了。他们开始有生命，能说、能走、能思想、能生育，他们复把剩余一点的火锻制工具，于是耕田的犁锄、烹饪的炉灶、斗争的刀剑，陆续出现于世界。

宙斯知道了，赫然惊怒。立刻传普罗密修斯来审问。

“大胆的泰顿！”天神怒不可遏地吼道，“你知道你犯的什么罪吗？这里的火是天神们依靠以为生的，除了他们之外，无论谁都不能乱动。就是天神要动——如打铁的海蜚斯托士（Haephoestus）——也得先问过我。你是何物，胆敢私自偷取！这例一开，你也偷，他也偷，天上哪里还有火？我们天神怎能活下去？你得罪是死！”

“天神之主呀！”普罗密修斯战兢地说道，“臣知罪该万死，千刀万割亦不后悔。我死后求陛下可怜那一对凡界的男女，千万照顾照顾。他们是无辜的，不要毁灭他们。让我来替他们受苦，以补我从创造欲得来的快乐。陛下创有天地，睥睨一切，在下不敢效颦。惟在创造欲冲动之下，手痒脚痒，且有陛下神令，遂不能不为创造人类而使他们活的小尝试。望陛下悯其愚诚，可怜他们，让他们活在世上。”

神后嘉娜素来喜欢这泰顿人，且因他常献殷勤，乃与宙斯讲情，把死罪减轻为终身监禁。

那监狱是很特别的。它无墙无壁，无狱卒，无枷锁。宙斯命令天神中之铁匠海蜚斯托士（Heaphoestus）特制一条永固的锁链，把偷火者拴在高加索山顶上一大岩石，让火烈的太阳晒他，无情的雨雹来打他，狂暴的北风来刮他。这还不止，宙斯命令食肉的大鹰在白天用铁嘴啄食他的心肝，但普罗密修斯是一个泰顿巨人，心肝在夜里又长回原状，第二天大鹰又来啄食，使他心肝永无完整之时，受苦也永无停止之日！

如是者不知几何年代，普罗密修斯为人类受苦也够了，但毫无怨言。后来诗人雪莱（Shelley）为之歌曰：

他受的是希望以为无穷尽的痛苦，
但他能饶恕比夜与死还坏的陷害。
他胆敢与似无所不能的权力挑战，
但他能忍，能爱，且能经历到希望自身，
能从死灰里创造了生命。
他不改变，也不动摇，更不后悔：
这，泰顿人呀！才是伟大，欢喜，和自由，
惟有这才是生命，快乐，胜利，和称帝。

过了许多年代，太阳还是照在普罗密修斯在那里替人类受苦。有一天，大力士赫克利（Hercules）在那里经过，对于他起了伟大的怜悯，乃一箭把那啄心肝的鹰射死，并将受苦受难的泰顿人解放出来。恰好有一不死的“马人”（Centant）名叫企龙（Cbnron）的因受箭伤苦到情愿死去，天上不死者的神们有一个缺。这时宙斯的怒也息了，并佩服普罗密修斯的勇敢、仁爱和吃苦，便把他补上。

《战国策》第二期，1940 年 4 月 15 日。

反对与反叛——答联大某生

前几年，讨论独裁民主的比较，甚为热闹，可惜辩来辩去，还［是］未把这二种政制的涵义弄清楚，废了不少的纸张和墨水，这只是咬文嚼字之争。现值宪政问题又开始，国民大会又快开了，这问题也许有重提的必要。

要知道什么是独裁和民主，先要分开“国体”和“政体”。国体分两种，国之元首为世袭的君主者，叫君主制。如不是世袭而是元首选举来的，无论叫做“总统”也好，“主席”也好，则为“共和制”。

政体也有两种：国内容许多党存在，一党掌握政权时，其他各党在法律上处于合法的“反对党”地位的叫做“民主”。反之，如国内只许一党存在，以“一党专政”，其他各党不处于合法的“反对”（Opposition）地位而是处于不合法的“反叛”（Rebellion）地位的，叫做“独裁”。社会上有一种极流行极普遍的误解，以为独裁政治就是“独夫政治”（One-man Rule）；独裁政治可以变成“独夫政治”，但不一定。事实上，宇宙中只有上帝的统治才是真正独夫政治。你看上帝大权独揽，今天创造这个，明天创造那个，造完了踌躇满志“孤芳自赏”地说，“这个好！”人类最专利的独裁者，也须遇事征求他顾问同僚的意见，不是一个人独断独行。在世界上最独裁的国家内，如德意俄，也不是以希特拉、慕索里尼、史太林个人名义来发号施令的，他们三人的命令亦须经过他们党内最高的决定机关，如苏联共产党的政治局（Politbureau），然后才发生法律上的效力。事实上，因为位高望重，他们三人的话多半通过；但要紧点是：他们的话一定得通过党内最高取决机关，才能发生效力。不然就与普通人的差不多。常人以为史太林说什么就是什么，不用经过同僚的咨询的，恐怕离事实太远。

显然地，国体相同的不一定就同政体，而政体相同的不一定就同国体。譬如说，英国与意大利，国体同为君主，而政体则一是民主而一是独裁；英国与美国政体同为民主，而国体则一是君主而一是共和。至于意大利与美国，则国体与政体都不相同。

我们习于民主政体，恬然不以为奇，而不知道这种政体是经过许多奋斗许多流血而得来的。“天无二日，民无二主”，“两雄不并立”，“卧榻之旁，岂容他人鼾睡”的思想，中外皆然。在朝的党最先最大的人物，就是如何维持它的政权，于是在野的党之批评、弹劾、反对，皆被认为反叛，反叛就格杀无论；而这些本来只欲批评反对而不欲反叛的在野党，因为在朝党的“格杀勿论”态度，又不得不走“反叛”之一途，反叛如不能公开，则只有暗中活动。等到这本来是“反叛”党得势而变为在朝党时，它又以己之所受过的对付他党，他党又不得不如它从前一样退处于“反叛”的地位。如是循环不已，你革我之命而他又革你之命而别人又革他之命……天下扰攘，永无宁日！

忧时爱国之士，以为个中毛病在党派分歧，于是大家诅咒派别，而讴歌协同，总希望国家内只有一个政党，一个意见。但这是绝对办不到的事，就［算］办得到也不是好事；试问如只有一样思想，一个系统，这世界多么没意［思］！这人生值得过活，就是因为除了这种菜式外还有别种菜式，这个系统外还有别个系统，这样思想外，还有别样思想。这世界如不是五花十色，有正有反，有阴有阳，有正统又有所谓“异端”，那真不值得留恋！

但世界是多面的。人们生活不同，思想自异，而行动亦随之而异。广大群众中，人人的处境不同，怎能希望思想意见的一致？要这世界没有“异端”，是绝对不可能的。“异端”原不过正统派主观的感觉，今日的“异端”明日可变为正统，而别的变为“异端”。正统派当然天天想扑杀“异端”，而“异端”为自卫计，又不得不想法扑杀正统，扑杀而成为王，不成则为寇，中国外国数千年的历史都不出这几个话的演义。

最先正式承认意见参差，党派分歧是对的，是不可避免的而想法子使正反、朝野、正统与“异端”同时合法存在者，是英国：这是政治史上之大进步。十八世纪前，无论是英国或中国，无论是欧洲或亚洲，正统与“异端”都是互相扑杀，“成则为王败则为贼”，不是你死就是我活。这把戏玩多了，则吃亏的只有平民，只有国家。为保持国家元气于不伤，则莫如包容“异端”，使它变为公开的“反对”，而不流为地下的“反叛”以陷国家于循环革命，使反对者的胸中抑郁、愤懑和批评，在“打开窗子说亮话”的当儿，尽量地如鲠在喉的吐出。在吐出的时候，国家不但不惩罚它、扑杀它，而且养它、容纳它，每月给它薪水，使它成为“皇帝陛下忠诚的反对者”！（His Majesty's Loyal Opposition）这反对者就靠“反对”来吃饭！他在法律上的地位就与在朝者一样！

这点不但我们中国人不懂，即德意人亦不懂。在希特拉统治下的德人（或慕索里尼统治下的意大利人），不懂英国人为什么不枪毙那些“摇唇鼓舌、批评政府”的人，而反给他们丰厚的薪水！在德国胆敢对希特拉哼一声的都要枪毙，而在英国，天天咒骂张伯伦的，反身居国会议员的要职，每月支国家收入之一部，咒骂时还大出风头！

这就是民主独裁之分；这种分别不限于政制，而根本是一种精神、心理、思想上之分。在独裁的国家内，人们习惯于视一切的“反对”为“反叛”，故凡口出半个字批评政府的，都认为是“反动”，该枪毙。在民主的国家内，人们习惯于“反对”与“反叛”之截然不同，目的一致的而意见尽可不一致，意见一致的而办法尽可不一致。故批评咒骂张伯伦的只被认为反对在朝者的政策和办法，而不被认为反叛国家，不反叛国家的尽可保持其合法的地位。

英国不但不扑杀反对者，而且希望反对者增强。英国政治中有一句名言：“英国政府，如无强有力的反对者，即不能运行。”这句话不但我们中国人不懂，即德意人亦不懂，但其中有很深的真理，可举一日常极普通的事来证明。譬如走路，每步所遇到的都是地面的反对、摩擦和阻力（Friction）。有时我们想，如无这种摩擦和阻力，岂不是可“一泻千里”，如溜冰一样吗？但我们如细想，我们能够走路，就是因为有地面的“反对”和阻力，如没有就恐如冰块上一步要摔一个筋斗。走路这件事之能成功，就是因为有地面的“反对”。同样，英国政府之能运行其权力，就是因为国会内有反对党，反对党愈强，政府党愈兴奋；反对党如弱，政府党反觉得没劲儿。英国政治史最灿烂时期是政府党与反对党俱是强有力而势均力敌的时期，如狄思叶尼和格兰士敦时期。政府党因有反对党而自勉自淬自戒，反对党因由政府党而自勉自谋自助。对方愈强有力，而自勉自助之势力愈大。如观察英国政府之有能无能，可看她的反对党是否高明。近年来英国反对党内无翘楚的角色，故其政府党亦不如十九世纪时在朝者之有为、有声、有色。

反对党既被纳入为英国政府少不得的一部分，它尽管批评政府而绝对不是“反叛者”，国内革命流血之事遂日渐减少，这就是为什么英国从一六八八年没有过革命的道理。(当然也有海洋发展的原因，但不在本文讨论范围之内。) 反对党既与政府党处同样的法律地位，当然也有希望有一天自己可做政府党，而把现在的政府党压为将来的反对党。这政府党与反对党的一起一落，一朝一野的决定者为英国的选民 (Electorate)。所用的方法不是革命的杀头方法，而是选举的数头 (Counting heads) 方法。这种方法是民主政治的特征，在政党竞争时才用得着。故民主政治必是政党政治。政党的分歧，从前以为是罪恶，而近代不但不以为罪恶，而反认为政治机构不可少的一部分。谈近代政治者不能不谈政党。有些书如现在大学用的加勒 (Garner) 所著的政府学，其所以要不得，就是因为书内无专谈政党的一章。

欧战后的几年，是民主政治的时代。那时自命为时髦的国家，无不把民主政治、政党政治的一套，载诸宪章。但近年来就不同了。欧洲不少国家，一个一个的抛弃民主，采用独裁，实行一党专政。这其中原因复杂的很，不是这篇短文所能说得完。为这篇文讨论方便起见，我们可以略举两个理由：(一) 欧陆抛弃民主采用独裁的国家，起先大都过于时髦实行比例选举制，结果是党派多如鲫，弄到议会内没有一派拥有多数，而内阁遂因议会内无多数之拥护，随起随落，议会政治乃变成一个笑话。急于看成绩者，遂憎恶议会政治，认为是一种空谈政治，大刀阔斧地把议会解散，内阁总理以出告示方法执行政务。这例一开，如德国的白鲁宁 (Bruning) 与奥国的多尔福斯 (Doifss)，野心独裁者如希特拉之流，遂如风卷残叶地把民主政治扫除几乎净尽。(二) 采用独裁制的国家，大半是想从战争中找出路的国家而“战危事也”，不是用今天开会明天开会的法子而可以成功的，势不能不把大权集于一个中心点。

那么，这是不是表示：独裁制一定优于民主制？那也得看。各有各的好处，各有各的坏处。民主制的坏处，是在危急存亡的时候，议院大人们还在那里你一句他一句的空谈，白费时间，这恐怕就是欧陆许多国家抛弃民主制采用独裁的大因，为的是独裁制办事敏捷，成绩易见。但我们千万不要忘记，这独裁者须有一正确的政策，如他的政策是错误的，则不须多少时间，国家就会完结了：抱有错误政策的独裁者，犹如喝醉酒的汽车侠，眼看那国家与汽车一样，不旋踵而陨越。而因为国家是独裁制，想改变这错误政策，除革命之外，非常之难，因为独裁制不容许数头，更无新旧轮流执政的合法手段。就革命也非常之难，因为独裁国家内无言论出版及集会之自由，进行革命处处遇到枪毙的危险。

民主制就不同：那里的错误政策比较的容易更改，因为民主制内的党派起落，是依选民的意旨。选民中有些是死右，有些是死左，无论天掉下来他们还是投票于右于左的。但有一大部分选民非左非右，可左可右，看时势的需要。这些人可叫做“流动的选民”，他们普通的常识，可作更换政策的保险，既不是死右或死左，如这些人认为有更换政策更换人物的必要，他们的票可表现出民众的意志。故在民主制内，一个错误政策，比较在独裁制内容易更改得多，国家亦不如在独裁制下那样危险。

显然地，这两种政制中没有一种是绝对的好，也没有一种是绝对的坏，这完全看地方时代的情形而定。主张独裁的须注意以下数点：（一）政策须绝对的正确，稍有疑问，都应该广征博引，以期把它修正至于完善。（二）世界上最重要的独裁国家，其独裁者的地位多半是由合法的手段取得来的，如希特拉、慕索里尼，不是流血革命来的。要流血革命，如俄国，也未尝不可，但事先须审量国际大政治情形，会不会任这个国家流血革命而不收渔人之利。（三）国家之地理形势，能否使独裁持久。譬如一个国家若有强邻压境及外人租界等，则扑杀异己之工作倍难，而独裁之持久性亦因而缩短。主张民主者须注意以下几点：（一）选举是真的，而不是虚有其名，流为一种“圈定”。（二）国内有可供新陈代谢之用的政党，轮流执掌政权。（三）政党须完全抛弃军权，把军队中立化、国家化。从政者须如在英法美国家内，辞却一切军权。

“这国家本是本党造的，所以这国家应为本党某某主义的什么国”，这是道地的独裁者口吻。这种逻辑可以演绎为“国家私有”。独裁者之个人也可以说：“这国家是我造的，所以这国家应为我个人私有”。希特拉就是这样想头，从前路易十四所说的“朕即国家”也是这个意思：这就与手创中华民国而仍大呼“天下为公”孙中山先生迥异其处了。

《战国策》第三期，1940年5月1日。

富与贵

政治千头万绪，看起来复杂得很。今人谈起中国政治，动辄摇头，知道有病，但不知道什么病。其实政治不比天文学繁复，若天文学家能在日月星辰的大千世界里找出些法则，那么真正的政治学者也应该能在人事的杂乱无章中找出些纹路。

“富”“贵”二字，提起来多半在一起，用起来多半也在一起。譬如孔子说：“富与贵人之所欲也。”又说：“不义而富且贵，于我如浮云。”孟子笑一妻一妾的齐人曰：“所交者尽富贵也!”俗语所谓“富贵寿巧”、“丁才（富）贵寿”、“生死有命富贵在天”等都证明“富”“贵”二字，在中国人的习惯上、应用上、思想上都不曾分离。

其实弊病就在这里：政治的弊病正在“富”“贵”二字不分开。“富”与“贵”结婚，是一切政治的病源，它们俩所生的子子孙孙，就是“贪污”、“卑鄙”、“无耻”、“混乱”、“倾轧”、“诽谤”，以及其他一切一切的病征。旧约创世纪所称的人类的下落，不自亚当尝园果，乃自“富贵”结婚的日始。

什么是“富”？就是“有钱”、“有财产”，更加经济学点的术语便是“有购买力”。什么是“贵”？就是“地位高”、“有统治权”、“有领导力”。这本来是而且应当是绝对两样的事情，现在几乎变成一样的东西。譬如我们所说“贵族学校”、“贵族生活”、“贵族化”等，实在是“富人学校”、“富人生活”、“富人化”的意思。社会上习惯把这二字通用，实在是张冠李戴。

几千年前希腊有一个哲学家名唤柏拉图（Plato）著了一部书名叫《共和国》，他把国内人民分成几个阶级：统治阶级——即所谓“保护者”，由“政人”与“斗士”合成的——不得私有家庭，不得私有财产。被统治阶级——即所谓工农商——则不然，他们可以有私有产业和家庭。几千年来，很少人懂得柏拉图的真意，连他的学生亚里士多德也批评他的方案。其实柏拉图的提案，其真正意义，是要把“财产”与“政权”绝对分开，换言之，把“富”与“贵”的联系截然斩断。这是政治学上的一大发现，可惜数千年来竟无了解它之人。

柏拉图为什么要在统治阶级里把“富”与“贵”截然分开？因为他知道一个社会里，无论你怎样谈平等、说民主、讲自由，必须有一个“领导和御侮的阶级”，有此则存，无此则亡。柏拉图的阶级不是共产党人所惯说的阶级，这些是“经济的阶级”，即是有钱和无钱的阶级。柏拉图所说的是“功用的阶级”，即是阶级不以“有钱”、“无钱”来分，而是以“做什么事”来分。柏拉图的“领导和御侮的阶级”不是“有钱”的阶级，而是专以统治为业的阶级。换句话说，是“贵”的阶级。

为什么“贵人”须成一个阶级？理由有二：（一）惟其成一阶级始能“策动群力”，始能具有总汇个别单位的力量。（二）领导御侮的事是一件极繁杂的事，不是任何张三李四都能做得好，更不是一朝一夕学得来的。这种本领叫做“统治术”，需要长时间的学习，长年代的传统，长日子的互相讨论、互相磋商。不是一二人之事，随便在街上找一个所谓平民也办不通。成了阶级方能收上述之二大效果。

为什么这个“贵”的阶级，不许它“富”？为什么柏拉图非要“保护者”抛去家庭和放弃私产不可？为什么别的阶级就不用这样做？这就说到政治原理的奥妙了。统治阶级要一致方能收指挥灵活之效。统治权最忌分裂，一有裂痕则国内一切都乱如麻。而什么可使统治权分裂呢？曰：财富。在私有财产制度之下，大部分的争斗，骨子里还是财富之争。譬如军阀之争地盘，实际上还是争地盘的税收。统治权如容许财富羼入，即有分裂的危险。当然这个危险可以用“自制”、“知足”的方法减轻，但只能减轻，而不能免除。思想彻底如数学家一样的柏拉图乃干脆，把财产私有制在统治阶级里废掉。但轮到被统治阶级则不然了。这个阶级不怕分裂，愈分裂而愈易统治。同时这阶级的主要目的不在统治别人而在个别发展。财产私有制正可以促进个别发展，实在无废除之必要。

还有进者，财富的必然结果为物质的高度享受，物质高度享受的结果为统治阶级的“软化”。统治者竞以物质的成就彼此矜耀，如石崇王戎一般，还说得上统治吗？在这里我们可以说统治者的效能与其物质享受的洋货，五光十色，光怪陆离，住的是华懋酒店半岛酒店，吃的是西菜大餐。我国的要人们必定要仿照洋人式生活始成其为“要”。即使要人不“洋”，要人们的太太们呢？她们哪一个不摩登？风气一开，统治阶级乃忘掉其本来的使命而竞以物质的优越为务了。

其实这种现状，在中国历史上本来就数见不鲜。东晋之末，南宋之亡，晚明之寿终正寝，每次中华民族水深火热的时候，也就是他们统治阶级穷奢极侈大兴土木的时候。秦始皇的阿房宫、隋炀帝的陆行舟、慈禧太后的颐和园：在这些大建筑崛起的过程中，工人们的一锤一凿，都是敲着那朝代的丧钟！

原因无他。“富”与“贵”是一个不祥的结合，富贵结婚，“贵”必失其所以为“贵”，“富”也必失其所以为“富”，是“赔了夫人又折兵”的事情。两边都得不到好处。“权力”与“财富”是互相侵蚀互相腐化的东西！

我们中国从前也懂得这一点，所以圣经贤传总充满了劝人知足、劝官清廉的一类话。“临财勿苟得”、“王何必曰利，亦有仁义而已矣”。做一辈子官的最大奖章就是“两袖清风”四字。从前做官的，最怕御史，最怕所谓“清议”，而御史的参劾，十之九都是有关于财富。

中国人的作风，总是多偏于道义的劝告，少向制度化的方向走的。圣贤遗训是中国人的无上法宝。这法宝不能说是完全无灵。无奈人间总有些大奸巨慝，目中不会有“圣贤遗训”的，他们“贵”了，马上也成巨“富”，天下的大乱，也就紧随着而来。西方人的作风多能注意到制度化。柏拉图的提案，使私有财产制度在统治阶级里根本废除，使“富”与“贵”无法结合，使国家的机构成为一种“贵”只做“贵”的事，而“富”只做“富”的事，二者截然不相混合。

有人说“贵”人阶级统治社会，领导群伦，劳苦功高，为什么不让他们“富”，让他们享一点“有钱”的福，这也是公道呀！这种说法，表现的确是我们这个道地富贵不分之社会心理。真正的“贵”人所希求的报酬不是“有钱”，不是物质高度的享受。你曾听见过一个大科学家要求“席前十丈侍妾数百人”的吗？你曾听见过大文学家、大思想家、大宗教家埋怨他们的生活，而希望“富埒公侯”的吗？不，绝对没有。他们的快乐寄托在他们的工作里：他们生命的意义只在这里。他们所希冀的报酬，不是饮食衣服，而是心灵上的安慰。以“富”来酬“贵”，未免太小看真正的贵人了。

今人沾染了从苏俄来的普罗思想，听见“贵族”二字就摇头。其实他们摇头的不是“贵族”而是“富族”，而是“富而不贵”的族。真正的“贵族”，无论哪一个社会都需要的，尤其在危急存亡之秋。一个社会缺少了“贵族”有如一叶扁舟缺乏了舵公。

周公时代颇具有这种真正贵族意味的。那时贵族的教育比一般人的严格得多，社会所期望于他们的也特别厉害。后来这个“贵族”阶级崩溃，一班穷人寒士，如苏秦张仪冯骥陈轸之流，遂凭着三寸不烂之舌，在战国时代应运而起了。

贵族阶级崩溃的原因，中外都一样，（一）“贵”为“富”所侵蚀、软化，浸假不成其为“贵”。（二）贵族阶级过于闭户自封，不添加新血，久而久之乃犯贫血症。柏拉图深知此中道理，对于这两项都有对策：为避免贫血症，他主张从“铜铁为质”的人里不断的挑选“金银为质”的人；为避免“贵”为“富”蚀，他主张把“富”与“贵”皆然分开。这两点真知灼见，都充分证明柏拉图是国家“内在”观下最大的政治思想家，就好像马奇维里是国家“外在”观下最大的政治思想家一样。

《战国策》第四期，1940年5月10日。

“惑”“谜”“慌”“狠”“抖”

按：这篇本名“欧战与中国”，现今改名，是写在希特拉胜利踏入巴黎的时候，（那时我国还与德意维持着正常外交关系）文内所言美国国内的矛盾，当时确系如此，但过了一年多后，日本人在珍珠港的一个炸弹就把美国人的问题解决了。文内之“因为以往欧洲大陆霸王都是因为不能飞渡海峡以陆军征服英海军大本营的不列颠岛而功败垂成，希特拉如欲不败，则不必须挟他的空军协助之强大陆军趋越海峡，强迫英政府或投降或迁都，然后他在大陆上的战果才不致变成幻影”数语，可为现在欧战的注脚。作者早知德意缺乏制海权，能助我者甚少。

欧战已由“包围战”（Siege war）进至于“闪电战”（Lightning war）之阶段，月来德军进展之神速，同盟军抗力之脆弱，有识者数年前虽已微有感觉，惟在一般人的心目中，不能不算是一件“叹观止矣！”的奇事：在这个飘摇动荡变化莫测中，我们中国人也许人人有“孰吉孰凶？何去何从？”之感。

在谈“欧战与中国”的问题前，首先要明了的一点，就是在现在世界各国杂乱如麻的矛盾中，理出一条纹路不是一件容易的事，故凡对此问题做一个干脆简单之“然”或“否”的答复，难保不犯“太简单化”（Oversimplification）的毛病。譬如说：英国最大的仇敌既然是德国，在理应不惜任何代价与从前德国的仇敌，苏俄，相联，而实际则否。苏俄既与德国搭伙，则英国应联苏俄背后的仇敌，即日本，而谋第二次的英日同盟，而英国又忌于美国不敢走这一步。美国既因阶级意识及其他种种关系厌恶苏俄，在理也应该讨好苏俄背后的仇敌，日本，而实际上美国厌恶日本之程度不下于其对布尔雪维克党的憎恶。美国既厌恶日本，则应出全力帮助中国驱逐倭人于亚洲大陆之外，而实际她不断地售卖给日本军火原料及其他杀人利器，在中国除些红十字会救伤的绷带，及用以买美货几千万元借款外，对我们的帮助只限于些甘言悦语的“同情”。

在这极度矛盾中，我们可说：现在世界国与国之间的矛盾，其主因在美国一国的矛盾。政治上，美国一方面同情英法，巴不得看她们赢，故尽量以军火、粮食、原料供给盟军，此种偏袒推而广之可使之陷于参战，而另一方她又极怕参战，口口声声说 Short of war，即此三个小字，就足以使希特拉肚内作齿冷的微笑！经济上，美国要乘欧洲烧火而发一批横财，最妙的法子莫过于“现购自运”的条款，同时她的确发了不少的财，黄金源源流入新大陆，开从前少见的“战时景气”（war boom）；但美国人也知道，继“战时景气”之后必有“战后的不景气”（war slump），景气愈甚而不景气亦愈惨，所以美国人一方面要发财而一方面又怕发财后不得了，在这个矛盾情绪中他们就举棋不定，要进又想退，要动又动不了！假如美国能去除她的矛盾，树起鲜明的旗帜，要中立就干脆中立，要参战就干脆参战，要助日就索性助日，要援华就索性援华，世界的阵容就清楚得多，国际政治纹路的找寻就比较容易多了。

我们又可以说：美国的“short of war”但非中立之态度，只有使欧局天天恶化至于不可收拾，因为希特拉（和慕索里尼）听见这句三个字的话，知道美国不会动手，就可以放胆干下去，对英法毫不留情。但同时美国满口是同情，满怀是金钱，满船是军火，又令同盟国希冀，猜揣，期待她也许会动手帮忙：假如不是这样，英法对德的态度或许会修改。你看巴黎陷落后，法国总理向美国总统哀求帮忙而罗斯福又于“同情”之外报以“不受军事约束”的答复，法国知道无望，马上就向德投降。“既有今日，何必当初?”美国之误人，美国人初不自知，他们是好心眼，但单是好心眼无济于事。以往美国口嚷而不动手，一看穿了，侵略者便得寸进尺，美国嚷一声而侵略者便进一步，仿佛故意与美国为难，带挑战的口吻说道：“看你怎么办!”中国的事情就是这样急转直下的，现在欧洲局势如出一辙！我们不知今年二月间威尔斯对希特拉说什么话，但有一句我们可以猜出来，那就是“美国不会打”，威氏在三月回美国，希特拉在五月便动手，有如一九三七年哈理佛斯告诉希特拉“英国不会打”而德国就马上动手抢澳大利亚［奥地利］一议。假如哈氏与威氏对德国说硬话，希特拉未必敢动手妄为。

如美国的态度是“惑”，苏俄的态度是“谜”：美国的态度看得出来，苏俄的不容易猜着，但美国的是前后矛盾、言行相违，而苏俄则不声不语，言行一致！苏俄不大说话，但一说话便继之以行动，要求而不遂便动起武，过去她在波兰、芬兰，及波罗的［海］国家，最近在罗马尼亚都是如此，但她对于德国，对于中国，对于现在的西欧战争尚未说鲜明的话，世界亦无从知其真意所在。她既然是言行一致的国家，说了话便须行动，行动未到时期，说话也当然不是时候。什么才是时候呢？我以为才英德相持不下，势均力敌，谁也占不了上风的当儿。而这又是什么时候呢？我以为是希特拉欲飞渡英伦而屡试屡败的时候。因为以往欧洲大陆霸王都是因为不能飞渡海峡而以陆军征服英海军大本营的不列颠岛而功败垂成，希特拉如欲不败，则必须挟他的空军协助之强大陆军超越海峡，强迫英政府或投降或迁都，然后他在大陆上的战果才不致变成幻影。他如能做到此点，则苏俄方企图分割死去的帝国鲸鱼之不暇，更何有闲心，闲胆，闲暇去与德国作对？但如希特拉飞渡不成，滞留比法沿海，岁月蹉跎，英海军的封锁功效渐已由微而著，则英国将不惜以慷他人（或自己）的慨之重价，收买苏俄，到时史太林见希特拉如此顿挫，也许一翻脸孔，由友变仇，从德国背后将希特拉的军！那时的德国霸王也许变为第二个拿破仑！

这种场合只是可能而不是一定，因为时代变了，武器变了。如今年系一八四零（而不是一九四零），是拿破仑而不是希特拉，我们敢说德国一定失败。有人说希特拉的起来，靠他一撮贾柏林式的胡子（因为人们就把他当做滑稽家），这句话虽幽默而不是完全无理由。希特拉一天是常胜将军就一天无人敢反对他，人人，国国将如诸侯在邯郸见项羽一样，“膝行而前，莫敢仰视”！但如他小有败绩，反对他的人就将如刺蜂的兴起了。他们现在的甜言蜜语，只能当作明哲保身的恭维，不能算矢忠矢信的保证。前些日子，苏俄对新任英大使克利浦斯爵士的冷淡和只愿与现驻莫斯科的英国代表谈商务而不与克爵士谈政治的宣称，也应如此看。

在这全世界一“谜”一“惑”两端之中间，则为全能国的“狠”和同盟国的“慌”，杂以微小中立国的“抖”。他们诚惶诚恐，朝不保夕，事齐？事楚？莫知所从！上次欧战期间，威尔逊总统即有将来世界大战将无中立国之语，证诸近来欧战之发展，益觉此言之深长有味。威总统之意，以为第二次大战中将为反对集体安全制度之国家，与维持集体安全制度之国家作战，世界既已组织成为一个集体安全制，则将来之国家将不是维持他即是反对他，二者必居其一，故无中立之可能。现在欧洲这个战争，是我们常说的“为歼灭而战之战”，（所以无调解之可能）无论哪一方胜，对方都是被消灭，由“战国”而夷为“郡县”，将来的世界大战，恐怕是“大陆与大陆的战争”（war of continents），所趋的最后方向，是以武力得来的全世界大一统。由这个观点看来，深觉极平凡极简单的三国演义开场白——“话说天下大势，合久必分，分久必合”——实为不易的政治真理，可抵现在中西学者和大学教授们——（我自己也就是一个）——费了不少纸张和墨水写来的汗牛充栋之书！这样说来，中立在今日之难以维持，又已昭然若揭。

再从政治技术观点看来，在“歼灭战”的无情猖獗中，长久中立不但难能，而且不智。在春秋式的战争中，中立是一件好而聪明的事；但在“战国式”的争斗中，中立往往为自杀之端！秦攻韩，赵魏守中立，韩被灭，赵魏的末日到了！秦攻赵魏，楚守中立，赵魏被吞而楚的末日到了！秦攻楚而燕齐守中立，楚被歼而燕齐的凶运到了！秦之吞并六国，就是如此的简单妥洁！无疑的，中立是六国自杀的头一步！

抛弃中立：认定可胜的一方而以全心全力帮助那方，庶在最后共同胜利到临时，可共同享受胜利的甜果：这是人所共知的一种奥妙。以往加富尔之能统一意大利就是用这个法子。现在我们的最大仇人是日本，日本所希望于我们的，当无过于我们严守中立和孤立无援：你看去年欧战一开，日本即唆使华北华中伪政府宣告中立，我们如长久中立即堕最大仇人之毒计！长此下去，我们固须独立抗敌，勉强撑持，而在将来世界定霸的议中，我们又必被摒出门外。我们的命运，将由二三如阿灵比士山上的神人主宰，自己将一无发言余地！

为了这个原故，有些眼光远大的在去年即主张我们抛弃中立，实行参战。主张参加英法的，根本上以为英法握有制海权（sea power），最后胜利必属于她们，与彼等为盟友，可利用将来解决世界问题之机会顺手解决中日之问题。反对这主张的，以为（一）我们参加英法，英法未必欢迎；（二）纵使欢迎，我们无法派兵赴欧（中国无海军海船，同时日海军不能如上次欧战一样护航，同盟国更不能借船）；（三）英法未必能得最后胜利。

于是另有些人主张参加德意。这可分两派：第一派为汪系汉奸前在参政会大放厥词的，这派本无甚主张，可置而不论。另一派并非汉奸，而是真诚的相信最后胜利属于德意，主张参加她们的理由，如主张参加英法的一样，希望与最后胜利者同享美果。但问题亦如主张参加英法的一样：（一）为德意是否欢迎？（二）为如何派兵赴欧？（三）为德意是否能得最后胜利？还有第（四）：德意缺乏制海权，能助我者甚少。

无论是参加英法或参加德意，这一步在中国内政上将发生最严重最深刻的影响。参加英法之举必引起第八路军所代表制［之］势力的不良反感，也许会召至统一阵线之分裂；参加德意亦然。在抗战期间，当然是团结第一，统一至上，以暂守中立来维持国家的统一：这是政府的苦心。

但，上面不是说过吗？长久中立不但难能而且不智。那么，难道中国就永久在这不应中立而又不得不中立的矛盾中挣扎吗？到底这矛盾的根本原因在哪里？我以为根本在美苏之未和协，在“惑”与“谜”的未得调整。在能助我的两个国家尚恍惚盲索于“谜”与“惑”之中，我们的根本大策，现尚无法决定。苏俄是邻我而最能助我或伤我的强国，在她仍守着她的“谜”，我们也不能不“谜”，因我们如不“谜”，贸然插入苏俄的敌对方，其后患将不堪设想。美国是惟一可在太平洋以海军攻日的国家，实际上是我们一个最大的潜在（potential）朋友，而就因为她“惑”，使我们无从举棋。

美国的“惑”，不但使我们难办，而且使全世界都“惑”：我相信这“谜”与“惑”是有关联的，二者之中有一个明朗化，其他的一个亦可明朗化。

所以我国“中立乎”“参战乎”的问题之核心，不在英法或德意，而在美苏。暂时还谈不上联英法，也谈不上联德意，更谈不上联美苏，因为现在美苏根本就不是二位一体而是互相抵触的二国。联一个则可，联两个则等于痴人说梦。我们如欲同时联两个，首须调和两个，使“谜”与“惑”化而为一，是则有待于我们外交的努力了。

不但“谜”与“惑”是有关联，“慌”与“狠”亦有关联，“狠”愈深而“慌”愈甚。世界上“抖”的国家如何在“谜”，“惑”，“慌”，“狠”的错综复杂的关系中，谋自己的立足地呢？曰：莫善于设法先消灭与融解“谜”与“惑”的对立，然后块块的的在“慌”与“狠”中切实表明我们的态度。

现在还未到肯定哪一方的时候，但解答这严重的“欧战与中国”问题，以上的话也许是方法之一。

《战国策》第六期，1940年6月25日；选自
《为中国谋国际和平》，商务印书馆1946年出版。

希特拉如何攻英？

希特拉为什么一定要攻英，为什么在征服法荷比之后不能“适可而止”，这层道理很简单明显：他不能“适可而止”，是因为鉴于拿破仑及其他霸主的失败。他知道英岛一日不征服，他在欧洲大陆的战果一日都属枉然。英国一天在欧洲，就一天可（一）对他玩“势力均衡”的把戏，纵横捭阖，联欧陆上不稳的国家来倒他。（二）加紧海军封锁，使他的物品原料来源断绝，引起他国内的恐慌和他的倒台。他这次无论如何困难，必须出师征英，是“一劳永逸”之举，深知此举现虽困难，但如不行，后来的困难必千百倍！

韩德森（Neville Hendeison），前驻德之英大使，不久前有一句话：“希特拉以后或大规模轰炸英岛，或大举出兵在英登陆，或封锁英国：照我个人看来，这三项会同时进行的。”我们现在姑拿这句话做这次谈论的张本。

一

当然，我们不是德军参谋部而谈希特拉如何攻英，免不了都是揣测之辞。但揣测也有两种：一是无的放矢的瞎猜，一是根据以往经验照理去推。我们以为猜揣希特拉如何攻英，应先看一看波兰战争及挪威战役。

波兰战争是所谓“不留情战”（Blitzkrieg）的练习，后来在挪威法国的战役都是这练习的摆演。这“不留情战”的主要点有三：（一）在开战时立刻破坏敌人后方的交通线，这包含铁路、公路、电话等，使敌军虽能动员（Mobilize）但不能集中（Concentrate）；（二）马上破坏敌军力量后方的来源，如工厂、兵工署、粮食仓等；（三）击破敌军主力后，不是稳扎稳打“适可而止”，而是不留情地穷追至消灭残敌为止。前二点需要飞机，后一点需要机械化步队（Motorized Colums）：两者均需要不容否认的制空权。

波兰战役以十八天完结，使德国军部对于“不留情战”获得无限的信心。但这次战役中，海军势力未加入，“不留情”战之技术遇到制海权则将如何的问题，还有待事实的答复：这个答复在挪威得到了。德国进兵挪威须经过一开阔约七十英里的Skagerrak海，这个海上的海权当然操在英国海军手里，这在廿年前必为进攻军的致命打击，即在今年四月挪威战役开始时还有些人怀疑德国的制空权是否可以摆脱英国的制海权，从而猜揣希特拉或须经瑞典陆路进兵挪威。但希特拉不用破坏瑞典中立，居然能于廿五天内，完结挪威战事，迫英军挪王一同退出！经过这次经验后，德军对于他们“不留情战”可以超越英国的制海权而施于本土的一点，可以说毫无疑问。

挪威战役对于征英的教训，有数点值得注意：（一）四月九日德军进兵挪威不只进兵挪威国都奥士老（Oslo）和该国的南部，而是同时同日进占它的中部Trondheim、Bergen、Stavanger等城及北部的Narvik，战略是控制挪威全部的西岸，使联军无法在该岸顺利地登陆，德军遂可陷整个挪威为瓮中之鳖！这种战术显然不是鸡飞鹭步而是雄才大略的战术，有了制空权后益善于进行；这事的教训是欲出征某国，不能单独集中力量于一点一地，而须从多方面作包围的进攻，宁可各点各地兵力稍弱，（占据挪京的德军起先不过一千五百人，可以说很不够）不可忽略别的攻击点，好在现在飞机运输很快，握有制空权的国家不愁不能派遣援军。（二）挪威是一山国，全国天然的交通线而同时是出产区的是山与山中间的谷，能占有挪威的山河谷的即能占有挪威，而主要的二大河谷一为Gsterdal一为Gudbransdal，均为挪京奥士老与Trondheim之连锁，德军得此，英国遂毫无办法：这事的教训是要征服一国必须控制该国主要的“线”、“点”（除主要者外）与“面”犹共次为焉者也。（三）在挪战英德二军争夺Narvik之一来一往中，英国曾派有主力舰WarsPite一艘在该港发炮助战，但亦无济于事，英军卒被迫撤退。该舰虽未被德机炸死［毁］，但见奈不了德军之何遂亦巡逡去了；这事的教训是浮沉不定之海军舰的大炮与海岸上“稳扎稳打”的大炮对击时，如几方的大炮火力差不多的话，则前者吃亏而后者占上风，因为后者可受数击而不致完全毁坏，而前者只受一击即遭沉没：这事的教训是欲征服有制海权的国家必须在该国之近岸架设大炮使其军舰“敬而远之”。(四) 这次英国虽控有 Skaggerrak 海的制海权，而德国仍能输送援军到挪威，通行无阻，可见一新武器——这次是飞机——发明应用后，我们对于旧式武器要从新估计，对于新式武器要刮目相看。(五) 这次德国在挪威之成功，倒不是单是飞机一项之成功，而是飞机、坦克车、机械化部队、曳引机、摩托车、第五纵队等等同时合作之成功：德国这次侵挪预备可以说无微不至，每只船所载往挪国的东西在别船上都有配样，所以一只船沉了，往挪的东西可不愁缺乏，以视英军之蹒跚慌张各不相凑的战术，在挪之优劣胜败无待龟著！

明了了波兰挪威懂得德国战术后，则任何人都可预测希特拉如何攻英。这攻英计划的基本大前提，是德国控有制空权，这个大前提成立后，然后其他论断始能成立。法本部开战前，德国空军与英法联合空军在数量上是二与一之比，与法国空军相较是六与一之比（贝当将军语）：虽德空军在法战役中照英国估计伤亡相当的重（照德国自己估计则甚轻），但德国如疯狂的生产更多。据专家估计，德国现在的飞机生产额，仍可维持一年又半，他最著名的飞机设计师 Messerss chmid 宣称他的机器用的材料，百分之九十九取自国内。同盟国在十个月内购买美国飞机，照同盟国购料委员会公布，不过三千六百架，实已微之又微，不到德国一月的生产。只有外行的人才以为英国飞机数目可以甚至已经超过德国，内行的如美国的 Sikosky、Glenn Martin、Lawrennce Bell、Al Williams、Tomlinor、George Mason、Paul Johnston、Lingbergh 等，均同声推许德国空军第一。你想如德国的空军不是那样“狠”，民主国家为什么要节节退步？张伯伦在慕尼黑的妥协不只是怜弱而是有它的武备原因的。就算英国飞机生产能赶得上德国，但驾驶员呢？这几年内德国的“希特拉青年团”的几百万青年个个要练习飞行，能上前线的需要有过一千个钟头的“飞行时”(Air hour)，以视英国的飞行员之不过仅一百八十六“飞行时”，迥然不同。同盟国在美国购得之精式 Curtiss 机，到了欧洲往往难于寻觅适当人驾驶，英法二国每损失一机，真正的损失且不是那飞机，而是那飞行员。从各方面综合起来看，德国控有制空权的大前提，似乎目前还不至于［被］推翻。

根据这个大前提再凭波兰挪威的经验，我们对于希特拉如何供应可以推想如下，这其中当然也有与后来不符合的，但不要紧，现在的问题是如何供应，我们只能凭理智根据现在的情形作一揣测的答复：

这次的攻英必定是一个“不留情战”(Biltzkrieg，即闪电战)，与波兰的不相上下，故德国必先大举轰炸英国本土的交通线和军力的来源，这包含以下条件：

最要紧的是英国十三万二千 Volt 的动力网，英国举国的工业几乎全靠它，它的重要据点是英北部的 Edinburgh 及 Mewcastle、英中部的 Manchester 及 Birminghan，与英南部的伦敦：这五个城必经惨炸。又遭炸的恐为：

四个大海军港 ScaPa Flow、Cromarty、Portland、Milford Haven。

八个大船坞：Devonport、Portsmouth、Chathan、Sheeness Dover、Pemborke、Harvich、Rosyth。

主要的飞机制造厂：Dumbarton、Leeds、Brough、Speke、Newton Heath、Derby、Birmingham、Coventry、Filton、Bristol、Southsmpton。

主要的造船厂：Glssgow、Clydebank、Dumbarton、Tyne Area、Barrowln Furness、Liverpoo、Birkenoead、Southampton、Gowee。

主要的商港：Glasgow、Neweastle、Hull、Southamptor、Plymouth、Bristol、Cardiff、swansea、Livaroool、Manchester、lerick、Mcthil、Lamlash、Southend、Falmouth。

至于铁路网，都由以上的要点组成，构成四大干线，即 London Midland and scottish London and Northestern 、Great Western、Southern。三据点为 London、Birmingham、Mahchester，以上的地点如被炸，铁路要站也差不多了。

主要的工业城市亦包含在以上诸城之内。

其次德军如欲在英国登陆，必如在挪威一样，不止在一处，谅必四面八方如刺蜂一样攻击英国。现在北起 Nawik，南迄 Biaritz 的悠长海岸线，均在德人掌握：这是一个非同小可的事实，上次欧战德国就始终未占过一个沿海港口，故未能直接打击英国。而今不同了：距英岛之海岸，最近的为 Dover 到 Calais 的窄峡，距离二十二英里；最远的为挪威的 Stavanger 到 Shetland Lslands，距二七五公里。这些地方德人都设有空军根据地，由此不但可轰炸英土，且可输送军队。有一德国地理学校教授 Ewald Banse 曾著一书名叫 Raum und Volk in Weltkrieg（世界大战中土地与民族）主张五路进攻英国。这位教授所讲的话，希特拉似乎在那里照着实行：譬如教授怨恨上次欧战德国不占据沿海港口，希特拉这次出兵的主要目的即在占据上述之海岸线。教授言明上次欧战法国陆军为牵制德国制陆权之工具，而使英国的制海权为另一工具慢慢地制德国于死命。这次希特拉头一步棋即毁灭法国陆军，第二棋即为毁灭英国海军，复为讨好美国人起见对美记者 Karlvon Wiegand 宣称系图保护美国人所愿听的“海洋自由权”(Freedom of the Seas)！这种“蜂集”的攻击法，不能再少过五路，究竟在何处登陆，局外人无从而知。惟可能的有以下诸路：（一）由挪威至北苏格兰，此或由 Bergen 至 Crkney Islands，或由 Stavanger 至 Aberbee，或由 Trondheim 至 Shetland Islands，看那时的天气、登陆点的便利、第五纵队的预备而定。（二）为由荷兰至英东南部，此或由 Hook of Hollard Harvih（距离 106 公里），或由 Flushigza 至 Southend。（三）为法国北部至英国南部，此或由 Calais 至 Dover，或由 Eoulogne 至 Folkstone，或由 Dieppe 至 New Haven（距离 65 公里）。（四）为由法国的西北部至英国的西南部，此或由 Cherbourg 至 Southampton，或由 Brest 至 Fakmouth。（五）由爱尔兰从旁侧击英国，海峡最窄处为 Fairhead 至 Kingtyre，最阔处为 Rosslare 至 Fishguard。如此“蜂集”则东南西北夹攻之效可以得到了。

为什么一定要攻击爱尔兰呢？第一，爱尔兰是英国的后门但是由美洲来货进口的后门，欲采“蜂集”攻击法，后门不能不注意到。第二，爱尔兰一向仇英，在那里容易找第五纵队。第三，爱尔兰地防御比较简单，德国的降落伞步队容易落地施其伎俩。第四，爱尔兰比较英岛粮食充足，攫之可不用自携大量食量。第五，攫取爱尔兰，可以断绝英国一部分粮食的来源。

欲完成英岛的大包围，则除爱尔兰外，或须占据冰岛（Iceland）及 Faroe Islands。二处均为丹麦属土，丹麦投降后曾宣布过独立的（这显然有纳粹党操纵的第五纵队在里面），今为英军所占。但德国既已承继丹麦本国，则如其欲要求这两块属土，当振振有词。同时由 Stavanger 至 Faroe 不过至 Shetlands 的二倍路程，即 550 英里，飞机可于两旬钟头到达；再到冰岛，不过又需一个钟头。故由挪威西岸派机去袭击，先 Faroe 而后冰岛，当不是不可能的事。

德军攻英虽采“蜂集”战略，但不能不有一着力点。此点可由看英国地图猜揣出来。不列颠岛地势甚简单，北部苏格兰，西部威尔士（Wales）均为山地，虽其中山谷甚多，不足以完全阻敌军之深入，然在该处运用坦克军及其他机械化步队，究不能算很方便。但英国的东南部是一肥美平原，隔欧洲大陆不过一带之水，在此登录固意中事。英国全国重要区域，可大别只为三：（一）为以 Edin burglr 及 Glesgow 线为轴心的北部，此为航运及造船中心区域。（二）次为所谓 Midlands，包括在以西岸之 Liverpool（经 leeds）东岸之 Hull 及向南之 Birmingham。三点据所画成之三角地带内，此地点存有英国大部分之煤与铁、军火制造厂、对外贸易的工具（如航业铁路等），系英国的生命区，在所必击。（三）为以由 London 和 Cardiff 为轴心的英国南部及东南部，这区域包含英国的重要海军港及船坞与全帝国的政治中心。

假如我们把英岛比成一页桃叶，那么它南岸的 Portsmouth 就是叶之柄点，由这柄点迤东及东北沿岸直到一个 The wash 湾为止，这就包括了英国最肥美的平原，都是拿作粉笔用的石头做成，靠海岸的名叫 Jurassic 石。这区域港湾甚多，离荷比又近，易于登录［陆］。尤以“迤东平原”（Eastern Plain）为最。这平原是介于 Ouse 河与 Thames 河之中间，往内则河治复杂交错，几乎把这半岛改面成为全岛，此地防御不力，德军如能在此登陆，则北可控制 Midlands，南可控制伦敦，沿上言之二河西进直抵 Bristol Channel，可截英岛为二，如是则有一点像这次佛兰德的战役了。

以上不过言五路进兵的可能路线，至于如何进兵，颇为有趣问题。1809 年间拿破仑也曾集合厚兵于沿海峡港口，跃跃作欲渡海的神气，当时的伦敦人士惊慌万分，英国的母亲们且以 Bony（拿破仑绰号）语来恫吓号哭的小孩。无奈那时的武器未发达到今日的程度，雄图大略惊天动地的拿破仑也之好望洋心叹，奈不了一带绿水的何！如今不同了！根据挪威的经验，在岸上之大炮威力加上在顶上盘旋的轰炸机既可使海军敬而远之不敢亲近，则希特拉大可在英伦海峡之窄狭处以密集之炮火在海面上打出一条血路，使英国军舰不敢近，复在血路之两旁满设鱼雷使英国潜水艇不敢近，则德国之运输船只在这血路上于48小时内即可自由运输一切重兵器曳引摩托车大炮等。据丘吉尔的估计，运五师之兵士器械约需船只二百至二百五十，今德国既灭了荷丹比法，这区区数目，当不难找。至于英岸之炮台，当须由法岸之较猛的大炮预先毁坏，然后运输兵器至彼岸方不成问题，律以德国大炮的射程（远者可逾八十英里即普通者亦可四十英里，而海峡之窄处不过二十英里），不是没有可能。已被毁的英岸炮台即可为德方重兵器的登陆点。

兵呢？希特拉将如在挪威一样，不靠船只（船只太慢），而用运输机（Transport Planes）。最新式的每机除携带轻兵器外尚可载四十名兵士。一千架运输机作一次航行即可运兵四万，做廿五次航行即可运共二百万。飞机现每小时速度平均约三百英里，即每十分钟速度五十英里，而海峡窄处还不到五十英里，就算每次飞越海峡的航行需时十分钟即廿五次约需时四个钟头又十分，换言之，有四个钟头的功夫，希特拉即可运兵二百万过海。照丘吉尔的宣称，英岛现有武装兵士约一百五十万，此次德国攻法出兵二百五十万仅在六星期内而击败法国四百五十万（或谓三百万）的军队，故如希特拉能运二百万至英岛，则击败仓猝凑来的一百五十万的英军，自然不成问题。

希特拉的最大问题，是如何使由下边运去的，重兵器与由上边运去的，战斗员，同时在英国本土某据点会合。证诸挪威战役中德国的海陆空实力，能于神不知鬼不觉如时辰钟地会合，则这个在英国的问题，当不致很难解决。

兵器呢？那有的是！别的不说，单说这次攻法战役中，德国俘获了八十五个师团的军械和给养，马奇诺阵线内的降军及其设备，还不在内，单为这些军械，希特拉都要攻英，不然久置不用是会生锈的。同时法战已结束，则马奇诺线内及齐格非线内的大炮均可移至沿海，这如此多的大炮都可射四十英里，移至沿海港口或运至英岛，恐不是英国所能受得住。

还有希特拉在去年九月十九日对全世界宣告的“秘密军器”，说出来像封神传的法宝。但的确，在这次攻比之役中，列日炮台旁有一炮台名 Eben Emeal，为一无名的德国飞行员 Witzig 大尉所攻陷，他以六七人之力克服了守军一千人，据说是用了一种像 Acetyl Cholrine 的“神经气”（Nerve Gas），不战而降比军，这位大尉还因此功得了希特拉亲授的奖章！

军事胜利有一主要条件，即是中国的老话：“出其不意攻其无备”。英文叫做 Surprise。战胜法国后，希特拉不声不响，谅在那里预备他的惯技［伎］，以此施于英国时，他将有两个朋友，一是“雾”而一是“雨”。他将尽量利用它们。

三

上次欧战中，德国用潜水艇几乎把英国封锁到饿死，美国加入始解英国只有两星期粮食的大厄。所以这次如希特拉真欲征服英国，则除积极的进攻外，不能不兼用“封锁”。

“封锁”（Blockade）主要目的是使东西来不了。什么载东西来呢？曰“商船”。所以德国必须用一种武器来洵制出入英国港口的商船，这种武器，德国已预备好，名叫“袖珍水雷快艇”（Pocket Torpedo Speed Boat）。这种快艇，德国已预备好，数目有相当的多，仅一种小型身长不过五十英尺而只需四人架势的快艇，它的速度可每小时五十海里，而因其忽左忽右的航驶法，颇不易命中，但同时因为它身矮，容易亲近商船，施放鱼雷。

惟商船在战时多受军舰保护，于是德国又不得不想出一种武器以抗军舰，这就是“袖珍型水艇”（Pockvt aubmarines）。这不过重约二百吨（平常地重约一千至千吨），需人最多不过十二，出没海洋，专与敌国的军舰（当然商船亦可）作对，据说德国这种武器的产量是每月一百条左右。

如这二种新武器还不够用，则可用轰炸机。这些铁鸟可直趋英国输入粮食最多之三个港口（London 占一半，Southampton、Liverpool 又占一半）轰炸，因为英国现采护船制度（Convoy），商船虽在海面上得获保障，但因其结队成群，入港时既阻塞交通，入港后又可成为易认得目标。以飞机轰炸企图阻止东西入口，叫做空中封锁（air Blockade）。

据专家估计，如要命中十次则须投一百三十四个弹，这就需二十一架轰炸机，每架载七个炸弹。普通往地方轰炸来往，须打算百分之四十的损失，则除用十八架 Messerschmidt 110（重轰炸机）外，尤须派遣三十六架 Helnkel 111k（战斗机）以资保护，出发时要算到抵达英土时，太阳须直射敌人的眼睛。

据说德国有一种炸药名唤 Thermite，系合养化品与铝末而成的小包，落地爆炸时可发生摄氏一千度的热量，其毁坏力可想而知。（关于以上可参考在 Collieis weekly，Marclr，231940，W. A. Courtey 一文）

以上说是用轰炸、封锁、登陆三法子使英岛国屈膝，至于英岛会不会屈膝，还待事实证明（照现在的武器进展程度看来，不是不可能），而屈膝后英帝国将怎样，英海军又将怎样，自治领又怎样，欲知后事如何，且听下面分解。

《战国策》第八期，1940 年 7 月 25 日。

何永佶

中西人风格之又一比较——“活着”和“天召”

本刊第五期有林同济先生《中西人风格的比较》一文，明确地指出中西人生活作风不同处之一面。在这里我们且言不同处之又一面。

研究中国民族史的，难免不为一事所感动，即中国从来没有派遣“传教士”到外国去过。这不是很奇特的一件事吗？“传教士”的好坏，另一问题，该派不该派，又另一问题。摆在我们面前的事实是：外国派人到中国来宣传景教、沃［祆］教、佛教、以色列教，以至近代的天主教，基督教等者，指不胜屈，而我们——凭我们怎样说“只闻以夏变夷，未闻以夷变夏”——压根儿就未派过一个人到外国去作我们孔教，道教，及其他“国粹”的传道！

在已往，我们曾接受过外国的留学生，如唐朝之接纳日本派来的留学生；也曾派遣过留学生到外国去，如派玄奘法显等到印度去；但在这中国文化区的四周，从未听见过哪里有过一个孔教的教堂或书院，哪里有过道教的修道院和三清观！

从这个事实也许就可以得着中西民族性的一个不同要点，就是：普通讲来（当然不是说人人）西方人在他们生活里多少带有一点“使命”（Mission）和“天召”（Call）的思想，中国人则似乎缺乏这个。中国人只求“活着”，西方人则除活着之外，更求做点什么。

凭我们怎样骂外国的“传教士”为顽固，为不通，为“资本帝国主义”的走狗，凡见过他们，与他们谈话接触过的，都觉得不管他们对不对，他们都自以为千山万水来到中国，是应一种“天召”（Call），来招呼中国人皈依基督的。他们所传的教倒是小事，要紧的是他们的精神，他们行为后面的发动力。

其实“传教士”这名词就译错了的。英文Missionary一字是从Mission而来，而后者是从拉丁文Missusmitto等字而来，意思是“送”。所以Missionary的任务不是“传”教，而是被“送”到某地应一种“召”的。他们“传”的是什么教倒无关紧要，要紧的是他们“被送”和“应召”的心理。

这种心理在传教士则发为“传教”，在西洋其他的人则发为别样事业。现在世界大乱，鸡犬不宁，我们如求怎样立身立命，不可不一读希特拉的“我之奋斗”。不管他对不对，希特拉之所以能有今日，完全因为他有很坚强的“使命”和“天召”之意识。他是一个出身很苦的人，早岁就失怙恃，孩子时为他父亲所欺凌，举目无亲，一事无成，孤苦伶仃，甚至饿饭。上次欧战结束时，他是复员中的百千万兵士之一。当他踉跄回到慕尼黑时，他的同伴个个在车站上都有父母来抱他们，有“甜心”“爱妻”来亲他们的嘴，有安乐窝的家可回去睡觉，而这位不世天才的希特拉则只能回去枯燥无味不是人住的兵营！他打了四年的仗，冒过吃过千辛万苦，万险千危，眼睛也几乎被索姆河上英军的毒气弄瞎了；现在他回国来了，没有一个人理他，没有一个朋友与他握手，不消说，没有一个美丽的姑娘来与他亲嘴！在群集慕尼黑车站的人之眼睛里，他简直是一件“不存在”！世上令人丧志叹气的事，宁有过于此者!?

在这丧志叹气的刹那间，希特拉一念就决定了他此后的命运。很可能很普通的念头是厌恨世界，憎恶同类，怨天尤人，从而流为厌世者，悲观派，“申列克”（Cynic）。但希特拉不然。在那孤寂的悲哀中，他反觉冥冥中有一种“天召”，他的活在世上是有一种“使命”的。他这个念头不是普通所谓的“大志”“救国”等，而是多少带有宗教神秘性（Mysticism）的。这种“天召”的感觉，西洋历史上的例子真太多了，女的如“壮达雅克”（Jeanne Darc），男的如“罗若辣”（Loyola）。希特拉不过是经过科学洗礼后的近世之摩登例子，如在中古，他将成为神话围绕的中心。试举一事，即足见此言之不谬：

希特拉身上最著名的是他的一件战壕内用过的雨衣。这件残旧的雨衣活像从当铺里贱价赎来的故衣，希特拉爱之如至宝，朝夕不离，他穿了十余年，到了前四年要见慕索里尼，因为观瞻的关系才买了一件新的，但旧的仍未舍弃。而这件残旧雨衣竟是由一个英国人身上脱下来的！希特拉有一天在街上看见一个英国人，就马上要收买他的雨衣。那英国人以为这如乞丐的德国人是个疯子，置之不理。希特拉追踪至那英国人的旅馆，等了一天，那英人不理，等了两天，那英人还不理；第三天去，硬要买这雨衣，那英人看此人如此傻气但如此诚意，故抬高价，希特拉也不还价，要多少就给多少，伸手就买过来！从那一天起，希特拉的政治运动便开始。在这感觉“天召”的人之心目中，执行他的特殊“使命”非要一件仇人在战壕上用过的雨衣不可！

只这件富有神秘性的“傻”事就足够神话式演义的了；

在不感“天召”之“聪明”人的眼中，有“使命”思想的人多少都带有点“傻气”。中国人是“聪明”人，西方人多少带点“傻”劲儿：这就判了东西民族的分野！远的古的不必说，就说最近上海一个中国新闻记者在咖啡店里被枪杀事，在那里喝咖啡的中国人当然不少，而挺身而出作捕捉凶手的还只是一位西方的波兰人，而这个“傻”子的死真是“活该”！谁叫他“多管闲事”？但是在这“傻”子的潜意识里，也许捉捕凶手是个个公民应负的一种“使命”！我们中国人就缺乏这个！

无怪我们忌谈政治，寄情诗酒，作小品文，效嵇康阮籍的狂放，以“苟存性命于乱世”。流风所至，一套中国的人生哲学，成了如何品茶，如何栽花，如何烹鱼，如何酿酒，如何欣赏女人小脚的美之“老奸巨猾”（old rogue）的宇宙观！我们所谓头等作家也居然拿了这一套向外宣传，获了不少外汇放在荷包里！

无疑的，缺乏“天召”感的人生哲学使中国人只是“活着”，“活着”，不管其它。无“大志”的从出世到长大，娶妻生子，而老而衰而死，人生数十寒暑就是在“活着”，“生子”，“死亡”的圈子内平淡无奇的混过去！所谓有“大志”的，不感着“天召”而惶惶于“人召”：他们所矢志的不是西人所谓的Career，而是我们中国人所谓的“功名”。本来这两者有很大的区别：Career一字原为车子前走的意思，其含意是动的，是其目的是一种“作为”。“功名”的含义不是“作为”而是一种“地位”。前者要问你“做过什么事?”后者问你“当过什么官?”；前者的动词是To do，而后者是To be。

以是之故，社会上无形中品评人物的尺度：是某某当过什么部长，什么法官，什么委员；而这位某某也以曾当过部长，法官，委员自诩，至于在他任内他做过什么好事，不但他不管而社会也不管。只要他当过某种高官，不管他是否贪污，是否能干，社会上都诩他为得过高等“功名”。这种思想与外国的Career观念迥不相侔。后者的意思是人生在世上须做一点事，不是当过一种官。“功名”的思想，非使人人想做官不可，因为只有官的地位是崇高的。Career的观念，则使人往冷处僻处发展，因为这种观念既要人去“做”（To do），但凡可做事而显身手的当系好地方，固不限于官场上也。在美国的打棒球能手Babe Ruth一月所赚的薪水等于美国总统，其他事业的能员之薪水高于美国总统者指不胜屈，就是这个道理。

也许是文化的差别，也许是社会进展点的不同。一个社会进展到“鞠躬如也”不愿多事的时候，一般崇尚的当然只“当过什么?”而不是“做过什么?”后者所需的是一个动的社会，动的文化，在这种文化氛围里，人们既为“做事欲”所推动，技痒不过，乃有“使命”“天召”的感触。记得从前有两个英国人在印度打网球，一来一往，从球场这边跑到那边，又从那边跑到这边，跑得气喘喘，汗淋淋。在旁边静坐不动的印度人看了喝彩，频声道好；但他转问那英国人道：“你们为什么不雇两个人打给你们看?”

这恐怕也就是中西人风格之一种不同处。

七月二十五日

《战国策》第八期，1940年7月25日。

龙虎斗

一

现在言政治的书本，中外皆然，多注重皮毛，而搔不清痒处，结果是一般学子只得着一点政治的“外幻”(appearance)，而忘其实际（Reality)。广观古今中外历史变迁的弧线，几与人类武器演进之弧线相合，言政治者不能撇开武器不谈。谈封建制度者多矣，然曾有几人注意到某时代武器的进展与那些时代之特别政治形体的关系？欧洲中古时代，防守的武器远优于攻击的武器，这个事实加上些经济文化原因，就造就了一政治散漫（political dispersion）的局面，使大力者屡欲统一寰宇而计不得逞，所谓中央集权的近代国家乃须候至攻击武器取得优势地位后始能实现。降至上次欧战，防御的武器复优于攻击的武器，于是大战打了四年，死人八百万，耗材四千万万美金，而所得所失者不过几英里几百码的两战壕相距地。战争之愚蠢至可悲可笑，无过于上次者！人们受了上次欧战的教训，以为再有一次大战则“文明”将要整个被毁灭了，因为时间将不可思议的长，死人将不可思议的多。那知道希特拉竟于十八天内消灭了三百万的波兰军队，以六个礼拜功夫降服了法国四百五十万的军队，时间之短尽人皆知，军队死亡人数较之上次欧战同期所受的不能算大，故希特拉在七月十九日演说中公开宣布德方在法役中死亡的官兵不过一万又二百五十二人！就算这个数目是打了很多折扣得来的，我们也不能否认这次死亡数目，较之上次欧战同期，实在微少得多！这次欧战，性质与上次的迥然不同，这次的攻击武器又优于防守武器，所以武器精良的进攻军可以一往直前，“如入无人之境”，不用互挖战壕，互相机关枪扫射，召至累累无用的死亡。这次欧战有点返回拿破仑时代骑在马背挥着佩刀前冲喊杀的浪漫作风，与上次的终日在湿闷的战壕里厌烦着等候着对方炮弹降落的无聊，截然不同。如上次大战使人厌恶战争为愚蠢（Stupid)，这次大战也许使人们——尤其是德国人——对于战争一换心理。

关于武器与战争与政治的连锁，余常戏为一种半数学的方程式——HP＝F（W，M）——HP代表大政治（High Politics)，即国与国斗争的政治，W代表武器(Weapon)，而M代表速率（Mobility)（这并不是说除了W和M外，就无别的因素：这不过是说，如大政治亦有纹路可寻有结果可测的话，用这个方程式可略帮助我们明了现在和预度将来)。试举例说，蒙古人征服欧亚二洲，睥睨世界，而其军队（据学者Dohhson的估计）每役至多不过二十五万人，成吉思汗居然能以少击众，驰骋大陆，其秘诀在哪里？考那时的蒙古军队每兵士至少有五六只马，一马供骑，一马供运粮食饮料，一马供载兵器，又一马供带衣服等，最后一只还可在给养不继时为充饥之用：每个蒙古兵士系一自给自足来往神速的战斗单位，故敌人未集中妥善前，蒙古兵早已攻其旁蹑其后！换言之，成吉思汗是十三世纪的闪电战术家！但，他哪里来那么多的工具，那么多的马呢？事有凑巧，在成吉思汗未诞生前，北漠一带连下几年大雨，结果是绿草油油，蒙古的马个个吃草吃到又肥又壮有多！又凑巧这大汗具有非常的组织能力，于是水到渠成，无数现成的马到了他手上就变成一件了不得的武器！

这并不是说，马是蒙古人成功的惟一原因，而除了马之外成吉思汗就没有别的法宝。这不过说，明白了这点后，我们就可以懂得蒙古人成功的主要的内在原因，然后鉴往知来，就应该知道在现在战争中什么是主要，什么是次要，而什么是不必要。这点希特拉非常懂得，在他的《我之奋斗》（第七一五页）里，有这么一段话：

“让我再说，我们需要武器！……假的爱国者现在恐惧中祈祷说：‘天父呀！请你给我们自由！’这种祈祷，在每个小孩的脑筋里都应变为如下的热烈祷告：——‘万能的上帝啊！祝福我们将来的武器！你从来是公正的，现在我们祈求你的公正：请你决定我们现在配不配自由！上帝呀！请你祝福我们的争斗！’”

再举一近的例子：意大利的外交，在以往，素来是跟英国跑的。上次的欧战，她为了这个居然甘心背叛盟友，中立还不够，后来还加入英法集团来抗德奥。为什么呢？因为意大利伸出地中海的一只长脚，经不起驻在该海之英国主力舰队的十五英寸大炮。意大利的地势，在以往，使她不能丝毫反英，不然朝反英而夕就罗马受毁灭了。然而为什么以后她就敢反英一而再，再而三，继阿比西尼亚后犹与德订立军事同盟，同盟后现在居然与英作战呢？曰：因为意大利现已发展一种新武器，使之虽反英而无恐。从前意大利经不起英国军舰的炮火，而今则意国飞机随时可飞往地中海上空，在英军舰尚未驶靠意大利海岸之前，即行轰炸，昔日在大炮威胁下之罗马，今日虽反英而不觉危险。

这年头，世界处在一战争武器剧烈变化的期间，故世界大政治亦从而剧烈变化。欧战后的一年，一英国人 Louis Jackson 在 Royal United Service Institution 即指出这变动的趋向。简言之，有三种新武器可使下次（即这次）世界大战变样：（一）为摩托化步［部］队，如坦克车队。坦克车的用处为（1）受保护的火力（protected fire－power）即施放火力的战斗员仍可受钢甲的保护；（2）为不靠道路的运输。坦克车越山迈岭，登高临低，披荆斩棘，过壕毁网，处处都不须靠先预备好的柏油马路。（二）为瓦斯。这种化学的战争武器利害在“出其不意攻其无备”，残酷则残酷矣，惟有战争的目的系毁灭对方的战斗力，则这种战斗法宝。（三）为飞机。飞机这武器的用处为（1）加增行军的速率（2）破坏敌人后方（3）侦察敌人的动静。这位英国人预料二十年后，飞机的预算数字将超过军事预算的一半。

现在德国可说照着以上的话句句实行，闪电战的物质基础，亦建筑在这种新武器之上。

二

常人见惯英国“动口不动手”的“民主政治”，战前在其本岛内除几个警察外差不多看不出一个大兵，就以为英国不是一个黩武国家（militaristic）。而不知英帝国之国运所建筑在的，不过是另一方式的武器罢了。英国的海军等于德国的陆军，都是国策的工具，用以膨胀本国势力，镇压远方异动的。在以往，英国的特殊地理形势，使她可以把国内的武力资源全部一元化，集中化于完全对外的一种武器上。

讴歌这种武器认为是历史上民族争斗中用以定战败决胜负的，是一位美国海军军官名叫马亨（Mahan)。他引经据典，从史乘里掏出有制海权的民族最后胜利的例子，所举出的理由不外三个：(一）有制海权（Sea Power）的国家财富多由水道来，而水道运输比陆路运输便宜数十倍，故天下财富必源源流入这有制海权的国家。(二）这类国家不但富甲天下，且可封锁路上国家，使其饿饭，在战争期间使其国内的小孩子缺乏牛奶，使那些为母的椎胸痛哭，使那些为父的从前线战壕跑回祖国去革命。(三）制海权可使一国家获得很大“行动自由”（freedom of action）之感，使其不至念念不忘邻国的寅夜入侵，因而维持强大横暴的陆军以镇压国内，同时在内政一切设施上有“君子不忧不惧”从容不迫之作风。

马亨学说盛行于十九世纪末，那时的各国海军竞赛多少都因为受了他的影响。德皇威廉二世大喊“世界政治”（Weltpolitik)，提倡海军不遗余力，结果招了英国的妒忌，上次大战内英国之不如在普法战争内严守中立而加入法方，德皇的海军运动实为主因。假如德皇不花这批海军的钱而用以增强攻法之斯理芬计划（Schlieffen Plan）的右翼，则德军在马因河也许不致败衄，而法国也许早已如现在一样的倒霉。谓德皇误解马亨了，说他吃了马氏的亏，均无不可。

还有吃了马亨之亏的是俄国。如沙皇不因马亨的时髦而花大批钱去建一后来成了国际笑话的海军，则西比利亚铁路也许在那时早已双轨，运输在那时早已加速加多，日本人就未必能战胜俄国，远东局面恐怕就不怕，世界局面也许就两样！

但，无疑的，英国的海军是上次欧战同盟国胜利的主因之一。有一法国将军说可抵“五十万把刺刀”，但实际上恐怕还不止。上次英军的海军对于德国犹如加上囚犯身上一件钢丝紧衣（strait jacket)，其功效是由微而著，其作用不在猛击而在慢缚。德国也不是不知道，她以牙还牙，以眼还眼，以封锁对封锁，以潜艇对付英国的水面舰。潜艇政策几乎成功，把英国饿到只剩了两个礼拜的粮，如无美国加入，则成败之数，难以预料。

英国粮食须靠外边，每年从加拿大来七千五百万吨的麦，从阿根廷来五十万吨的牛肉，从中国来茶来鸡蛋，从北海来一千六百万镑值的鱼，她有商船二千，吨数占全世界商船三分之一，天天有一千五百条散在全世界的海洋上，英国四千万人中有三千万是靠沿岸贸易食饭的，而这个沿岸贸易，在敌人的虎视下，是须靠海军保护的。故如英国海军解体，则英国内外贸易解体，国内无物可食，而英岛或投降或亡国。

但如何攻打这庞大海军呢？上次欧战德国曾经在Jutland尝试，但未成功。这次德国海军微弱，直接与英海军较力恐如螳臂当车。英海军本有航空母舰六条主力舰二十条（包含战斗巡洋舰）加上新建的三条减去开展以来损耗的三条共约二十五六条左右。德国则有航空母舰两条（“B”，Graf Zeppolin）主力舰两条（Gneisenau，Scharnhorst），另有袖珍战斗舰三条（现已减去一条 Graf Spee），新建战斗巡洋舰五条，主力舰两条（Bismarck，Tirpitz）今年六月完成，共不过五六条。虽然德国的主力舰较快（每小时廿七海里）较坚，但终寡不敌众，德国的海军主脑有何计可施呢？

德国知道如英国海军集合在一齐［起］，则无法把她击破，故必须采取“分散战略”(Dispersion tactics)。战时不知道，在平时英海军之三份一守本岛，三份一驻地中海，又三份一散守帝国的他部。德国的“分散战略”则为使袖珍战舰及战斗巡洋舰出海洋搜捕英国商船，使英海军不得不派军舰去护航，同时又不得不派舰去捕德国的袭商舰。如是则一部分英舰须离开本岛领水。外交上，德国联意大利的六条主力舰（有两条新的，Vittorio Venetto，Littorio 今年春季完成）以牵制英国在地中海舰队，又希望利用日本的九条主力舰以牵制英国的亚细亚舰队，把英国的本岛领水内海军实力减至最低限度，然后德国或可用六条的主力舰及航空母舰冒险一试。等候新建两条主力舰在今年六月完成下水，和在外交上拉拢日本，都需要时候。同时欲攻英岛，必须有制空权，德国预备牺牲飞机五千架，图消灭英国空军，故二月来每日只轰炸英土而尚未登陆。德国在降服法国后迟迟不动者以此。

三

在海上德国与英国一较长短，德国人恐吃不住。水浒传上黑旋风和浪里白条的故事，就是说明了各有各的领域，最善的战术无过于引敌人于自己领域内作战。

英国是“水”帝国而德国是“陆”帝国，当“水”与“陆”斗，“龙”与“虎”斗，是否如马亨所言“水”与“龙”一定赢，“陆”与“虎”一定败？历史上也不是没有“陆”胜“水”，“虎”胜“龙”的例子。当希腊人亚历山大带兵东征波斯的时候，制海权在波斯人而不是在希腊人手里。亚历山大虽拥有雄狮，但无法渡海。最后他才在海理斯旁（Hellespont）最狭处过岸，指师南向，跟着小亚细亚地中海沿岸进发，暂置波斯大军于不顾，而有计划地把沿海波斯人的海军根据地与商船一一毁坏。为了降服 Tyre 城，他不惜费了七个月功夫去围攻，让波斯王从容不迫去集合军队。这城陷落，他还不直［接］去攻波斯，而转入埃及，在那里花了一年的宝贵时光，然后才向东走，正式与波斯开战。波斯人用的是旧法子旧武器，如战车（War chariot），怎当得住亚历山大的新武器（Phalanx）。亚历山大连战皆捷，直抵印度，把整个的波斯置在征服者的铁蹄下！

现在“陆”帝国如欲攻英的“水”帝国，进攻者也要先把英岛沿岸的海军港及商港逐个毁坏，使“水”帝国湿的武器无作活动的根据地。只要希特拉能在英岛某点登陆，他的军队必须沿着英国海岸进攻犹如在挪威战役内沿海岸进攻一样！

假如我们把英帝国比作一条龙，则龙首在不列颠岛，龙身在地中海，而龙尾在远东。如虎的德国纵能击败龙首，龙身龙尾还可继续维持生命。如是则龙虎斗还不算完结，希特拉纵能赢这次战争（Win the War），但如何赢这次和平（Win the Peace），颇为一件煞费踌躇的事。纳粹党人已扬言创建欧陆联邦，而把苏俄及英帝国除外，衡以历史的演进律，这种举动在所必行。欧洲已成了一文化区，但尚未成为一政治区，这后者难道就在希特拉手中实现吗？这要看希氏政治眼光及手段如何。

《战国策》第十期，1940年8月15日。

君子外交——动口不动手

一

英国对侵略者妥协政策，尽人皆知；美国之妥协政策则因其不甚显著，故世间知者不多。值兹中枢重新考虑“外交路线”的当儿，美国远东政策也许有再行审量的必要。

美国对远东的传统政策，即所谓中国的（一）门户开放与（二）领土完整的双重政策，这都包含于九国公约里。什么叫“门户开放”呢？用普通话而不用术语来解说，就是“谁都可以在中国一样的做生意”，英国人如是，日本人如是，美国人也要如是。这也就是说，在缴纳海关关税，租用地段房屋，雇用运输工具等，一言以蔽之，在做生意的一切步骤和手段上，美国人在中国所受的待遇，应该与在中国其他国的国民绝对平等，不致比起任何其他国的国民吃亏。要达到这个目的，则非使中国不被任何国家侵占独霸不可，因为如让任何一国独占中国，则那个国家即可在中国作种种设施专肥他本国来做生意的人，而削瘦其他国的商人，如现在日本在华北华中一样。所以“中国领土完整”是“中国门户开放”之逻辑的必然推理，前者为主，而后者为附。

许多人以为这种政策是表现美国的特别慈祥而他国的特别狞恶，于是不少的所谓“学者”倾心于美国，相信美国大学教授所耳提面命他们的海牙盟约，九国公约，非战公约，国联盟约那一套，这一套无以名之，名之曰“威尔逊主义”（Wilsonism），这班“学者”也无以名之，名之曰“威尔逊信徒”（Wilsonians），现在中国的大学里，就充满了这种“学者”！但我们须认清楚，美国这种政策并非起因于她的特别慈祥，而是与其他国的特别狰狞一样，起源于美国自身利益的打算。美国得天独厚，东西均受天然大海的屏障，北邻一地广人稀，经济须仰给于美国的加拿大，南毗一群西班牙印第安人的杂种，不足与美人抗衡，国内市场复广阔无限，资源除几样原料外，均应有尽有。这种在地略（Geopolitik）上占特别便宜的国家之最大利益，当无过于“自由做生意”，故美国在过去无不斤斤计较于“海洋自由”说（freedom of the sea），盖惟海洋可自由行驶，然后可以自由来往各国做生意。从这个观点看来，“海洋自由”与“门户开放”本来是二物同根，都是起源于她特有地略所胎含的外交国策。

九国公约所包含的远东政策，在九一八那晚上为日本的大炮所毁。那时美国怎么办呢？若说出兵用武力来阻止日本的横行，那美国觉得有点犯不着，因为投鼠忌器，古有明训，中国有那么远（六千英里的海洋），买卖又不怎么多，（近年不过一万万五千万左右），投资又那么少（占美国海外投资不过百分之一点三），驻华侨民不过那几个（连骑兵不过一万多），何苦打抱无谓的不平，费不必的大劲，去与又凶又狠的“家泼”（Jap）来较短长呢？不，犯不着与这个“家泼”闹意见！

但美国又不能就怎么不声不语了事。他如不愿意动手，也必须动一动口，如“动口不动手”是君子的象征，那么美国可算是远东的“君子”了！九一八以来美国的远东外交就是“君子”的外交！“不承认主义”（non－recognition doctrine）是这种外交的结晶，这由美国国务卿史汀生在一九三二年正月七日宣告于世。平心来说，那时怪不了美国，因为美国宣告不承认主义以前，史汀生曾与英国商量合作制裁日本，英国不愿，美国始单独动作，而就因为孤单和不愿打仗的心境，所谓动作不外乎“口嚷”。惟中国吃这个亏却大了！差不多美国每嚷一次，日本侵华必进一步，仿佛对美国带挑战口吻说道：“看你怎的！”美国在一九三一年九月后给日本的几张照会徒引起日本的进攻锦州；不承认主义一经宣告，日陆战队即进攻淞沪；史汀生在二月二十四写给波拉的那封信一经发表，关东军即制造傀儡满洲国；美国一宣布愿与国联合作施行李顿报告书，日本即与“满洲国”在一九三二年九月十五日签订军事议定书；美国一言明接受国联大会一九三三年二月间之“不承认”决议，日军即于三月间进攻热河，弄到野火愈烧愈大，波及北平，中国始仓皇无措签订城下之盟约的塘沽协定！（这里并不是说美国存心如此，而是说明这种“动口不动手”的外交只把中国的事情愈弄愈糟）。

日本霸占东北四省而列强等尚无实际动作，于是胆子大了，在一九三四年四月十七日由一个无名小卒的外务省情报司长（天羽）放“列强滚开！”（Hands－off）的声明，列强仿佛在那时才知道日本的野心非同小可，群起写送照会给东京。英国四月廿五日的照会不过是柔声问问“天羽声明”什么意思。美国廿九日的照会倒放胆说到条约尊严不容由单方破坏等语。日本竟连理都不理，置不做覆，美国也无可奈何！

同年十一月“满洲国”政府宣布汽油专利，美孚，德士古，亚细亚煤油公司，只得关门大吉！翌年同月殷汝耕的冀东政权出现，又是一个破坏门户开放的尝试，美国除些抗议外又无可奈何！经过与英国驻美大使商量后，美国国务卿曾于十二月五日关于那时紧张的华北发表一个宣言，惟仍不出“要维持九国公约”一类的话。

日本见可随便撕毁九国公约，于是便放胆干下去，先后于一九三三年五月廿五日在日内瓦及一九三四年十二月廿九日在华盛顿通告在一九三六年末限制海军条约满期后，再不受军缩之约束。一九三五年之海军限制会议内，日本要求一共同最大吨数限制（实际即等于海军军备平等），要求不遂，随即退出会议，英美法也无可奈何！只得三个自己在一九三六年三月廿五日签订一限制建舰程序协定，日本拒绝加入。

世界风云愈来愈险恶，美国看着只管瞪眼，口虽嚷而手不动，结果只采取鸵鸟政策，趁慕索里尼攻打阿比西尼亚的机会，通过一九三五年八月卅一日有名的“中立法”(Neutrality Act)。其实“中立法”这个名字是叫错了的，他应该写为“不管法”（non－intervention act)。随后英法在西班牙战争内所采的“不管政策”即胚胎于此。欧洲局势的演进，是与美国政策息息攸关，普通人骂伊登及白鲁姆（Blum）在西班牙所取的自杀政策，而不知他们有苦说不出来，美国是他们口里要说而说不出的难处。这个“中立法”经过两次（一九三六年二月九日，一九三七年五月一日）修改，充分表明美国之关起大门外面“不管”的政策，欧亚二大陆，从此多事了。

二

中立法第二次修正案通过刚好两个月，而七七事变发生了。如那时美国态度不是“不管”而是积极，日阀到底敢不敢在这年发动大规模战争，是一个有趣之历史的“假若”(if)，但不能认为这二事是绝对无关。中日战事发生了数月，日军起始轰炸南京，通告各大使人员躲开，各国的大使中，只有美国大使跑到停泊在江边的美舰上，后来又跑回大使馆来，来往的跑，除消耗些汽油外，不知道还有什么别的作用。八一三战役开始后，大世界的一颗炸弹把美国人唬住了，九月三日美政府劝美侨离开上海。五日后，罗斯福且宣称不肯离开之美侨须自己负安全责任！（那时美侨纷纷去电抗议）然美国加立浦（Gallup）民意测验结果，百分之五四赞成撤退美国驻华军队。当时美国孤立派成见甚深，把 Wichita 事件（一美国公家船载已卖给中国的飞机军火等不过由美国东海岸运至西岸）故意扩大，迫罗总统于九月十四日发出如下之宣言：

“美国政府船只不准载运军火飞机至中国与日本。挂美国旗的私家船只如欲载运，须自己负安全责任。这与施行‘中立法’问题无关，美国政策只限于廿四小时内（24-Hour basis)”。

该船于是在美国西岸把军火抛弃，改载别物换道来华！罗斯福十月五日在芝加哥有名的“防瘟”（Quarantine）演说，结果不过又如七月十二日国务卿赫尔之警告日本，不可动武一样，日人的动武不但不因此而减轻，而反变本加厉！美国国会大人先生们对于罗总统这种态度及在与国联合作问题上，反对与赞成者是二与一之比。

十一月三日九国公约签约国在比利时京城开会前，美政府斤斤以“双方同意”（by agreement）方法来解决中日纠纷为言，伦敦华盛顿均于事前发出通告，充分表明不预备对日实施经济制裁所以请了日本两次到会，而暴日竟置之不理，签约国也无可奈何。该会也无结果而散。

美国是九国公约的发起人，维护人，几乎是所有权人，照道理，如有希图撕毁这个公约的，美国应该领导群伦，予这个暴徒以打击。然实际上美国不但积极上不取有效行动，即消极上亦存观望。侵略者看透这点，益肆行无忌，于是才有一九三七年十二月十二日炸沉“巴纳”（Panay）事件发生。日人之故意炸沉该舰，无论是旁征左证，都是无可疑义的。四十年前，美国有一军舰名唤 Maine 在古巴领海无故爆炸，还不知是否人的阴谋，美国即把这个罪名强加在西班牙头上，向西国宣战，夺取菲律宾及中美洲西国属地。而对于日本存心的一个打嘴巴，美国反吞声忍气，以区区二百多万元美金赔偿为满足，令人不禁有前后判若两时两国之感！

美国的妥协心理在抗议巴纳炸沉的照会中之字里行间见得：照会里语气并不如这件事所应得的眼中，最后还只说美国“请求并希望”（“requests and expects”）日本道歉，赔偿，及保证！事件发生后，美国人民的宣战情绪不但没有沸腾，而反降落。加立浦民意测验的结果，居然有百分之七十赞成撤退美侨和驻华军队！翌年正月尾，一千二百名的美海军陆战队，遂由上海撤退，二月，驻津之“第十五步兵连”亦退出华北。

一九三八年正月十日，又有一事充分表明美国畏战之心理。有国会议员名纳德罗者（Ludlow）居然提议宣战由美国人民公决（referendum）！虽然这个议案以209票对188票否决，然这个愚蠢提案竟能得到百余票之多，不能不算是美国政治家头脑退化之象征！试想如希特拉对美国施行闪电战，等到一万万三千万美国人投票赞成打仗时，美国岂不是早就呜呼哀哉，连这些人投票的机会都没有了吗？

一九三八年欧洲有明兴，而亚洲亦有类似明兴的事，即是英国对日让步。美国束手无策，眼看欧洲民主国家对侵略者妥协，口里不绝的批评而实际上手不一动，某英人遂以幽默的口语说道：“美国人只知道如何在一炸弹炸不穿的牧师案座（pulpit）来同我们讲道！”这年内，美国对日本抗议的次数有八次之多，然均只限于抗议；——（一）正月十七日，抗议美侨美产在杭州南京等地受歧视。（二）正月廿六日，抗议日兵打美国驻华大使馆三等秘书的嘴巴（正月三十一日，美国接受日本关于此事的道歉）（三）二月廿五日，抗议日本驻平大使馆通告各国撤退长江侨民。（四）五月卅一日，抗议日军不许美侨返回家里。（五）六月十一日抗议日机乱炸广州（同时赫尔道义的劝告美飞机制做商勿售机与日本）（六）八月廿六日，抗议日机击落中航机桂林号（日本答复竟谓美国管不着！）（七）十月六日，美大使馆格鲁致日外务省抗议日本破坏在华之门户开放（日本以“建立东亚新秩序”作覆！）（八）最后则为十二月卅一日，再抗议破坏门户开放，同时又云美国愿以“有秩序的交涉及同意”（orderly negotiation and agreement）方法修改条约。一周以前，于十二月十五日，美国借二千五百万美金与中国（英国随在翌年三月跟着借给五百万镑），同时延长一九三七年七月九日的购买白银协定。

三

一九三九年开始，罗总统于正月四日又放一炮，责备国际的无法行为，同时，同时则说“战争不是使人尊重世界舆论的惟一法门，另外还有许多战争除外（short of war）的法子”。罗总统这句话错了，恐怕不久他会发现“战争”是对待希特拉，慕索里尼，东条，近卫，这一类人的惟一法子！

三月十五日，希特拉吞并捷克，一时世界大哗，群以“制止希特拉”（stop－Hitler）相号召。苏俄提请开六强会议，而张伯伦不肯，其议遂寝。罗斯福则于四月十五日向希特拉提议担保卅一个国家的领土完整，他的提议原只限于欧洲近东中小国家，其意不在纳美亚二洲的国家于提议内，而我们的驻外代表竟向罗总统质问为什么把中国除外！仿佛中国的领土要美国来担保！罗总统接到这个质问，想也啼笑皆非，如可能，他可作如下的答复：“这个提议也没有担保我们美国自身的领土完整！”

五月一日，中立法的“现购自运”条款满期，美政府意欲取消军火禁运条款，而将“现购自运”一款扩张至所有往交战国之出口。参众二院，于六七月间先后通过议案制止政府取消军火禁运条款。后来到欧战已经开始，波兰已经完结，英法处境之危不容否认时，然后才于十一月间取消军火禁运。这年间美国对日本最强硬之表示无过于七月廿六日通知日本拟于六个月后废止商约。这个本来是参议员共和党党员范登堡（Vandenburg）的意思，事前该院且询国务院如废约有无违背与日条约责任，赫尔回了一个不置可否的答复，然后由政府以迅雷不及掩耳手段，盗用共和党的意思，通知废约。

五月三日，日本致英美一照会，反对现行上海公共租界之选举法。无何鼓浪屿事件起，英美法水兵均登陆，日人在厦门嚣张之气乃稍敛。六月间，日人开始封锁英天津租界，大脱特脱英国人裤子，而对出入租界之美国人则特别客气，美国乃熟视脱裤若无视，只于十九日声言什么开心而已耳。英国人感觉势孤，乃于七月廿二日签订有田克莱琪协定，承认在华作寇之日军有“特别需求”（special requirements），并答应不阻碍日军行动。美国如欲给英国打气，则很可于协定签订前通告废止商约，而实际则美国此举还后英日协定四日。

废约通知不久，欧战爆发了，一时美国上下朝野的视线都集中于欧洲，对远东无复从前那样的关切。惟十月十九日美国驻日大使格鲁在日美协会席上作一惊人演说，指摘日军在华之如何妨碍美侨事业，如何侵害美侨财产，破坏美国权益，关闭中国门户等。格鲁演说事前显然得有国务院同意，故岁月不居，转瞬一九四〇年正月廿六日来临，世人方以实行废止日美商约，对日禁运，杯葛日货等事期于美国。惟正月廿三日，美副国务卿白理氏（A. A. Berle）宣称，日美商业仍根据以下三点继续下去：（一）日美政府交换照会（exchange of notes）厘定二国商业关系；（二）对入口日货之入口税及吨重税暂不增加；（三）在美经商之日人可以游客资格入美驻美，护照签证可每年更换一次。

这不能不算是给世人（不仅中国）一大失望。条约虽废止，然日美通商一如往昔，美国等于手举起来了而不敢打下去！一切侵华之汽油，军火，及军用原料仍旧一样运日。参议院内虽有 Pittman 及 Schwellenbach，继续提议对日禁运，然议案均搁置于外交委员会内，连提出参院的机会都没有。而在议会外等候着的美国人民，根据又一加立浦民意测验，四分之三赞成开始对日禁运！在这个一方面要保持中国门户开放，一方面又不敢开罪日本的矛盾中，美国外交乃变为举棋不定，要进又退，要动又不想动的外交。在这个矛盾中，美国可能的行动，则为借钱给中国，于是三月七日的二千万美金借款成功，然据内幕中人说，仍顾忌日本，假借一私人公司作借款中之媒介与烟幕（近闻宋子文氏在美借到三千万，但未证实，且其可能性可疑）。

希特拉在欧陆得胜后，两半球之荷比法属土遂成问题，门罗主义遇到百年来空前的试验。七月六日罗总统借其私人秘书之口，发出有名的宣言，包含以下要点：（一）美国不预备出兵参战；（二）西半球之三国属土由西半球廿一国家共同协商处理；（三）美洲门罗主义推而广之，则远东的属地（宣言明言越南），亦应由亚洲的国家共同协商处理。七月间泛美大会协商结果，（一）欧洲战败国家在美洲之属土由美国与古巴及巴拿马三国组织委员会共同管理；（二）这种管理不是割据，而乃是督管，战后仍可归还原主。（三）在管理期间，当地之税收全部限用于当地，不足时由三国贴补。

继泛美会议后，则为七月廿五日之勒令飞机汽油，及主要军用原料（如废铁等）出口须向国务院领出口证，为国防需要起见，国务院可拒不签出口证书。结果是过去运往西班牙再转德意的军用品，已由美政府停止运输，运往日本的当然亦受相当限制。当日大使崛内抗议时，副国务卿威尔斯苦口婆心的解释这个并不是专对日禁运，而是对其他一切国家都是如此（对英亦然？）并且在某种情况下还可想通融办法。

美国不少的人，鉴于欧洲局势危迫，东陲堪忧，想与日本订立新的商约以解西岸之威胁，同时防止日本投入苏俄怀抱里。政论家如 Lippman，Gris Wold，Beard 均如此想，政府人员如陆军部长洛克斯（往日主张对日强硬的），连旧时主张废约及禁运的范登堡与Schwellenbach亦均作如此想了！

四

以上是美国这十年来直到今日（八月廿一日）为止对华外交的一个简单叙述，这种“动口不动手”的外交，无以名之，名之曰“君子”外交。欲测一国将来之外交动向，免不了一瞻其已往。去年二月间国会中一海军预算案内有一设防关岛条款，被参议院删去，为的是不愿意得罪日本。近闻又有人想再提出这意思，并拟拨款廿七万作设防用。如这个属实，则或为一种新动向，亦未可知。然廿七万可做出什么？这个会成事实与否，难成，但究属诚意与否，仍不能令人无疑。

美国之不能（并非不愿）尽力援华，自有其地略上原因，我在“所谓中国路线”（第九期）中，已详为谈及。简言之，两国相距六千里的大海洋，中间还隔着一个虎视眈眈的日本，是中美关系的致命伤这个事实是天注定，人力无法改变，谋国者应时常把他记在心里。

同时美国内部政治机构，亦是她外交不能积极的原因。美国不是独裁，总统的权力不是高于一切，他的一举一动，下有人民公意范围着，前后左右有大理院国会参议二院牵制着，她运用外交不能如德国收身使臂臂使手手使指的效。你看罗斯福屡欲把美国积极化而屡为国会民意等所左。现在孤立派势力仍相当的雄厚，中国谋国者不能忠实地自信地把美国尽力援华的假定打在政治算盘里。

有一件事实，普通人不大注意，然可为游说美国的一种利器。美国需要工业原料靠外来者约有十七种，其中有十种是须靠南洋，这其中又有六种是头等需要，这包含树胶、锡、金鸡纳、吕宋麻（Manila fibre）、铬，及锑。所以荷印有问题的时候，美国即宣称不容许更换该岛地位。专家意见以为如南亚细亚之来美原料受到威胁，则美国将不惜一战。中国为南洋之北方门户，得中国即可以控制南洋，故中国自身，从原料观点看来对美国虽无关紧要（只有锑和钨，但可来之别处）然其地理位置实不宜落在美国仇敌手里。

假如——这是很大的一个假如——美国真肯与中国取同一阵线的话，则为克服地略困难起见，倒可仿效英国办法，把中国海南岛香港或其他海军良港租与美国作她的远东舰队根据地，仿照英国现行办法，把在美洲的任何海军根据地租与美国九十九年。美国获得海南岛及香港则可控制南太平洋的门户，对于她军用原料之供给当不如现在日处风雨飘摇中，同时又可以作菲律宾的声援。

《战国策》第十一期，1940年9月1日。

谈妇女

《小狄的故事》（第九期）引起了些人对于妇女问题的兴趣，从“读者来信”栏中，可知外间期望《战国策》发表对妇女问题态度，至殷至切。惟仆何人斯？乃敢于此有所喋喋！惟女性观是社会哲学观之一重要部分，兹值中枢有组织妇女部之意，故就个人片段想及的，以国民一份子资格拉杂为言如左。

一

我常想，中国没有尽量唤出女性的力量，犹如科学家尚未唤出原子里的力量一样。力量是在里面，所缺的是外面如何捉住它，利用它，发挥它的一套。因为没有这一套，中国两性的力量，往往不是相成而是相消，从国家民族观点看来，结果是等于零！

我又常想，一个文化的试金石，不是飞机、不是大炮、不是电影、不是收音机，而是那文化产生出来的女性的类型（Type of woman）。以此来衡量文化之优劣高低，屡试不爽。中西文化之真正异同，时贤多以物质工具为衡量尺度，实在应该看两文化所产生之女性怎样。因为文化的真谛在生活（life），生活的真谛在情感（Affection），情感的质和量，均随那时那地那种的女性而不同。女性是现在与将来的生命连锁点（Pivot），这项责任只有它才能担当，她尽责与否，关系那整个文化的生活；所以她可以作审量文化高下美丑的尺度。

譬如说，西欧资本主义社会与苏俄社会主义社会的典型女性截然不同，这个不同可以意会而不可以言传，普通讲来可以在两种电影中意味出来。无论何人看过西欧式与美国的及苏俄电影，都感觉其中表出的女性显示两个世界的不同。大体说来，前者的女性较为“女性的”（Womanly），后者则较为“男性的”（Manly）。若把我们中国的女性比起西欧美国，我们的又更较为“女性的”，以中国往日之旧女性比近代的新女性，则前者又较后者为更“女性的”：这几种文化显然在“女性的”这点上，构成一可分上下的滑尺（Slide-rule）。

自从中国与西欧文物接触之后，中国的女性自惭为过于“女性的”，颇思学学她们西方的姊妹，在各样上都想与男性比赛而并驾齐驱。更加以苏俄社会革命的影响，于是“男女平等”“妇女解放”之呼声，日嚣尘上。凡男子所做的事，女子也要试试，仿佛如世界上有一事女子不能参加的，即为男女未获平等之证。于是妇女参政、妇女从军、妇女自由职业，妇女这样那样的事，层出不穷，为的是欲求男女“平等”。

但男女“平等”已经是一件生物界的事实，不过普通人不大注意罢了。我们如从眼观察生物界中雌雄绝对“平等”，在牛马猫狗虫鱼鸟兽的世界里，绝无男性压迫女性的事，若有则只有女性欺负男性，如一种蜘蛛名 Tarantula，交尾后雌的竟把雄的一口吞食！普通讲来，生物界里，在性的要求上，雄的是可怜的一方，雌的不答应，他简直没有一点办法，所以雄的非要百方打扮，百方引诱其雌，如雄孔雀之显其美丽之尾。自然界似乎早就安排好：在“性的亲媛”（Sexual Intimacies）上，男女二性，不能有上下、优劣、高低之分，不然就会失却性的作用。性的作用，只有在“平等”的基础上才能发挥尽致；在性的行为上，男女相遇绝对是“平等者”（Equals）的相遇，在那亲媛的刹那间，绝无贫富、智愚、贵贱、贤不肖、上司下属之分：双方是生物界之一员，平等分担延续生命的责任。最平等的时候是在那时，最快活的时候是在那时。所以自有人类历史以来，上自皇帝下及庶民、老爷都骂过太太，也被太太骂过，这相骂就是“平等”的表现。性的平等是自然的、驻定的、生物的（Biological）；其他种的平等是人为的、不自然的、强做的。

我以为男女的平等应建筑在生物的平等（Biological Equality）之上，因为只有这种平等才是相容（Mutually incisive）相成（Mutually Complementary）相消（Mutually cancelling）的平等；前者是快乐之源，后者是痛苦之根。近代的女权运动，从这个观点看来，是一个舍本逐末徒劳无功的运动，因为她所要求的是后一种而不是前一种的平等。

从这个基本观点我们又可以推得以下的论断：即女人的真正位置是在“家”（Home）里，因为只有在“家”里才能得到真的、生物的、长久的平等，在“家”外——譬如说，参政会——得到的平等是假的、人做的、暂时的。这种说法有点像开倒车，但我相信这个才是不容否认的真理。许多女人希求“家”外的平等，出去当参政员、女青年会干事、律师、医生等，是因为她们没有尽量利用家内的资源，未看清真正平等之所在，妄以为那边的月，是一个好世界，谁知到了那里，才知道月球上面的寒冷不毛，比地球还糟！

假如女人的真正位置是在“家”里，则从前中国“贤妻良母”的老套，未可厚非，因为在家里，女人的地位是为妻为母，为妻为母而做到“贤”与“良”，则女人的真正平等得到了。当她为妻为母时，她不怕丈夫以不平等待她，因为她常具特有“性”的武器，可用以强迫男子就范；他就范时，“平等”——生物的、真正的平等——就得到了。这就是为什么许多要人都要听太太的话，而要人太太可以“垂帘听政”的道理。世界上，最有效的训词是“帐里词”（Curtain Lectuer），最有力的告状是“枕头状”。

二

再从大政治观点看来，女人的真正地位也是在“家”里。大政治的意义，是国与国的的关系力的单位与其他力的单位的明争暗斗，所以国内政治的安排决定于国外的政治情形与条件。力从什么地方来呢？一是人力（Man—Power），二是兵力（Military Power），三是经济力（Economic Power），而归根于人力。古语曰："有土此有财"；但"有人乃有土"，一片荒芜之地，无人去发展它，还只是荒芜之地，不能成"财"。人力之创造者，只有女人可担任，她是自然界（Nartue）派定作这个工作的人，男子不能与她竞争。这个工作是她的光荣神圣之所在。

在过去，尤其在十九世纪所谓维多利亚时代（Victorian age），西方的确把女人第一看作情人，第二才看作"贤妻良母"。"情哥"与"爸爸"的分，根源于此。但这种女性浪漫观（Romantic View），即在西方也渐渐变样。德国现在，因应付大政治的需求，树起所谓女人三 K 主义（Kirch 礼拜堂、Kurche 厨房、Kinder 孩子），也就是"贤妻良母"的变相说法。意大利从前在诗人如但丁（Dante），画家如 Raphael①、Botticelli② 感化之下，把女性看作天人的，现在慕索里尼统治之下，把女性只有看作生产育婴孩的工具。可见时代变了，人们的女性观也随之而变。

中国从前是处在一个大一统而不是战国相争的局面，社会统治的单位是大家庭而不是国家，所以女人活动范围也在这大家庭之内，读过红楼梦的就可联想到凤姐之为人。此后吾国国际局面已变，大家庭的统治单位，恐怕变成小家庭的统治单位，那里将侧重夫妻的和洽与他们共同力量的发展。

从前美国有一个文豪叫霍桑（Hawthorne），本来是一个海关的小职员。有一天晚上免职后他垂头丧气回家，告诉他的太太说他的饭碗破了，他的太太色然而喜，立刻说道："那么你现在可以开始做作家了！"

"但，"霍桑这样说，"在这未成名期间哪里来钱养活家人呢？"

太太一手拉开抽屉，显出垒垒的金元，那是她这几年来成心省下，预备丈夫写作时用的。后来霍桑成了文豪，太太的功［劳］第一。

惟有像霍桑太太的女人才配在家内得到真正的平等和幸福。她对男人的态度，不是相消相争相拒，而是相容相成相辅。近来有些要"自由"要"独立"要"个人职业"的女子，根本就忘却她们的真正自由是在丈夫的自由里，真正的个人职业是在婚姻里。女人真正的幸福是看与她同居的男人怎样。

中国现正从大一统局面，痛苦地、呻吟地、挣扎地，进变至战国局面，即将来一切的道德，一切的信条，一切的思想，都将以她是否增进国家民族在大政治中争斗的力量为试金石。两性的关系，亦逃不了这个历史的任命。

---

① 拉斐尔，文艺复兴时期意大利著名画家。——编者注

② 波提切利，文艺复兴早期意大利著名画家。——编者注

有时想起来，道家把阴阳画成一构成一个圆圈的两条大眼鱼，不是没有道理。这两条鱼相成相辅，不分上下高低，而睁大眼睛，同居在一个圈子里！那里才是真正自由，真正平等，真正生命！

《战国策》第十一期，1940年9月1日。

希特拉的外交

一

“内政的任务是如何制造国家的武力：外交任务是如何保障这个已制造出来及在制造中的武力，并在战争时找寻作战的盟友。”（《我之奋斗》一二八页）

这是希特拉对于政治一针见血的名言，充分表明希氏的政治天才与灼见，是道地的“战国”（war—state）的政治观，吾愿我国人三复斯言。

我们中国人如早知道这句话，也许今天不至于如此的颠沛流离，倾家荡产！我们十年来在内政上的确努力统一和制造武力，但在外交上并没有，一点都没有，做到天才者希氏所说的二点：（一）保障这已制造出来及在制造中的武力；（二）在战争时找寻作战的盟友。

日本是在东亚早已制造武器出来的一个强国（power），但其称霸范围限于远东，故在远东不能容许另一强国出现，不会容许我们中国制造武力，这是显而易见，初中学生都懂得的一点。所以我们愈制造武力，则日本打击我们之愈急（参阅拙著《论大政治》，见《战国策》第二期），故在我们制造武力的期间，必须想法子在外交上（一）如何保障这个武力的制造，及（二）在战争时找寻作战的盟友。十年内吾国在蒋委员长之领导下，苦心孤诣，的确造成统一局面下的相当武力；真可惜无人赞助他做希特拉所说的“外交任务”，（一）来保护这个武力的制造，及（二）来在吾国遇战时找寻作战的盟友！结果是我们在毛羽未丰时，日寇即予我们以打击，此时环顾左右，没有一个知心之友，列强在那里都如隔岸观火，只给我们一点的“同情”！这不能不说是我国十年来武力制造之成功而外交之大失败！

我继“希特拉与朱元璋”一篇文后（本刊第十一期）写这篇的用意，就是想国人知道一点近代战国的作风，和希特拉所说的外交任务。希氏是一个说得到做得到的人，他特别的政治见解，七年来他实施于政治行为上。

二

研究希特拉之外交的人们，不由得忘记他道德上的缺憾，而对于他的聪明、机警、敏捷，深深地脱帽致敬！因为他上台时的德国外交上是一个四面楚歌被别国围得水泄不通的国家：不到七年，他已经把这个包围链，一圈一环的打破，现在只剩一个英国，而这个帝国也不是没有被打破的危险！

希氏在一九三三年正月上台时，德国因受了战败和凡尔赛条约的限制，是一个武力不够的国家。希氏而欲复兴德国，那么依照他的特到政治见解，头一步的设施就须恢复其国的武力。所以他外交上头一炮就是在该年十月十四日以举世震惊的手段退出国联和国联主持下的缩军会议。

但是国联是一个差不多六十个国家结合的集团，希特拉怎敢单拳只手与这个集团对抗呢？这就不能不说到国联是怎样的一件东西，和希氏明若观火的眼光了。国联是六十个国家的结合，而实际上不过只是英法二国：实际（reality）是伦敦与巴黎，外幻（appearance）才是日内瓦。如伦敦巴黎是一心一德，事事都采同一阵线的话，那天才如希特拉的，恐怕也无计可施：但世界政治里有所谓“势力均衡”（balance of power）的另一件东西，就弄到国联这件东西失其作用。英法两国对于国联所期望的作用，都不相同：法国所希冀者，是拿国联作掩护来保障本国的安全，其作用是积极的；英国所期望于国联者，是用他来抑制欧陆上无论哪国独霸的趋势，其作用为消极的。法国的诉求，推而广之，可使法国膨胀至独霸欧陆：英国的诉求，推而广之，可使之事事与法国对抗。故这两国是背道而驰，时常抬杠，希特拉就利用这两国抬杠的微妙处，肆行无忌，得其所欲！

德国推［退］出军缩会议，正是英国妒忌法国势力蒸蒸日上之时，巴不得看法国碰一下钉子，以遂其玩要“势力均衡”之素心。自退出后，法国在军缩会议中所提出之“共同监视德国扩军程序”的计划失败，德国遂得私行制造军器，法国以势孤而承平日久，习于安逸，遂亦置之。

但波兰的皮尔苏士基将军（Pilsuski）看这情形不大妥，乃向法国建议共同出兵攻德，趁希氏毛羽未丰前一举而歼之：这是希氏一生最危险的一刻，那时法国如答应，希特拉早就呜呼哀哉了！但法国的惰性（不答应）又让希氏平安地度过这难关：同时希特拉也机警异常，马上顺风转舵，关于十余年来天天大嚷的“波兰走廊”“西利夏亚”(Silesia）等，只字不提，反而与波兰定一个放弃“走廊”的要求与十年互不侵犯的条约。这是在一九三四年正月廿六日，在希氏上台后之差不多刚好一年。希氏那时如仍瞎嚷硬干，不管风色，则必不会有今天。

这时候德国拼命制造飞机，虽凡尔赛条约明言不许，但英法既未准备以武力制止，乃想用甘言悦语引诱德国不大扩空军。这是一九三五年二月英法对于德国提议的一"空军洛加诺"(Air Locarno)。那时英法的外交部长，一是 Simon 而一是 Laval，都是妥协主义者，两个预备联袂亲身到柏林面说希氏。希氏见民主国家如此的低首下心，不但不肯签订"空军的洛加诺"，反借这个题目作为英法准许德国建立强大空军的借口。他说："英法要我们加入空军的洛加诺，即是如一九二六年的洛加诺条约一样，任何签字国受到侵略时，其他的签字国，即预派军力去协助。但如要德国派空军协助，那么就等于要德国有一强大空军了，而且协助愈得力愈好，故德国空军也愈强大愈好！"这可当作外交史上的妙语隽言，希氏居然把英法要限制德国空军的提议作为鼓励德国建立强大空军的借口！

希氏的妙语在英国下院引起剧烈的辩论，反对党指摘西门氏的丢脸，益增保守党欲与希氏成立协定之意念，且不惜不顾法国，而单独与德国交涉。正在这英法分道扬镳的当儿，希氏于三月十六日（星期六）用打雷式宣告世界不受凡尔赛条约关于德军人数之限制（十万人），同时公布征兵法，增加德军至三十六个师团。法国马上欲与英国采同一阵线制裁德国，故劝告西门氏不可赴德。但西门氏不顾法国意思，与伊登乘车至柏林（后来伊登赴莫斯科），与希特拉当面谈判，谈了两天而毫无结果。法国见英国不合作，灰心不少，在 Stresa[①] 与英意二国代表草草拟就一张白纸黑字的宣言，不过也是"条约神圣，不能由单方独毁"一类冠冕堂皇的话而已。

法国见这情形不大稳当，乃转眼角东看，在五月二日与苏俄签订法苏防守同盟，同时也邀请捷克加入。签订这同盟的拉伐尔，根本就不大热心，故延至次年三月始由法国国会批准。但希特拉仍不能不有所戒惧，于是马上就机警起来，提议与德国左右临邦（苏俄除外，因为国社党是进行反共的神圣战争的！）签立互不侵犯条约，同时表示愿与英国缔结一海军协定。英国立刻上了希氏的圈套，不通知法国，暗中与德国进行海军协定的交涉，协定宣告成功的一天（六月十八日，德答应海军军舰不得超过英海军百分之三十五，但潜艇数目可平等），正是滑铁卢战役（Waterloo）的一百二十周年纪念日！英国仿佛在那一天庆祝百余年前英德合作打败法国的拿破仑！

法国由此怀恨英国，觉得她 Perfidious Albion 的绰号的确不错，是一个靠不住的国家。无何意大利侵略阿比西利亚之事起，一时世界舆论一致主张国联对意制裁，于是国联的制裁议案通过了，有些中立小国遂天真烂漫地执行对意制裁，英国在地中海里也增加了海军军舰。但当英国问法国是否预备也派遣海军与英国合作，法国因上过英国的当，巴不得看英海军单独与意海军火拼，对于英国的问给一个唯唯否否的答复。英国也许早就想与意大利妥协，看见法国如此冷淡，取消制裁之心愈决，乃有十二月

① 意大利小镇，位于米兰北部。——编者注

八日之贺尔拉伐尔协定，以阿比西利亚之大块肥肉喂慕索里尼的巨颚！

希特拉看见这样，益发看不起民主国家了！一九三六年三月七日，他又在星期六以打雷式的手段，进兵占据凡尔赛条约规定为非武装区域的莱茵河岸地（Rhineland）。那时慕索里尼正有事于东非，三月二日英国的伊登还是在日内瓦提议对意禁运汽油，但法国的佛兰亭（Flandin，当时的外交部长）欲与意大利妥协，在这个英法背道而驰的刹那间，希氏以敏捷机警，得其所欲！他想：如进兵莱茵，所惧者不过法国出兵制止，但在英法貌合神离而巴黎极力讨好罗马的时候（因有一九三五年正月七日协定），法国出兵的可能性是不多，而这个险是值得冒的！

“但是，假如法国出兵，我们打不过，那怎么办呢?”德国国防军的将军个个向希特拉这样说。

“那么，”希特拉回答道，“我就自杀；你们就可下令复员，把一切罪名加于我的尸骸上!”

结果是希氏不用自杀，莱茵河地白白给德国占了！法国内阁也的确曾考虑过出兵，由总统勒白伦亲自主席［持］，年轻的阁员先投票（以免受年长的阁员之影响），投票结果是不动员。英法的不合作当然是个原因，而那时候法国财政的困难也是一个因素，因为动员是需要钱的。莱茵河地归德后，法国的安全遂感受极大的威胁。“法国就因为几个法郎断送她的国运”，历史家这样批评说。

希特拉每次“偷鸡”都成功，其原故有二：第一，他不是手中没牌，实在有很大的力量。他有一句名言说：“图以武力得你所欲，你须要强；图以交涉得你所欲，你需要更强。”上台以来，他不断地制造军器，组织军队。他的新武器现在得到试验的机会了。一九三六年七月十九日西班牙内战爆发，德意两国，事前已阴谋助叛，事后则源源以军火供给佛兰哥，既可收政治之功效，又可作新兵器之试验，真是一举两得。德意两国轴心于是年十月十九日正式成立，同时德意两国飞机大炮在西班牙血染红的土得到实地试验改良的机会。第二，德意帮助叛党，而苏俄帮助西班牙政府，看来像煞是反共，民主国家的资产阶级畏共党尤甚于畏法西斯，巴不得看他们二者相拼，于是在西班牙采取“不干涉政策”实际是等于让德意在西班牙任做任为，直到扶植佛兰哥上台。现在直布罗陀所受的威胁，可说是拜这个政策之赐，而这个政策又可说发轫于法西斯表面反共的口号。

为推广反共口号至远东，使民主国家信以为真，希特拉于同年十一月与日本订结防共协定。无论从德方或日方看来，防共协定都是外交史上的杰作；为了这个协定，民主国家以为希特拉真去攻打史太林，所以对前者节节让步，希望他东进而不西向。日本也靠着这协定获得民主国家在远东对她让步而希望她从西伯利亚去攻打苏俄；由此观之，防共协定等于数十年前英日同盟。

德日两国都是仗着防共协定所赋予之声势，狼狈为奸，日本在东方进一步，德国便在西方进一步，而德国在西方进一步，日本便又在东方进一步。一九三七年中德国所得到的大教训厥为日本在华之横行而民主国家仍吞声忍气，唾面自干。这种怯懦，希特拉在西班牙战事中已知道，但尚未到如在远东炸沉“巴纳”，轰击“夫人鸟”（Ladybird），以机关枪扫射大使的可怜地步。希特拉心内微点其首，乃于次年发动攫取奥地利。

时是一九三八年三月十一日清晨五点钟，地是奥地利北部之阿尔卑斯山间道，人是向维也纳推进的德国士兵。事前英国外交部长哈立法斯已经亲身去过柏林告诉希特拉英国对于中欧不感兴趣，哈氏之行法国早已为之感心疾首，英法二国之不合作，又给希氏以便宜的胜利！

是年五月廿一日希氏欲在捷克有所发动，但仍有忌于苏俄，欲动而暂缓。后来苏地顿区德国国社党的第五纵队工作已大有成绩，同时希氏亦侦知英国张伯伦不愿与苏俄共产党合作来维持捷克之独立，他审量英国如不动，法国也不致于动，于是九月大胆发作，召至世界历史有名的慕尼黑协定。在那一天，民主国家失去了三十五个师团的兵力（捷克），整个在捷克之马奇诺阵线样式，和法国与苏俄之联络。一九三九年三月十五日希氏之整个吞并捷克，不过是这协定之余波，有识者早已知其必至，惟捷克之灭亡又给德国以她所正需要的七千万镑之现金！

到这时英国应知道非联苏无以制德，但张伯伦所代表的英国保守党畏共党主义甚于畏国社主义，于是与苏俄貌合神离，派一个无名小卒的外交部司长去莫斯科谈判，苏俄见英国如此缺乏诚意，不得不自谋出路。据英国的白皮书声称，苏俄要求的价钱是东欧各国领土之一角，英国不能给这个价，因为如给这个价，则英帝国的声威将益低落。希特拉知道这事，马上给这个价，结果是有名的八月廿二日德苏协定，由这个协定产生了现在的欧洲大战！

在《我之奋斗》内，希特拉即骂德皇威廉第二为笨伯，弄到德国在上次欧战内受到东西夹攻，故这次他虽牺牲了十余年来的反共资本，仍甘愿签订这个协定。史太林也甘愿牺牲十年来共产主义反国社主义的立场，与被认为人类之猛兽的希特拉携手，为的是苏联国境的安全。可见在大政治里，无所谓主义，无所谓恩怨，无所谓和平，只有那国那时的国家安全事实！只有这个才是最后决定的因素，其他都是烟幕！

欧战竟在德苏协定后不数日而爆发了，希特拉于十八天内征服波兰后，即在十月六日向英法提议讲和。今年二三月间美国副国务卿威尔斯聘欧，光顾意德英法而不及苏俄。威氏与希氏所谈的是什么，恐怕只有他自己和希氏左右数人及五十年后的历史考据家才知道，我们局外人须盲索于黑暗中。但我疑心威氏至少有一句话与希特拉说过，即是“美国不会出兵加入欧战”，与一九三七年十一月哈立法斯告诉希特拉“英国对中欧不感觉兴趣”后而德国马上攫取奥地利一样。你看威氏于三月底回美，希氏即于四月初攻打挪威丹麦，五月初攻打荷比法，历史的重演前后如出一辙！

三

七年来希特拉以事实证明他是一个外交神手，善于乘瑕［暇］蹈隙，利用民主国家的裂缝，单刀直入如庖丁解牛，其神妙处远非英法的外交家可及！其能屡次制胜的原因，后来的历史家必有定评，照靠近希氏时代的人之眼光看来，他的节节胜利，其中有一大原因：即是他认外交为战争之一部门（Diplomacy a branch of War）。传统的意识，以为外交是一种花瓶点缀，故凡会吃西餐，会跳洋舞，会讲洋话，会行洋礼的，我们就认为是“外交家”。这种外交认识与希特拉的相差多远！希氏本人并不是有礼有貌、鞠躬如也、八面玲珑、谁也不得罪的人。正相反，他的声音如鹊噪，他的手势像疯人，他人望来，只会生憎厌而不会生爱悦。而这个外交家的成就比任何小白脸式之外交家为大！

认定外交为战争之一部门，希特拉的外交一举一动必慎拣时机（Timing）。他每次动作，都拣星期六日，为的是有礼拜日来缓和他的打击之震骇，并使敌方不能迅速想出对策。他的进兵荷比，是拣定英国政府改组，张伯伦下台而丘吉尔尚未上台之日。外交既为战争一部门，则快一天就差很远，“兵贵神速”，外交亦贵神速。

七月十九日希特拉于战胜之余，又提议讲和，其未具诚意，举世皆知，但他却又可把不接受和平建议的罪名加于丘吉尔头上。九月四日，他又演说，言英德二国终有一国被毁灭，但必不是国社党的德国，此言验否，留待后证。但有一事是确定的，希特拉如欲继续他的战事胜利，必须继续他的外交胜利。丘吉尔是他的好对手，希丘二人之斗，孰胜孰败，谁上谁下，要看两地点的外交战而定，一是苏俄，而一是巴尔干，如在这两地，希特拉都如以往的取得胜利，则英德孰胜孰败，无待再著了！（完）九月六日

《战国策》第十二期，1940年9月15日。

论国力政治

一

政治是一种“大人的学问”（A Sovereign study），并不是因为这种学问比别的较

高深而较困难，乃是因为这种学问之对象——一个社会的政治生活——的确决定该社会的一切又一切。人是群的动物，势不能离“群”而独居，个人而欲自存，则不能使其“群”获得稳定的生命。在“群”的生命过程中，最基本的事实，当无过于该“群”之如何统治：谁应命令？怎样命令？谁该服从？为何服从？谁应抽税？谁应纳税？的问题，是任何社会内最原始，最根本，最能决定一切的问题。梁任公所谓一切“托命”于政治，就是这个意思。

经济，教育，贸易，文化等之均受政治支配，固无论矣。微小如一社会中之神话鬼语，也逃不了那社会的政治生活之直接影响。希腊神话是一幅反映当时希腊城国政治图画，男神如宙斯，阿波罗，普西顿，女神如喜娜，雅典娜，阿佛露带蒂，都是那时希腊政治人物的拍照：而中国的玉皇大帝，阎王，土地，夜叉，判官，牛鬼，蛇神，也活现出从前我们的“衙门”政治！

一切的思想，都是客观环境事实的产物，同时也产生另一批的客观环境事实：诚如比尔德氏（Beard）所言“没有一种客观权益（interest）不产生一种思想（idca），亦没有一种思想不产生一种权益”。资本主义之无产工人阶级的事实产生了马克思主义，这个主义又产生了俄国社会革命，而这个革命演进又产生另一种理论。事实与理论，互为因果，互相影响，其密切关联处，远非徒主张理论万能或徒主张事实万能者可得而想象。

鸡与鸡蛋，究竟是哪一个先有？这个是社会科学中常遇到的问题。理论与事实诚互为因果，然某号某招牌的理论往往须等到那招牌的事实发生后才能形成，虽则那号那招牌的事实自身也是另一号另一招牌的理论之产物。假如“政治为最高决定者”之一语不错的话，则政治情形一变，社会之其他种种，也应该随着而变，而已变了及在变动中的社会种种，又必令聪明人冥想其故，于是发为言词，创造理论。

谈中西文化的异同者多矣，然多限于描写二者之如何不同，至于为什么不同，则言各人殊。各种解释，都有理由，但只能解说到某一程度（up to a point）。因为真理是多面的，绝非经济生产，伟人巨擘，天气飓风，水灾大旱等之一个所能尽解。唯有一件事实，思想界中尚少人提及。我们也正因为少人提及他，所以在此略为申说，并不是我们认他为真理之全部，而是因为别的学说既已甚嚣尘上，则为公道起见，这个也值得稍为一说。

中国与西洋有一明显而重要的异点就是西洋近四五百年来是一个国与国对峙的局面，中国则自从纪元前二百年秦始皇统一寰宇后，即成为数千年来的“大一统”（universal empire）。虽其间中国也不是美誉地方割据互相攻打之事发生，然均为内战，在“大一统”局面下是一种罪过，不容于法律，舆论，与传统的哲学，所以我们才有“成则为王”，“败则为寇”的一类隽语。西洋则不然，他们虽不是没有内战，然大部分战争都是“外战”，是国与国的战争，这种战争在法律舆论哲学上，都公认为当然，“成”则未必为“王”（只得了一点割地赔款），“败”亦不为“寇”（只吃了一点亏），道德信条不适用于这种场合，她既不是“合道德”（moral）又不是“不道德”（immoral），而乃是“非道德”（amoral）。这种作风，在这个时期中，国家是一个“非道德”的东西，国与国在道德上一律平等，也可说一律无关。既然如此，国与国间的关系，完全变为“力”与“力”（power）的关系，每个国家成为“力”的单位，是在世界大政治里角逐之一员，所谓“主权”（sovereignty）不过是“最高力量不能受国以外的法律限制”之另一种说法。这种局面必是“大一统”崩溃后然后始能形成，中国如是，西洋亦如是，在中国则是周室之衰微，在欧洲则是罗马帝国与罗马教会之没落。

孟子说得好，“天下定于一”。本来天下求和平，求统一，是中西人共有的虔诚，“天下分久必合”是因为人心想合。希腊城国互相争斗打出一个马奇顿帝国来，这个帝国崩溃后又引起城国相争的局面，到了罗马帝国出现，然后西方天下才定于一。这个统一局面，是上古的欧洲付了重价换来的，他们非常宝贵它，故即在这个帝国崩溃后，人们仍念念不忘“该撒”（Caesar），虽帝国之实已去，而帝国之名（神圣罗马帝国）犹存，萦绸于人们的脑筋里，为维持西欧统一局面之一种无形势力。同时罗马教会（Roman Catholic Church）从西罗马帝国的死灰堆里代之而兴，以宗教维持一统垂数百年。若不是这个教会与神圣罗马帝国在中世纪内作不断的猫与狗的争斗，则欧洲统一局面也许更会延长，近代国家或须迟数百年始能兴起，成为近世之国与国对峙之局。

国与国对峙的局面，根本上即为“力”与“力”对峙的局面，在这“力”与“力”不断相争的前进中，人们遂没有功夫再如从前那样的视“力”为手段（means），而今乃视之为目的（end）。在国与国群向大一统奋争的当儿，显然的，“力”为最主要的政治条件，最急于提倡急于培植的法宝，其被视为纯粹一种目的，自属理之固然，犹如酒井贫贱的人，视“钱财”为目的而不看为获得幸福的手段一样。在这种局面下，“力”的哲学，“力”的讴歌，关乎国力政治（power politics）自必应运而兴。

这种现状，中外皆然，无足为怪。我们战国时代百家共鸣中，法家的国力政治观，即为时代的产物。例如韩非子曰：——

“上古竞于道德，中世逐于智谋，当今争于气力。……偃王知义而徐亡，子贡辩智而鲁削，夫仁义辩智，非所以持国也。去偃王之仁，息子贡之智，循徐鲁之力，使敌万乘，则齐荆之欲不得行于二国矣。”其在西欧，希腊城国的对峙早就产生了一种“力”的讴歌。希腊历史家 Thucydides[①] 书中有一名段，后来霍布士（Hobbes）及尼采都认为上古哲学的最大成就。当 Melos 的议和代表（有点像今年六月间的法国议和

① 修昔底德，古希腊历史学家，著有《伯罗奔尼撒战争史》。——编者注

代表）向雅典帝国的特使乞怜，以宗教道德的理由哀求雅典不予吞并，雅典人说到：——

> “你们知道，我们也知道，从人的眼光看来，唯有力量相等的始配谈公道：力量强大的可任做任为，力量微弱的必须俯首听命。神道门怎样，让世人去理论。人类呢？自然界似乎安排好，无论何时何地，优者总是统治劣者。这个道理不是我们规定，也不是我们头一个应用。我们将把它留给后世。我们应用它时，心里满知你们及别人如有我们的力量时，也是如我们一样的应用这道理这原则的。”

这段名言中，最重要的字是“们”字：雅典人说“我们”（即我们的国家），“你们”，而不说“我”和“你”。

二

希腊城国对峙之局势，经过数百年，乃为帝国大一统之事实所清算。嗣后罗马帝国失却领导权，然罗马教会仍继续维持统一局面于不坠，亘中古之上中纪，政治哲学乃一反希腊城国时代之作风，主张“和洽”（harmonia），“定于一”（unities），“世界大同”（concordia catholica，此是 Nicholas of Cusa[①] 语）的一套。

但，到了文艺复兴期间，时代变了，政治情形变了，那一套“大一统”的哲学，不复能够维系人心，这其中宗教，经济，武器变迁等等原因当然复杂得很，兹不具论。畴昔在罗马教皇下的意大利统一局面，到了十五世纪，乃一变而成为城国对峙局面，而意大利外面又是乱七八糟，城与城争，国与国争，真所谓“争地以战，杀人盈野；争城以战，杀人盈城”。在这种局面下，乃产生了马奇维里（Machiavelli）的特殊政治哲学。在他前是中古“大一统”的政治思想，在他后是各强对峙，“战国”的政治哲学。

马奇维里是站在十六世纪门跟之一个划时代的人物，这四百余年间的欧洲——不，世界——政治，虽其间不无有“天官赐福”式的学说，实际上可说是遵循马奇维里的国力政治（power politics）。这几百年来，马奇维里在西洋之受唾骂，有如中国之曹操，大家都以为他是不世的奸雄，不管仁义道德而专诲邪诲力！但马奇维里在生时，是一个典型的好人。在贪污成为风气的时代里，他曾做了十余年不大不小的官，仍不过两袖清风，死时尤一贫如洗。他私下对人接物绝不施用欺诈凌虐的手段，朋友都很

---

① 库萨的尼古拉（1401—1464），文艺复兴初期的德国哲学家，罗马天主教会的高级教士。——编者注

敬爱他。他还不止是一政论家，而且还是个诗人军事家与戏剧家。他做事非常认真，无论在财政，军旅，外交上他都能“不辱君命”；后来因为党派倾轧他的饭碗破了，也不怨天尤人，且念念不忘意大利的统一。比起那是满口“仁义道德”，满脸“天官赐福”，但满肚“男盗女娼”的假君子，马奇维里可算是一个圣人。然而这在私德上的圣人，竟受了数百年的唾骂，为了他的国力政治哲学。

不错，他的政治哲学的确是诲“邪”诲力。举例说，他教人君与其令人小看，宁被人畏惧，而不怕令人怀恨；他教人君吝啬及如何施用残忍；他教人君如何收买人心；他教人君遇到不利的场合，则可径不守诺言；他教人君羡慕 Cesar Borgia① 的暗杀手段，等等，不一而足：这种话让说梁惠王以“仁义而已矣”的孟子听见，他的胡子将跳起三尺！但孟子谈“仁义”而能“后车数十乘，从者数百人，以传食于诸侯”；马奇维里谈“国力政治”而竟死而无钱置棺椁：这两者中，谁占了便宜，谁吃了亏，读者不难一望而知。原来“仁义道德”那一套是“传食于诸侯”的一种手段一件法宝；讲老实话，谈政治实在“是”什么而不是“应该”什么的人，反要饿不死而吃不饱！

但，马奇维里宁肯受“吃不饱”的痛苦，继续谈他的国力政治，其中有深长的意义在。他在生时的意大利，是一个分崩离析，敌蹄践踏，供人鱼肉，为人奴役的地方：那时的法兰西人德意志人均以“徒是地理名词”的意大利为角逐之场。而意大利人又偏不争气，内部自相攻击，把自己的国力相消，此城国之恶彼城国，尤甚于其恶外敌，招引外寇，羼入本土，以抗内敌之事，层出不穷。马奇维里盱衡局势，深觉意大利之不能统一，罗马教皇实为罪魁。这位先生对于意大利所玩的把戏亦即英国数百年来对于欧洲大陆所玩的把戏，均美其名为“势力均衡”。教皇玩耍“势力均衡”把戏的结果，把马奇维里在十六世纪初所渴望的意大利统一延展至十九世纪的末叶。

马氏所渴望之意大利统一，其道何由？曰：“力”（power）。尽管你怎样谈仁义道德，尽管你谈得天花乱坠，说得花团锦簇，统一一个国家还是需要军队，兵器，和武力。这个武力在数个政治权力之下则相消，在一元化的政治重心下则可完整对外。马氏所日夕乞求者即为这个一元化的政治重心，而这个政治重心在那时的思想阶段上，又必只能为“国君”之一身，(因为尚未有民主，国会等等的一种思想和制度)。故马氏写其不朽的《国君论》而献于佛鲁兰斯（Florence）的君主罗兰素（Lorenzo Medici)，目的是想这位君主用他的话，攫取全意大利的政权，以抗外敌，其用心良苦。

马奇维里之所以成为划时代的人物，即在其为头一个看出那时神圣罗马帝国及罗马教会下统一局面的空洞无实，并看清欧洲近代国家（states）对峙局面的降临，从而以其敏锐的眼光和犀利的文笔，给这种新局面以一新的政治哲学，这就是几百年来欧

① 恺撒·博尔吉亚（1476—1507），教皇亚历山大的私生子。——编者注

洲的国力政治。

三

由此观之，马奇维里所谈的“力”，是国家的力而不是平民个人的力，所谓“国力政治”只是国与国间，而不是人与人间的“尚力”。上面说过，最要紧的字是个“们”字，是“我们”(we) 而不是“我”(I)。今人不察，动以国力政治是你一拳我一脚的政治，抑何误解之甚也！试举例：——

“倘有拳师力士，对书生无端登其堂，无端入其室，无端批其颊，无端伤其体，更无端倾其囊，倒其箧，更无端杀其子，辱其妻。拳师力士临去且晓谕开导书生曰‘斯即唯力主义’，书生申冤无门，申诉无处，书生之感想为何？其尚羡慕力的政治欤？”(今日评论，四，一)

这种说法，完全误解了冤枉了马奇维里。

更有误解的，以为马奇维里主义“既可支配国际关系，则亦可支配人与人的关系”，所以许多政客和一知半解的“学者”，借马奇维里主义的护符，以毒辣谲诈的手段施于同僚。殊不知正相反。马奇维里主义是用以对外的，而不是用以对内的，对内愈应用它而对外愈不能用它，因为内部愈马奇维里式，则团体的力量自己相消愈甚，对外的力量愈见微弱，内部互相倾轧互相排挤愈甚，则个体在对外上愈无力量；这恐怕就是为什么“地大物博日久人众”的中国对外如此的脆弱，而许多中国人引狼入室沦作汉奸的道理！

再从文化观点看来，凡留心中西文化之异同的，都感觉西方文化是一个“力的文化”(a power civilization)，而中国的则不然。这个分别也可以拿政治局面来解释：中国的“大一统”来得太早，数千年来地理经济等原因，使这个局面牢不可破，变动而只是朝代的更替，整个政局固未尝稍变，我们遂在这数千年间习于大一统下的雍和中庸的哲学，于“力”的异端，避之若娩。西欧则不然，他们的历史是国与国对峙为经常，大一统为例外，马奇维里以来，此种局面并加显著，结果是他们不能不讲求“力量”，不能不严密其组织，集中其政权，研求其科学。“力”文化的好坏，另一问题，要紧点是“力的文化”为大一统崩溃后，国与国对峙之时代的产物。

力的文化下之人们的“战意识”(war-sense) 很重，在大一统局面下住惯的人们就缺乏这个！这恐怕就是为什么中国与日本两国的国运迥然不同。十九世纪中叶，日本与中国同为受欺凌之国，而一则振臂而起，发愤图强；一则醉生梦死，浑浑噩噩。但那时的日本对于近代战争技术，与中国一样的不懂（甚或反不如中国，因在太平之乱中洋将军如戈登曾给我们一点近代战争技术知识），为什么日本奋起那样快，而我们反依然固我？曰：因为日本人离他们的封建“战国”时代仍近，战意识仍然很重，容易学会那一套。再，国际情形刚好在那时有利于日本，英国为防止俄国南侵，在远东需要一个看门狗，见富有“战意识”的日本“孺子可造”，尽量提拔、教训、帮忙，日本才有今日这一天。假如中国那时也有同样的“战意识”，英美也许在战争技术上提拔我们。但我们“大一统”下的余味太重，英美也就顾而之他！

中国无疑的是由往日闭关自守的“大一统”参加了现在世界的“国与国对峙”之局面，我们前途之需要，不用作者多费辞了！（完）九月廿日

《战国策》第十三期，1941年10月1日。

贺　　麟

贺麟（1902—1992），字自昭，四川省金堂县人。1919年进入清华学校学习，1926年赴美国奥柏林大学哲学系留学，1928年获得学士学位，后入芝加哥大学攻读哲学硕士学位，不久转入哈佛大学学习西方古典哲学，1930年获哈佛大学哲学硕士学位。随后前往德国柏林大学攻读哲学博士学位，1931年提前回国。1931年至1938年先后担任北京大学哲学系讲师、副教授、教授，1938年至1946年任西南联合大学哲学系教授，1946年至1949年任北京大学哲学系教授。1949年后，历任北京大学哲学系教授、中国社会科学院哲学研究所研究员。主要著作有《道德价值与美学价值》、《自然的目的论》、《朱熹与黑格尔太极说之比较观》、《近代唯心论简释》、《儒家思想的新开展》、《文化与人生》、《当代中国哲学》、《现代西方哲学讲演集》、《黑格尔哲学讲演集》、《黑格尔关于辩证逻辑与形式逻辑的关系的理论》等。1992年9月23日病逝于北京。

五伦观念的新检讨

重新估量我们的文化传统，是抗战路程上日加迫切的必须工作。贺先生本文主张由所谓“本质”上，来检讨五伦观念，甚有特见。其所论列各点，足以引起商议兴趣之处甚多。我们希望关心国家文化思想前途的人们，参加讨论。

——编者①

无形中支配我们生活的重大力量有二：一为过去的传统的观念，一为现在的流行的或时髦的观念。一个人要想保持行为的独立与自主，不作传统观念的奴隶，不作流行观念的牺牲品，他必须具有批评的、反省的主导力量，能够对这些传统观念及流行观念，加以新检讨，新估价。同时如要把握住传统观念中的精华，而作民族文化的负

① 此处为《战国策》半月刊编者。

荷者，理解流行观念的真义，而作时代精神的代表，也须能够对传统观念及流行观念加以重新检讨，重新估价。有许多人表面上好像很新，满口的新名词、新口号，时而要推翻这样，打倒那样，试考查其实际行为，有时反作传统观念的奴隶而不自觉。这就是因为他们对于传统的旧观念与流行的新观念皆未曾加以批评的考察，反省的检讨，重新的估价。结果，只看见他们在那里浮躁叫嚣，打不倒坏的旧观念，亦不能建立起来好的新观念，既不能保持旧有文化的精华，又不能认识新时代的真精神。

五伦的观念是几千年来支配了我们中国人的道德生活的最有力量的传统观念之一。它是我们礼教的核心，它是维系中华民族的群体的纲纪。我们要从检讨这旧的传统观念里，去发现最新的近代精神。从旧的里面去发现新的，这就叫做推陈出新。必定要旧中之新，有历史有渊源的新，才是真正的新。那种表面上五花八门，欺世骇俗，竞奇斗异的新，只是一时的时髦，并不是真正的新。

我们要分析五伦观念的本质，寻出其本身具有的意义，而指出其本质上的优点与缺点。我们不采取历史考证的方法，恐怕失之琐而不得其要；我们也不用主观武断的办法，故意将五伦观念从纵的方面去解释，以便不费力气，便可加以推翻抹杀。

我们批评五伦观念时，第一乃是只根据其本质，加以批评，而不从表面或枝叶处立论。我们不说五伦观念是吃人的礼教。因为吃人的东西多着呢！自由平等等观念何尝不吃人？许多宗教上的信仰，政治上的主义或学说，何尝不吃人？第二，我们不从实用的观点去批评五伦之说，不把中国之衰亡不进步归罪于五伦观念，因而反对之；亦不把民族的兴盛的发展，归功于五伦观念，因而赞成之。因为有用无用，为功为罪，在两千多年的历史上，乃是一笔糊涂帐，算也算不清楚，纵然算得清楚，也无甚意义。第三，不能谓实现五伦观念的方法不好，而谓五伦观念本身不好，不能谓实行五伦观念的许多礼节仪文须改变，而谓五伦观念本身须改变。这就是不能因噎废食，因末流之弊而废弃本源的意思。第四，不能以经济状况、生产方式的改变，作为推翻五伦说的根据。因为即使在产业革命、近代工业化的社会里，臣更忠，子更孝，妻更贞，理论上事实上都是很可能的。换言之，我并不是说，五伦观念不应该批评，我乃是说，要批评须从本质着手。表面的枝节的批评，实在搔不着痒处。既不能推翻五伦观念，又无补于五伦观念的修正与发挥。从本质上加以考察，五伦观念实包含有下列四层要义。综贯这四层意义来看，便可对于五伦观念有个明晰的根本的了解，缺少其中任何一义，对于五伦的了解都不能算是完全。

（一）五伦是五个人伦或五种人与人之间的关系的意思。这就是说，中国的五伦观念特别注重人及人与人的关系。若用天人物三界来说，五伦说特别注重人，而不注重天（神）与物（自然），特别注重人与人的关系，而不十分注重人与神及人与自然的关系。注重神，产生宗教。注重物理的自然，产生科学。注重审美的自然，产生艺术，注重人和人与人之间的关系便产生道德。换言之，在种种价值中，五伦说特别注重道德价值，而不甚注重宗教、艺术、科学的价值。希腊精神注重自然，对物理的与审美的自然皆注重，故希腊是科学艺术的发祥地。希伯来精神注重神，亦即注重宗教价值。中国的儒家注重人伦，形成偏重道德生活的礼教，故与希腊精神和希伯来精神皆有不同之处。这样看来，如果我们要介绍西洋文化，要提倡科学精神与希伯来精神，就须得反对这注重人伦道德的五伦观念了。其实也不尽然。因为西洋自文艺复兴以后，才有人或新人的发现。十七世纪和十八世纪内，人本主义盛行。足见他们也还是注重人及人与人的关系，我们又何必放弃自己传统的重人伦的观念呢。不过，西洋近代“人”的观念，乃是从大自然里去打个滚的“人”（人不过是自然的一部分），乃是经过几百年严格的宗教陶冶的“人”。而中国的人伦的观念，亦何尝未受过老庄思想的自然化，佛家思想的宗教化。所以以我们看来，我们仍不妨碍着注重人伦和道德价值的方向迈进，但不要忽略了宗教价值，科学价值，而偏重狭义的道德价值，不要忽略了天（神）与物（自然）而偏重狭义的人。认真依照着“欲知人不可以不知天”（《中庸》）和“欲修身不可以不格物”（《大学》）的教训，便可以充实发挥五伦说中注重人伦的一层意思了。

（二）五伦又是五常的意思。五伦观念认为人伦乃是常道，人与人之间这五种关系，乃是人生正常永久的关系（按：五常有两种意义，一指仁义礼智信之五常德，一指君臣、父子、夫妇、兄弟、朋友之五常伦，此处系取第二种意义）。换言之，以五伦观念为中心的礼教，认为这种人与人的关系，是人所不能逃避、不应逃避的关系，而且规定出种种道德信条教人积极去履践、去调整这种关系，使人“彝伦攸叙”，而不许人消极的无故规避。这就是说人不应规避政治的责任，放弃君臣一伦；不应脱离社会，不尽对朋友的义务；不应抛弃家庭，不尽父子、兄弟、夫妇应尽之道（自然，儒家也有其理论基础，如人性皆善，故与人发生关系，或保持正常永久的关系有益无害，人生的目的在于修齐治平，脱离人与人的关系，就不能达到修齐治平的目的等说法）。总而言之，五伦说反对人脱离家庭、社会、国家的生活，反对人出世。“杨氏为我，是无君也”，因为有离开社会国家而作孤立的隐遁的个人的趋势，故孟子反对之。“墨氏兼爱，是无父也”，因为墨子有离开家庭的组织，而另外去用一种主义以组织下流社会的趋势，故孟子之反对墨子是站在维护家庭内的父子之伦的立场。此后儒家之反对佛教，程子主张“当就迹上论”，也就是反对佛教徒之脱离家庭、社会、国家的出世生活或行径。本来人是社会的动物，斯宾诺莎也说过：“唯有人对于人最有益”，这种注重社会团体生活，反对枯寂遁世的生活，注重家庭、朋友、君臣间的正常关系，反对伦常之外去别奉主义、别尊“钜子”的秘密团体组织的主张，亦是发展人性，稳定社会的健康思想，有其道德上政治上的必需，不可厚非。不过这种偏重五常伦的思想一经信条化、制度化，发生强制的作用，便损害个人的自由与独立。而且把这五常的关系看得太狭隘了，太僵死了，太机械了，不唯不能发挥道德政治方面的社会功能，而且大有损害于非人伦的超社会的种种文化价值。德国哲学家锐嘉特（H. Rickert）认科学、艺术、泛神教为非个人的（Impersonal）、反社会的（Asocial）文化价值。所以，我看不从减少五常伦说之权威性，偏狭性，而力求开明自由方面着手，而想根本推翻五常观念，不惟理论上有困难，而且事实上也会劳而无功。

（三）就实践五伦观念言，须以等差之爱为准。故五伦观念中实包含有等差之爱的意义在内。“泛爱众而亲仁”，“亲亲，仁民，爱物”，就是等差之爱的典型的解释。在德行方面，因为爱有差等，所以在礼仪方面就服［会］有隆杀。从现在看来，爱有差等，乃是普通的心理事实，也就是很自然的正常的情绪。其实，用不着用道德的理论，礼教的权威，加以提倡。说人应履行等差之爱，无非是说，我们爱他人，要爱得近人情，让自己的爱的情绪顺着自然发泄罢了。所以儒家，特别孟子，那样严重地提出等差之爱的教训以维系人伦间的关系，好像是小题大做，多余的事的样子。不过，我们须知，等差之爱的意义，不在正面提倡之，而在反面地消极的反对并排斥那非等差之爱。非等差之爱，足以危害五伦之正常发展者，大约不外三途：一、兼爱，不分亲疏贵贱，一律平等相爱。二、专爱，专爱自己谓之自私，专爱女子谓之沉溺，专爱外物，谓之玩物丧志。三、平等之爱，如不爱家人，而爱邻居，不爱邻居，而爱路人。又如以德报怨，也可算在平等之爱的范围内。这三种非等差之爱，一有不近人情，二有浪漫无节制爱到发狂（Fanatic）的危险。所以儒家对人的态度大都很合理，很近人情，很平正，而不流于狂诞（Fanaticism）。此种狂诞的行径，凡持兼爱说者，特别是基督教中人，往往多有之。而等差之爱不单是有心理的基础，而且似乎也有恕道或絜矩之道作根据。持等差之爱说的人，也并不是不普爱众人，不过他注重在一个“推”字，要推己及人。所谓“老吾老以及人之老，幼我幼以及人之幼”。依此说，我们虽可以取“老安少怀”的普爱态度，但是须依次推去，不可［砺］等，也不可舍己耘人。所以就五伦观念所包含的各种意义中，似乎以等差之爱之说，最少弊病，就是新文化运动时期以打倒孔家店相号召的新思想家，似乎也没有人攻击等差之爱的说法。而且美国培黎（R. B. Perry）教授曾说了一句很有趣的话来批评“四海之内皆兄弟也”的说法，似乎也很可以为等差之爱说张目。他说：“当你说一般人都是你的兄弟时，你大概不是先把一般人当作亲弟兄看待，而是先把你的亲弟兄当作一般人看待”。这话把空口谈兼爱之不近人情和自欺欺人之处，说得最明白不过了。话虽如此说，我仍愿对等差之爱的观念，提出两条重要的补充。第一就等差之爱之为自然的心理情绪言，实有三种不同的决定爱之等差的标准：一是以亲属关系为准之等差爱，此即儒家所提出以维系五伦的说法。一是以物为准之等差爱。外物之引诱力有大小，外物之本身价值亦有高下，而吾人爱物之情绪也随之有等差。一是以知识或以精神的契合为准之等差爱。大凡一个人对于有深切了解的对象其爱深，对于仅有浮泛了解的对象其爱浅。又大凡人与人之间相知愈深，精神上愈相契合，则其相爱必愈深，反之，则愈浅。故后两种等差之爱亦是值得注意、不可忽略的事实，且亦有可以补充并校正单重亲属关系的等差之爱的地方。若忽略了以物本身的价值及以精神的契合为准的等差爱，而偏重以亲属关系为准的等差爱，则未免失之狭隘，为宗法的观念所束缚，而不能领会真正的精神的爱。第二条须得补充的地方，就是普爱说，或爱仇敌之说，若加以善意理解，确含深意，且有与合理的等差爱之说不相违背的地方。所谓普爱者，即视此仁爱之心如温煦的阳光，以仁心普爱一切，犹如日光之普照，春风之普被，春雨之普润，打破基于世间地位的小己的人我之别、亲疏之分。此种普爱，一方面可以扶助善人，鼓舞善人，一方面可以感化恶人与无形。普爱观念的最极端的表现，见于耶稣“无敌恶”、“爱仇敌”的教训。盖如果你既然抱感化恶人的襟怀，你又何必处于与恶相敌对的地位呢？你既与恶人站在你死我活的敌对地位，你如何能感化恶人呢？必定要超然处于小己的利害、世俗善恶计较之外，才可以感化恶人。能感化恶人才能转化恶人。因为有时有过失的人，一经转化忏悔，反而成为最善的善人。至于爱仇敌之教，完全不是从政治、军事或狭义的道德立场说的。从军事、政治、道德立场言，须忠爱祖国，须报国难家仇，须与敌人作殊死战，自不待言。凡彼持爱仇敌之教的人，大都是站在宗教的精神修养的观点来说。因为最伟大的征服是精神的征服，而真正的最后的胜利（《易经》上叫做“贞胜”）必是精神的胜利。惟有具有爱仇敌的襟怀的人方能取得精神的征服或贞胜。斯宾诺莎说：“心灵非武力所能征服，惟有仁爱与德量可以征服之”。盖必须襟怀广大、度量宽宏的人，方能爱仇敌，方能赢得精神的征服。所以普爱似乎不是可望一般人实行的道德命令，而是集义集德所达到的一种精神境界，大概先平实地从等差之爱着手，推广推充，有了老安少怀，己饥己溺，泯除小己恩怨的胸襟，就是普爱或至少距普爱的理想不远了。此处所谓普爱，比墨子所讲的兼爱深刻多了。墨子完全从外表的、理智计较的、实用主义的观点以讲兼爱，当然经不起孟子的驳斥了。而此处所讲的兼爱，与孟子的学说并不冲突，乃是善推其等差之爱的结果。孟子也说过，“无敌国外患者，国恒亡”。一方面要与敌人搏斗，征服敌国，消弭外患；一方面，敌人亦为自己生存的一要素，有其值得爱的地方，因为若无仇敌的攻错刺激，自己容易陷于偷懒，趋于灭亡，这种微妙的辩证的敌我的关系，实要睿智才可理会。而且人每每有爱他所恨的，恨他所爱的矛盾心理事实。大英雄每每能对他生平的大对头的死亡，洒同情之泪。真正的豪杰之士，他固然需要有价值的知己以共鸣，他同样地欢迎有价值的敌人以对垒。若无有价值的敌人以作战取胜攻之资，有时较之没有知己的同情了解尤为痛苦。而且在近代的民主社会中，若不养成爱敌人、尊重敌对方面的宽容之怀，则政党间的公开斗争，商业上的公平竞争，学术上的公开辩难，均有为偏狭的卑鄙的情绪和手段所支配，不能得互相攻错，相得益彰，相反相成之益。此点，弥勒约翰在其《群己权界论》中有透彻的发挥。我因为许多人有意无意的执着狭义的等差之爱，既有失孟子善推之旨，更不能了解宗教精神上爱仇敌的意义，复不能了解近代社会中宽容的态度，故于此点发挥特别详细。

（四）五伦观念的最基本意义为三纲说，五伦观念之最高最后的发展，也是三纲说。而且五伦观念在中国礼教中权威之大，影响之大，支配道德生活之普遍与深刻，亦以三纲说为最。三纲说实为五伦观念的核心，离开三纲而言五伦，则五伦说只是将人与人的关系，方便分为五种，此说注重人生、社会和等差之爱的伦理学说，并无传统或正统礼教的权威性与束缚性。儒家本来是与诸子争鸣的一个学派，其进而被崇奉为独尊的中国人的传统礼教，我揣想，应起源于三纲说正式成立的时候。三纲的明文，初见于汉人的《春秋繁露》及《白虎通义》等书，足见三纲说在西汉的时候才成立。儒教正式成为中国的礼教也起源于西汉。而中国真正成为大一统的国家，也自西汉开始。西汉既然是有组织的伟大帝国，所以需要一个伟大的有组织的礼教，一个伟大的有组织的伦理系统以奠定基础，于是将五伦观念发挥为更严密更有力量的三纲说，及以三纲说为核心的礼教，这样，儒教便应运而生了（儒教之成为中国的礼教，实有其本身的理论上的优胜条件，汉武帝之崇儒术罢百家，只是儒教成为礼教的偶然机缘，而非根本原因）。三纲说在历史上的地位既然如此重要，无怪乎在新文化运动时期，那些想推翻儒教，打倒旧礼教的新思想家，都以三纲为攻击的主要对象。

据我们现在看来，站在自由解放的思想运动的立场去攻击三纲，说三纲如何束缚个性，阻碍进步，如何不合理，不合时代需要等，都是很容易的事。但是要用哲学的观点，站在客观的文化思想史的立场，去说明三纲说发生的必然性及其真意义所在，就比较困难了。兹试先分两层来说明五伦说进展为三纲说的逻辑的必然性。第一，由五他的相对关系，进展为三纲的绝对的关系。由五伦的交互之爱、等差之爱，进展为三纲的绝对之爱、片面之爱。五伦的关系是自然的、社会的、相对的。君君，臣臣，父父，子子，夫夫，妇妇。假如君不君，则臣不臣；父不父，则子不子；夫不夫，则妇不妇。臣不臣，子不子之“不”字，包含“应不”与“是不”两层意思，假如，君不尽君道，则臣自然就会（是）不尽臣道，也应该不尽臣道（闻诛一夫纣矣，未闻拭君也）。父子、夫妻关系也是如此。这样一来，只要社会上常有不君之君，不父之父，不夫之夫，则臣弑君，子不孝父，妇不尽妇道之事，事实上、理论上皆应可以发生。因为这些人伦关系，都是相对的、无常的，如此则人伦的关系，社会的基础，仍不稳定，变乱随时可能发生。故三纲说要补救相对关系的不安定，进而要求关系者一方绝对遵守其位分，实行单方面的爱，履行单方面的义务。所以三纲说的本质在于要求君不君，臣不可以不臣；父不父，子不可以不子；夫不夫，妇不可以不妇。换言之，三纲说要求臣、子、妇尽单方面的忠、孝、贞的绝对义务，以免陷入相对的循环报复，给价还价的不稳定的关系之中。

第二，由五伦进展为三纲包含有由五常之伦进展为五常之德的过程。五常伦之说，要想维持人与人之间的常久的关系。但是，人是有生死离合的，人的品行是很不齐的，事实上的常久关系是不易且不能维持的。故人与人之间只能维持理想上的常久关系。而五常之德就是维持理想上的常久关系。而五常之德就是维持理想上的常久关系的规范。不论对方的生死离合，不管对方的智愚贤不肖，我总是应绝对守我自己的位分，履行我自己的常德，尽我自己应尽的单方面的义务。不随环境而改变，不随对方为转移，以奠定维持人伦的基础，稳定社会的纲常。这就是三纲说所提出来的绝对的要求。可以说历史上许多忠臣孝子，苦心孤诣，悲壮义烈的行径，都是以三纲说为指导信念而产生出来的。故自从三纲说兴起后，五常作为五常伦解之意渐渐被取消，作为五常德解之意渐次通行。所谓常德就是行为所止的极限，就是柏拉图的理念或范型。也就是康德所谓人应不顾一切经验中的偶然情况，而加以绝对遵守奉行的道德律或无上命令。这种绝对的纯义务的单方面的常德观，也在汉儒董仲舒那里达到了极峰，所谓“正其谊不谋其利，明其道不计其功”。“谊”和“道”就是纯道德规范，柏拉图式的纯道德理念。换言之，先秦的五伦说注重人对人的关系，而西汉的三纲说则将人对人的关系转变为人对理、人对位分、人对常德的单方面的绝对的关系。故三纲说当然比五伦说来得深刻而有力量。举实例来说，三纲说认君为臣纲，是说君这个共相，君之理是为臣这个职位的纲纪。说君不仁臣不可以不忠，就是说为臣者或居于臣的职分的人，须尊重君之理，君之名，亦即是忠于事：忠于自己的职分的意思。完全是对名分、对理念尽忠，不是作暴君个人的奴隶。唯有人人都能在其位分内，单方面地尽他自己绝对的义务，才可以维持社会人群的纲常。试再以学校师生的关系为例。假如为教师者都能绝对的单方面的忠于学术，认真教学，不以学生之勤惰、效用之大小而改变其态度。又假如为学生者能绝对的单方面的尽其求学的职责，不以教师之好坏、分数之多少而改变其求学的态度，则学术的进步自然可以维持。反之，假如师生各不遵守其常道，教师因学生懒惰愚拙而不认真教学，学生因教师不良亦不用功求学，如是则学术的纲常就堕地了。这就是三纲说的真义所在。因为三纲说具有如此深刻的意义，所以才能发挥如此大的效果和力量。所以就效果讲来，我们可以说由五伦到三纲，即是由自然的人世间的道德进展为神圣不可侵犯的有宗教意味的礼教。由一学派的学说，进展为规范全国全民族的共同情条。三纲精蕴真义的纯理论基础。可以说只有极少数的儒家的思想家、政治家才有所发挥表现，而三纲说在礼教方面的权威，三纲说的躯壳，曾桎梏人心，束缚个性，妨碍进步，达数千年之久，但这也怪不得三纲说本身，因为三纲说是五伦观念的必然的发展，曾尽了它历史的使命。现在已不是消极地破坏攻击三纲说的死躯壳的时候，而是积极地把握住三纲说的真义，加以新的解释与发挥，以建设新的行为规范和准则的时期了。

最奇怪的是，而且使我自己都感到惊异的，就是我在这中国特有的最陈腐、最为世所诟病的旧礼教核心三纲说中，发现了与西洋正宗的高深的伦理思想和与西洋向前进展向外扩充的近代精神相符合的地方。就三纲说之注重尽忠于永恒的理念或常德，而不是奴役于无常的个人言，包含有柏拉图的思想。就三纲说之注重实践个人单方面的纯道德义务，不顾经验中的偶然情景言，包含有康德的道德思想，我已约略提到过。康德的意思是说，事实上也许大多数人都很坏，都不值得爱，但我们应爱人以德，以尽我们自己的道德责任。譬如，阿斗就是庸劣不值得爱的君，而诸葛武侯仍鞠躬尽瘁、死而后已，以尽他单方面的纯义务的忠道，以履践三纲中的“君不仁臣不可以不忠”的训条。而康德的学说，却正好是诸葛亮式的德行写照。而耶稣伦理思想的特色，也是认爱为本身目的，尽单方面的纯义务，而超出世俗一般相互报酬的交易式的道德，实与三纲说之超出相对的自然往复的伦常关系，而要求一方尽绝对的单方面的义务，颇有相同的地方。三纲就是把“道德本身就是目的而不是手段”、“道德即道德自身的报酬”等伦理识度，加以权威化、制度化，而成为礼教的信条。至于三纲说的本质有与西洋近代精神相符合的地方，可任意拈取例证。譬如，西洋近代浪漫主义者之爱女子，即是竭尽其单方面的爱，纵为女子所弃，而爱亦不稍衰（不过，在西洋是男子对女子尽单方面之爱，而三纲之教，则要求女子对另子尽单方面之爱）。又如西洋近代革命家之忠于主义，对于人民竭尽其片面的宣传启导之责，虽遭政府压迫，群众反对，而不失其素守。又如西洋耶教徒近代的宣传事业，所以能普及寰宇，亦是因为许多传教士能忠于其信仰，竭尽其单方面的义务，以播扬教义，虽一再遭异教异族之人的杀害，而不渝其志，不改其度。总之，我认为要人尽片面之爱，尽片面的纯义务，是三纲说的本质。而两洋人之注意纯道德纯爱情的趋势，以及尽职守忠位分之坚毅的精神，举莫不包含有竭尽片面之爱和片面的义务的忠忱在内。所不同者，三纲的真精神，为礼教的桎梏、权威的强制所掩蔽，未曾受过开明运动的净化，不是纯基于意志的自由，出于真情之不得已耳。以学术的开明，真情的流露，意志的自主为准，自己竭尽其单方面的爱和单方面的义务，贞坚屹立，不随他人外物而转移，以促进民族文化，使愈益发扬，社会秩序，使愈益合理，恐怕就是此后儒家的人所须取的途径了。

以上所批评阐明的四点：（一）注重人与人的关系；（二）维系人与人之间的正常永久关系；（三）以等差之爱为本而善推之；（四）以常德为准而皆尽片面之爱或片面的义务。这就是我用披沙拣金的方法所考察出来的构成五伦观念的基本质素。要想根本上推翻或校正五伦观念，须从推翻或校正此四要素着手；要想从根本上发挥补充五伦观念，也须从发挥补充此四要素着手。此外都是些浮泛不相干的议论。为方便起见，综括起来，我们可试给五伦观念下一界说如下：五伦观念是儒家所倡导的以等差之爱、片面之爱去维系人与人之间常久关系的伦理思想。这个思想自汉以后，被加以权威化、制度化而成为中国传统礼教的核心。这个传统礼教在权威制度方面的束缚性，自海通以来，已因时代的大变革，新思想新文化的介绍，一切事业近代化的推行，而逐渐减削其势力。现在的问题是如何从旧礼教的破瓦颓垣里，去寻找出不可毁灭的永恒的基石。在这基石上，重新建立起新人生、新社会的行为规范和准则。

《战国策》第三期，1940年5月1日。

英雄崇拜与人格教育

一

陈铨先生在战国策第四期发表《论英雄崇拜》一篇文章以后，引起各方面不少的同情和攻击。攻击陈先生的人，大都从某种政治的立场说话，误认英雄崇拜的提倡，即是为法西主义张目。其实英雄崇拜，根本上是文化方面，道德方面，关于人格修养的问题，不是政治问题。站在政治的立场去提倡英雄崇拜固不对，站在政治立场去反对英雄崇拜亦是无的放矢。

但是陈先生的文章亦自有其引起误会招致反对的地方：

陈先生那篇文章里边，对于名词，似乎解释得不够清楚。什么是英雄的本质？什么是崇拜的意义？假如不清楚说明，一般的人很容易误会，以为崇拜英雄，就是崇拜武力，崇拜霸王，崇拜侵略，其实两者风马牛不相及。卡奈尔是第一个大声疾呼地提出“英雄崇拜”的人，在他的书里面，英雄是诗人是宗教家，是各式各样出类拔萃的人物。关于英雄的帝王，他只提出拿破仑一人作代表，然而卡奈尔并不崇拜他的武力，只崇拜他政治军事的天才。太史公对于项羽，推崇备至，特别破例替他写“本纪”，但是太史公对（转）这一位霸王所崇拜的，并不是他拔山扛鼎的气力，也不是他坑秦卒二十万的凶残，乃是他的勇敢豪爽和其他表示英雄气概的美德。

陈先生的文章里边，尤其不能令人同意的，就是他似乎认为英雄崇拜和民治主义是相反的。其实英雄崇拜不但和民治主义不相反，而且是实行民治主义不可缺少的条件。在一个民治主义社会中间，人与人之间，必须互相尊重，互相钦佩。假如每一个人，都自己以为自己是英雄，不崇拜任何英雄，那么民治主义绝对不能推行。就事实方面来看，民治发展的国家里边如象英美，一般的人民，对于政治领袖，电影明星，打破纪录的飞行家，那一种狂热的崇拜，是远在许多半封建社会之上的。

陈先生似乎认为崇拜英雄，和理智活动，根本冲突，所以他发现中国的农民老百姓，没有受过新式教育的人还知道崇拜英雄，而中国的知识阶层，都反而心高气傲，仇恨嫉妒，像智识愈发达，就愈不能够崇拜英雄。其实崇拜英雄，需要相当智识，必有智识，方能认识英雄，因此也方能够崇拜英雄。智识不唯不是崇拜英雄的障碍，反而是崇拜英雄所不可少的条件。提倡崇拜英雄，决不是反理智，反理性，反学术文化以回复原始时代的自然状态。

二

英雄概括来说，就是伟大人格，确切点说，英雄就是永恒价值的代表者或实现者。永恒价值乃是指真美善的价值而言，能够代表或实现真美善的人就可以叫做英雄。真美善是人类文化最高的理想，所以英雄可以说是人类文化的创造者或贡献者，也可以说是使人类理想价值具体化的人。

英雄不但指豪杰之士，而且包括圣贤在内。中国过去特别崇拜圣贤，因为中国特别注重道德，所以特别崇拜道德价值的实现者。英雄这一个名词，含义比圣贤一名词较广，他包括文人宗教道德家政治家科学家和预言家。英雄崇拜的名词比圣贤崇拜的名词好，因为英雄崇拜不仅崇拜上文庙吃冷猪肉的人，只要有本事进其它的庙的人，也一样地在崇拜之列。英雄崇拜比圣贤崇拜更积极，更有生气，更有战斗的精神，圣贤表示静穆圆满的图画，英雄却表示生活上的战斗性和奋斗性。何如当我们说孔子是圣人，我们便想到他是大成至圣万世师表的圆满性。但当说孔子是一个英雄时，我们便想到他一生发奋忘食，自强不息，战胜种种困难的经历。所以我们认为与其提倡崇拜圣贤，不如提倡崇拜英雄，较能表示近代精神。

崇拜和佩服有别。佩服是佩服一个人的绝技绝学，佩服他惟一无二的特长。譬如一位拳师善于打拳或一位学生说满口流利的英语，我不会打拳，也不会说英语，我佩服他们。但是我未必崇拜他们。佩服是佩服别人所有自己所无的。太史公没有游侠的本事，他佩服游侠。许多的人，自己没有钱，佩服别人有钱，自己不会跳舞，佩服别人会跳舞，自己没有学过逻辑，佩服别人会要逻辑。这一切佩服的对象，同自己的精神生活，并不发生密切关系。

至于崇拜却不是崇拜别人所有自己所无的，乃是崇拜别人和自己所共同有的。别人有，自己也有，不过别人所有或比我自己深切著明，足以代表启发我之所有。所以我之崇拜他，多少含有同声相应，惺惺惜惺惺之意，以勇崇拜勇，以仁崇拜仁，以智崇拜智，这是完全一种精神上互相吸引沟通的关系。所以黑格尔说：“崇拜是一种精神与精神的交契”。这个说法在中文里的意思也合得了。孔子说：“祭如在，祭神如神在”。就是说：在崇拜神灵的行为里，我的精神与神的精神相交契。同样崇拜祖先就是自己的精神与祖先的精神交契。真正的崇拜，就是自己的精神与崇拜对象的精神相交契，因为这样，所以崇拜的对象，也就是自己精神上所寄托，为自己内心深处之所企望仰慕者，一旦得着崇拜的对象，自己的精神，也就因此得着安息之所。所以崇拜的对象，就是意志的目标，也是追效的模范。所以必定要有精神生活和修养的人，方足以崇拜，必定要求神志安顿的人，方足以言崇拜。

三

现在我们进一步讨论，什么叫做崇拜英雄？

崇拜英雄和服从领袖不同。服从领袖是实用行为。为着社会组织，法律纪纲，行政效率，我们不能不有领袖，我们不得不服从领袖。假如领袖是英雄，我们固然是服从。有时领袖虽不是英雄，但为实际方便计，亦须服从之，因为不服从领袖，就没有坚固的团体组织。团体涣散，国必乱亡。

一个人服从领袖，他就是一个国家良善的公民，一个团体忠实的份子。至于崇拜英雄，乃所以修养高尚的人格，体验伟大的精神生活。简言之。英雄崇拜不是属于政治范围的实用的行为，乃是增进学术文化发展人格方面的事。

谈到个人修养，古今中外的哲人，大都主张要先找一个模范的人格来作追效的对象。程子提出：“志伊尹之所志，学颜子之所学”作为他努力的方向。西洋人讲修养，首先注意“基督的追效”（The Imitation of Christ）。许多宗教能够成为宗教，就是里面有伟大的人格，值得一般人仿效。许多政党能够发起伟大的政治运动，就是因为里面有伟大人格，可以作一般人的模范。希腊的斯多噶学派，道德理想甚高，宗教意味极浓，但不能够像基督教那样成为宗教，就是因为虽有主义，而缺乏人格可以与耶稣比拟的伟大人物。

崇拜英雄基于认识英雄。没有思想学问智识眼光，就不能够认识英雄，因此也更说不上崇拜。因为认识英雄是很难的，所谓“千里马常有，而伯乐不常有”。世界上的英雄甚多，然而真正能够认识英雄的人并不多，英雄本身已经不容易认识，他们又常常不愿意为人认识。如像韩信连跨［胯］下之辱都愿意忍受，谁能够想像他是英雄呢？曹操和刘备杯酒论英雄，曹操说：“天下英雄，惟使君与操耳。”刘备大惊失色，骇得把筷子都掉下来了，他连忙说他怕雷，使曹操不认识他。英雄在未得意的时候，都喜欢用烟幕弹来掩藏他本来的面目，这种特殊的“英雄心理”往往增加认识的困难。

英雄素来不讨好群众，他更不怕群众误解。群众的误解，反面证明他的伟大。爱默生说：“作伟大的人，就是被误解的人。”（To be great is to be misunderstood）。所以只有英雄才能够认识英雄，只有英雄才能够崇拜英雄，所谓“同声相应，同气相求”。群众虽然起初常常误解英雄，但是经过相当时间，或者英雄死后，群众仍然会认识他，拥护他，崇拜他。然而真正的英雄，却能倔强特立，决不因为急于要人认识而谄众取宠，失其素守。

英国有句名言，说：“没有一个人在他仆人眼里是英雄的”。依照黑格尔的解释：“这并不是英雄不是英雄，乃是由于仆人只是仆人”。仆人所以不能认识英雄，正因为他自己不是英雄。由是足见凡是替英雄当走狗作奴隶的人，不能算是崇拜英雄的人。他们自己的人格中，没有英雄的成分，他们不能认识英雄，他们和英雄没有精神和精神的交契。

凡是根本反对英雄，抱定主张绝对不崇拜英雄的人，就是“英雄盲”，这和生理学上所谓“色盲”是一样的□害“色盲”的人，睁起眼睛，看不见某一种颜色。害“英雄盲”的人，睁开眼睛，看不见英雄。英雄是人类理想价值具体化，“英雄盲”就是“价值盲”，价值盲是一种精神病态。反之，凡是能够崇拜英雄的人，就是不害“价值盲”的人，他不但能够认识英雄，而且能藉崇拜英雄，扩充自己的人格，实现自己潜伏的价值意识，发挥他自己固有的“英雄本性”（Heroism）。

一般反对英雄崇拜的人，大概基于两种错误的心理。第一、他们以为崇拜英雄，就是作英雄的奴隶。他们不愿意当奴隶，所以不愿意崇拜英雄。第二、他们自己想当英雄，故亦不愿承认别人是英雄，不愿崇拜其他的英雄。他们误以为凡是英雄都是高出一切，唯我独尊的。但是照上文所说，崇拜英雄绝对不是当奴隶，奴隶根本不能崇拜英雄。只有自己是英雄，才能够认识英雄，才能够从崇拜中和英雄发生精神上的交契。明白这种道理，这两种错误的心理，或许可以纠正过来了。

进一步，我们还可以说，英雄崇拜是极自然的，同时也是不可逃避的心理事实，因为每一个人内心都有崇拜英雄的驱迫力，都有其英雄本性或价值意识，都多少具有认识英雄能力。假如一个人笑骂一切人，鄙视一切人，绝对不崇拜英雄，那就违反了他的本性，他心理上一定有一种病态，他精神上一定会感到一种空虚和痛苦。

就另一方面说，英雄本身也有一种魔力压力，使得凡接近他的人，不能不崇拜他。张良会见汉高，就说：“此天授，非人力也!”清末许多革命党员，和孙中山先生一见面，立刻就抛弃一切，投身革命，这可以说英雄本身力量，不崇拜他几乎是不可能的事情。在这个地方英雄有点像美人，崇拜颇近乎爱慕□一个感情热烈的人遇见了真正的美人，不爱慕是不能的。一个有英雄性的人，遇见了真正的英雄，不崇拜也是不可能的。

崇拜英雄既然是普遍的必然的心理事实，所以最要紧的问题，倒不是应不应崇拜英雄，乃是怎么样利导人类崇拜英雄普遍的心理，使大家崇拜真正的英雄，不要盲目地崇拜虚伪英雄。孔子说：“非其鬼而祭之，谄也。”我们也可以同样说：“非其英雄而崇拜之，奴也!”愿意崇拜英雄，是事理的必然，由学养由认识而崇拜所应崇拜的英雄，且依理性的指导，崇拜之得其正道，才是真正的理想。

四

这里可以附带解答一个问题：通常人总觉得崇拜与批评，正相反对，崇拜的对象即不是批评的对象。假如对于英雄一味崇拜，不加批评，思想学间［问］怎么能进步呢？但是事实上崇拜不惟不能消灭批评，而且可以产生批评，只有从崇拜中产生的批评，才是真正的，积极的，同情的，辩证的批评，费希戎崇拜康德，朱子崇拜程子，尼采崇拜叔本华，他们对于所崇拜者的学说都曾由同情的批评而促其发展与进步，所以凡是青出于蓝的批评，都是基于崇拜的批评，也就是同情的批评，内在的批评，亦可以说是自我的批评。

英雄崇拜者和被崇拜者间的关系如何，是我们现在须要进而讨论的问题，根据事实可以分为四种不同的关系来陈述：

第一种是生者崇拜死者。如像孔子崇拜周公，孟子崇拜孔子，朱子崇拜周程，子孙崇拜祖先，这都是在古人中间，找出追效的模范，同他们发生精神和精神的交契。这叫做“尚友千古”也可以说是“抗志希古”。

第二种是下崇拜上。如像臣崇拜君，地位低的人崇拜地位高的人，学生崇拜先生，费希武崇拜康德，波斯崇拜约翰生，李白崇拜韩荆州。李白总可算得睥睨一世，笑傲王侯，超出尘俗的大诗人了，然而他上韩荆州书说：“生不愿封万户侯，但愿一识韩荆州”，活画他这一种崇拜英雄的心理。

第三种是同僚的崇拜，这一种崇拜多半是朋友的关系。鲍叔崇拜管仲，徐庶崇拜诸葛亮，杜甫崇拜李白，尼采崇拜瓦格勒，他们自身都有高尚人格，对朋友发生高尚崇拜的情操。真正的友谊，必须有崇拜，才能够“久而敬”，不然就会流入狎昵。

最有趣最重要，但又最为人所忽视的，乃是最后一种，就是上崇拜下。如像刘备崇拜诸葛亮，三顾茅庐，成为千古的美谈。又如左光斗和史可法两人的关系，也足供上崇拜下的例证。当时史可法还是考试的童生，左光斗却是名高望重的提学使。有一天左光斗微服出游，看见一位青年在一庙中酣睡，桌上摆得有他自己作的一篇文章，左光斗读完以后，不胜惊佩。怕青年受了凉，把自己的貂裘解下，亲自替他盖上。到考试文卷的时候，他认出这一位青年，就是史可法。他当面发史可法第一，请他到家里吃饭，与他家里的人相见。他说他的儿子不行，国家大事，将来只有托付史可法。这是老师崇拜学生。君子有三乐，其中有一乐，就是“得天下英才而教育之”。假如一个处于师地位的人，不能在学生中发现英杰之士而尊重培养之，认为所有学生都毫无希望，那么他就有亏师道，不能琢育出任何人材，他的教育生涯就是一个大失败。

生者崇拜死者是“古道”，下崇拜上是“忠道”，同等崇拜是“友道”，上崇拜下是“师道”或“君道”，亦可称领袖之道（Leadership）。真正的领袖，无论古今中外，并不是全知全能的超人，乃是虚怀若谷，认识英雄，崇拜英雄，而能以至诚结纳贤豪，得其死力之人。用旧话来说，领袖乃是礼贤下士，知人善任，宏奖人材之人，据我们看来，实即最能身体力行崇拜英雄之理的人。

五

末了，我们可分作三方面来结束关于英雄崇拜的讨论。

就理论而言，有许多学术艺术文化的工作，都必须以英雄崇拜为前提，史学方面的人物志和传记文学，没有英雄作题材如何会写来有声有色？小说或戏剧太半有主人翁，没有英雄性格的刻画，如何能感人？艺术方面的人物画，没有英雄作对象，如何能有杰作？

就个人修养言，我们明白英雄崇拜的理论，必须力求虚心认识英雄，崇拜英雄。自己不可先以天才、领袖、英雄自居，目不可空一切，妄自尊大，须力求虚心理会认识古今中外第一流人物，因为英雄是不可以勉强的，不可以自命的，也不是有夸大狂的人。

就教育方面言，假如抹煞英雄崇拜，就无异于抹煞人格教育，不注重人格教育，一切教育的学术工作，就会成为机械化，工场化，商业化。教员和学生，教员和教员，都没有精神交契人格感召的关系。这一种非人格（Depersonalization）的趋势，使得学校生活枯燥苦闷，无意趣，无生命，实是中国近代教育最大危机。一种学问的继长增进，并不是由于机械式的自然演化，其有赖于负荷此门学问之精神感召，实非浅鲜。西洋大学中，各种学术能有悠久的传统，良好的风尚，老教授们人格的感化鼓励，实是最大推动的力量。所以我们认为精神与精神的交契，成格与人格的感召，是英雄崇拜的真义所在，亦是推动并促进学术文化使之活跃而有生气的主要条件。

《战国策》第17期，1941年7月20日。

文化、武化与工商化

文化可说是精神的文明，武化是武力的文明，工商化是物质的文明。

文化是名词，同时也是动词；化字含有改变的意义；文要化，要影响其他的一种东西，要感化或支配别一种东西；譬如教育，譬如诗歌，可以使人向善，可以使人有优美的情操，这就是文化之一。武化就是要以武的事物去感化或支配别的人或物，譬如在我们附近放着许多枪炮，堆着一些沙包，我们的精神就会紧张起来，这也就是武化的一例。文可以化，武可以化，工商业也可以化。古人说："与善人交，如人芝兰之室，久而不闻其香。"香可以改变环境，可以支配其他的东西，正可解释"化"字的功用。

中国一般人的旧看法，认为文化与武化是对立的、不相容的，文人主张文化，武人主张武化，提倡物质文明的人就反对精神文明。另外有些人就以为精神文明一定是高尚的，其他的文明一定是比较低级。本人以为这是不对的。这是旧的看法，这种看法会影响到文化的发展。

我今天要提出一种新的看法：第一点，我以为文化必不是纯粹文化，而必定以武力和物质为其因索；文化失去这两者就会变成空虚；例如我国，凡是文化最发达的时代，必定是精神文明与物质文明同时发达，如春秋战国时代，乃是文化最盛的时代，当时的士除了学习礼乐诗书数以外，还要懂得射御，并且工商业也很发达，太史公作过一篇《货殖列传》，可证明当时商业化是被人注重的。其次，汉朝、唐朝也是如此，元朝初年也是如此，由历史看来，可知三者是同时发展的。在魏晋南北朝与南宋时代离开武化和工商化，而专事清谈与玄学，所以受外族侵略，这乃是不健全的文化。在印度、希腊亦有同样表现，当它们专讲空疏的文化而不努力于实际的武化和工商化的时期，它们是不免受异族侵凌的。所以三者不可分，一个真正文化的总体是包括武力和工商业与技术等在内的。

第二点，武化或工商化并不低于文化、精神文明。普通俗话说："七十二行，行行出状元。"我们也可以说："各界出圣人，"即是军事上有军事上的圣人，工商业上有工商业上的圣人，各界有各界的特点，各种事业有各种事业的伟大之处，不能说某界比某界要卑下。

第三点，精神文明、物质文明和武力三者是互相影响、互相帮助、互相充实而互相联系的。譬如一有战争，其胜利得之于文化和工商业的帮助是非常大的。那就是说，工商业与教育发生密切关系，军事可影响学术，学术又可影响工商，三者联系起来成为一个有机体。

过去若干年来，一般人都认为文武不相容，精神文明与物质文明有高下的分别。那是什么原故呢？那是一般人的错误观念，一般人只知道某种东西的坏处，而不知道其好处，譬如讲到文化，或者讲到书生、学者、文人，一般人就会连想到文弱。儒者素来被人认为懦弱的象征，"儒"字本来就含有"懦"字的意思。又有人认为文人乃是不事生产者，文人乃是虚文而不切实际者。再说武化，一般人听到"武"字就会联想到野蛮、横暴、动武、行凶、兵灾、匪祸、暴君、专制、恶魔、霸王等。这都是错观念，而非正而意义。这也是很坏的习惯。因为，凡是看见一个名词，都向坏的方面想，即令是极好的一个名词也向坏的方面想，那岂不是一种危险思想么？我再讲下去：又如工商化，所谓工商，本是一种职业，是人生不可或缺的。但是一说到“工”，一般人就会联想到苦力，奴隶，被剥削者等。一说到“商”，一般人就会联想到什么“学校商业化”等名词。如果说到商人，就会联想到投机、市侩、自私、势利等名词。固然有少数商人是不免有这些坏的行为，但大多数商人决不是如此，一般人却往往把坏的解释作为普遍的现象，这确是一种不健康的思想习惯，一种坏的思想方式。如果任这种坏的思想方式发展下去，那么就没有人愿意做商人了，也没有人愿意做工人了。而且文人看不起武人，武人也看不起文人；一般人又看不起工商业的人，工商业的人也瞧不起文人和武人，于是文武对立，精神文明和物质文明对立，如果长此下去，中国不会工业化，也不会有一个强有力的国防军，决难成为一个现代化国家。

现在从正面意义来解释这三点：

（一）文化：所谓文化，乃是人文化，即是人类精神的活动所影响、所支配、所产生的。又可说文化即是理性化，就是以理性来处理任何事，从理性中产生的，即谓之文化。文化包括三大概念：第一是“真”，第二是“美”，第三是“善”，文化要以真理来感化、来影响，就名词上的意义来说，文化是真理所产生，所以文化是真理化，但真理是从学术上研究而得的，例如哲学科学等都是构成文化的因素，也可说是学术化；所谓“美”，就是艺术化，使欣赏的人有美感，受陶冶；所谓“善”，即是道德化。总起来说，真美善即是真理化、艺术化、道德化，而由于系高尚的情感、坚强的意志和正确的理智所产生，可以说即是精神化——精神文明。而文化的特征乃是征服人类的精神，使人精神心悦诚服。

（二）武化：武化即是武力，以武力来影响支配人。武力的最基本要素有三点：第一是强壮的身体；第二是勇气；第三是侠义。要有强壮的身体，才能够有所作为；勇气就是有胆量，有胆量才敢于有所作为；侠义就是正义感，有了正义感才会判别应当做的就做，不应当做的就不做，古人用关公作为义气的代表，因为关公最重义气，富于武德，置生死利害于度外。

（三）工商化：我今天没有讲“农”就把农也包括在工商化里而，工人的意义表示劳动。双手万能，而且有技巧；另外又有勤勉的意义，因为他们是不断地工作下去；并且包含有生产和创造两种意义，就是说生产之外还能创造新的东西，这些可说是工业化的美德。此外工业上有一种“交货”的规章，譬如我们去定货，工厂必定会按照议定的时间交货给我们，而且按照我们所需要的条件丝毫不会“偷工减料”的交货给我们。这真是一个最美的道德行为，对于社会有一种良好的影响。因为工业有这些优点、所以征服自然，要靠工业。至于商呢？我们也不能拿坏意来看商人。商人的特点是有利益的观念，并且讲利同时讲用，所谓生财有道，使任何事都可以增长利益；并且还要计算利益，选择有利益的事来干，而舍弃没有利益的事；其次就是通有无，即是苦［各］地的货物互相流通，这也靠商业；再次，就是信用公平，选［这］两项美德也是商业上具备的；还有兑现也是商业上的美德，譬如银行发出钞票或支票，必定能够兑现的，这种观念也应用到日常生活和处世接物上面来，譬如我们说话做事都能兑现，那岂不是我们的一种美德！

由这样看来，可以晓得文人、武人、工人、商人各有美德，希望各个加以发挥，构成一个最优良的文化总体。我们要除掉旧的不健康的思想，我们要使文化促进武化，也助工商化，使它们互相帮助，互相救短。譬如军人与文人接触后要合作、要互助。工商业家和文人，或军人与工商业家都要互相帮助，那么学术可助军事的发展，又可助工商业发展；工商业也可助军事建设，军事又可保护文化和工商业的安全。

我们现在再来谈谈武化与工商化如何接受文化。

先说工业化。现代工业是数学、物理、化学等的结晶，那就是说工业非学理化不可，由此可见工业必须有文化的帮助。我们知道工程师就是一个有学问的人。无学问的人是干不成的，举一个例子，我有一个朋友，以前是学哲学的，学识非常丰富，后来从事军事工业。工作干得很好。我会他的时候，他自称是一个铁匠。我们可以断定这个铁匠是一个学识丰富的铁匠。又有一个留学的朋友，他是学农的，他也自称农夫，可是，这个农夫是有丰富的学识作基础的。再说工业也是美化。例如，工程师设计建筑一座房子，他必定考虑如何使它富丽堂皇，如果设计一部汽车，他必定考虑如何才能使它美雅玲珑。这都是可以启蒙人的美感的。工业化更有道德的意义，例如交货就是一个最好的例子。

再说商业，如果离开学术也是站不住脚的。一如现在大学里面有商学系，研究会计学、统计学、银行学、贸易学等高深的学识。而一个求发展的大商人更要具备丰富的国际政治和法律的知识以及地理历史的知识和丰富的常识。而信用、公平和兑现等观念又造成商业道德化说到武化，我们都知道，军事学是需天文、地理、物理、化学、数学、心理学等作基础的。而历史上更有不少的军人对于文学和政治都有深刻研究。由此可知军事学非学术化不可；而军人的精神，重勇敢，能牺牲，守纪律，负责任等观念，更是道德化；打仗的方法对进退、虚实、冒险、两方人数多寡，都是按照一定的规则去做，而且是随机变化的，所以军事也包含艺术化。

所以军事、商业和工业都必须学术化、艺术化、道德化，并且必须受精神文明的帮助。

武化和工商化接受文化的情形说过了。文人学者们如何接受武化和工商化呢？一个学者要爬山远足去找标本，必须身体好；而冒险做科学上的试验或冒险到危险地方去做科学材料的搜集，这又需要勇气；这就是武化的条件。学者的演讲，写文章就是工作，从事这种工作，也需要勤；也要有“产品”；并且要有创造的精神，才会有新的发现。例如学校，在某种意义下好像工厂，学生就好像是“产品”；所以学术、教育都含有工的成分，而文化也具有工化。又说学术教育等如何商化，我们说什么事业商化，或什么学术商化。这并不是骂人，而是讲究如何获得效益，如何可以获得最高的效果。从前人总是教人自己吃亏。我们现在改变了，我们不能吃亏，而且还要讲究获得利益，不过我们并不单单顾全自己的利益，我们还要顾到国家、社会、同事、朋友的利益。我们也要计算利益。我们也要交换学术。信用在学术上也是要保持的乙［，如］交货也可应用在学术上，例如讲演作论文都是要定期交货的。而战时美国政府限定科学家在某时期内要造出原子弹交货，而美国科学家就依照限期交货。任何学者都要取薪水，但是必须有材料，有贡献，而且是货真价实的交出来，这就是具有商业上的意义。

简而言之，工商人有事业心，文化人也必须具有事业心。过去我国文人喜欢摆架子，无论什么事情，只肯用口讲讲，或者用笔写写，如果要他们亲身去观察，去研究，去搬弄，他们认为是有损身份，所以事业办不好，而受文弱甚至病夫的讥讽，这是要急急改正的。

文化而兼武化和工商化，在西洋已经办到，所以他们的文人都有事业心，而工商业和军事也已学术化、道德化、艺术化，三者互相帮助、互相充实、互相联系。这在西洋是已成事实，我今天不过对于这种事实加以理论的说明罢了。

我们的孔子是中国第一个文化人，然而他能射，能御，并且常佩剑，可见他是兼有武化的精神，他的弟子中有子路，子路非常勇敢而强壮，是典型的军人；有子贡，子贡善于做生意，可说是典型的商人；孔子博学而无所不知，可说是文化的总体象征。我现在说文化、武化、工商化三者要合一，这也可说是孔子精神的新发挥。

中国社会上，一般的家庭或商店，特别是美国唐人街的华侨商店，都供着文昌帝君、关圣帝君和财神三个神像。文昌帝君可代表文化，关圣帝君可代表武化，财神可代表工商化；由这点看来，无形中表现中国社会传统的信仰也是合乎这三个原则的。不过希望这三位神不要对立，而要互助，可以说关圣帝君和财神要合作而向文昌帝君致敬，文昌帝君也要对他们两位随时帮助。

最后，我们拿政治来印证一下：要搞政治，必须先有基础；以历史来看，政治的基础最初是武力，后来是财力；原始时代政治都建立在武力上，近代建立在工商业上；武力的政治常产生霸道，工商业的政治常产生资本家。以后必须加上一个“文化”。先要有文化作为政治的基础，即是以学术教育来作武力和工商业的基础。中国儒家和希腊哲学家柏拉图即是这样主张过，于是政治必须以这三者的联系和互助，然后政治基础才可以稳固。

写于 1946 年，选自《文化与人生》，商务印书馆 1947 年版。

郭岱西

中国人之所以为中国人

一

中国人之所以为中国人，在哪里呢？他的头脑，他的心灵，性情里，有没有特别之点可以说是道地中国式？有没有一种坚执的倾向，可以使一切外来的概念或思想，与它有了相当接触之后，都要无形中受着一种微妙的熏陶而为原有主体的一部分呢？

这是个有兴趣有意义的问题，让我们来作一番初步的讨论。

也许是我们的偏见。在我看去，不如说是由于道教。儒的影响好像只在社会组织上，社会行为与细节上，显出它的广泛的功能。论到个人的心灵，个人的情感的深处秘处，道家的学说，似乎无疑地镌刻上了不可磨灭的印气。我们这个民族——最少是社会的上中层——可说是外儒内道：孔孟的面孔，老庄的灵魂。凭他曲礼三百，仪礼三千，我们静坐独居之际，根本是个道家。

据说人们都有两重人格。（一）独居时的人格乃（和）私衷自有的“真我”，盖心所安，心所乐者。（二）群居时的人格，乃人前装饰的“假我”，不是本来的面目，而是强学的状态。心理学家所谓现意识与潜意识之别，在现意识上，你我都认为应该“学孔学颜”，而日常行为间，也力求做个论语式的圣贤；只是潜意识的隐藏之处，总岸然有个道家在；他是个锐眼老人，永远含笑地否认着“儒家的半我”！

儒道的分别，究竟在哪里？

要对儒说个分明，尚非难事。孔孟之语，句句常识，自来就用不着朱注郑疏。整套的儒学，都是根据在一种经验的逻辑。经验逻辑，妇孺皆能了解。老庄之说，却飘杳若风，摸捉皆难。是代表一种微妙的心灵，一种内在的风韵，不容易以言语明，更不容易于制度化的。

儒家的主张，都是经常的必需。所谓絜矩之道，往来之仪，凡是规范人类行为，维持社会组织的哲学，都要殷勤论到。虽然是儒家对家庭组织特别拥护，表面上好像与西方的各种伦理系统大异其趣；但深一层看去，彼此的基本观念，仍不出于“义务”两字——人对人的义务，对社会的义务。

道家乃不顾一切的。它要撇开了人类、社会、制度、文物，而归到其所谓“自然境界”。在这境界里，最高的价值，是个人，是个性。如果儒家的核心在“义务”两字，道家的精神在“自由”一词。儒道间的最大鸿沟，就在这点。

二

道家重个性，重自由。这岂不是与近代西方的个人主义一样吗？

果然的，这种说法，近年来写作者中，颇不乏人。这好像是五四以后，一般学界的通病：人家有什么，我们必定也有！人家有卡车坦克，我们便有木牛流马。人家有社会主义，我们便有王莽王安石。个人主义，不能例外：人家有个人主义，我们也自有我们的老庄。如此应有尽有，才不愧我们这古老大国四千年的长期生存！

然而真理只在毫厘间。中国道家与西方个人主义固然都是提倡自由；但如果我们囫囵地忙认他们同指一事，那就铸了九州大错了！道家的自由，是“超社会”“非社会”的自由；西方个人主义的自由，是充满了社会意识的。认清这点，便是开始认清道家的特色。

其实这两种自由观的不同，可说是由于浪漫与现实派立场的互异。当卢梭初次诅骂文化之时，欧洲的思想界所憧憬的自由，也曾带上了三分道家色彩：抽象的，泛漠的，不顾一切的。却是不多时便有一种现实精神代起。卢梭以后的自由运动，满显出踏实派头，功利气味。它并不主张打倒一切，而抽象地，泛漠地呼号自由。它很清楚地列举出具体的要求：言论自由，信仰自由，最后最重要的，订契自由。西方个人主义运动，是充满了计较精神，实利动机的。

道家没有——也不会有——具体的目标。它所要求的自由，是要打倒一切，离开一切而独立。在追求它那种诗境梦境里，一切具体问题都像烟消云散。

西方个人主义，尽管讴歌个性的独尊，却始终忘不了社会。它是承认社会的。没有一个欧美名家主张归到原始的法外生活。“法律为治”从来是他们一切自由谈的根基。就是风情浪漫的卢梭，他也不曾确定“自然境界”是原始人群的生活状态。他那千古流传的民约论，但就“民约”两字看去，便显出他的脑子后头乃弥漫着一种法律意识。社会感觉的一个彻底的道家却是不管社会，不需要法律的。在他眼中，西方个人主义者的法律，社会，与中国儒家的道德仁义，尽是庸人自扰，应当从［趁］早一笔勾销。

归根结底，西方个人主义乃是他们社会上特种阶级的哲学，是一般中产人家企图推翻旧的秩序以建立新的社会之一种自由论。他们要推翻，为的是要建设。道家学说乃是艺术家的哲学，乡下人，浪游人的一件。他们对城市中过分文化，过分拥挤的生活，生理上就根本不能消受。如果他大声疾呼，要到草场吸收新鲜空气，那是只因为空气确是他个人体质上的必需，他并无丝毫意思，要另为人类建筑一座“人造空气”的高楼。西方个人主义是一种新技术文明的产品，不可遏止地要向重建新社会一途展进。中国道家学说的后头，并没有技术变换的动力，不过在想象中回顾到原始社会的简单生活，而不免感慨生情高唱“返于自然”的论调而已。前者充满了合群行动的力量；后者是一段抒情的歌声，但发泄个人的爱恶，而不能超个人而发生社会的效力。

说到这里，我们可以提及根本一点了。西方个人主义，是一种信仰；道家学说，到底还是一片怀疑。一个西方个人主义者，为的是满腔热诚，一片合理行动的期望，所以一心一意，忘不了群众的重要。他要听众，要信徒，要同志，于是他不但必须解说他的建国方案如何高明如何易办，并且还要使人相信他的“主义”绝对神圣。心理变化律，到此发生作用，热心家本要催眠群众，到此乃催眠了自家。不堪中产人户的实利动机，居然也由“利益”而化为“权利”，由权利而再化为“真理”。西方个人主义，因为是满涵着社会背景，势必定要变为一种新信仰，与旧秩序的权威主义相对抗。一位普通的西方个人主义者，始终坚信上帝是袒护他的。他绝对相信自家之必“是”，人家之必“非”，他也绝对相信他最后是必胜的。

一个真正道家却不能“绝对相信”什么。归根结底，他是一个怀疑者。他天性怀疑。他天性是个艺术家，艺术家是不必要信仰的。他满腔只有天然的情感，清明的直觉。所谓阶级的利益，既漠然不荡其胸怀，所谓神圣的道德，也涩而不合其脾胃。超脱了这些社会的关怀，他乃能独保其双眼，看透了人生的一切。他这种看透人生的本领，大有飒飒西风之概，吹得心魂发冷。道家根本上是个谑浪者。他那段恶作剧的闪闪眼光，最是硁硁小节儒生所要躲避的。

三

“谑浪”两字可说是道家精神的底质。这个底质表现出来的类型是多种的，而也是极其微妙。我们且提出三大派而讨论之：狂放派，隐逸派，弄世派。最后我们要加上一个第四派。我们无以名，名之曰出山派。前三派，都是由谑浪性情，“顺变”而生的。第四派可说是“反变”而出的，反谑而入于严肃，怀疑者一变而为殉道人！

让我们慢慢地来分析一番。

局外人看见中国人平常日那种十分儒派的行为，往往鲁莽地便认定中国人喜欢从俗顺礼，盖性好形式的民族也。这种看法，大恐是得其粗而失其精。中国人的心理是最厌恶形式的。施行仪礼之时，我们心中巴不得要反抗或是躲避。中国人之所以异于日本人者，就在这里。日本人一心一意，崇拜大礼服，九十度的鞠躬，就好像德国人非踏鹅子步，不感乐快一样。中国人却古怪。发明黼黻文章，三跪九叩的是我们。最厌恶黼黻文章三跪九叩的，也是我们。发明者是儒家，反对者是儒家。惟其发明之繁缛，所以反对也彻骨。嵇康与山涛绝交，其中一个大道理就是山涛要他做官，他却受不了制服之苦。嵇康之心，千古之下，凡是中国人都有同感。他反对的尚不在做官。孔门徒子徒孙费尽心思所创出的官服官冕，官玉官步，乃真是身心上不可消受的束缚！

当然，这并不是说中国人实际上都个个悍然反抗俗礼，或佛然躲避形式。却是这种反抗的欲念，始终埋伏在脑后，随时都可爆发而见诸行为。普通说来，中国人是接收俗教，服从俗礼的。但是要注意的：即是接收，他心里还是不服。他之接收，并不是他真正承认俗礼含有任何意义，乃是一时想不出其他好办法，只好听从，免得生事麻烦。

换言之，如果不为狂放，不为隐逸，他便要变为弄世。要他崇拜仪礼形式，他却期期不能。

狂放，隐逸，弄世三种心理中，西方人所比较地最能了解的，恐怕是狂放。狂放心理的动态，是一种上涨姿势。满腔的谑浪牢骚热腾腾地向外蒸发，直到了一个程度，那朵谑浪之火变成了愤怒的白光，这刹那间，我们的道家昂然直立，不折不扣的大丈夫。两眼睁圆，盯着整个的外界，视为“无谓”，视为“无聊”，把住全副的“我”的精力，准备与一切的“非我”作战。这是最富于行动可能性的一刹那。如果一个中国人会变成一位革命家，这一刹那，便是他最大的机会。

革命家者，积极的反抗者也。即所谓不但反抗，还要进攻者也。

一个狂放派的道家，采取进攻形势，多在他的愤怒精神与民众的怨恨心理而互相结合之后。这多半是当着末世窳政，或是外朝失统的时辰。中国历史上无数的民间暴动与反乱，都可说是这种心理结合的产品。中国人绝不是一个驯弱的民族，乃是有素的独夫杀手。尽管平常日他们忍辱受垢的本领煞是惊人，他们却从不肯承认暴道是英雄，独夫为好汉。中国人不善崇拜英雄。他们崇拜偶像，却不肯崇拜活人。缺乏崇拜活人的能力，可说是中国人的大弱点。四围环绕的，尽是英雄崇拜的国家，而我们总不肯佩服我们的领袖们，你说如何其可！然而这种“死不佩服”的精神也就是我们的硬处。按中国的社会情形与政治组织看来，我们应当代代是暴君，世世逢桀纣。可是居然也有时不逢桀纣，而且许多桀纣都是不得其死，不肯崇拜活人之好处也。

道地的道派狂士多半不轻容易与民众结合。他具有他那一副艺术家的心灵，总不屑于求同志，求民众。他是要一人敌全世，一人敌一切，把整个的人类在面前，一踢而翻之！那种豪放气概，煞是无比！

然而——发泄无方也。他终究是个艺术家，无能行动，完全看不出具体的利益，实际的问题，所以也晓不得如何作战，对谁作战，热腾腾向外蒸发的怒情，寻不得外在的对象，遂挫折回来，盘绕到本人的脑子里。上涨的热气，不自由地被压在狭小的高原，战兢兢地在那里抑郁着，酝酿着，一瞥间乃化为心灵上的大酩酊。道派的反抗到此时变成为五情上的“自放纵”。晓不得如何进攻，对谁进攻，于是遂把自己送交自己，始则忘了外界，继则不省自己。嗔怒渐消，对一切只是不管。一种昏迷迷的神境，半甜半苦，倒产生出一个道地的道家发泄法——抹杀一切的醉汉的狂笑！

最有名的例子，算是西晋时代的竹林七贤。他们否认了一切礼教，打翻了一切的绅士仪表，裸体清谈，醉酒谑浪。然而最好的例子，还不是他们，因为那种心灵上的大酩酊，大可以“超度”而诞生出一种“动跃的美术”，有半醉半醒人的神力与活气，而可无竹林七贤派的矫情与粗糙。这种褅阿尼剎酒神式（Diongsian）的动力的表现，最健全，最高贵的，恐怕就是李白之诗，这位谪仙诗句间所流露的傲世情绪，壮大精神，终使他成为中外同歆的中国第一世人。张旭的草书，也算是同类的作品。此二公者，都是喝酒愈多，创作愈妙。狂放派的道家的艺术是与酒的神秘力量分不开的。

褅阿尼剎式的狂士，中国人最能欣赏。在中国人的眼中，他千真万真地取得了一种“超人间”的资格，超于善恶之外，而绝不受日常道德规范的制裁。他达到了艺术上的睡游境界（Somnambulism）。他可以像毕卓一般，偷酒而名传千古；他可以像李逵一般，破戒，喝酒，砍杀老方丈，而依然死为罗汉。庄子说过了：醉人坠车而不伤，其神全也。

《战国策》第一期，1940年4月1日。

隐逸风与山水画

一

我在《战国策》第一期发表了《中国人之所以为中国人》一文，因为篇幅关系，未能写完。而来匆匆，不觉将两个月了。数日前有好几位朋友，凑巧同在一个湖边茶店乘凉，（是个清一色茶店，不卖咖啡。）聚谈之下，对我原文所提出的几点，颇发生了一通的热闹讨论与批评。文章最怕没人批评的。有批评，此作便不虚。我决意又借《战国策》的几页纸，把未尽之言，再说一段。

我的大意很简单。我以为一般人把儒教对中国人的性格风格的影响，都不免看得过分重要了。儒教的重要，不成问题。却是道家学说的势力更是潜移而深入。我的判语是：中国人外儒内道，尽管表面十分孔孟，心灵深处，始终是老庄派头。中国人之所以道地是个中国人，乃在其为“道”。

道派的根本观念，当然是自由——一种超脱社会，看破一切的自由，潇洒的，充满诗意的。在这种自由背后，绝没有现代西方那种布尔乔亚的权力思想，奋斗精神，乃是一个天性怀疑的艺术家，对人间世一切的一切，总觉得不合脾胃，满腔乃酿出一种倾向——就是谑浪情怀。这种谑浪情怀有四大类型的表现：曰狂放派，曰隐逸派，曰弄世派，曰出山派。

对狂放派的心理分析，前一篇文已经略略道及。本篇只谈一谈隐逸派。

表面看去，隐逸派是恰恰与狂放派对称的。一是醉汉的酩酊，一是隐士的高蹈。却是深一层看，隐逸派实在是狂放派进一步的发展。基层的冲动仍不出谑浪情怀，酩酊的情态渐醒，紧张的情绪也随着而松弛。头脑的背后不免也要恍然自问：一场热闹，所为何来？如果狂放阶段的谛阿尼刹式的大酩酊尚不能脱三分自豪自负气概，醉解人醒之后却产生一种自疑自醒情怀，“我究竟有何所知？”谑浪锐锋，不外刺而乃内转。

万事回头浑似水，

当时枉作热潮看！

我们的道家不但看透一切，并且看透自己。低着头轻笑一声，拂袖而立，弹冠而退，嚣嚣不平的抗世者，一变而成为寂寂无言的隐士。过了一场暴风雨，山头落日蔼然！

有一点大家必须认清的：道家的“隐逸”与佛者的“出家”，绝对不是一回事。佛者出家，动机在“看不过”众生的苦恼，不禁其悲悯哀怜。其出家也，忧心戚戚。道家的退隐，根本是因为“看不起”一切——是一种不含酸质的看不起，傲世而不怨世，辞世而带着笑容，前者是“严肃”的象征——阴沉，抑郁，死板，充满了哀剧与凶兆。后者是飘然的解脱——一舞成仙，醇醪相庆，毫不有泪痕的暗坠，呜咽的叹声。道家的仙人，都是轻胫捷足，飘飘然如飞鸟踏白云——一面行，一面笑，两袖清风，陶陶然，傲傲然，俯瞰下面扰扰若忘若疑也。佛者却始终忘不了下凡，忘不了众生的苦恼。他总要手指彼岸，渡此虫沙。所谓涅槃者，始终是佛者耿耿在怀的希冀，旦旦申誓的信条。

彻底的道家是全无希冀，全无信念的。他辞世退隐，并不是要修行入天堂或入任何极乐境界。只是看透一切，愿从此与世无争，过个安静的余生，无思，无欲，无为，无信。到底还是个怀疑者，由怀疑一切而怀疑到自我的价值。但是一面怀疑，一面仍然要欣赏；一面看透，一面仍然要笑迎万物。盖怀疑而不怀疑，看透而仍然不透者。在半疑半信之间，无信而自在，往日的谑浪不平之气到此乃成为古井之水，不起一波。

一个隐逸的道家，绝对没有印度苦行者或耶教僧徒的那种苦刑苦态的。隐逸者的生活作风，最要在任其自然，没有一点矫揉造作。如果他要过个简单的生活，那是因为简单的生活乃最不费力，最顺自然的。要叫他像印度苦行耶教僧徒那种认真，把自家关闭在阴湿的庙房，绝食危坐，尝试种种色色的“虐刑”以自荐于上帝，在他看去，不但受不消，也实在大不必。这些过分的“自苦运动”，不属于道家之门。真正道家之门，只有白云，朗日，鸟语，泉声——而期期尤不可缺的，四季自来往，樽中酒不空！

隐逸派的道家，都能有真正自由人的自在风情，悠游态度。他是真自由，因为他能够彻底地做个“现量的孩儿”（a Child of the Present），不念过去，不揣将来，来一刻便度一刻，全副精神，尽付于此时此地，过往不问他。我们都晓得时间空间从来是人类意识上最难摆脱的累赘。世上一切有名的宗教曾经想尽种种方法——如佛教的转世，耶教的赎罪——以求弥补于万一，可是时空的重量，终无可逃于天地之间。只有中国的道家，妙手独具。他可以撒出一种缥缈灵虚之气，把时空的轮廓，无形中包裹起来。他并不步着一般宗教家的后尘，想在追求“无穷”“永在”中，寻出一个打破时空的幻术，他只把时空截断得至小至微的无数段，来一段便收一段，与之合为一，化为一，毫没有庄周蝴蝶之分。结果乃取得一种汎神派的安息，超于物而丽于物的（at once transcendent and imminent），就好像一条半睡的鱼随波起伏，或是一个高飞的鸟，驾两翼于天风之上，跟着空中压力的张弛，上下翩翔。表面看去，几乎不动不作。然而在不动不作之中，乃寓有一种适应自如的机能。所谓静中有动，动中有静，其微妙的含义，不是平常字眼所可以随便形容的。

二

说到这里，我们便可以了解中国山水画的灵感渊源了。

我们中国的山水画可说是隐逸风的结晶。中国的笔，中国的绢，中国的墨，都好像是天公特制的工具，为的是要供给中国画家的运用，来微妙地表现我们这个隐逸派的宇宙观。文字是描写不清的。大家只须打开任何宋元明清的画本便可以立刻理会此中的意义。寸寸的绢，都充满了上文所称那种缥缈灵虚之气，那种泛神式的安息，叫人一瞥之下，五体已经飘荡到无何有之乡，四面白云飞鸟，再也没有红尘俗念，扰乱心曲。在这种情境下，西洋画的透视法当然是不可能的。大家都晓得，西洋透视法的原则是由两条线射出，交于一点。这种的“透视”与道家的“看透”完全两回事。西洋画的透视是含有个雄心逐逐的“自我”，双眼眈眈，注射到一个固定的目标。整个的作风是渗透了一种作意，一种处心积虑，一个特殊的定向（Particular Orientation），一片角逐攫取的热欲——充分地表现出来他们那“打猎文化”的灵魂，与我们那“无问无我”的隐逸风，恰恰对称。我们道派的隐士是经过了看透自家的工夫而修成的，他再也不会对任何特殊的物件发生任何特殊的留恋与眷顾，从他那半天的高处，下望人寰差不多一切的一切都是等距离，一切都在他的眼中，却是没有一件东西特别垄断了他的睠睇。西洋画与中国画根本立场的不同，恐怕就在这点：一为特殊的定向，一为“大同的敛蓄”。

中国山水画，是把时间空间的紧张性完全抹除了的。因为时空紧张性的抹除，中国山水画，在西洋人看去，大大缺乏了他们所习见的那种饱满明确的“躯体”（bopiedness）。西洋画是必须予人一种“躯体”的印象，因为西洋画不会摆脱了时空。中国画之缺乏“躯体”，也正是中国画“潇洒超脱”之处。西洋画中所不时流露出的那种是空的狰狞爪牙，到了中国山水画中乃被那缥缈玄虚之气，融化而成了“以太”的大空（ethealized）了。

这点我们应当注意的。西洋画究竟是西方人的灵魂的产品，其根本的灵感是“以自我为中心”的。所以自始至终，超不出个人的有限性（Finiteness）。西洋音乐，可说是西洋艺术创造的绝峰了。可是即论到他们的音乐，我们欣赏之余，总觉得未达到叔本华所谓“完全解脱”的天地。自我中心的作品，毕竟跳不出时空压力的畴范，便得不到解脱的作用。西洋艺术的优点弱点，都在这里。

我平常有个深深的感觉，感觉得西洋整部的艺术史是个自我与时空的斗法史。中国的艺术与时空两相忘。西洋的艺术与时空两相斗，是个不断的，无穷的相斗。不断的失败，不断的努力，法高三丈，魔高三丈，却是西洋艺术家总要本其再接再厉的精神，于永远的不完满中，致力于永远不停止的创造。同时，创造的成就愈高，时空与自我间的紧张性也就愈长。就好像希腊神话里那个泰顿巨人普罗米修斯，大鹏啄食愈凶，他的心肝长得愈快，心肝长得愈快，大鹏啄得愈凶。我们观战之下，总没有法子判定胜负谁属，却是我们心中不能不跟着不断地喝彩，承认这个永不决的决斗乃充满了史诗式的伟大的！

西洋音乐中最得意之作，就最能表现这个精神，这个矛盾。在许多西洋伟大的交响曲中，我们可以体验西洋人的一种大狂妄，大企图，想把宇宙征服，想与大地同其大，同其久。一种自我的无数倍的膨胀，无量地大，无量地强烈，盖一个有力的巨人神放气涨时欲罢不能的发泄也。西洋的音乐，尽管表面看去与中国的山水画同时没有“躯体”，没有透视线，但是他的真正性质，与西洋画初无二致。西洋的音乐可说是把西洋画的透视线，化为无数条，以艺术家的自我为中心，霹雳地向四面万方，同时刻间铿然出发而弥漫于天地之中。是所谓尽洋洋自得之大观，若说是“安息”，一点也无。隆隆之声，经了一些时终要岑寂。四座无言之中，乃觉得一场壮事，留下来的依然是人们的单弱，斗不过永在的时空。这就是西洋艺术中的“悲剧冲突”的来源，也大大可以象征了他们整部政治史，文化史的体相。他们整个的命运是“紧张”，而我们最高的理想是“安息”。

道家精神与中国艺术的关系，是一桩必须认准的事实。而在山水画中，道家的微妙手法的力量，流露得特别显著。山水画是中国人最深藏的情绪之最高表现。论精神，论形式，山水画都必定是道家的产儿。如果中国思想史上没有道家，我们无论如何，也想象不出来中国艺术史上会有王维吴道子以下那些无数画手的诞生。

山水画是一种泛神式的美术，与“拟人式”（Anthropomorphic）的佛教艺术，源流大异。拟人式的佛教艺术是由印度与中亚各地流传到中国的。它在中国自成一系统，发展下去。云冈龙门的石刻，即是代表这个佛教系统的杰作。到过这两处的，只要约略理会了审美的形而上学，便可一瞥看到那些大大小小无数的佛像，没有一座不是充满了悲悯时空的深情。悲悯时空，正是佛教信条的基础。反而观之，尽管我们的山水画家不少的都染了些佛教的波及的影响，尽管他们里面还往往有人喜欢夸谈他们与“浮屠之徒”交游往来，但是我们的山水画始终还是我们的山水画，保持了道家隐逸派的泛神感觉，能够很不费力地就把时空的压力一笔抹消。这种泛神作风，显然是“非佛教”的。

三

在这里，我们愿把一个惊人的真理提出来请大家注意。佛教的浊重的形式与信条，尽管普行于中国社会的下层，佛教的形而上的概念与逻辑也尽管推动了不少的宗派的树立，但是在中国情感生活的最深潜处，佛教的影响，始终没有取得征服者的地位。不消说，任何历史家都要承认佛教的传入是中国历史上的一桩绝大的事实。但是如果我们因此便盲目地跟着中外传统历史家的看法认为佛教之一物确曾经把中国人的根本心灵，改头换目，那就不免铸出九州的大错了。尽管在今天的中土，一大堆的寺、塔、经、藏，好像也有声有色地在那里宣布佛教在中国的权威，一般学者所津津乐道的“中国人的印度化”事实上何尝存在？中国人还是中国人，因为中国人还是道家。六朝以后的佛教的形式哲学，始终没有征服了汉魏以前道家所渗入的心灵深处的境地。即就形式哲学而论，道家的精神反大有重造佛教哲学的作用。唐代中叶禅宗南派的崛起，提倡所谓“顿悟”方法以取代过去佛家的繁缛戒条，实在都是道家自由简单的精神，战胜了印度婆罗门做风的表示。虽然在印度历史上，释迦之说是一种对印度传统宗教的反抗，传入中国的初期佛教究竟仍然逃不出婆罗门文化的畴范。同时，我们还大可注意的，这个中唐时代的“道家化的佛教运动”，乃恰恰与中国山水画诞生时刻，双双并行。唐代之所以为伟大，理由不一而足。而道地的中国风格——道家风格——能够由一种大体健全的形式在艺术界，思想界大放光明，这恐怕是最严重的一事。上列一番讨论，无形中乃暗示了我们一个文化吸收的自然趋向。一个新兴的民族，发展到某一阶段之前，它的情绪心灵的基本体相，似乎都尽可以由外来的文化势力加以有机体的揉造。但是过了这一阶段，这个民族宗教，思想，社会……各方面的表现已经凑合起来而铸成了一个自系统的“宇宙感”，那么，就有了外来文化的侵入，初期接触也许要掀起一段波澜，最后结局无形中仍保持了原来体相的大概。就好像小支流之于大河，外来文化当然要增长了原有文化的容量，复杂了原有文化的因素，但是原来的河道，大体仍是不变更的。

中国文化——最少是精神方面——到了两汉，好像已经自寻得一个完整的系统。后来与佛教接触，固然必定有一番适应的工作与历程。但是这个适应的工作，无形中始终以原有的体相为主体。新的同化于旧的，而不是旧的同化于新的。佛教并没有同化中国，中国却同化了佛教。这不是说旧的必定好，乃是说旧的文化体相，有它的先天的力量与自然的优势，不管我们目的在复古还是在维新，对这点不容忽视。

《战国策》第四期，1940 年 5 月 15 日。

陶云逵

陶云逵（1904—1944），民族学家，人类学家，原籍江苏武进。1924年就读于南开大学。1927年赴德国，先后于柏林大学和汉堡大学攻读人类学、遗传学和民族学，获博士学位。1933年回国，进入中央研究院历史语言研究所，从事研究工作。抗战爆发后，赴云南大学任教，1942年转入西南联大社会学系任教授，后兼任南开大学边疆人文研究室主任。1944年，因患热病逝于云南。

力人——一个人格型的讨论

一

“力”这个字已经有人形容为极美，极可爱，极重要的东西。然而它究竟是什么？

中国这个“力”字涵义甚广，在用它的时候，往往另加一个字来表示它的类别。例如：体力（Kraft），生力（Vitalitact），毅力（Energie），权力（Macht）等。但无论哪一种力，它都含有一派意义，就是自主和自动，它的象征是光明。和它相反的就是“无力”。无论是哪一种的无力，也都代表了一派意义，就是他主和被动。它的象征是幽暗。自主自动，它是主人。他主，被动，它是奴隶。（此地所称主人与奴隶并无阶级意义，乃是两种不同的人格型的象征）。

我们常常听到有所谓黑暗势力。实在说这里所谓的黑暗的势，不是“力”，乃是“能”（Faehigheit）。力和能是两件事。以后再讲。

力与无力，从哪里表达出来？从行动，从人的行动上表达出来。说我们需要力，就是说我们需要“力人”，需要有力的人格，也就是主人型的人格，光明的人格。“力”原来就是一种人格型。

保卫主人型，抛去奴隶型！奴隶型的毒菌原来早就蔓延到我们全民族体。在时间上，这毒菌老早就在那里搭窝，在那里暗中破损着，啮吮着我们的力人。中国民族圈儿里现在有若干千万浑浑噩噩的奴隶型的人在那繁殖着。我说，力被破损，啮吮，就是说我们的力人经过若干千年的反选择（Contra－selection）程序，被淘汰了。现在也许还有，但是寥寥如凤毛鳞爪！

奴隶型的人多，所以有以下几点大家公认的中国病：不负责；怕事；无创造；专事模仿；因循；随便；怕得罪人；不敢当面说亮话，却鬼鬼祟祟，背地做工夫；无绝对的是，也无绝对的非。（这里，我并非反对价值相对论，乃是对中国人的无可无不可的态度而发。我们须知一个人无论如何，在行为上要有绝对的是与绝对的非。至于他自己的“是非”是否全社会公认的“是非”，还是次等问题。）

这一切一切是道地的奴隶型，道地的无力的表现。这帮奴隶专在狭缝儿里弯弯曲曲，偷偷摸摸地，讨生活。奴隶型的人们很可“能”用卑鄙手法把主人型的人们压倒，得到胜利。但他们的胜利便是文化的堕落，便是人格的鬼魅化，便是幽暗的漫怖。

二

力人是怎样作风的？请举一个简单的例子：

“我反对，是我反对，我要反对！”

“你说我作恶，作你们所说的恶，好了，我就是作恶，就是要作恶。”

人们说：“反对与作恶者死！”

“好！我死好了，假如我不能战胜你。”

中国坏，坏在不光明磊落；坏在不敢担当。只有大家敢作敢当，才有“道德”这件东西存在的可能。奴隶型的人们正相反：既知是错，却又要做；做了又不承认。不但不承认，而且把错的事情，用种种的道德名词粉饰成了一个了不起的美举。

希特勒掀起欧战，设如被侵犯的国家的人民们不愿做奴隶，而且不是奴隶的话，那么，立在被侵犯的诸国场合上看，希特勒是应当骂，应当抵抗，而且应当扑灭。同时，希特勒的胜人一等处，也在直截了当，在打开窗子说亮话：他的战争是为征服而战争。我们的敌人，日本，侵犯我们，却假借着什么中日提携，东亚协同体一类的面具，来粉饰一番，相形之下，真显出日本人之卑鄙丑陋！即就我们的抗战说，最光明正大的理由就是不愿做奴隶。简单直截一句话，我们要做自己的主人，我们是主人！

上面说明力在社会生活上的需要。其实力在研究真，在探讨美，在恋爱，在修养，也照样的不可少，绝不可少！有力就到家，无力便笑柄。伽利略，达尔文是力，明太祖，武则天是力。戴文奇，李太白是力。李逵型，柯丽欧培特拉型是力！他们是主人，他们创造，他们坚固不拔，他们爽亮，他们真！

三

力必定要靠人才能表现出来，力是个观念，要须从力人身上，从光明的人格型上，具体化出来。我们的问题是：力人怎样产生？力的根源在哪里？

关于人格形成的讨论，共分两派。一为环境论，一为血统论。具体这个分法，正如其他现象的分类一样，仅为工作或叙述便利而已，往往和事实不相符。我们知道一部生物演化史就是生物对环境的培育史。人类是在环境中培育得最得当的一种动物。从另一方面看，他也就是最会利用环境的一种动物。设如不说“演化”而说“进化”，则其“进”“退”的标准就在这里。环境对人（生物）有一种好厉害的作用，就是选择。凡是适于环境者生，不适于环境者死。（这适应与不适应是“能”，不是“力”）。但环境却不能使一个生物被动地改样，以适合其环境。譬如说，在一个要目力极强，辨色极清的社会中，一对纯朴的色盲夫妇不能因为社会的需要而就生出不色盲的子女。只能说，色盲的人生存的机会比不色盲的少，因此色盲的繁殖也就少，因此便被淘汰了。又譬如，力人生在奴隶型的环境中，不能因为环境的奴隶气氛浓厚，不能为需要奴隶型而力人就生出奴隶。力人若被奴隶啮死，他死去了，他的种子绝了。环境的力量只限于选择淘汰，而不能产生，创造。所以它的力量是消极的。

环境对生物的性质的作用既然只能消极的，只能使有的变为无，不能无中生有；那么，生物界的差异（Variants）由何而来？譬如说人，单以皮色而言，有所谓……皮肤，白皮肤。设说黑皮肤不是因为太阳晒黑了的，那么这黑色怎样来的？

科学家说，差异是由于突变（Mutation）。世界上各种生物在那儿发生突变。如某个生物上发生了一个新的性质，这个性质是以前没有的，而以后却继续发现，而遗传到后代的。但，设如我们把老鼠尾巴割下来，它算是没有尾巴的老鼠了。鼠而无尾是个新性质。但是把公母俩用人工做成无尾鼠的交配，生出的小鼠却都有尾巴，正如其父母未割尾巴之前的尾巴一样。这种父母的无尾巴不是突变，乃是后得性。后得性是不遗传的。（自 Weissmann 直到目前，没有一个实验生物学家实验出来后得性遗传。有之，即奥国的 Karumerer。后来被人发觉他是伪造，这个骗子结果自杀了事。）

那么，为什么在热带恰巧皮肤黑？

我上面已经说过突变差异时常发生。发生出来的新性质能适合于环境的，就是不危害其人的生存的，则此种性质，将随其人之生存而存在下去。设如此新性质不能适合其环境，其人之生存将因此性质而受到危害，则此性质将随其人之生命而死亡，就是被淘汰。非洲的黑人，该是在某个远古的时期，发生了这种突变，色素增多。因为它适应了（即身体因色素多而抵得住）当地日光的强烈照射；于是凡有黑皮肤的，他们生存的机会都增多，而生殖也众多。反之，色素浅者，生存的机会少，因之，生殖量数也少，于是被淘汰而绝迹。热带的非洲乃成为黑人世界。

然而究竟突变怎么来的？

关于此点，直至目前，我们只有一个可靠的实验，就是美人穆勒氏（Muller）用

X光照射果蝇，把果蝇的性质突然地变了。这突然变出的性质，居然遗传到后代。但这突变出来的性质都是病态的，如缺翅残肢等，在生存竞争上是弱点的。病态有许多样，我们虽然知道X光可以生出突变，但我们始终不能预断（Predict）会生出什么样的突变。（这和前面所说将父母老鼠截去尾巴而盼望能得到无尾小鼠不同。穆勒氏的实验不是后得性的能否遗传研究，乃是突变如何产生的问题研究。）反过来看，我们却能肯定的预断两个纯朴的白毛鼠交配后一定能生出白毛鼠。也可以肯定的预断，假如知道双胎是由于一个受精卵分化出来的，此孪生出世后，其身体、皮肤、智愚，将会相同。

突变是一种过程（Process），它不是化学元素。因此关于突变之由来，我们应当积极地探讨。但是从应用观点来说，我们当然只能应用而信任已知的，而不能应用未知的或信任未知的。就是说，我们确知道遗传的性质是遗传，而且有定律在那管辖着。我们确知道并预断某性质与某性质配合，一定可以生出某性质。为实用，这是足够。生物学界或许会出个爱因斯坦，但是我们不要忘了，直到现在，在物理上，牛顿定律到处还在用着，而且百试不爽。

但是人们往往说，所诸实验出来的结果，譬如遗传律，乃是拿动物实验出来的。果蝇是果蝇，人是人。谁会亲自拿人作交配生殖的实验？谁会一代一代的追随了人的遗传？我的答复是：（一）设如人们不承认人类除了身体上各器官与外界交互作用而生的心理以外，还有所谓灵魂这件东西的存在，则他应当承认遗传法律：承认果蝇的结果的基本原则可以移用于人。（二）无论什么科学研究，没有能不用逻辑比拟来辅助的。否则人们对着这个大宇宙，其工作将不胜其繁了，将无generalization之存在——虽然是我们应当注意逻辑比拟在应用上的限度。此外在人类遗传研究本身并不是绝无材料。虽不能拿人去做实验，但人类却自然地供给了我们有实验性的材料。譬如混合血种，譬如孪生。此类一等好材料均证明了遗传律的可靠。

四

我上面讲了许多关于遗传的话，目的是在说明“力”不是呼之即来的，没有原来“有力”的人，千呼百唤也是出不来的。诸种类型的人中，须有力人型存在，然后一呼才有响应。教育的用处也就是在这里，也只限于这里，换言之就是唤发。把本有的原质激发起来，使其展开，虽不能无中生有，却能使有的显著。教育之功在唤发，它是缘而不是因。我并不反对教育；正相反地，我愿意教育普及，主张教育机会推广，机会相等，因为教育是选择的标准。

遗传研究首重遗传性质之因子分析。有些性质是单因子的，有些性质是复因子的。每个遗传单位单独各自遗传。譬如说人的鼻子，目前我们知道有五个遗传单位之多：

鼻根、鼻梁、鼻尖、鼻翼、鼻孔。这是身体上的，而且是区区的一个鼻子。说到心理上的，而且是这么庞大的人格型的“力”，则其中包含的因子，遗传单位，真不知有多少了！即以体力而言，就包含着整个身体的机构。因此有人说：若讲力之遗传，则必先将力分析，分析到它的遗传因子，然后我们才能说使某某些因子配合后乃会有“力”这种东西的产生。这话原是对的，并且现代遗传学者正孜孜不息地在那里研究，分析心理的遗传。但无论哪种力，都是人格的一部分，换言之，就是其人的心理的表现。无论从家谱的分析，孪生的研究，都可证实了人的一切，身体的及心理的，均是遗传的（所遗传的是其原质及其对环境的反应 Reaktionsweise）。我们能待各种型的“力”的因子，单位的遗传型（Modus）研究出来，自然极好。但单就我们知道人的身体与心理是遗传的这个事实而说，已经值得我们对力与遗传关系加以十分注意了。欧美各国的优生理论（且不管它标准如何）在法律上的实施也就是根据这个事实。（要争辩的诸君请取一本遗传学教科书细读一过，关于人的遗传，可看 Baur－Fischer Lenz 的名著 Meuschliche Erblehre。在这本书里你会看到上千的身体上，心理上，变态上，病态上的各性质的遗传研究的结论。在这本书的内容里，本文作者也有些贡献。）要想把“力”发扬光大，最重要必从遗传入手。唯有这一条道才是基本大道，才是一劳永逸之举。所谓从遗传入手就是选择力人，使他们多生殖，反之，无力人当少生殖。如此，力人增多，无力人减少。这即是优生学的方法。优生学是以遗传研究为根据的一种社会改进方策。

五

我上面（第一节）说，中国的力人几千年来在奴隶型的人群圈中淹没着，由淹没而死亡，换言之就是经过几千年的反选择程序（Contra－selection）给淘汰了，现在所存不多。什么叫做反选择？所谓反就是说与原来的自然选择相对。反选择种类很多，我现在仅提及与我们的主题有关者。反或正须有个标准，我所谓反，是力人的死亡。

在远古的时候，发生了人类。一个地方住不下了，于是迁移到外方，地球是大的，人们乃得从心所欲的迁移。途中远［遇］到危害生存的（此处指气候，温度及少数生物等），死亡的死亡（这里有淘汰与反淘汰）。途中发生突变，适者因此而生，不适者因此而死。生的找一块乐土乐土就安居下来，繁殖。人类的保卫生存的“能”比任何动物都高。因为突变与选择，人类乃分成若干种型，并产生了若干种文化型。地广人稀，交通不便，文化的发展线是离心的，各自跑各自的路，各自往各自的尖端儿里钻。翻开民族志，我们就知道世界上各人群的生活样法之五花八门是如何的惊人！久而久之，各自的文化各自的价值观念凝固成一定的类型。于是反淘汰程序加强了。这个凝固的文化型对个人变成一个新环境。诸种文化型中有容力人的生存的可能，但不是有意识的。力人是不受传统支配的，他要创造，他有独到的“是”与“非”，他真，他意志坚决，他直爽，光明，他不怕阻挠，他不怕死，愿为他的“是”而死。这种人在一个凝固了的文化型中却要首先遭打击，遭暗算，首先碰到刀刃。也就是说，力人在它本人群中渐被淘汰。

让我们再把范围扩大言之。人类对自己的整个 Species 无鸟瞰，于是各人群团沉湎在他各自的小巢穴中。各人群团在它的小巢穴中繁殖、繁殖、繁殖。直到一个阶段，忽然感到以前的广大世界现在狭窄了。以前的老死不相往来，现在碰面了。遮藏不得，非碰面不可。当各人群在他的小环境中，怪能适应的，不怕他的生存方式为其小环境所危害。可是到了此时人们却重新遇到生存的威胁，遇到他生存的新敌人，就是与他同类的人！这时候生存竞争又起，在这竞争里，又往往是力人先遭殃。实在说，力人在基本文化圈中，和他在圈子外面人群团之间的淘汰，情势是一样的，原则是相同的。

这里我要插几句话来指醒一下，就是生存是“能”的问题，它和“力”是两件事。说详细点：“能”与“力”是两件事，力人在某种情形之下是“能”，奴隶在某种情形之下便“不能”。力人在某种情形之下之“不能”，奴隶在某种情形之下却“能”。但是直到今日，力人能生存的机会比奴隶能生存的机会少！

在人类演化到人口众多，与之竞争的不是禽兽，而是其同类的人时候，竞争单位是一个人群团与另一个人群团。当一个人群被另一个人群侵犯，这个人群团之中真正感到压迫，真正感到将要变为奴隶的人，是这个人群团中的力人，不甘屈服而想去抵抗的也是这帮力人。不但心里空在那想抵抗，而且见诸行动，不怕一切，挺身而出，去跟敌人周旋！

奴隶型的人，生来就是奴隶，因此也就并不感到压迫，并不感到威胁，心中自始就无被威胁被压迫这个观念。这样，怎能叫他抵抗？他拿什么抵抗？他为什么要抵抗？在另一人群中的情形又何独不然？于是力人与力人上战场决斗了，双方的奴隶型的人们却躲在背后观望，设如力人们跌了一跤，设如力人们身上冒出一股血，这帮奴隶型的人们却在背后窃笑。他们不敢大笑。怕，怕力人听见。他们窃笑，因为可以借着敌人去消灭他们心窝深处真正的敌人——力人。果真如愿以偿！两虎相争，必有一伤！力人们多半是得如此悲惨下场的！奴隶们却照旧的浑浑噩噩地在那繁殖，繁殖，繁殖。胜的那一方怎么样？那方的奴隶们，小人，假公济私，他要种种设法把力人创出来的清朗的局面弄得幽暗，弄得暧昧。

从中国历史上可以找出许多例子，中国文化的精粹是中庸之道。这个中庸之道之所以存在，实也因为合了中国人大多数的胃口，少数不合口味的便被认作异端，便是叛道。中国力人根本不多，但中国人所以能维持这多年的独立，拥有这样广大的国土，实在说就是靠了这无力圈中偶尔兴起而成了大业的几个少数力人。幸得这几个力人，才把这群“卫道”的无力人从异族侵略中拯救起来。我们翻翻历史，做出有创造性的头等大事业的，没有一个是真正的卫道徒，他们的行为多半是所谓离经叛道的。所以有句俗语：“成者王侯败者贼。”这些“王”们在卫道徒的眼中本是与贼同流的。等到力人成功了，创了一个局面，于是恶臭气氛又起来了。这时力人往往不自觉地（不客观地自知其力与其光明之可贵）为恶气氛所蒙蔽而修文讲礼。一等到修文讲礼，这大好局面马上堕落下来，国势随之衰微，直到几乎无救时，凑巧又有些力人兴起，来挽救。这是侥幸。我国历史的兴衰，实在是这两种人型的浮沉起伏的记录。

六

人类最高的孪生理想是真与美。真唯力人才得的到，也唯有力人才是真。美也唯有力人才得的到，唯有力人才是美。唯有力人才能达到理想（这里“力”与“能”合）。唯有力人的世界才是真美的世界。至于人们所说的“善”，我认为它是人类理想的一个流产，往好里说，至多它也不过是不够岁月就落了生的。长到这么大，大半时光或几乎整个岁月都是被人捏住当傀儡。只有“真”才没法“伪”，没有伪。只有“善”才没有伪，没法伪。它们是纯目的。“美”却是可以伪做的，因为它可以充作道具。

力人是这样可珍贵，而力人自己却那样不自珍摄，把自己的生存看得那样轻，一个个慷慨地死去。这是人间过去的一幕大悲剧。要急起挽救，不是空凭呼唤就有效验的。我们得保卫力人的种籽，培养它，使它生长，开花，结种，繁殖。这样，幽暗世界才会变成一片光明。

《战国策》第十三期，1940 年 10 月 1 日。

沈从文

沈从文（1902—1988），中国现代著名作家。原名沈岳焕，笔名休芸芸、甲辰、上官碧、璇若等，乳名茂林，字崇文。湖南凤凰县人，祖母刘氏是苗族，其母黄素英是土家族，祖父沈宏富是汉族。15 岁时投身行伍，辗转于湘川黔边境地区。1924 年开始文学创作，抗战爆发后到西南联大任教，1931 年至 1933 年在山东大学任教。1946 年回到北京大学任教，新中国成立后在中国历史博物馆和中国社会科学院历史研究所工作，主要从事中国文化史的研究。1988 年病逝于北京。

读英雄崇拜

本刊第四期有一篇文章，题名《论英雄崇拜》，陈铨先生写的。本意给国人打气，对“英雄”有所赞美，用意自然很好。对于“英雄”含义，文章中虽曾说过是各式各样的领袖，惟内容所指的还是代表武力与武器的使用者，对面自然就是代表读书人的“士大夫”，于是很感慨的说，中国读书人太不崇拜英雄。既提起读书人，要找出一个原因，所以又说，这是由于“五四”的结果！为什么？为的是五四提倡“民治主义”与“科学精神”，养成了士大夫的坏脾气，腐化而且堕落。近代教育教坏了这些读书人，反不如过去受了点通俗小说教育的武装同志表现得动人。我们要崇拜英雄，不然就是个卑鄙小人。有对这种崇拜加以嘲笑的，也是卑鄙之徒。英雄究竟是怎么回事？康德说，英雄有壮美感，使人生神秘敬惧之忱，无条件拜倒；他要你死，你必乐于死去无疑……断章取义不是本文写作目的，不过那篇文章给个人读后印象，却不免如此。陈先生解释英雄崇拜时是援引康德、尼采意见，论及中国缺少英雄崇拜时是提及近二十年事，死文字与活事实相互映照，想使它不发生抵触，至少在修辞上还值得细心一些。不然，给人印象或不免失去了执笔本来意思。个人是个不大“崇拜英雄”的人，但想想也还不象“卑鄙小人”，有些与陈先生不同意见，特写出来作为对这问题有兴趣的读者参考。

中国旧书中论及英雄时，刘劭《人物志》说的大有意思。他说能控制一切而持其柄，统率文武，使用材器各得其宜，可以谓之“英雄”。这种英雄观很显明到如今还适用。真英雄换言之就是“真的领袖”，并不是“万能法师”。我们生于二十世纪，对待这么一个英雄，自然也只是大事信托，由信托而生敬重，不必迷信崇拜，尊之若神。正因为明白英雄只是一个“人”，与我们相差处并非“头脑万能”，不过“有权据势”。维持他的权柄，发展他的伟大，并不靠群众单纯的崇拜，靠的倒是中层分子各方面的热诚合作！二十世纪两个近代化的国家领袖，罗斯福和斯大林，所谓作领袖的意义，便是如此。个人权力尽管其大无比，事实上各事有人负责，个人不过居于提纲挈领的地位，总其大成而已。读书人对于他崇拜不崇拜，是无所谓的。

提及英雄崇拜时，陈先生引用百十年前叔本华、尼采一类人对于这个名词所作的抒情说明，与时代实不大相合。这些人的英雄观多属“超人”，配上拿破仑的性格风度倒刚好合式。这种英雄于战争中必骑一匹高大雄骏的白马，在山头大纛下据鞍顾盼，群众则野战格斗，破阵陷敌，有进无退。可惜时代已过去了。墨索里尼和希特拉两位要人，在群众大会拍摄新闻电影片时，虽尚倾心这种古典英雄风度，装作雄鸡姿势，已不免令人发笑。若在法比战场上最前线，我敢同任何人打赌，这两位伟人就决不会比一个二等兵乐意把头多昂起一英寸！这就叫作时代不合，伟大意义也不会相同。英雄崇拜若近于群众宗教情绪与浪漫情绪之归纳集中，近代使用的方式是分散到社会各方面去，已经成为一种习惯。玩球的，跑车的，爬山的，游水的，无不可以引起这种集中的作用。英国封一个戏子作爵士，瑞典给一个电影女演员颁发勋章，这是国家有意从群众中产生英雄的例子。罗斯福有时会为足球比赛发发球，斯大林大排场款待从北极探险回来的水手，这又是现代伟大意义不同的另一例子。这事值得注意处，便是真的领袖都有意将英雄崇拜情绪转移到娱乐或致用分子方面去，个人却承受了“民治主义”一个对于“人”的原则，“领袖也是一个人，并不是神。”他要人相近，不要人离远。要群众信托爱敬，不要群众迷信崇拜。

这其实从国内近事也可看出。陈先生很感慨的说“中国读书人太不崇拜英雄”，倒恰恰与够得上他所称为英雄的蒋先生及李白胡陈诸将军，感于迫切需要知识阶级合作帮忙成一对照。陈先生以为抗战建国主要条件是“英雄崇拜”，这些受崇拜者经验多一些，却明白事情并不那么简单。他们已从各种团体左献一面锦旗，右拍一通电报清楚崇拜的意义和限制，这是不成的！谈抗战，一个战线上若用十师兵力作战，攻守进退需要的全是技术和科学知识，并不单凭个人勇敢热忱与不相干的多数崇拜所能济事！上层机构要一个健全的参谋组织供给意见，下级单位要一个完备的交通组织接济弹械和给养，整个胜败都决定于知识在空间时间上运用是否得法。就为了勇敢有余知识不足，才用外国军事顾问，求助于客卿！至于谈建国，那更非知识不可。说到建国，我们会联想到中山先生本人和他的《建国大纲》。他本人的一生行为，就是要人“相信”不是要人“迷信”的。这个大著的草成，就有许多意见是折衷于老同志与许多书本而来。他就是个“人”，不是神秘不可思议的“神”。

个人以为时代到了二十世纪，神的解体是一件自然不过的事情。他虽解体却并不妨碍建国。如有人从一个政治哲学新观点，感觉东方的中国，宗教情绪的散漫十分可惜，神的再造有其必要，这问题大，决不是单纯的英雄崇拜即可见功。在政治设计上想归纳或消解群众宗教情绪与传奇幻想，神的重造方式正好从近三十年世界取法，这种“致用”之神不妨用分散与泛神方法，从群众中造偶像，将各种思想观念手足劳动上有特殊成就的，都赋予一种由尊敬产生的神性，不必集中到一个“伟人”身上。若真的以一个人具神性为中心，使群众由惊觉神秘而拜倒，尤其是使士大夫也如陈先生所描写的无条件拜倒，这国家还想现代化，能现代化？稍有常识的人看来，就知道是不可能也不必需的！

陈先生提起英雄崇拜时，又举示当前兵士作战为例，以为全得力于老式通俗文学小说戏剧的英雄崇拜的好处，且赘语说亏的是这些人不受普通教育。这种意见由赛珍珠说来，并不可笑，因为她是个外国人，不明白中国事情。若由现代中国人说来，似乎不大近情合理。因为这完全是两件事，勉强附会，不啻说明陈先生既不明白旧小说是什么，也不知道现代战争是什么。若说旧小说的影响，张宗昌、韩复榘倒是两个典型英雄崇拜者。其次是近三十年来所有土匪都用“逼上梁山”一词作借口，合伙吃血酒时且照例引用“桃园结义”典故。崇拜之中就无不有个“个人本位”意识，与文中所举康德称艺术中的壮美崇拜全不相干。更不曾培养陈先生所理想的由惊觉神秘而来的崇拜情绪。宗教的虔诚由坚信而产生庄严，牺牲一切以赴之，在中国唐代的大德高僧玄奘行传，倒有点相仿佛，但这就只有读书人能领略！若一改成说部的场面，群众就只关心到他进蒸笼被妖精蒸吃时，是否能够得救惶恐了。通俗小说虽有些民族英雄故事，若把当前兵士抗战，认为由这些小说薰陶而来，与事实相去实在太远。

陈先生又说，英雄崇拜在读书人方面表现不好，实由于“五四”以来提倡“民治主义”同“科学精神”，个人主义抬头，士大夫因之更腐化，社会因之更极端紊乱，所以再不会崇拜英雄。在战争中提倡英雄崇拜自然很有意义，不过若涉及知识阶级，且认为他们腐化堕落时，似乎还要分析分析，不宜过于笼统。英雄崇拜情绪，在知识阶级中不发扬原因，前面已经说及，加上社会进步分工分业的结果，英雄名分与事实已不能由“帝王”或“骑士”独占，即在战争中依然被各种职业出类拔萃分子分享，是一件明白不过的事情。陈先生却简简单单以为是“五四”的提倡“民治主义”与“科学精神”结果，这倒是很新的意见。意见虽然新，却很容易像清末民初遗老的口吻。怎么会这样想而且把他写出来？这时虽是战时，要颂扬武人的武德武功方法也很多，实不必如此曲解过去！二十年前的改造运动，从最小处言，很明显即因工具运动（文体改革）成功，方起新陈代谢作用。通俗小说中旧的如《封神演义》，新的如《玉梨魂》等书，代之而来产生冰心、鲁迅、茅盾、巴金的作品。"团结""统一""抗战""建国"这类名词，由抽象而具体，与工具的能尽其用也大有关系。陈先生说"五四的流弊是更进一步使中国士大夫阶级堕落腐败"，何所见而云然？这士大夫若指晚清遗老，民初议会诸公，人老了，老而不死，体力复竭，手边又还有几个钱，在家纳福，只等待庄子所谓"息我以死"，事极自然。这些人实与"五四"毫不相干。若指因"五四"而起的人物，这些人大多数是当前社会负责者，一部分以专家身分从政，作公务员，一部分或办教育，或作学术研究，工作都相当忙，收入又相当少，守职尽分，近十年来中国见出一点进步成绩，都可说是这种中层分子的贡献。这些人受事实环境限制，能守职不能创业，事或有之，至于腐化堕落，实说不上，因这种人即欲腐化堕落，好吃懒做，亦不可能也。这种人一部分在学校教书，与社会略隔一层，或在大时代中尚天真烂漫梦想中国政体忽然凭空变成英美方式，虽尽做白日梦，却又不能如何努力来实现梦想……

陈先生又说"五四造成了士大夫无人格，无信仰，虚伪矫饰阿谀逢迎的风气"，且以为贪婪爱钱是共通风气，说的也有点近于笼统含混。若指办教育的，与事实不大相合。若指"文臣"意即官吏公务员，这一点也得弄个清楚，"人格""信仰"范围指什么而言？至于官场中逢迎阿谀，实是一件老故事，与"帝制"不可分，也可说与历史不可分，古语"远佞人"正可作例。说它由"五四"起始倒是新闻。若必把阿谀逢迎归为新的风气，仔细分析，就可知造成这个现象，另外有一个原因。十年来的党政新贵，年在三十五岁上下的，多系北伐时代学生，当时高等教育不良好，一面且忙于革命，学术思想便缺少"五四"提倡的民治主义和科学精神训练。北伐成功后，政体有了新陈代谢，这些各以因缘上了台。不久国共分裂，清来杀去，江西多了一个政府，打了近八年的仗。即在"中央"系统下随即又有桂系分张湖北之役，阎冯扩大会议陇海线之役，福建人民政府事件，两广事件，无一事不与"党"争"政"争有关。既与党政有关，时局变化波澜大，许多人自然把"信仰"看成一个空洞名词。中央欲集权，从党着手，在党中先废除民主精神，乃由上而下以圈定指派方式产生干部。党政中的中层分子，一因学问少，二因时忌多，于是将信仰对象由"真理"变成"政策"。政局既朝云暮雨，这些末流人当然即不可免各竞技巧表现长处，作人无风格，作事少思想。就中虽不乏洁身自爱者，然欲安于其位，自必唯诺取容。但事情明明白白，这问题系与"党政"有关，与"五四"的"民治主义"和"科学精神"却不相干！至说文臣爱钱，对这种人也还说不上。这种人除了有机会加入财政税收机关，即爱钱亦不会有多少贪婪机会！若与同等的武将比较，恐怕还是将军们发财的居多！（陈先生是四川人，应当知道四川的房产田地，金融实业，几乎全是大小军官的产业！）此外四十岁以上文臣因专家资格处理有关财政税收事务，虽可发财，还是十分廉洁不失书生本色的，正不乏人。若说五四提倡民治主义与科学精神，这些人倒正可代表承受两种观念产生的人物！至若近十年小官僚因缘时会，位据要津，或直接舞弊，或间接营私，发百万财，称大富翁，正恰好看出国家只图统治，统治方式只注重集权，因此老式亲亲主义与人情主义抬了头，是一种必然现象。救济他靠的还需要社会制度化与专家化，民治主义与科学精神。

大凡谈论问题，能称引“过去”，疏证“当前”，预言“未来”，当然很有意义。不过批判历史，最好要明白历史；攻击科学精神，先还需要具有一点科学精神！我们现在若肯从大处着眼，公公平平来看看这个国家近二十年的发展，以及在变动中的得失，自会承认有形的社会组织与无形的公民观念，都无不在逐渐进步中。这进步实得力于统一，主要表现是国家统一意识的增强，因统一实现国家日趋于合理。这种进步现象非一人头脑万能，实与中级应用人材质与量提高增多有关，也就与高等教育有关。高等教育能有点成绩，实又得力于若干著名大学在教育范围内的民治主义与科学精神运用。仁者见仁，智者见智，各有不同，这许是个人一种过分乐观看法。但这种看法也还可从近事得到一点证明。举例言，七七战事发生后，在沪杭两路战区铁路服务人员，作站长的或管工程的认真负责处，是中外一致赞颂的。又如目下各战区业已沦陷县分，一经收复，县政工作人员照例即随军事推进而进行各种工作服务热忱也是为人称道的。这些人差不多就全是受过大学教育的青年。即如就税收言，湘鄂省区地方统税，由一个远在湘西某机关指导征收，沦陷区居然能进行，征收人员且很少有携款潜逃事情发生。问及负责人，方知道大部工作人员是税专及其他大学毕业生，仿邮政盐务用考试制度选擢而来。说到英雄崇拜，这些小一辈的士大夫，恐都不免成为陈先生笔下所谓“卑鄙”之徒。因为这种可爱青年，就决不会单凭英雄崇拜能如此忠诚为国的。其服务精神还只是由于作国民的自尊心而来。正因为每个人所受的训练，刺激，都觉悟了自己是国家一个单位，要生存权利，也就有遵守社会规约的义务。若说国家得重造，士大夫得改造，这些光明进步方面，似乎值得注意注意！明白当前较多，新英雄主义的提倡者，下笔时就知道不仅要慷慨激昂，最重要还是近情合理了。

欧战发展到最近，英法因战争技术比较落后，两个国家标榜的“民主思想”或“自由主义”于是成为一个嘲弄名词。中国处当前情形中，一面得应战，一面得建国，一面得在风云万变国际混乱情形中，选择两个可靠的朋友，适应当前与未来，“国家集权”因此旧事重提。对国家有一个较新的看法，大家分途并进，来把全民族人力物力粘附集中到国家进步理想上去，自是新战国时代应有的打算。可是我们明白，英法倒霉是一件事，五四民治主义与科学精神提倡又是一件事，中国要建国，“国家集权”与

“集权国家”又是一件事；三件事各不相附。若以彼证此，附会其词，是不会有较好结论的！若从中国人就中国立场说来，据个人意见，恰恰与陈先生意见相反。国家要集权，真正的“民治主义”与“科学精神”还值得来好好的重新提倡，正因为要“未来”不与“过去”一样，对中国进步实有重要的意义！对外言，“战争人人有分”这句话，想要发生真正普遍作用，是要从民治主义方式教育上方有成效可言的。对内言，在政治上则可以抵抗无知识的垄断主义，以及与迷信不可分的英雄崇拜主义。更重要的是抵抗封建化的外戚人情主义。在教育上则可以抵抗宗教功利化，思想凝固化，以及装幌子化。在文学艺术运动上则可以抵抗统治与限制，在一般文化事业上则可望专家分工，不至为少数妄人引入歧途。至若科学精神的应用，尤不可少。国家要现代化，就无一事不需要条理明确实事求是的科学精神！

若说中国当这个新战国时代，既不甘沦亡，必需挣扎，挣扎方式且必需取法德俄，我们也得弄明白，这些国家最高指导统制权力虽大，其所以控制国家的人力物力，而且运用得恰到好处，并不是人人崇拜英雄可以成事。组织和效率，主要的其实还是科学精神！因科学精神而分工分业，方能有组织，见效率！德国人表示崇拜希特拉，不过是每家被强迫挂一面相片而已，希特拉事实上也许更敬重他的专家和那群高等军事幕僚！民治主义值得好好的重新提倡，从中国目前宪政运动上可作另外一种证明。这个运动不发生于民间，却由一党专政的国民党领袖同时也是国家领袖来发动。发动这个运动原因自然相当复杂，但有一点可以看出，即是集纳中国军事政治大权于一身的先生，用近五十年各种人生教育，享受了最多国民的英雄崇拜经验后，已感觉到这么下去不大妥。人到五十岁了，生命中的杂念一经澄滤，真正明白个人之外还有个国家，个人会死去，国家不能亡！想使国家转好，主要条件是把国内更多数优秀分子，用一个比“党”更合理的方式粘合起来，材尽其用。照老方法就不会材尽其用。所以先是政治上独断独行，尖尖的为专家分工，这可从近十年政治看出消息。即便如此，依然事事受形式上掣肘，内有党见的分歧，外有专家的不合作，国事运用不够灵活。抗战以后，弱点尤易看出。多数国民虽信赖拥护，少数党员反从敌寇投降。因此要宪政，要民治，就是觉悟只有如此处理国事方能便于专家分工合作具体化，明朗化。即对于国民党言，也可以因此受点刺激，起点新陈代谢作用，方有新的力量新的生命。把国人带点原始迷信的“权力崇拜”转成理性抬头的“知识尊重”，正是任何国家安定与进步的必由之路。若照陈先生所说，目前的宪政运动，倒是近于最落伍的思想了。再若照陈先生意见，“知识阶层关心的平民教育一发达，国家更不崇拜英雄，更是一盘散沙”，那一切初级教育都近于多事，有害无益，大家只读读老式通俗小说，一面对英雄崇拜便很好了。可是话说回来，真正关心这个国家命运的人，会觉得抗战建国事并不那么简单的。

因为世界在战争中，在变动中，新的历史场面上领导者，容易给人一个“英雄”印象。于是一部分人谈及抗战时，谈及国家问题时，便不免要用英雄气分来解释现象，这种联想自会牵强附会到通俗小说方面去，照例且不免把近年来人民对于国家观念之觉醒估计得太低，对“读书人”感到不满。陈先生文章，在这一点上正可代表一部分人的意见。读书人情形，陈先生自己是其中之一，当然明白“英雄崇拜”是不是能作到他要你死你必乐于就死的地步。且明白“士大夫”含义，以及其他，有些话不能自圆其说，还不碍事。至于对群众教育，以及从“教育”上得到教训，未免太隔膜了。事实上近三年来国内两百万壮丁的征调，应用如何手续，有若干省分，如何由万千青年学生下乡作民训社训，其次又如何用挑选方法选出送到各地师团管区编训。编训期满，再如何转移到各个应当补充部队去训练，送到前线时，至少都得经过一年以上的“教育”，在教育中与火线上，照例都需要把不必要的懦怯与不必要的英雄思想去尽，只变成集体中一个小小分子，方能作战。明白这些，就会觉得“教育”二字具有何等意义，对于目前战争又影响多大，不至于说外行话称赞他们不受教育了。三年来的抗战，前方百万壮士的流血，后方数百万妇孺老弱在风雨饥寒中完成的几条国防交通线，支持这个民族作战气概和胜利信心的，决不是英雄崇拜，实完全靠广大群众做“人”的自尊心的觉醒。这觉醒工作，便整个寄托在各种有形无形广泛教育原则上！

陈先生文章本意很好，惟似有所蔽，辞不达意处，实容易被妄人引为张本，增加糊涂。官僚文化人中还不缺少妄人，妄人活下多以为在国家变动中可作政治投机，且习于用英雄崇拜方式固宠取信。这种人正附于中国官僚外戚政治中作种种活动。所以中国谈改造运动，实离不了制度化和专家化，正因为如此一来，这种人方无所售其技。制度化和专家化及新战国时代新公民道德的培养，除依靠一种真正民主政治的逐渐实行，与科学精神的发扬光大，此外更无较简便方式可采。在这种事实下来谈英雄崇拜，如像陈先生那么谈，有点近于“抒情”，不是“说理”了。不知多数读者以为如何。

《战国策》第五期，1940年6月1日。

新的文学运动与新的文学观

世界在变动中，一切都必然得变，政治或社会，法律与道德似乎都值得有心人给予一种新的看法，至少是比较上新些的看法，文学自然不在例外，也需要一种较新的看法。文学运动要有个较好的“明日”，似乎得从“过去”和“当前”知道些问题。这些问题平时照例是为一般人忽略过了的。

谈及文学运动分析它的得失时，有两件事值得我们注意：第一是民国十五年后，这个运动同上海商业结了缘，作品成为大老板商品之一种。第二是民国十八年后，这个运动又与国内政治不可分，成为在朝在野政策工具之一部。因此一来，若从表面观察，便以为活泼热闹，值得乐观。可是细加分析，也就可看出一点堕落倾向，远不如五四初期勇敢天真，令人敬重。原因是作者的创造力一面既得迎合商人，一面又得附会政策，目的集中在商业作用与政治效果两事上，它的堕落是必然的，不可避免的。

作品成为商品之一种，用同一意义分布，投资者当然即不免从生意上着眼，趣味日益低下，影响再坏也不以为意。五四谈男女解放，所以过去一时南方就有张资平三角多角恋爱小说出现，北方就有章一萍“情书一束”出现，同时在国内 都得到广大的销路。变本加厉，因此过不多久张竞生所提倡性生活亦成为一时风气。鲁迅印“两地书”，大家以为内容一定香艳有趣竞着买来看看，看过后觉得失望者，大有其人。因为虽用情书作号召，老年人抒情方式与年青人实在完全不同！隐隐约约，且不香艳，不过失望是当然的。商人即利用此书，赚了一笔大钱，认为十分成功。过不久，因北伐清党时代多禁忌，说话不易讨好，林语堂便办了一个《论语》，提倡“幽默”，又以一个谐趣通俗风格，得到多数读者。读者越多，影响也就越不好。这事情并不出奇，既然是商品，不管是百龄机，鹿茸精，只要宣传得法，当然各有销路。可是作品变成商品，也未尝无好处。正因为既成为商品，即产生经济学上的价值作用。生产者可以藉此为生，于是方有“职业作家”。其次是作品既以商品方式分布国内，作者固龙蛇不一，有好有坏，读者亦嗜好酸咸，各有兴趣。换言之，就是读者中比较少数，自然也盼望比较好的文学作品，能欣赏这类作品。商品中制作俗滥之物，固然在短时期中即可得到多数读者，商品中制作精工不苟且的，慢慢的从纵的方面说，依然还有读者！既有读者，因此职业作家中少壮分子，便有不少对文学创作抱了一个比较远大的理想，心怀宏愿与坚信，在寂寞中来努力的。非职业作家，且有不少人已近中年，尚有兴趣在个人所信所守一个观点上，继续试验他的工作的。前者举例如丁玲，茅盾，巴金，曹禺……后者举例如鲁迅，徐志摩，丁西林……这些人眼光当然不在制作商品，可是却恰好因作品可以用商品分布推广，引起各方面读者关心，方有许多优秀示范作品继续产生。

至于作家被政治看中，作品成为政策工具后，据明显的变动是：表面上作品能支配政治，改造社会，教育群众，事实上不过是政客从此可以畜养作家，来作打手，文学作品可作政治点缀物罢了。作品由“表现真理”转成“解释政策”“宣传政策”，便宜了一群投机者与莫名其妙的作家。政策是易变的，所以这些人也尽变，社会上很有几个作家，就如此永远在政客调排下领导文学运动。虽作品前后矛盾，亦不在乎。只在位，就已够了。“事实”照例是乏味的，所以一提及这点事实时，有些人便不免面赤颈涨，恼羞成怒，或貌若平常，心怀愤恨。这些人一部分又是无作品的作家。特点是虽无作品，还称作家。时而左，时而右。或因在官从政，或因列名某藉，在国内各处用“文化人”身份参加各种组织，出席开会，有什么事发生需要有所表示时，即在通电上列一大名。在什么集会中有贵宾要人莅临时，大家也凑合一场，胡乱畅谈文学艺术，或照老文人方式，唱唱京剧作为余兴，或即席赋诗相赠。再若遇着什么有势力者做做诗，写写戏，于是不问好坏，一例极力捧场。精神风度，完全如金瓶梅中之应白爵谢希大一流人物，本色是凑趣帮闲，从中捞点小油水。所不同处只是表面上这些人或留法留英，并非白丁。这种人进身照例是因缘时会，各以“思想”自见。思想，相反，或相承，都无妨碍。他们过去一时虽常常相争吵，俨然为真理而奋斗，十分认真，其实倒无所谓，只要“上头”政策一变，他们也就即刻会变。这些人尽管主张激烈，等到政治组织上需要天下一家同流并进时，他们就把“真理”搁下不提，携手合作，同处一堂，再也不会因为思想不同，便不肯吃同样点心了！这种人中还可分黠诡派与老实两种：老实的只是好好先生，遇事不大思索。黠诡的却具家犬姿态，有权据势，因能支配风气，所以对下极骄，既用请客风度侍候贵人，所以对上又极谄。把文学运动真正极庄严的那一点思想问题完全谐谑化，漫画化。然而他们依然还是要口口声声谈“思想”，而且谈一切。其实什么都不必谈，只是做文人好人。这种人本来目的也就只是做文人。做文人的意义，是满足一个动物基本欲望，食与性。别无更多幻想与贪心，倒像是个很知足的动物。

文学运动既受商业与政治两种分割，尤其是政治引诱性大，作家为趋时讨巧，多朝秦暮楚现象，与东食西宿现象。因此一来把这人都普遍谐谑化与漫画化。所以到后来便有那么一种状况：真在那里写“作品”是一群人，装模作样在做“作家”又是一群人。写作品的照例沉默而诚恳，生活相当艰苦，一切还保留些书生气，除作品外社会上似乎很少他的露面机会。做作家的却必然活活跳跳，或如政客，或如丑角，成天到处奔走活动。这风气到民二十左右即见出端倪，民二十四以后，情形更加分明。只要从报纸杂志上看看，我们便可发现，日常发表文学作品的，个人对读者都好像十分生疏，另外一群姓名在报纸上熟习的，有些人竟从无一个像样作品问世。这件事由外人看来，会觉得十分奇异，凡明白中国近十年文学运动，如何成为商业与政策附属物的人，是不会如何奇异的！

就现象看来实在可悲可悯而且可怕。虽然如此，说不定还有人正以为是好现象。因为这些商品化的或弄臣化的作家论客，既不能独自为战，使作品与社会对面，自卑情绪和平素愿望，都恰恰如应白爵一流人与西门庆拜把为兄弟后情形，以为得与新贵人平起平坐，称哥唤弟，就认为是社会进步，感到满足，再不想到别的问题。这些人能力有限，发展有限。国家进步如果是多数的愿望，这些空空洞洞人物，既无能力从作品中有何建树，想依赖政治力量，从新的社会取得多数的信行，自然是不可能的。但这些人都“在位”倚势有权，而且善于诪张为幻。问题也就在此。既一日在位，昨日与今日所有可悲可笑而且可怕现象，当然即一日存在。在新陈代谢方式下，这些人虽会受时间陶冶，完全失去意义。但促进这种新陈代谢的作用，却还需要一种新的文学运动，输入一个新的文学观，事极显明。

个人觉得可关心的，还不是作家中的混混盘踞要津，结纳权贵，来控制文运。倒是我们这个社会，应当用什么一个方式，来建设一个新的文学运动，给准备执笔者一个新的文学观？这新的文运新的文学观，从消极言，是作者一反当前附庸依赖精神，不甘心成为贪财商人的流行货，与狡猾政客的装饰品。从积极言，一定要在作品中输入一个健康雄强的人生观，人物性格必对做一个中国人的基本态度与信念，“有所为有所不为”，取予之际异常谨严认真。他必热爱人生，坚实朴厚，坦白诚实，勇于牺牲。作品中人格与作者人格且有相通处。作品制作不拘于过去所谓思想左右的落伍机械观，也不关心作品在商业上的成功失败。他要做人，表现的是做个新中国的国民，应具有一种什么风度和气派！除自尊自重之外，还要如何加强“自信”！相信个人是国家一个单位，生命虽然渺小而脆弱，与蝼蚁糠秕，不相上下。纵如蝼蚁糠秕，只要不缺少向上信心，却可以完成许多大事！

如说过去的文学观，是浪漫情绪与家教情绪混合物，浪漫情绪的成因，又与中国道德成分中的性禁忌成英雄崇拜迷信有关，因此一般人颓废悲观成分，纵极力抑制不在作品本身上抬头，也会在作家生活中表现。新的文学观，就值得奠基于一个新的两性观点上，如何去掉那些不良气氛，多注入一分健康有益的元素！

世界在变动中，在坚硬的钢铁与顽固的人心相互摧毁的变动中，国家民族忧思加深，个人责任即加重，尤其是中产阶级分子中责任的加重。过去一时文学有“抢群众”趋势，结果群众实未得到，却失去了真正领导社会改进民族团结功用。（抗战后的中国，且证明用文学教育群众，远不如用法规教育群众又简便又能得用。）新的文学观，毫无可疑，它应当在征服社会中层分子着眼。伟大文学作品具有无言之教的功用，既系事实，目前若干作品如只能娱乐二十岁的中学生，将来的文学，还需要它能教育四十岁左右的中年人。我们应当承认，如果四十岁左右的中层分子实在还需要好好施以“人”的教育，是只有伟大文学作品有此能力，别的工具绝不如此方便的。

文学观既离不了读书人，所以文学运动的重建，一定还得重新由学校培养，学校奠基，学校着手。把文运从“商场”与“官场”中解放出来，再度与“学术”“教育”携手，一面可防止作品过度商品化与作家纯粹清客家奴化，一面且可防止学校中保守退化腐败现象的扩大（这退化腐败现象，是到处可见的）。我们还得认识清楚，一个作家在写作观念上，能得到应有的自由，作品中浸透人生的崇高理想，与求真的勇敢批评态度，方可望收真正的时代精神与历史得失加以表现的。

能在作品中铸造一种博大件事富于生气的人格，方能启发教育读者的心灵的。这种作家与作品，从表面看来，也许与某一时某一种政治真理相去甚远，事实上不过是与一小部分政客政策稍稍不同罢了。也许把这个民族的弱点与优点同时提出，好像大不利于目前抗战，事实上我们要建国，便必须从这种作品中注意，有勇气将民族弱点加以修正，方能说到建国！

《战国策》第九期，1940年8月5日。

洪思齐

释大政治

一

大政治就是国与国间斗争的政治；斗争的方式有二：战争和外交，其目的则为求国家之生存与发展。

我国战国时代，七国争雄，合纵连横，当时的政治是道地的大政治。秦始皇并吞六国，成立东方大一统的局面，和西方的罗马帝国一样，都是所谓“世界国家”（universal state）。在“世界国家”里，没有国际政治，惟一的政治就是内政。朝代的更换也没有把中国的“天下”分裂，每次中央政权崩溃以后，经过短时期的割据，仍然恢复大一统的局面，仍然成立“世界国家”，一直到十九世纪的初叶，没有国际斗争，也没有大政治的观念。

西洋的历史演变则不然。罗马帝国崩溃以后就没有大一统过。反之，欧洲错杂的民族经过了中古的移徙和演变，经过了文艺复兴和地理发现的刺激，逐渐形成西洋国家系统（the Western State－System），略似我们的战国时代的国家系统。西洋国家系统里包括头等强国（the Great Power）和次等强国（the Secondary Powers：前者如英、法、德、意、俄、美、日；后者如荷、比、挪威、丹麦：各独立国家统称列强。除少数例外，列强都是武装的国家（armed nations），随时都有被攻击的危险，于是一国要生存就得靠自己的武力，或邻国的均势，即一等强国也不能例外。在现代政党政治的乌烟瘴气还没有笼罩全部政治生活以前，欧洲所谓政治（la politique）就是指国与国间的政治。国际政治影响于国家兴衰存亡，个人生死安危，所以视为国之大计。

世界由于交通工具的进步和交通路线的敷设，时间距离缩短数倍，于是从前孤立的远东乃被卷入世界政治的漩涡，中国不复为“世界国家”，从前的“天下”现在不过是一个大的区域罢了。十九世纪初叶的中国不明白这一个事实，所以还是想闭关自守。

鸦片战争以后，中国应当改变作风了，但是因为统治中国的清室和士大夫阶级为要维护自身的利益，反对现代化的运动；至于和孔孟背道而驰的国际斗争大政治理论更不用提了！民国以后，起初袁氏只想称帝，袁死军阀割据，国不成国，当然不能现代化，更谈不上大政治了。同时，欧战告终，华府会议成立九国公约，保障我国领土完整，主权独立；在日内瓦则成立国际联盟，以后又有《非战公约》；一般缺乏政治实力的英美学者高唱国际和平，反对战争，反对传统的唯实外交（Real Politik）。我国新起的知识阶级——士大夫的承继者——听了这些外国书生的议论，又读了九国公约，国联盟约，非战公约的条文，如同得到护身符就觉得中国很安全了。他们觉得富国强兵的政策是很“落后”的，反动的，只要内行民主，外有国际公法和国联保护，中国就可立国于世界了。这一种理想主义支配中国的舆论和思想，自一九一七年至一九二三，复自一九二七至一九三七，无形中成了我国外交的中心观念。应当作为外交宝鉴的唯实外交（Real Politik）完全被弃，结果助成一九三一至一九四〇这十年间很不利的外交环境；幸而我们有广土众民和抗战的意志，不然早为波兰捷克了！

“战争是现实的学校，”三年的民族抗战逼我们承认：（一）国联已经失败；（二）国际无法律（所谓国际法是强者逼弱者遵守的）；（三）国际无公理，只有利害；（四）唯有铁和血能够维护国家的安全；（五）要得到外国的援助唯有实行唯实外交，权利害，玩均势，合纵连横。从这个观点看来，外交是战争的部门，而不是花瓶的点缀，典型的外交家，不是会说什么话的白脸书生，而是如里宾洛甫一流的斗士。

西方的民主国家在第一次世界大战以后，民众受了“和平主义”的宣传，反对战争；统治者——富族和贵族——为了阶级利益，不惜牺牲国家利益不断向侵略者妥协，以求苟安：政党和政客迁就主子和选民，把国家利益掉在脑后。所以近二十年国际斗争的大政治在英，法也是没落的，结果是法国亡国，英国危在旦夕，全世界陷于空前的纷乱和恐慌。

过去二十年里铁一般的事实证明国际理想主义的惨败，我们要承认路走错了，此后救亡图存唯有实行国际斗争的大政治。

二

大政治是以国的斗争做中心思想的，它的手段是战争和外交，它的法则是唯实政治和力的政治（Macht Politik）。大政治是对外的，绝对不是用以对内。对内用则引起国家的分裂。只讲利害不顾是非的唯实政治用以对内则引起党派的斗争，阶级的斗争，私人斗争，小集团的斗争，斗争激烈了，就不顾国家利益，甚至借重外力，出卖祖国。力的政治用以对内则引起革命和内战。两种法宝在国内用都要亡国。反之，国内必须有法律，道德，公理，正义，必须调和团结，才有力量对外。北伐以前，中国对外则依靠法律和公理，对内则实行唯实政治和力的政治，实为今日国难的祸根。一些“内向观”的政论家以为我们主张国内行唯实政治和力的政治实在是莫大的误会。

大政治这个名词是《战国策》里的几个朋友创的。它的涵义并不是一望而知的，但是因为没有更妥当的名词，所以就创了它。“大”约［的］意思不过表示它是超派别，超阶级，超省域，是以国为单位，世界为舞台的斗争政治。大政治范围比外交广，有的时候须以战争继续外交。它也不限于对外关系，凡内政和建设之以对外斗争为鹄的底，如设防建军，准备统一都可以算做大政治。反之，对外关系之与国际的斗争无关者，如邮政关系则不称大政治。所以大政治并不是等于西文之国际关系（International Relations），也不是世界政治（Weltpolitik，涵有海外殖民之意），英文之 High politics 意思比较近。大政治以唯实外交做南针，有的时代也采用力的政治，但不能说大政治就是唯实政治或力的政治。总之，“大政治”是一个新的名词，具有新的意义，并不就等以上所举的西文名词。

大政治是以事实做根据的：国际既不能避免战争，我们唯有以武力维护安全：国际既没有公理，法律，道德，我们的算盘只有国家的利害。国际政治是“非道德的”（a—moral），不是“不道德的”（immoral）。一切幼稚的善恶观念必须打破。

大政治的方法并不是什么新的东西。我国在战国时代，西洋自文艺复兴时的城国一直到现在的德、意、苏，都是实行大政治的。英法自十七世纪一直至大张伯伦（Austen Chamberlain），巴都氏（Barthou）所行的都是道地的大政治，只到最近的西门，贺尔，小张伯伦（Neville Chamberlain），赖伐尔，庞莱，达剌第等才放弃大政治，走上苟安和自杀之路。

近代国际斗争的大政治已经也有四百年丰富的经验，可惜国人研究和介绍的实在太少，让日本维新的人物学到西洋大政治的法宝，结果我们“进步的”威尔逊主义老赶不上他们“落后的”俾斯麦政策。我们过去中了美国思想病的毒，以为新的东西都是好的，旧的都是坏的，的确吃亏不浅。

大政治的目标可以分为目前的和将来的。眼前的目标就是要战胜敌人。将来的目标则为安定亚洲。前者很清楚，勿需解释，后者稍为要说明一下。

中国在亚洲各国中不特人口最多，地理位置也最险要，所以很自然地应当成为亚洲的安定势力。我们从东三省和山东可以控制高丽，威胁日本；后面苏联的远东省地广人稀不足以威胁我们，所以在东北部可以得到战略上很有利的国界。由两广云南我们可以控制越南，由滇西控制缅甸，更由缅甸越南控制暹罗和新嘉坡。把握着缅甸更可以控制整个印度。日本海军消灭以后，把握着新嘉坡和厦门两个海军根据地就可以二等的海军控制整个南洋。这不是空中楼阁，元明清三代中国的军事势力都曾达到以上的地方，只有印度除外。除了这地略原因外，稳定东亚的责任应属于我们中国而不应属于日本，因为我们无论在天赋上，待人态度上，历史上，均较敌人日本为优。

但是怎么样才能由中国安定亚洲呢？第一，中国必须建设亚洲第一位的现代陆军机构，包括相当规模的军需工业和几条战略铁路。第二，必须解决日本。这两个条件并非不可能的。只要得到美国或苏联的有力援助中国便可摧毁日本的制陆权，十年以内便可以成为世界一等强国，亚洲惟一的安定势力。所以我们的外交应以取得美国或苏联的援助为目的。

我们安定亚洲有什么用处呢？首先，安定的亚洲是中国安全的保障。其次，安定亚洲就可以繁荣中国。这不是说中国要实行帝国主义，中国所需的是亚洲的集体安全和集体繁荣。而且中国不需要侵略，只要我们强盛起来，旧的藩属自然会加入中国所领导的亚洲联邦，独立自由的印度一定会自动和中国平等合作。我们也不需要攻击英国的亚洲殖民地，很可能的欧战决战以后，她们就会独立。

要打退日本，成立陆权，组织亚洲联邦并不是一定能够很顺利地进行的。中国必须应用一切国际斗争的技术，努力迈进，才能完成我们的地略和历史使命。

《战国策》第十期，1940年8月15日。

冯　至

冯至（1905—1993），原名冯承植，字君培。现代诗人，翻译家，教授。直隶涿州（今河北涿州）人。1921年暑假考入北京大学，1923年参加文艺团体浅草社，1925年与友人创立沉钟社，发表了许多诗与散文。1927年暑假从北大德文系毕业，到哈尔滨第一中学教国文，兼北大德文系助教。1930年至1935年留学德国，攻读文学、哲学与艺术史。1935年9月回国，1936年7月任上海同济大学教授兼附设高级中学主任。1939年至1946年任昆明西南联合大学外文系德语教授。1946年7月至1964年执教于北京大学西语系，1951年后兼系主任。1964年9月调任现属于中国社会科学院的外国文学研究所所长，从事外国文学研究工作。1982年辞去所长职务，改任名誉所长。在中国作家协会第三、四次代表大会上当选为作协副主席。

一个对于时代的批评

“我要什么，基尔克戛尔特？——很简单，我要正直。”

——基尔克戛尔特

一

在欧洲，十九世纪有三个伟大的人物，当时被人看成畸人，而他们也具有畸人所特有的慧眼来透视一切，挖掘人的灵魂到了最深密的地方，使一切现成的事物发生不安，起了动摇。

这三人一个是俄国的陀斯托以夫基（1821—1881），一个是德国的尼采（1844—1900），一个是丹麦的基尔克戛尔特（Soren Kierkegaard，1813—1835）。其中生年最早，而他的意义被人发现得最迟的，要算这位丹麦人了，除去在前世纪的末叶他对于几个北欧的作家如易卜生，史特林贝格等人发生一度深切的影响外，他在欧洲大陆的思想界里，直到上次的欧战后，才渐渐地搅起波澜。固然是丹麦的文字限制了广大的读者，而他思想的深邃，著作的难解，也使他不容易流行。

基尔克戛尔特在他的时代里出现，和尼采一样，有如一颗彗星忽然悬在天边，预示着一些不幸的事，好像就是不幸的本身。其实正相反，不幸却是藏在当时的社会里，被蒙蔽着，被隐瞒着，经他一照，显露出来了。基尔克戛尔特的一生没有家庭，没有职业；他的任务是什么呢？他自己说得好：他不是一个宗教改革家，也不是一个冥想的，深刻的天才，不是一个预言者，先知，——而是一个“警察之才”。这个警察之才用什么作他的根据呢？“正直”是他最后的，不能动摇的道德。

他一生正直地生活着。从父亲那里承袭来忧郁的天性。大学毕业后和一个快乐的女孩订了婚；后来觉得自己忧郁的天性不能使这个女孩幸福，便忍受死刑一般的痛苦，不顾社会的责难，毅然和她解除婚约。从此就开始了他的著作的生活，受尽报纸的嘲弄，在丹麦京城里成为人人取笑的对象；但是他却不屈不挠，觉得和卑污妥协是一种罪恶，不断地指责社会，攻击教会的虚伪，直到一天晕倒在大街上，不再醒来为止。

他的第一部著作，标题很显然，叫作《非此即彼》（Enten－eller）——我们也可以把它当作他一生著作的总标题。基尔克戛尔特以为，人不能敷敷衍衍地生活，人要“决断”，在“决断”中才能体会到真实的生的意义。他说：人生中有三个阶段：美的阶段，伦理的阶段，宗教的阶段。美与伦理，以男女的关系而论，一个是需要变化，是情人的，一个是忠于日常，是夫妇的，两种生活基氏都承认各自有它的意义，可是一个人不能兼顾，到底过哪种生活好呢？我们要决断。但人生最高的阶段却是宗教的。在宗教的生活里，基尔克戛尔特放眼观看欧洲当时基督教会的情形，也深深感到“决断”的必要：若不是绝对地否定基督教，就要受苦受难真实地本着基督的精神生活。——可惜将及百年，并没有多少人有过这勇敢的决断：我们只看见基氏自己取了后边的路，尼采走上前边的一条。

二

一个这样严肃的人，他怎么批评他的时代呢？——他的批评时代的文字，虽说是已经一百年了，但我们现在读着，竟象是昨天才写成的一般。基尔克戛尔特在1846年发表了一篇《一个文学的评议》（En Literair Anmeldelse），全篇分为两部，上部是批评一篇小说，下部却全是批评他的时代。这下部一开端就把他的时代刻画得很透彻：“我们的时代根本是中庸的，考虑的，没有深情的，在兴奋中沸腾一下，随后又在漠不关情的状态中凝滞下去的时代”。

在这样的时代里，人们却像是外交官，处处要阻止一些特殊的事发生，同时又觉得随时都有一些事会要发生，尽在忧虑里过日子，于是立下许多聪明的规条，起些顾忌的打算。所谓勇敢的行为，力的表现，在这些计划周到，思想缜密的人们看来，都成为愚蠢的事了。纵使有非常的企图，大的梦想，要见诸行为，经几度考量，计算，便会化成技巧的游戏。基氏说，在考虑（reflexicn）中的人不会感到“决断”的需要，也就是感不到生的意义，正如在浅水上游泳的人尝不到那带有危险性的，真正游泳的快乐一般。

在这种状态里发生两个现象：一是对于同等的人的讽刺，一是对于特出的人的嫉恨（ressentiment）。有人感到生活的空虚：爱里没有真情，政治里没有兴奋，宗教里没有深情，日常生活里没有敬，而自己既不能认真生活，也不能正面推翻这个空虚的建筑，于是一方面一任这些事物继续存在，另一方面只暗自抹杀它们的意义。于是讽刺就到处滋生了。

至于 ressentiment，尼采对于它有更深切，更透彻的研究。尼采认为庸人对于特出的人的嫉恨是道德里，至少是基督教道德里，一个最重要的因素。基尔克戛尔特认为古希腊人民对于他们所憎恶的元勋或巨奸的放逐表决（ostrazismus）也正是嫉恨的表现。当雅典举行放逐表决时有一个人投票（当时是用陶器片）赞成雅典的名将 Aristides，他申述他赞成的理由是：“因为他不能忍耐，Aristides 被称为惟一的正直的人”。不过，在希腊人们还肯坦白承认这种嫉恨，现代的人，考虑越多，越不肯承认了。

嫉恨在庸凡的、无能的人心中隐伏着，蔓延着，到了相当的时候，会摇身一变，变为光天化日下的道德标准！（看中国，有多少称赞平庸，无能，污秽和蠢笨相的道德：它们不但要窒息杀特出之士，并且每每要预防他们的产生。）所取的方法，是“平均一切”（nivellierung）。基氏说：“一个有深情的时代是勇猛前进，有兴有衰，有树立，有压迫，但是一个考虑的，没有深情的时代却正相反：它窒息，阻止，它平均一切……若是反抗的最高度像是一座火山的爆发，甚至人们都听不见他自己的语声，那么‘平均’在它的最高度就是死的寂静，人们能够听到自己的呼吸，什么也不能兴起，一切都无力地往这死的寂静里消沉下去。”

“平均一切”，是一种抽象的势力，把一切都湮没了。所以现代的人，不属于神，不属于自己，不属于爱人，不属于他的艺术和他的学术，而是属于这个抽象的势力：“考虑”把他平平稳稳地安排在这个势力里边。

“若是平均一切能以成功”基氏说，“必定要先制造出一个幻象，一个精神，一个非常的抽象，一个包罗万有，而又是虚无的事物，一座蜃楼——这个幻象就是公众。只有在一个没有深情、只有考虑的时代，这个幻象才能够依附着报纸的帮助发展——”群众把一切的“个人”溶在一起，成为一个整体，但是这个整体是最靠不住，最不负责任的，因为它任什么也不是。一个时代、一个民族、一个团体、一个“个人”，都是一些把握得到的具体，所以它们能够有责任心，惭愧心，忏悔心，——这些，群众却都没有。

但是，无论什么人投到这群众的海里，便具体的化为抽象的，真的化为虚的了：多少人在岸上时，是冰炭一般地不同，可是一到这个海里，就冰也不冷，炭也不烫了。这真是“平均一切”的理想境界！它是一切，也是虚无。它有上帝一般广大的神通，而没有就是一条狗也应该有的一点责任心：于是有些人看着它，像是小孩子看见一个肥皂泡一般，不由地起了好奇心，就是一个村童也可以拿它玩一玩，一个醉鬼也可以拿它耍一耍了。

基尔克戛尔特使人们深深感到，我们在我们的时代里是立在这个广大的虚无（Nichis）的面前。但是他说我们不应该永远对着虚无，我们要越过虚无，去寻求生存的本质、人的地位和价值。

三

人生有无数的矛盾。时代里许多的现象都是要泯除这些矛盾；但是基尔克戛尔特紧接着说，泯除并不是消灭，只是装作看不见，把矛盾在生活里永久地拖下去，——也可以说是根本感不到这些矛盾。

基尔克戛尔特说：

什么是“饶舌”呢？——是把静默与谈话中间的冲突泯除了。只有真能静默的人才真能谈话，才真能行事。饶舌使人不能静默，也不能谈话，它泛滥这个时代，它的本身是空虚的。

什么是“散漫无形”呢？——是把形与质中间的区别泯除了。时代里散漫无形的状态，散布得很广，好像是包容一切，融到一切；但是一个实在的质，不能求广，只能求深，需要一个严格的形。

什么是“浮浅”呢？——是把秘密与公开中间的区别泯除了。它是空虚的公开，而不是深密的，真实的公开。

什么是“调情”呢？——是把爱与放荡中间的区别泯除了。不管是真正的情人，或是大胆的荡子都是不肯作这种不负责任的，轻飘飘的游戏的。

什么是“凭理观察”（rasonieren）呢？——是把主观与客观的冲突泯除了。这时代里，人人都要凭理观察。这种凭理观察，说它是抽象的思想吧，它并不能深；说它是主观的意见吧，又没有个性的血气。一个思想家能为了他的学术，一个常人能为了他的生活，而有固定的意见和信念。但是一个凭理观察者是凭理观察一切，没有一点固定的东西。

在一个饶舌的，散漫无形的，浮浅的，调情的，凭理观察的时代里，那些严肃的矛盾和冲突与其说是被泯除了，倒不如说是被人忽视了好些。在一个没有深情、只有考虑的时代里，多少生存中根本的问题都被遗弃了。人们把那些艰难的、沉重的事物放在一边，像是一座深山里的金矿，明知其中有无数的宝藏，却没有下第一斧的决心，只是混在熟透了的城区，用空疏的电影，用消遣的杂志，来滑他们的岁月。在一个这样的时代里，谁还能有所"决断"呢？纵使有人好容易克制了他自己的考虑，要有所作为，随即会从外边又来了无数的考虑，让他又沉静下去，回到无所作为的状态里。

要克服一切内外的考虑，勇于"决断"，又拾起那些已经失落的严肃的冲突、沉重的问题：这是基尔克戛尔特对于他的时代，他的后世的呼声。我们在百年后，万里外的中国若是听得到一点这个呼声的余音，应该作何感想呢？觉得它是某党某派的"代言"呢，可［还］是一个纯洁的对于人类的警告？

附注：这篇短文，是根据下边的三本书写成的：

基尔克戛尔特：《现代的批评》(Kritik der Gegenwart，即《一个文学的评议》的下部)。

基尔克戛尔特：《行的宗教》(Religion der Tat)，《克罗内（Kroner）袖珍丛书》第六十三本。

《基尔克戛尔特精笔》(Kierkegard－Brovier)，《岛屿丛书》(Insel－Bucherei) 第五一九号。

三十年二月二十二日

《战国策》第十七期，1941年7月20日。

参考文献

一、杂志

《战国策》半月刊

《战国》副刊

《今日评论》

《民族文学》

二、著作

雷海宗：《中国文化与中国的兵》，上海：商务印书馆，1940 年。

林同济、雷海宗：《文化形态史观》，上海：大东书局，1946 年。

林同济主编：《时代之波》，上海：大东书局，1946 年。

林同济：《天地之间：林同济文集》，上海：复旦大学出版社，2004 年。

陈铨：《中德文学研究》，上海：商务印书馆，1936 年。

陈铨：《蓝蝴蝶》，上海：商务印书馆，1940 年。

陈铨：《野玫瑰》，上海：商务印书馆，1942 年。

陈铨：《文学批评的新动向》，上海：正中书局，1943 年。

陈铨：《狂飙》，上海：正中书局，1945 年。

何永佶：《为中国谋国际和平》，重庆：商务印书馆，1945 年。

何永佶：《宪法平议》，上海：大公报馆，1947 年。

何永佶：《中国在戥盘上》，上海：观察社，1948 年。

贺麟：《贺麟集》，北京：中国社会科学出版社，2006 年。

贺麟：《文化与人生》，上海：上海人民出版社，2011 年。

温儒敏，丁晓萍：《时代之波：战国策派文化论著辑要》，北京：中央广播电视出版社，1995 年。

钟离蒙，杨凤麟主编：《中国现代哲学史资料汇编·第三集》，沈阳：辽宁大学哲学系，1981 年。

江沛：《战国策派思潮研究》，天津：天津人民出版社，2001 年。

季进，曾一果：《陈铨：异邦的借镜》，北京：文津出版社，2005 年。